# 언어와 법

## －독일과 한국의 법률언어 연구－

이 저서는 2020년 대한민국 교육부와 한국연구재단의 지원을 받아 수행된 연구임
(NRF-2020S1A6A4045055)

# 언어와 법

독일과
한국의
법률언어
연구

구명철

역락

# 머리말

이 책은 2020년 초 한국연구재단의 저술출판지원 프로젝트인 "법의 언어 - 독일과 한국의 법률언어 연구"를 계획하면서 시작되었다. 그때만 해도 국내에 방송 및 광고 언어, 인터넷 언어 등 다른 전문어에 대한 학술서들은 많이 있었지만, '법의 언어'에 대해서는 개론서는 물론이고 전문서라고 할 만한 것을 찾아보기 어려웠다.

본격적으로 저술작업이 시작되면서부터 연구 결과물들로 출판된 논문들을 모아서 주제에 따라 정리하고, 부족하거나 공백이 있는 부분은 새롭게 써나가는 작업을 해나갔다. 막상 집필을 하다 보니 기존에 쓴 글들의 내용을 보완해야 하는 경우가 적지 않았고, 이미 쓰인 글들을 하나의 틀 안에 넣어야 하는 상황이라 띄어쓰기부터 시작해서 형식상의 통일 문제가 만만치 않았다. 물론 이책의 목적이 언어학적 관점에서 '법의 언어'를 다양하게 분석하고 이를 정리하는 것이기에 어휘론, 형태·통사론, 의미론, 텍스트 언어학 등 언어학 전반에 대한 지식이 요구되었을 뿐만 아니라, 코퍼스 언어학적 방법론을 활용하여 '법의 언어'의 특징을 찾아내는 작업도 필요했다. 이때 다행히 필자에게 코퍼스를 구축하여 자료를 검색하는 방법을 가르쳐 주고 여러 가지 복잡한 문제들을 함께 해결해 나간 분들이 있었다. 연세대의 이민행 교수는 독일과 한국의 법률을 언어학적으로 분석한다는 소식에 자작 코퍼스 툴인 CWB와 검색도구인 CQP의 활용법을 소개해 주었고, 교원대의 권민재 교수는 한국연구재단의 "법률 언어의 가독성 향상을 위한 연구"와 한국법제연구원의 "국문법령의 법률용어와 상용어구에 대한 코퍼스 분석" 과제를 함께 하면서 방대한 규모의 법률 코퍼스를 구축하여 어휘 및 구문의 검색이 가능하게 해 주었다.

언어학 이론 분야의 작업에서도 프로젝트를 통한 협업이 큰 도움이 되었다.

한국연구재단의 "독일과 우리나라 법률에서의 개념 정의방식과 구문 사용전략"과 "법률 언어의 가독성 향상을 위한 연구"를 함께 한 충북대의 정수정 교수는 미흡한 부분이나 필자가 간과한 것들을 채워주고 바로잡아 주는 역할을 했다. 또 이 책을 집필하기 시작할 무렵 『법언어학의 이해』라는 전문서를 출판한 한국외대 이해윤 교수도 부지불식간에 필자의 저술 작업에 큰 자극과 도움을 주었다. 이 자리를 빌려 네 분 교수님과 법률언어 관련 프로젝트에 참여하여 자료를 수집하고 분류하는 데 도움을 준 서울대학교 독어독문학과 독어학 전공 대학원생들에게 고마움을 전하고 싶다. 이 책을 집필하면서, 아니 좀 더 정확히 말하면 '법의 언어'에 대한 연구를 시작하면서 뇌리를 떠나지 않은 것은 법의 언어에 대해 잘못 이해하고 있지는 않는가였다. 필자가 '법'에 대해서는 문외한이기 때문이다. 그래도 법에서 사용된 '언어'에 오류도 있고 개선할 곳도 보여서 이 책을 잘 마무리해야 한다는 생각을 버릴 수 없었다. 할 수 있는 한 법의 언어를 잘못 이해하지 않도록 법전이나 분야별 총론을 참고하기는 했지만 여전히 부족한 부분은 남아있다. 앞으로 우리나라 '법 언어학' 연구의 저변이 더 넓어져서 부족한 부분은 채워지고 틀린 부분은 바로잡히기를 바랄 뿐이다.

끝으로 '법의 언어'에 대한 연구와 집필을 가능하게 해 준 한국연구재단과 이 책의 출판을 위해 애써 주신 도서출판 역락의 관계자 여러분께 진심 어린 감사의 말씀을 드린다.

2024년 새해를 맞이하며
저자 구명철

# 차례

# 제2부 언어학 층위별 법률언어의 기술

## 제3부 코퍼스를 활용한 법률언어의 분석

제1부

법률언어 연구의 기초

# 제1장 서론: 법률언어의 언어학적 연구 방향

## 1.1. 법률언어 연구의 필요성

언어는 우리 일상뿐만 아니라 수많은 전문 분야에서 커뮤니케이션 및 지식 전달의 수단으로 사용되고 있다. 그래서 분야에 따라 정치 언어, 방송 언어, 광고 언어, 인터넷 언어, 기술 언어 등이 소위 '전문어(Fachsprache)'로 간주되고, 국내에서도 활발한 연구를 통해 논문들뿐만 아니라 수많은 학술서가 출판되어 왔다(최기호/김미형/임소영 2004 참조).

그러나 현대인의 삶에 직결되어 있는 '법률언어(Rechtssprache, legal language)'에 대해서는 우리나라에서 상대적으로 연구가 부족한 실정이다. 지난 몇 년 전부터 법과 언어의 관계(구명철 2009a, b), 법률언어의 가독성(구명철 2018, 2019 등), 언어 범죄의 문제(이해윤 2016, 2018, 2020 등), 사법통역상의 문제(이지은 2017, 이지은/최효원 2020 등)에 대한 연구가 본격화되었지만, 전문 학술서로는 일본어 번역서인 『법과 언어』(하시우치 타케시 외 편저/서경숙 외 역 2016)와 『법언어학의 이해』(이해윤 2023)가 있을 뿐이다. 이와 달리 영어권에서는 Coulthard/Johnson (2007), Coulthard/Johnson(2010), Olsson/Luchjenbroers(2014) 등 '법률언어', '법률·수사 언어학'을 주제로 하는 수많은 개론서와 전문서가 출판되어 있다.

독일어권에서도 이미 1970년대부터 언어학자들이 법률언어에 대한 관심을 갖기 시작하였고(Kniffka 2007: 51ff.), 1990년 전후부터는 '언어와 법(Sprache und Recht, language and law)'이라는 주제 아래 독어학자와 언어학자들이 법률언어에 대한 언어학적 연구를 시도하였으며, 그 이후 '언어와 법', '법에서의 언어(Sprache im Recht)' 등을 대상으로 한 방대한 규모의 공동저술들이 뒤따르고 있다(Schall 2004, Rathert 2006, Fobbe 2011, Vogel 2015, Drommel 2016, Felder/Vogel 2017).[1]

이처럼 외국과 비교했을 때 우리나라 언어학계나 독어학계에서는 법률언어에 대한 연구와 이에 기반한 관련 전문서들이 상대적으로 미흡한 실정이다. 특히, 일반 국민의 삶에 법의 영향이 점점 더 커지고 이에 따라 법률 서비스의 향상과 법률의 대중화가 사회적으로 중요한 이슈가 되고 있는 현 상황을 고려하면, 법률언어에 대한 독일어권 및 영어권의 국제적인 연구를 수용하여 법률언어에 대한 언어학 하위 분야별 연구와 정리가 매우 절실하다고 하겠다.

## 1.2. 법률언어 연구의 목적

법률언어 연구의 필요성에서 언급한 것처럼, 이 책의 목적은 지금까지 그 중요성에 비해 우리나라에서 관련 학술서가 전무하다시피 한 '독일과 한국의 법률언어'에 대해서, 국내외의 법 언어학 연구와 언어학적인 방법론을 수용하여 독일과 한국의 법률언어에 대한 이론서를 집필하는 것이다.

법률언어에 대한 연구가 언어학 이론에 기반을 두는 만큼, 법률언어 자료의 분석과 관련이 있는 어휘론(법률용어의 어휘관계, 연어 관계), 통사론(구문의 구성, 능

---

1    '법률언어', '법률·수사 언어학'에 대한 독일어권의 연구 및 저술에 대해서는 2.1절 및 2.2절에서 다시 자세히 언급될 것임.

동 및 수동구문의 사용, 어순), 의미론(법 개념의 정의, 문장의 의미, 중의성), 텍스트 언어학(토픽과 코멘트, 테마와 레마) 등 언어학 제반 분야의 이론을 적용한다. 즉, 법률언어 연구는 <그림 1-1>이 보여 주는 것처럼 언어학적 연구를 법률언어에 투영하는 연구라고 할 수 있다.

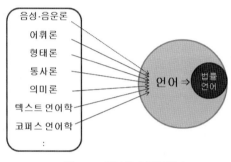

<그림 1-1> 언어학과 법률언어

이 책은 기본 3법(헌법/기본법, 형법, 민법)을 비롯한 하위 법률 및 다양한 명령, 조례, 규칙 등 수많은 법령들을 대상으로 한다. 그 규모가 매우 방대하기 때문에, 객관적인 분석을 위해서는 코퍼스를 활용한 방법론이 유용하다. 따라서 법률언어의 언어학적 기술이라는 목적을 달성하기 위해서 코퍼스 분석방법론을 활용할 것이다.

## 1.3. 법률언어 연구의 내용

이 책에서는 우선 법률언어를 연구대상으로 하는 언어학의 하위분야인 '법언어학(Rechtslinguistik, legal linguistics)'과 '법률 · 수사 언어학(forensische Linguistik, forensic linguistics)'에 대해 선행 연구, 특히 독일어권 및 영어권의 저술들을 중심으로 살펴볼 것이다. 더불어 법률언어 연구를 위한 방법론으로 활용될 수 있는 '가독성 이론' 및 '통제언어 이론', 코퍼스 언어학 등에 대해 소개할 것이다. 법률언어에 대한 언어학 이론과 방법론의 소개에 이어, 어휘론, 형태 · 통사론, 의미론, 텍스트 언어학 등 언어학 층위별로 법률언어 자료에 대한 구체적인 분석을 시도하게 된다. 나아가 법률언어 연구에 매우 유용하게 활용할 수 있는 코퍼스 분석방법론을 통해서 법률언어 자료들의 어휘목록 및 품사별 빈도와 사용어휘들의 공기어(Kollokation, collocation) 관계 그리고 법률언어의 고유한 구문들을 추출하여 분석할 계획이다. 이와 같은 『언어와 법 – 독일과 한국의 법률언어 연구』의 개괄적인 내용을 도식화 하면 <그림 1-2>와 같다.

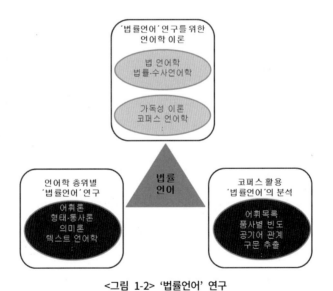

<그림 1-2> '법률언어' 연구

따라서 이 책은 크게 법률언어 연구를 위한 언어학 이론 및 방법론을 소개하는 부분(제1부), 언어학 층위별로 법률언어의 가독성과 관련된 현상에 대해 기술하는 부분(제2부), 그리고 코퍼스 분석방법론을 활용하여 법률언어 자료를 추출

하고 분석하는 부분(제3부)으로 구성된다.

### 1.3.1. 법률언어 연구의 토대

법률언어 연구의 기초를 제공하는 제1부에서는 서론(제1장)에 이어, 법률언어를 연구대상으로 하는 언어학의 하위분야에 대해 살펴볼 것이다. 법률언어 관련 연구(제2장)는 대체로 '법 언어학'과 '법률·수사 언어학'이라는 명칭 아래서 이루어져 왔다. '**법 언어학**'이 '**법률·수사 언어학**'의 일부로서 다루어지기도 하지만(Coulthard/Johnson 2010, Olsson/Luchjenbroers 2014), 법 언어학은 법률 자체를 연구의 주요대상으로 삼는다는 점에서, 범죄 수사, 소송 과정에서의 언어자료를 분석하고 활용하는 데 주안점을 두는 '법률·수사 언어학'과는 구분이 된다. 독일에서의 '법 언어학' 연구는 핵심 키워드로서 주로 '언어와 법'을 포함하는데, 예를 들어 독일에서는 1990년 전후부터 독어학자와 언어학자들이 '모욕(Beleidigung)', '죽음(Tod)' 등의 법적 개념을 어휘론적으로 분석하기 시작하였고(Heringer 2002, Stötzel 2002), 2001년에는 IDS(= Institut für Deutsche Sprache)에서 "Sprache und Recht(법과 언어)"라는 제목으로 학술대회를 개최하는 등 법률언어에 대한 관심이 독어학계 전반으로 확대되어(Haß-Zumkehr 2002, Dietrich/Klein 2000, Klein 2002, Sander 2004, Lersch 2004), 2000년대 중반부터는 법 언어학 및 법률·수사 언어학에 대한 연구들이 개론서나 전문서의 형태로 출판되고 있다(Schall 2004, Rathert 2006, Kniffka 2007, Fobbe 2011). 최근에는 '법의 의미론(Rechtssemantik)'이나 법적 커뮤니케이션(Fachkommunikation im Recht) 등으로 연구가 전문화되고 있으며(Vogel 2015), 법 언어학 연구와 관련된 방대한 연구들을 모아서 단행본의 형태로 정리하는 작업들이 이루어지고 있다(Felder/Vogel 2017).

법과 언어의 문제는 '법률·수사언어학'이라는 제목으로 다루어지기도 하는

데, '법률·수사언어학'은 여기에 해당하는 독일어 표현 'forensische Linguistik'의 사전적 의미를 참고하면(Duden 2019) "법률상, 범죄학상의 목적으로 사용되거나 소송 및 재판에 사용되는" 언어를 대상으로 하는 언어학의 하위분야이다. 법률·수사언어학 분야의 연구는 법률언어의 분석, 법정에서 사용된 언어의 분석 그리고 법 언어학적 소견서에 들어가는 문서작성자의 신원확인 등으로 구분된다(Schall 2004: 545). 이 책에서는 제1부의 제2장에서 독일어권과 한국의 선행연구들을 수집하여 이 두 분야에 대해서 좀 더 구체적으로 살펴볼 것이며, 법률언어에 대해 언어학의 각 층위별 분석을 시도하고자 하는 제2부에서는 '법률·수사언어학'보다는 '법 언어학'적인 관점을 주로 적용할 것이다

한편, 법률언어 연구를 위한 방법론(제3장)으로는 우선 '**가독성**(Verständlichkeit)' 이론이 소개된다. 현대인에게 법은 개인의 존엄성과 자유, 나아가 소유와 재산 등 거의 모든 삶에 직결되어 있을 정도로 매우 중요한데, 법률은 일반 국민이 이해하기에는 복잡하고 전문적이며 난해한 측면이 있다. 독일 법조문의 경우도 문어적이고 전문어적인 특성 때문에 가독성의 문제가 제기되고 있기는 하지만 우리나라 법률과 비교했을 때 상대적으로 더 명확하고 구체적인 편이다. 예를 들어, 독일 형법 StGB[2] §242 'Diebstahl(절도)'의 정의("Wer eine fremde bewegliche Sache einem anderen in der Absicht wegnimmt, sich oder einem dritten zuzueignen, [...]")는 추가적인 주석이 없이도 범죄행위를 이해하는 데 별 어려움을 일으키지 않는다(Koo 2014).

언어학적인 관점에서 보았을 때 독일법의 가독성이 상대적으로 높은 것은 독일 언어학자들이 일찍부터 법률언어에 대한 관심을 가지고 많은 연구를 해 온 것에 기인한다(Kniffka 2007: 51ff.). 이뿐만 아니라 독일과 영어권에서는 언어의 가독성 문제에 대해 '**통제언어**(kontrollierte Sprache, controlled language)' 이론

---

2    독일 법률명에서 약어의 의미는 다음과 같다: GG = Grundgesetz, StGB = Strafgesetzbuch, BGB = Bürgerliches Gesetzbuch.

이라는 새로운 분야를 만들어 기술 분야에서 문서의 가독성을 높이기 위해 노력해 왔다(Lehrndorfer 1996, Wojcik/Hoard 1996, Schwitter 1998, Grover et al. 2000, Ley 2005, Göpferich 2006 등). 통제언어에 기반한 기술문서의 가독성 제고 방안에 대해서는 우리나라에서도 적지 않은 연구가 있었으며(김문오 2002, 김은양 2005), 독어학자들을 중심으로 한 기술문서의 가독성 향상을 위한 연구 프로젝트가 수행된 바 있고 그 연구결과가 다수의 논문으로 출판되었다(권민재/남유선/홍우평 2008, 류수린/임병화/정동규 2008, 최지영/최명원 2008, 홍우평/남유선/최명원 2009 등).

통제언어 이론에서 자연언어의 체계를 통제한다는 것은 의미가 명확하지 않은 표현 또는 복잡하고 중의적인 통사구조를 차단 및 제한하는 것을 말하며, 이를 통해 간략하고 명확한 표현으로 문서를 작성하는 것을 유도한다. 통제언어의 기본 목표라 할 수 있는 '가독성'의 향상을 위해 Rechenberg(2006: 17ff.)는 명확성(Klarheit), 간결성(Kürze), 운율성(Klang)을[3] 기본원리로 제시한다. 통제언어 이론과 가독성 향상을 위한 원리 등에 대해서는 3.1.1절에서 몇 가지 예들과 함께 구체적으로 살펴보기로 한다.

법률언어의 연구를 위한 자료 추출 방법으로는 코퍼스 활용 분석방법론을 생각해 볼 수 있다. 코퍼스 활용 분석방법은 전산언어학, 특히 **코퍼스 언어학**이라는 언어학의 하위분야로 발전되었는데, 디지털화 되어 있는 언어자료(빅데이터)를 활용하여 학문적으로, 사회적으로 의미 있는 정보를 추출하는 방법론으로서 디지털 텍스트에 언어학적인 정보를 부착하여 검색시스템을 구축한다(강범모 2011, 권혁승/정채관 2012). 코퍼스 언어학의 발전으로 개발된 코퍼스 프로그램은 사용 어휘 및 구문을 검색하여 분석하는 데 유용하다. 코퍼스 분석작업에는 WordSmith와 같은 프로그램을 활용할 수 있고, 독일 슈투트가르트에서

---

3  'Klang'이 원래 '소리, 울림'을 의미하므로 여기서는 '운율성'이라는 류수린/정동규(2008)의 번역을 따르기로 한다.

개발하여 공개한 코퍼스 작업대 CWB(= IMS Open Corpus Workbench)를[4] 기반으로 한 자작 코퍼스를 구축할 수 있다. 우선 WordSmith의 경우 WordList, Concord 등을 이용하여 어휘목록, 공기어, 클러스터(cluster) 등을 추출할 수 있어서 법률에 사용된 어휘들의 빈도목록이나 법률용어들의 빈도 높은 결합관계를 파악하는 데 도움이 된다.

'어휘목록'은 텍스트의 핵심 키워드 파악, 유사 개념의 정비, 용어사전의 표제어 추출을 위한 기초작업 등에 활용될 수 있고, '공기어'는 어휘들 간의 관계와 동사-목적어, 수식어-피수식어, 주어-술어 등의 구문관계 파악, 유사 구문의 정비에 도움을 준다. 그리고 클러스터는 둘 이상의 표현(단어, 어절 등)으로 구성된 빈도 높은 표현을 추출하는 데 활용될 수 있다.

한편, CWB는 Treetagger나 UTaggerTCM을[5] 이용하여 형태분석을 한 뒤 인코딩 작업과 CQP(= Corpus Query Processor) 검색기능을 활용하면 기본 어휘목록뿐만 아니라, 품사별 빈도목록이나 특정 어휘의 공기어 및 구문 관계 등을 검색해 주기 때문에 법률 텍스트의 형태·통사론적인 특성을 파악하는 데 유용하다. 즉, CWB는 문장의 구성요소들의 문법 정보를 이용하여 좀 더 체계적인 검색을 가능하게 하는 장점이 있다(이민행 2015).

---

4    CWB는 코퍼스 구축 및 분석 도구들의 모음으로 "http://cwb.sourceforge.net/"에서 제공하고 있다. CWB 기반 코퍼스 구축 및 검색 기능의 사용법에 대한 전반적인 설명은 이민행(2015) 참조.

5    UTaggerTCM은 울산대학교 옥철영 교수팀의 한국어처리연구실에서 2016년에 무료 공개한 한국어 형태소 분석기이다. 어절 단위 정확률은 96.5%이다(http://nlplab.ulsan.ac.kr/doku.php?id=utagger 참조).

## 1.3.2. 언어학 층위별 법률언어의 기술

언어학 층위별 법률언어의 기술에 해당하는 제2부에서는 언어학적인 관점에서 법률언어의 특징을 살펴보기 위해 어휘론(제1장), 형태·통사론(제2장), 의미론(제3장), 택스트 언어학(제4장) 분야로 구분하여 논의하게 된다.[6]

우선 **어휘론적인 관점**(제1장)에서의 법 언어학 연구의 대표적인 예로는 법조항에 사용된 어휘의 정의의 문제이다. 그런데 법조항의 각 항목은 단순 개념에 관한 것일 수도 있고 행위에 관한 것일 수도 있다. 개념은 '내포 의미(intensionale Bedeutung)'와 '외연 의미(extensionale Bedeutung)'의 분석을 통해 정의할 수 있을 것이며(정수정 2016), 행위에 관한 것일 경우에는 술어-논항 구조(Prädikat-Argument-Struktur)와 양태 등의 부사적 의미를 분석함으로써 정의할 수 있다(구명철 2016). 어휘론에서는 어휘의 정의뿐만 아니라, 어휘들 간의 관계에 대한 논의도 중요한 연구대상이다. 예를 들어, 상위어(Hyperonym), 하위어(Hyponym), 공동하위어(Kohyponym), 동의어(Synonym), 반의어(Antonym) 등의 관계에 대한 논의가 가능하다(Schwarz-Friesel/Chur 2014: 60f.). 특히 법률언어에서는 법 개념들 간의 관계가 중요하고(예, '절도'와 '강도', '유죄'와 '무죄') 법 개념들 간에 모순이 있어서는 안 되는 만큼 어휘의미론적인 논의가 필수적이다.

**형태·통사론적인**[7] 관점(제2장)에서는 수동 및 피동 현상, 주어 생략 현상, 기본어순 및 수식어-피수식어의 어순 등이 법률언어에서 관찰되는 중요한 현상이다. 우선 통사적인 조건만 만족시키면 별 제약 없이 수동문이 유도될 수 있는

---

6   언어학의 하위분야인 음성·음운론은 주로 범죄 수사 및 소송 과정에서 포렌식 분석에 활용된다는 점에서 법률·수사 언어학의 연구대상이므로, 이 책에서는 자세히 다루지 않는다.

7   언어에 따라서 동일한 문법적인 현상이 형태론의 논의대상일 수도 있고, 다른 한편 통사론의 대상이 될 수도 있다. 예를 들어, 소위 '수동' 현상의 경우, 독일어에서는 수동이 조동사 werden이나 sein과 과거분사의 결합으로 실현되기 때문에 통사적인 현상으로 간주되는 반면, 한국어에서는 어휘교체('완성하다' vs. '완성되다')나 피동접미사('-이/히/리/기-')의 삽입과 관련된 형태론적인 현상이다. 따라서 여기서는 이 둘을 구분하지 않고 '형태·통사론'으로 통합하여 기술한다.

독일어와는 달리(Brinker 1971, Höhle 1978, Leiss 1992, Koo 1997), 한국어에서는 특정 동사에 피동접미사('-이/히/리/기-')가 붙거나 '-하다'류 동사의 경우 '-되다'로 대체되어 수동동사가 만들어진다(고영근/구본관 2008, Sohn 1999). 그런데, 우리나라 법조문에서는 "국회의 정기회는 [...] 집회되며"(헌법 제47조)처럼 '-되다' 수동동사("집회되며")가 과잉 생산되거나, 역으로 "소멸시효가 완성하지 아니한다"(민법 제181조)처럼 수동동사가 사용되어야 하는 상황에서 능동동사("완성하지")가 잘못 사용되는 경우가 발견되기도 한다.

한편, 한국어에서는 모호성(Ambiguität)이 초래하지 않는다면 **주어 생략**이 허용되거나 심지어 필수적이기까지 한다(김은일/정연창 2007: 95). 주어가 생략될 수 있는 조건에 대해서는 여러 가지가 있는데, 확인성(idenfifiability, 또는 recoverability)이 그 대표적인 조건이다(정연창 2007: 102). 법조문에서 주어가 생략되었다면 의미적으로는 행위자일 가능성이 높다. 독일어에서 행위자가 생략되는 대표적인 경우는 수동문이다("Die ungestörte Religionsausübung wird [Ø] gewährleistet."(GG §4 (2)). 우리나라 법조문의 경우 독일어의 수동문과 유사한 기능을 보이는 '목적어 토픽' 구문에서 행위자 주어가 생략되는 경향이 나타난다(제4장 '텍스트 언어학' 참조). 여기서 흥미로운 점은 이러한 한국어의 '목적어 토픽' 구문이 독일어 수동문의 행위자 생략 현상과 유사한 조건을 보인다는 것이다. 즉, 생략된 행위자는 일반적인 사람 또는 기관[국가]이거나 동일 문장 및 담화 내에서 유추할 수 있는 것들이다(구명철 2018).

통사적으로 중요한 현상 중의 하나가 **기본어순**인데,[8] 한국어에서는 명사가 격조사를 통해 문장 내에서의 기능을 보이기 때문에 어순이 상당히 자유로운 편이다. 이러한 자유로운 어순에도 불구하고 한국어에도 기본어순이 있는데,

---

8    언어유형론에서는 '기본어순'이 동사(V)를 중심으로 한 핵심어 명사구, 즉 주어(S)와 목적어(O)의 순서를 의미하지만, 부사어의 어순을 논의에 포함하기도 한다(Yamashita/Chang 2001 참조).

기본어순이란 본보기가 되는 완전한 문장으로서, 가장 무난하고 자연스럽게 읽힐 수 있는 문장이다. 따라서 기본어순에 따라 쓰인 문장은 가독성이 최적인 상태라고 볼 수 있다(정수정 2019). Yamashita/Chang(2001)은 사용된 문장산출 과제를 심리언어학적인 실험방법을 채택하여 부사어와 목적어 논항 중에서 동사에 더 가깝게 위치하는 문장요소를 밝혀내고 있는데, 권민재 외(2010: 3)는 기술문서의 가독성 향상을 위한 연구에서 동사와의 의미적 긴밀도에 따라 목적어 논항, 필수적 부사어, 수의적 부사어 등을 일정한 순으로 배열하는 것이 처리시간을 단축시키고, 그에 따라 가독성을 높일 수 있다고 하였다.[9]

한편, 수식어와 피수식어의 어순은 통사론적인 관점에서 보면 중의성을 낳기 쉽다. 예를 들어, 독일 기본법 GG §4,(3)("Niemand darf gegen sein Gewissen zum Kriegsdienst mit der Waffe gezwungen werden. [...]")에서 수식어 "mit der Waffe"의 위치나, 2격 부가어가 동반된 명사구의 경우 뒤따르는 관계문은 수식관계의 어순 문제에서 중요한 논의대상이 된다. 한국어의 경우 수식어가 선행하는 구조를 갖는데, 이 수식어 뒤에 명사가 두 개 이상 나오면 중의성을 일으킬 수 있으므로 수식어와 피수식어 사이의 배열이 중요해진다(김은양 2005, 신형기 외 2006, 권민재 외 2010).

**의미론**(제3장)은 단어나 문장의 의미 파악에 주안점을 두는 분야인데, 특히 문장의 의미는 통사적인 현상과도 밀접한 관련이 있다(예, 이중적인 통사구조에 따른 중의성의 문제). 의미론의 또 다른 측면에서는 대명사와 같은 **대용어**(Anapher)의 지시관계, 즉 선행사(Bezugswort)의 파악이 중요하다. 독일어의 경우, 대명사에 문법적인 성(Genus)이 있어서 지시대상, 즉 선행사를 잘못 연결시킬 가능성이 상대적으로 낮기는 하지만 대용어와 선행사의 관계는 문법적으로뿐만 아니라 문맥이나 상황 등을 고려하여 파악해야 하는 경우도 있다. 이 때문에 독일어

---

9    이외에도 어순에 영향을 미치는 요인으로는 토픽-코멘트, 테마-레마 배열 등 다양한데, 이것들
     에 대해서는 '텍스트 언어학'(제2부의 제4장) 부분에서 자세히 다루기로 한다.

문법 및 독어학 연구에서도 중요한 주제로 다루어지고 있고(Duden 2009, Zifonun et al. 1997 등), 변형생성문법론자들 사이에서는 대명사와 재귀대명사의 구분 및 용법의 문제가 대용어 논의에서 핵심적인 부분을 이룬다(Chomsky 1981, Carnie 2013).

한편, 우리나라 법조문에는 '그', '이' 등 대용어가 한 문장 안에서 여러 번 사용되는 경우가 관찰되는데, 이 경우 선행사를 특정하기 쉽지 않은 만큼, 대용어와 그 선행사의 관계에 대해서는 언어학적인 논의가 필요하다. 예를 들어, 민법 제125조의 경우("제삼자에 대하여 타인에게 대리권을 수여함을 표시한 자는 그 대리권의 범위내에서 행한 그 타인과 그 제삼자간의 법률행위에 대하여 책임이 있다. 그러나 제삼자가 대리권없음을 알았거나 알 수 있었을 때에는 그러하지 아니하다."), "그 대리권", "그 타인", "그 제삼자" 등처럼 대용어가 불필요하게 많이 사용되고 있어 자연스럽지 못할 뿐만 아니라, '그러하지'라는 술어 대용어는 문장의 경계를 넘어서 선행사를 찾아야 하는 상황이다.

의미론적인 측면에서 보았을 때 대용어의 의미, 즉 지시관계를 파악하는 것도 문제이지만, 의미 요소들이 중복되는 경우도 문제가 된다. 특히 법률언어의 경우에는 필요한 내용만 간결하고 명확하게 제공하는 것이 정보 전달의 속도를 향상시키고 나아가 오해석의 가능성을 낮추기 때문이다. 예를 들어, 의미 요소의 중복 현상은 '방화' 관련 조항인 형법 제166조의 1항("불을 놓아 [...] 항공기 또는 지하채굴시설을 불태운 자는")과 제167조의 1항("불을 놓아 [...] 물건을 불태워 공공의 위험을 발생하게 한 자는")에서 찾아볼 수 있다. 즉, "불을 놓아" 부분이 서술어 "불태우다"와 중복되어 잉여적인 정보가 된다. 이와 같은 잉여성은 '방화' 이외에도 '강도'와 관련된 형법 제333조("폭행 또는 협박으로 타인의 재물을 강취하거나 [...]")에서도 관찰되는데, 여기서는 '강취하다'의 내포 의미에 "폭행 또는 협박으로"가 포함됨으로써 의미 요소가 중복되는 경향을 보인다.

한편, 텍스트 언어학적인 연구(제4장)도 법률언어의 분석에 유용하다. 우선 정보의 신구성(新舊性)에 따라 문장의 구성요소들을 테마와 레마로 구분한 Heidolph et al.(1984: 727) 및 독일어권의 연구들은 이러한 구분이 어순과 관련이 있다고 하였다(Pittner/Berman 2004, Musan 2010). 즉, 문맥이나 상황을 통해서 주어진 정보는 '테마(Thema)'라고 하고, 새로운 정보는 '레마(Rhema)'라고 부르면서 테마적인 구성요소가 레마적인 구성요소보다 선행한다는 것이다(Pittner/Berman 2004: 144). Musan(2010: 22f.)에 따르면, 독일어 문장의 중장에서는 일반적으로 "알려진 정보 > 알려지지 않은 정보"의 배열, 즉 "테마적인 요소 > 레마적인 요소"의 배열이 엄격하게 적용된다. 이러한 배열의 구체적인 예로서 Musan(2010: 23)은 "대명사 > 비(非)대명사", "한정적 명사구 > 비한정적 명사구", "강세가 없는 것 > 강세가 있는 것"과 같은 경우들을 들고 있다. "테마적인 요소 > 레마적인 요소"에 따른 구성요소들의 배열은 문장의 핵심적인 구성성분인 주어가 전장에 나오지 않는 독일 민법 BGB §651j (2)("Die Mehrkosten für die Rückbeförderung sind von den Parteien je zur Hälfte zu tragen. Im Übrigen fallen die Mehrkosten dem Reisenden zur Last.")와 같은 경우에 그 정보구조를 분석하는 데 유용하다. 두 번째 문장의 중장에는 "die Mehrkosten"과 "dem Reisenden"이 나오는데, "die Mehrkosten"은 바로 앞 문장에 '언급'되고 있어서 "dem Reisenden"보다 테마로서의 특징을 더 보이는 만큼 적절한 테마-레마 배열에 해당한다고 할 수 있다.

그런데, 한국어의 경우 동사가 후치되기 때문에, 독일어에서처럼 중장에 출현하는 문장성분들의 테마-레마 배열보다는 '주제화(Topikalisierung)'에 따른 토픽의 기능이 더 중요하다. 따라서 한국어 텍스트에서 정보배열의 문제는 토픽-코멘트 배열의 관점에서 분석하는 것이 더 의미가 있다. 주제화에 의해 만들어지는 '토픽'은 "문장의 언급 대상"(Bußmann-언어학사전 2002: 704), "관심의 중심점"(Li/Tompson 1976: 464), "문장의 정보가 저장되는 일종의 주소"(Pittner/Berman 2004: 142)로 정의되고, '코멘트'는 "문장의 진술내용"(Bußmann-언어학사전 2002: 704), "그것[토픽]에 대해 언급된 것"(Pittner/Berman (2004: 142) 등으로 정의된다(Kessel/Reiman 2012, 이현희 2012: 2.1절, 구명철(2017a: 203ff.).

한국어에서는 토픽이 독일어에서와 마찬가지로 문두에 위치할 뿐만 아니라, 주제격 조사 '-은/는'이 붙어서 형태적으로도 표시된다(예, "대한민국은 민주공화국이다."(헌법 제1조) vs. "대한민국이 나의 조국이다."). 그런데 한국어 토픽-코멘트 배열에서 언어학적으로 흥미로운 현상은 독일어의 수동문처럼 피행위자 중심의 사태 기술을 하고자 할 때 "대한민국의 영토는 한반도와 그 부속도서로 한다."(헌법 제3조)나 "근로조건의 기준은 인간의 존엄성을 보장하도록 법률로 정한다."(헌법 제32조 3항)와 같이 능동태를 유지하면서도 피행위자[대상]인 직접목적어를 토픽으로 만드는 구문이 일반적으로 사용된다는 것이다(구명철 2017a: 216f.). 예를 들어, 앞선 헌법 제32조 3항에서 "근로조건의 기준"은 "정하다"의 목적어이다. 부사절인 "인간의 존엄성을 보장하도록"을 제외하고 이 문장의 주요 부분만을 독일어로 번역하면 피행위자 표현인 목적어 명사구를 주제화한 "Die Arbeitsbedingungen regelt ein/das Gesetz." 정도가 될 것이다. 이러한 목적어 명사구의 주제화가 독일어에서는 제한적이지만, 한국어에서는 매우 자연스러운 표현이다. 결과적으로 한국어에서는 행위자보다 피행위자가 더 알려진 정보인 경우 독일어에서처럼 수동문을 만들기보다는 흔히 능동문의 형태를 유지하면서 피행위자 목적어 명사구를 주제화하는 전략을 사용한다는 것을 확인할 수 있다.

이처럼 언어학 각 하위분야에서의 이론적인 논의는 법률언어의 분석에 적용될 수 있고 각 분야별로 **법률언어의 가독성을 향상**(제5장) 시키는 데 도움이 되는 결과를 제공한다. 예를 들어, 어휘론상의 논의를 통해, 법 개념을 정의할 때 부사적 의미가 술어에 포함되는 통합적 구조를 보이는 것보다(예, "타인의 재물을 절취한 자는"(형법 제329조(절도)), 형법 제267조("과실로 인하여 사람을 사망에 이르게 한 자는")나 독일 형법 제222조("Wer durch Fahrlässigkeit den Tod eines Menschen verursacht")처럼 술어-논항 구조를 제시하고 여기에 원인 및 방법 등을 추가하는 것이 가독성을 높일 수 있다. 형태 · 통사론적인 관점에서는, 예를 들어 기본 어순의 경우 목적어 논항과 부사어를 동사와의 의미적 긴밀도에 따라 위치시키고 가독성 스펙트럼에서 결정적인 요소인 문법성, 의미성, 용인가능성, 처리 신속성을 한국어에 맞게 배열("문법성/의미성 > 용인가능성(어순) > 인지적 처리신속성")하면 가독성이 높은 문장을 구성할 수 있다(Prince/Smolensky 1993, 정수정 2019). 의미적으로는 문장의 가독성을 저해하는 대표적인 요인인 대용어를 사용함에 있어 화자와 청자와의 거리, 발화의도, 주관적 판단 등과 같은 다양한 요소를 고려하는 것이 지시관계를 제대로 파악하여 문장의 의미를 효과적으로 이해하게 한다. 텍스트 언어학적인 측면에서는 토픽-코멘트 배열의 과정에 피행위자를 부각시켜야 하는 경우, 한국어에서는 수동문을 만들기보다 능동문의 형태를 유지하면서 직접목적어를 주제화하는 전략을 사용하는 것이 문장의 가독성을 더 높일 수 있는 방법이다. 이처럼 언어학적으로 다양한 층위에서 논의된 법률언어에 대한 분석을 기반으로 하여 우리나라 법률의 가독성을 향상시킬 수 있는 방안을 제안할 수 있다.

## 1.3.3. 코퍼스를 활용한 법률언어의 분석

제3부에서는 법률언어 연구를 위한 방법론 중의 하나로 제1부(제3장)에서 제시한 코퍼스 활용 분석방법을 통해 법률언어의 특징을 살펴보게 된다. 우선, 앞서 소개한 CWB를 이용하면 법률을 구성하는 어휘 및 그 빈도를 토큰별 또는 품사별로 추출하여 분석할 수 있는데, 이러한 **어휘목록**(제1장)은 법률별 핵심 주제어 파악, 유사 용어의 정비, 법률용어사전의 표제어 추출을 위한 기초작업 등에 참고할 수 있다.

코퍼스를 활용한 법률언어의 분석작업은 특히 **공기어 및 구문 추출**(제2장)을 통해 매우 의미 있는 결과를 제공한다. 우선, 명사-명사 공기어의 추출을 통해서는 법 개념들 간의 관계를 파악할 수 있다. 예를 들어, '소유권'이라는 민사상의 개념은 '동산', '토지', '질물', '부동산' 등과 개념상으로 밀접함을 알 수 있으며, 이러한 개념 관계는 용어설명 중심의 지금까지의 법률용어사전을 보완하는 데 활용할 수 있을 것이다. 명사-동사 공기어의 경우는 술어와 목적어의 관계를 나타내므로 법률행위를 기술하는 데 큰 도움이 된다. 예를 들어, 동사 '청구하다'는 '취소', '반환', '이행' 등과 함께 주로 민법에서 많이 출현하지만, '배상'이나 '심사'와 함께 헌법에서도 사용되는 개념이다. 따라서 법률용어사전의 표제어에 해당 법률과 함께 제시해 주면 용어의 쓰임을 제대로 파악하는 데 도움이 될 것이다.

한편, 앞서 소개한 것처럼 WordSmith는 텍스트 파일을 입력하면 WordList, Concord 등을 통해 어휘목록과 공기어뿐만 아니라, 빈도 높은 단어들의 결합체인 **클러스터**(제3장)도 추출해 주기 때문에 법률에서 자주 사용된 다단어 표현을 파악할 수 있게 해 준다. 예를 들어, 기본 3법에서 3개 이상의 어절로 구성된 클러스터를 추출하여 이를 활용하면 두 단어로 이루어진 구문들로는 파악할 수 없는 빈도 높은 다단어 표현을 선별할 수 있어 법률의 개정이나 번역작업에 기초자료로서 유용하다.

# 제2장 법률언어 관련 이론

## 2.1. 법 언어학

### 2.1.1. '법 언어학'의 정의 및 연구 분야

'법 언어학'이 '법률·수사 언어학'의 일부로서 다루어지기도 하지만(Coulthard/ Johnson 2010, Olsson/Luchjenbroers 2014), 법 언어학은 법률 자체를 연구의 주요 대상으로 삼는다는 점에서, 범죄 수사, 소송 과정에서의 언어자료를 분석하고 활용하는 좁은 의미의 '법률·수사 언어학'과는 구분이 된다.

독일의 '법 언어학' 연구는 앞서 1.3.1절에서 언급한 '언어와 법'뿐만 아니라, '법의 언어'라는 개념을 포함한다.[10] '법의 언어'에 대한 연구는 법(률)의 이해 가능성(Verständlichkeit),[11] 즉 가독성을 높이는 것을 목적으로 한다. 이때 가독

---

10    Schall(2004)은 법률·수사 언어학의 대상을 Grewendorf(1992)에 기대어 '법의 언어 (Sprache der Gesetze)', '법정에서의 언어(Sprache vor Gerichte)', '범죄자의 언어(Sprache des Täters)'로 구분하였으며, Fobbe(2011: 16)는 이 중 '법의 언어'와 '법정에서의 언어'를 법 언어학의 연구 대상으로 보았다. 이 책에서는 '법정에서의 언어'는 앞으로의 연구과제로 남겨두고 법 언어학의 연구대상을 '법의 언어'로 제한하여 살펴보기로 한다.

11    이 책에서 독일어 단어 'Verständlichkeit'는 '이해 가능성'뿐만 아니라 '가독성'의 의미로도 사용된다.

성 향상의 대상이 문제가 되는데, Schall(2004: 547)은 '일반적인 가독성 (Allgemeinverständlichkeit)'과 법률 전문가를 대상으로 하는 가독성 사이에 균형이 이루어져야 한다고 주장한다. 즉, 법률언어는 잘못 이해하지 않도록 어느정도 일상적인 언어 형식을 유지하면서도 다른 한편으로는 해당 전문 분야에 적합한 형식을 취해야 한다는 것이다. 이처럼 법의 언어 특히 법 언어의 가독성을 높이기 위해서는 언어학의 여러 분야가 활용 가능한데, Fobbe(2011:16)는 기호학, 음운론, 문법론, 의미론, 화용론, 문체론 등의 영역에서 법 언어에 대한 연구가 가능한 것으로 보았다.

독일에서의 '법 언어학' 연구는 앞서 제1장에서 언급한 것처럼 1990년 전후로 '모욕(Beleidigung)', '죽음(Tod)' 등의 법적인 개념을 어휘 · 의미론적으로 분석하면서 시작되었고(Heringer 2002, Stötzel 2002), 그 이후로 '명예훼손 (Ehrverletzung)' 및 '중상(Verleumdung)' 등 다양한 범죄행위의 정의 및 성립조건에 대한 언어학적인 분석을 시도하였다. 여기서는 '법 언어학' 분야 선행연구의 하나로서 '모욕'에 대해 소개하기로 한다.

## 2.1.2. 법 언어학적 분석의 예: 모욕[12]

법률적 논쟁에서 문제가 되는 개념은 언어학의 도움으로 해결할 수 있고 어떤 개념에 대한 법률적 논쟁의 결과가 언어학적인 정의에 영향을 미칠 수도 있기 때문에, 특정 개념에 대한 법률적 논쟁은 언어학 분야에서도 매우 중요하다. 이러한 맥락에서 법률적인 문제가 되는 표현의 예로 '모욕'을 들어 이에 대한 논의를 간단히 살펴보기로 한다.

---

12  법 언어학적 분석에 대해서는 II부에서 언어학의 층위별로 자세히 논의할 것이므로, 여기서는 하나의 예시로서 구명철(2009a)의 2.1절에서 '모욕'에 대해 소개된 내용을 부분적으로 재구성하여 제시한다.

## 1) 모욕의 정의 및 구성요소

모욕은 일상생활에서 흔히 문제가 되는 형사 사건이다.[13] 그럼에도 불구하고 '모욕'의 경우, '살인(Mord)'이나 '강도(Raub)'를 정의하는 것과는 달리 명확한 정의를 내리기가 쉽지 않다. 따라서 모욕에 대해 언어학적으로 명확하게 정의하고자 하는 시도는 모욕의 법률적인 정의를 내리는 데 기여할 수 있을 것이다. 모욕에 대한 언어학적 정의를 구체적으로 살펴보기 전에, 먼저 Duden(2019)의 어휘항목 'Beleidigung'에서 제시된 정의를 보기로 하겠다.

> (1) **Beleidigung** [...] a) das Beleidigen; das Beleidigtwerden: [...]; b) beleidigende Äußerung, Handlung; Affront; Injurie (Duden 2019)

(1)에서 볼 수 있는 바와 같이 명사인 Beleidigung의 정의는 동사 beleidigen의 정의를 전제로 한다. 따라서 Duden(2019)에서 제시된 동사 beleidigen의 어휘항목을 추가로 제시해 보면 아래와 같다.

> (2) **beleidigen** [...] jmdn. (durch eine Äußerung, Handlung o.Ä) in seiner Ehre angreifen, verletzen (Duden 2019)

즉, 모욕은 어떤 주체가 언어나 행동을 통해서 다른 사람의 명예를 해치는 것을 말한다. Heringer(2002: 300)는 단순한 정의에 그치지 않고 모욕에 대한

---

13  독일에서 모욕죄에 대한 처벌은 다음과 같이 StGB §185조에 규정되어 있다: Die Beleidigung wird mit Freiheitsstrafe bis zu einem Jahr oder mit Geldstrafe und, wenn die Beleidigung mittels einer Tätlichkeit begangen wird, mit Freiheitsstrafe bis zu zwei Jahren oder mit Geldstrafe bestraft. (모욕죄는 1년 이하의 징역형 또는 벌금형에 처한다. 모욕이 폭행에 의하여 이루어진 때에는 2년 이하의 징역형 또는 벌금형에 처한다. (신영호 2009: 119))
우리나라에서도 모욕죄는 다음과 같이 형법 제31조에 의하여 처벌을 받도록 되어 있다: "제311조 (모욕) 공연히 사람을 모욕한 자는 1년 이하의 징역이나 금고 또는 200만원 이하의 벌금에 처한다."

개념 정의를 정확히 하기 위해 모욕의 4대 요소를 다음과 같이 제안하였다.

> (3) a. der Beleidiger(모욕한 자)[14]
>    b. die Bleidigte(모욕당한 자)
>    c. der Nachweis(증거)
>    d. der Verfolger(조사기관)

Beleidiger는 원칙적으로 모욕적인 언행을 한 사람을 의미하는데, 의미역으로 본다면 '행위자(Agens)'에 해당한다. Bleidigte는 모욕을 당한 대상을 의미하므로 '피행위자(Patiens)'에 해당하고 해당 사건으로 인해 (심리적으로) 부정적인 '영향을 받은(affiziert)' 존재이다.[15] Heringer(2002: 300)에 따르면, 개인뿐만 아니라 '연방군(Bundeswehr)'과 같은 단체나 기관도 Beleidigte가 될 수 있다. 단체가 모욕을 당하는 경우, 단체에 대한 모욕이 각 구성원에게 전이될 수 있다. 이러한 맥락에서 Heringer는 모욕이 '전이(bitransitiv)' 될 수 있다는 주장을 한다. 심지어는 한 구성원에 대한 모욕이 그 구성원이 속하는 단체 전체에 대한 모욕이 될 수도 있으므로 역방향의 전이도 경우에 따라 가능하다. 예를 들어 어떤 사람이 경찰관에게 "Sie Polizist!"라고 말했다면 이는 경찰이라는 단체에 대한 모욕이 될 수도 있다는 것이다.

Heringer는 나아가 '간접적인 모욕(indirekte Beleidigung)'의 문제도 언급한다. 예를 들어 유부녀를 유혹하여 혼인관계를 파경에 이르게 한 경우 그 남편을 모욕한 것에 해당하는지, 어떤 남자의 딸과 허락 없는 잠자리를 같이 했다고 해서 그 아버지를 모욕하는 것인지 등에 관한 것이다. Heringer는 이러한 경우는 시대에 뒤떨어진 모욕의 개념이 적용되고 있는 것으로 보았다. Stötzel(2002:

---

14  아래에서는 der Beleidiger와 die Bleidigte가 보여 주는 행위의 능동성과 피동성을 명확히 보여 주기 위해 이를 번역하지 않고 독일어 표현을 그대로 사용하기로 한다.

15  '의미역' 및 '피영향성(Affiziertheit)'에 대해서는 Lehmann(1991)과 Koo(1997) 참조.

12)도 모욕이라는 법률적 개념이 통시적인 관점에서 보면 동일한 언행에 대해서 다르게 적용될 수 있음을 지적한 바 있다.

모욕의 세 번째 요소인 '증거(Nachweis)'는 모욕의 근거가 제시되어야 함을 의미한다. Heringer(2002: 302)에 따르면, 모욕의 증거는 전형적인 경우 Beleidigte와 일치할 수도 있으므로 반드시 제시되어야 하는 것은 아니다.[16] 한편, 증거는 당사자의 가족에 의해 언급 또는 제시된 것이 아니어야 한다. 증거는 Beleidiger가 인지하지 못한 상태에서 제삼자가 Beleidiger의 모욕적인 언행을 소위 '엿듣거나 엿보는' 것을 통해서 제공 가능하다. 이러한 엿듣기 및 엿보기도 논란의 여지가 있다. 어쨌든 증거는 반드시 사람에 의해서만 제공 가능한 것은 아니고 글이나 녹음테이프 및 비디오테이프 등과 같은 것을 통해서도 가능하다.

모욕의 마지막 요소는 '조사기관(Verfolger)'이다. 조사는 법정을 통해서만 가능한데, 조사기관에는 판사를 포함한 사법기관이 해당한다.

## 2) 모욕의 성립요건

모욕죄가 성립하기 위해서는 피해자의 재산이나 소유물이 아니라 인격이 침해를 당해야 한다. 여기서 인격이란 전형적인 경우 사회적 지위나 명예에 해당한다. Heringer(2002: 305ff.)에 따르면 피해자의 인격이 침해됨으로써 모욕을 당했다고 판단을 내리기 위해서는 '진지함(Ernsthaftigkeit)', '객관성(Objektivität)', '대상성(Adressiertheit)'이 전제되어야 한다.

'진지함'은 다르게 표현하면 모욕에 해당하는 행위자의 언행이 의도적이어야 함을 의미한다. 기능주의 언어학의 관점에서 보면, 행위의 주체가 소위 '통제력(Kontrolle)'을 갖는 경우가 여기에 해당한다. 행위의 주체가 통제력을 갖는

---

16    이러한 맥락에서 Beleidiger는 자신의 주장에 대한 근거를 제시하지 않아도 된다는 점에서 유리하다(Heringer 2002: 302).

가의 여부는 동사 versuchen이나 부사어 absichtlich 등을 첨가했을 때 자연스러운 문장이 유도되는가를 통해서 확인할 수 있다.[17] 예를 들어, schimpfen, spotten, spucken 등은 통제동사에 해당하는 반면, sehen, hören, schlafen 등은 여기에 해당하지 않는다. 이때 흥미로운 점은 sehen, hören처럼 지각동사이면서도 해당 주체의 의지가 개입되는 zuschauen이나 zuhören의 경우에는 통제동사로 간주된다는 것이다. 즉, sehen은 주체의 의지와 관계없이 시각적으로 인지되는 과정을 의미하는 반면, zuschauen은 주체가 의도적으로 무언가를 응시하는 것을 의미한다. 결국 sehen, hören, schlafen 등에 의해서 표현되는 행위는 어떤 경우든 상대에게 모욕감을 불러일으킬 수 없지만, schimpfen, spotten, spucken, zuschauen, zuhören 등으로 표현되는 주체의 행위는 나머지 성립요건이 만족된다면 모욕으로 간주될 수 있다.

모욕의 두 번째 성립요건인 객관성은, 피해자 입장에서 모욕감을 느꼈다고 해서 반드시 모욕죄가 성립하지는 않고 이러한 모욕감이 객관적으로 인정될 수 있어야 함을 의미한다(Heringer 2002: 305ff.).

마지막으로 대상성이란 가해자의 행위가 어떤 특정한 대상을 전제로 해야 한다는 것이다. Heringer(2002: 305ff.)에 따르면, 말이나 글 모두 대상을 전제로 한다는 점을 통해서 이것들은 원칙적으로 대상성을 만족시킨다고 한다. 나아가 오늘날 기술의 발달로 인해 일상에서 새로운 유형의 매체가 사용됨으로써 대상성이 성립하는 특수한 경우가 있다. 즉, 무인단속 카메라를 향해서 조롱하는 의미의 손가락질을 한 경우, 이때 대상은 "죽은 사물(tote Sache)"이 아니라 담당 경찰관을 향한 것이라는 해석이 가능하다. 이는 시대가 바뀌면서 모욕의 대상에 대한 범위가 확대되고 있음을 보여 주는 좋은 예라고 하겠다.

---

17  통제력에 대한 자세한 논의는 Lehmann(1991)과 Koo(1997) 참조.

## 2.2. 법률·수사 언어학

### 2.2.1. '법률·수사언어학'의 정의 및 연구 분야

법과 언어의 문제는 '**법률·수사언어학**'의 대상이기도 하다. 영국에서 주로 사용되는 넓은 의미의 법률·수사 언어학은 "증거든 법률상의 담화든 법과 관련된 언어에 대한 분석"을[18] 하는 응용언어학의 한 분야이다. 증거로서의 언어, 즉 '범죄자의 언어(Sprache des Täters)'를[19] 대상으로 하는 경우 법률·수사 언어학은 문서 작성자를 확인하거나 의미를 해석하는 데 목표를 둔다. 이와 달리 법과 관련된 언어에 대한 분석으로서의 법률·수사 언어학은 법령의 언어, 재판 중의 언어 등을 대상으로 한다(Olsson/Luchjenbroers 2014: 1). 후자는 영어 및 독일어 단어 'forensic'과 'forensisch'가 라틴어 forēnsis('광장의')에서 발전하여 '공공의, 공적인'과 '법의, 법정의'라는 의미로 사용된 점에서[20] 앞서 2.1절에서 살펴본 '법 언어학'과 일맥상통한다. 반면에, 전자, 즉 '증거로서의 언어'에 대한 분석은 오늘날 보편화된 '포렌식(forensic)'이라는 단어의 쓰임이 보여 주는 것처럼 좁은 의미의 법률·수사 언어학에 해당한다.

협의의 법률·수사 언어학은 '법률·수사'라는 의미의 독일어 단어, 즉 'forensisch'의 사전적 정의에 기초하여 살펴볼 수 있다. '법률·수사언어학'의 독일어 표현에서 'forensisch'라는 표현은 Duden(2019)의 표제어 'forensisch'의 의미 중 "kriminologischen Zwecken dienend, im Dienste der Rechtspflege

---

18  "the analysis of language that realtes to the law, either as evidence or as legal discourse" (Olsson/Luchjenbroers 2014: 1)
19  증거로서의 언어는 Schall(2004)의 '범죄자의 언어'에 해당한다. Fobbe (2011: 16)는 '범죄자의 언어'를 좁은 의미의 법률·수사 언어학의 연구대상으로 간주하였다.
20  라틴어 단어 forēnsis의 이러한 의미 변화는 로마 시대에 재판이 광장에서 행해졌기 때문에 가능했을 것으로 추측된다. forensic 및 forensisch의 의미변화에 대해서는 Fobbe(2011: 16) 참조.

stehend"에 해당한다. 즉, 법률·수사 언어학은 "범죄학상의 목적으로 사용되거나 소송 및 재판에 사용되는" 언어를 연구대상으로 하는 언어학의 하위분야라고 할 수 있다.

이런 맥락에서 범죄 수사에서 언어자료가 피의자를 특정하는 일종의 '지문'과 같은 기능을 한다는 Wolf(2002)의 연구나, "형사소송 영역과 관련된 언어학의 하위분야로서, 언어 행위로 수행된 범죄를 언어자료의 분석을 통해 밝히는 분야"라고 법률·수사언어학을 정의한 Schall(2004: 544)의 연구가 여기에 해당한다. 법률·수사언어학 분야의 연구는 앞서 1.3.1절에서 소개한 것처럼 법률언어의 분석, 법정에서 사용된 언어의 분석 그리고 법 언어학적 소견서 작성에 들어가는 문서작성자의 신원확인으로 구분된다(Schall 2004: 545). 이 중에서 소견서 등에 들어가는 문서작성자의 신원확인이 법률·수사언어학의 대표적인 관심분야이다. 즉, '법률·수사언어학'은 넓은 의미에서는 '법 언어학'을 포함하는 개념이지만, 좁은 의미에서는 범죄 수사 및 형사상의 소송에 활용되는 언어자료의 분석을 주요 내용으로 하는 개념으로도 파악될 수 있다. 특히 최근에는 범죄 수사와 관련된 다양한 영역(예, 의학, 약학 등)에서 포렌식 기술이 폭넓게 사용되고 있어 후자의 의미로 정착되어 가는 경향을 보이고 있다. 법률언어를 주요 연구대상으로 삼는 이 책에서는 '법률·수사 언어학' 연구의 몇 가지 예만을 소개하고 앞으로는 '법 언어학' 연구에 집중하기로 한다.

## 2.2.2. 법률·수사언어학 연구의 예: 문서작성자의 신원확인[21]

### 1) 문서작성자의 신원확인(Autorenerkennung)

우리는 시각적 정보가 없는 라디오 방송을 듣고서도 특정 정치인이나 연예인임을 인지하거나, 일상의 짧은 전화통화만으로도 통화의 상대를 알아맞힐 수 있다. 라디오 방송이나 전화통화를 통해서 특정인을 확인해내는 것이 가능한 것은 단순히 목소리뿐만 아니라 말투나 어휘사용, 문장의 구성 등이 사람마다 다르기 때문이다. 입말에서 보이는 개인의 고유한 특성은 글말에서도 유사하게 나타나는데, 예를 들어 글씨의 형태뿐만 아니라 특정 어휘의 빈도 높은 사용, 문장을 구성하는 방식, 오류의 유형 등을 잘 관찰하면 글쓴이를 확인할 수 있다. 독일어권에서는 실제로 글을 통한 신분의 확인 가능성을 이용하여 범죄수사에서 혐의자를 찾거나 재판 과정에서 피의자의 유, 무죄를 판결하는 경우를 어렵지 않게 관찰할 수 있다.

심지어는 수사 및 재판 과정에 과학적인 신빙성을 높이기 위해 많은 연구를 진행하고 있는데, 독일에서는 법률·수사 언어학의 학문적 기반을 토대로 하여 실제 범죄수사 및 재판 과정에서 결정적인 자문을 하거나 '소견서'를 제출하기도 함으로써 언어학의 응용 영역을 확대하고 있다(Wolf 2002: 313). 범죄수사 분야에서 언어학의 활용은 음성 분석에 의한 경우와 텍스트 분석에 의한 경우로 구분되는데,[22] 여기에서는 후자에 초점을 두고 살펴보기로 한다. 범죄자의 신원확인을 위한 언어학적 분석방법에 대해서는 정서법 및 구두법, 어휘·형태론, 통사론 등 언어학의 하위분야에 기반을 둔 분석방법론을 중심으로

---

21  법률·수사언어학 연구의 예로서 제시한 '문서작성자의 신원확인'은 구명철(2009b)의 내용을 재구성해서 가져온 것임.

22  음성 분석의 경우 Schall(2004)에 따르면 '목소리(Stimme)', '말투(Sprechweise)', '언어(Sprache)'가 분석대상이 될 수 있다. 언어의 경우 모국어 여부, 방언 등이 고려 대상이 된다.

논의할 수 있다.

## 2) 텍스트 분석에 의한 신원확인

문서작성자의 신원은 텍스트의 언어학적 분석을 통해서 확인 가능하다. 예를 들어, 협박편지를 용의자의 개인적인 다른 편지와 비교하여 동일인 여부를 확인하는 것이다. Rathert(2006: 41)에 따르면, 범죄수사를 위한 텍스트 분석은 다음과 같이 '오류 분석(Fehleranalyse)'과 '문체 분석(Stilanalyse)'으로 구분된다.

    (4) a. 오류 분석: 정서법, 문법, 어휘
       b. 문체 분석: 어휘선택, 문법적 수단, 통사적 복잡성, 텍스트 구성

텍스트 분석은 작성자의 모국어화자 여부, 방언사용 및 출신 지역, 연령, 교육 정도, 직업 등에 대한 정보를 얻는 것을 목표로 한다.[23] 여러 건의 텍스트, 예를 들어 여러 통의 편지가 있는 경우에는 문체 분석을 통해 작성자의 수에 대한 정보도 얻을 수 있다. Rathert(2006: 53)에 따르면, 문서작성자를 의심할 여지가 없을 정도로 확인시켜 주는 텍스트 분석의 결과는 없다. 왜냐하면 동일인의 텍스트도 교육이나 미디어의 영향 등으로 바뀔 수 있고, 텍스트의 종류에 따라서도 상이한 특성을 보일 수 있기 때문이다. Rathert(2006: 53)는 이런 맥락에서 서로 다른 텍스트의 작성자가 동일한가를 '거의 확실함(mit an Sicherheit grenzender Wahrscheinlichkeit)', '개연성이 매우 높음(mit sehr hoher Wahrscheinlichkeit)', '개연성이 높음(mit hoher Wahrscheinlichkeit)', '개연성이 있음(wahrscheinlich)', '결정할 수 없음(nicht entscheidbar)' 등과 같은 다섯 개의 단계로 제시하였다.

---

23   그 밖에 텍스트 작성자가 한 명인지, 복수의 사람인지도 텍스트 분석에 중요한 요소이다. 예를 들어, 한 협박문 안에 '토요일'을 의미하는 Samstag과 Sonnabend가 동시에 사용되고 있다면 두 명의 작성자가 개입되어 있다고 볼 수 있다(Schall 2004: 559).

## 3) 언어로 된 지문

'언어로 된 지문(sprachlicher Fingerabdruck)'이라는 표현은 1988년 소위 '바르쉘-어페어(Barschel-Affäre)'가 발생했을 당시, 해당 정치인이 죽은 다음에 발견된 편지의 진위 여부를 확인하는 과정에서 '법률 · 수사언어학자'가 사용한 표현이다(Wolf 2002: 310). Wolf(2002)에 따르면, 편지를 비롯한 온갖 문서에서 글쓴이를 확인할 수 있는 특징이 나타난다는 것이다. '지문(Fingerabdruck)'은 원래 사람마다 다르기 때문에 '개인적인 표식(individuelles Kennzeichen)'으로 간주된다. 이처럼 글에도 사람마다 '독특한 문체상의 습관(charakteristischer Stilhabitus)'이 들어 있기 때문에 '개인문체(Individualstil)' 또는 '언어로 된 지문'이라는 표현이 가능하다.[24]

특히 '범죄학(Kriminalistik)' 분야에서는 개인문체가 존재한다는 이러한 주장을 기꺼이 믿고 싶어 한다. 그래서 '수사기관(Ermittlungsbehörde)'뿐만 아니라, 법원 특히 '형사법원(Strafgericht)'에서는 피의자 조사나 문서작성자를 확인하는 절차에 언어학 전문가를 참여시킨다. 물론 이러한 작업이 언어학자에게도 간단한 일은 아니다. 특히 범죄수사의 방법과 기술만으로는 충분히 해결되지 않는 곳에 언어학적 방법론을 가지고 무언가를 증명해 내야만 하기 때문이다(Wolf 2002: 310). 어쨌든 Wolf(2002)가 언급한 바와 같이 독일어권의 범죄학 분야에서는 지문, 머리카락, 눈썹, 손톱, 행동방식, 사용도구 및 기계뿐만 아니라, 필체,[25] 문서양식, 타자기, 문체 및 표현 방식 등 언어적인 요소도 범인을 찾아내는 데 중요한 수단으로 활용한다는 점이 중요하다.

---

24  음성도 사람마다 고유한 특색을 보이므로 '음파(Sonagramm)'를 기반으로 한 '음성지문(Stimmabdruck)'이라는 표현도 가능한데, 연구결과 음파가 음성과 배경음을 명확하게 구분해내지 못한다는 문제점을 가지고 있어서 음파를 음성지문으로서 법적인 효력을 부여하는 데 회의적인 입장이 있다(Rathert 2006: 50).

25  Schall(2004: 550)에 따르면, 필체(Handschrift)도 신원 확인의 중요한 방법 중의 하나이다.

## 4) 문서작성자의 신원확인을 위한 언어학적 분석방법

법률·수사언어학에서는 문서작성자의 신원확인이 가장 중요하다. 혐의자가 작성한 문서의 언어학적 분석을 토대로 혐의자를 범인과 동일시 할 수 있는 근거를 마련할 수 있기 때문이다. 따라서 여기서는 문제가 되는 문서들을 언어학적으로, 특히 정서법(Rechtschreibung), 어휘·형태론, 통사론 등의 관점에서 구체적으로 분석해 보기로 한다.[26]

● **정서법**

문서작성자들은 낮은 교육 수준, 방언의 사용, 외국어로서의 독일어 사용 등 여러 가지 이유로 인해 정서법상의 오류를 범하게 된다. 이때 흥미로운 점은 어떤 이유에서 오류를 범하든 오류가 일관성 있게 나타나는 경향이 있다는 것이다. 예를 들어 방언 사용자가, 특히 교육 수준이 낮은 경우에는 자신의 방언에서 소리나는 대로 씀으로써 정서법상의 오류를 범한다. Rathert(2006: 55)가 제시한 다음과 같은 예가 이러한 상황을 잘 보여준다.

> (5) wie sit er verlebt aus, er hat so eine Schöhne Frau und er sit aus wie eine Gotz Bille. Herr [...] Die [...] ist die Gröste Verbrecher Partei in Deutschland. Und du bist der gröste Schweine Hund mit den Fettsack [...], wir Wählen nur die [...] oder die [...]. Es lebe die D.D.R. nider mit der Regirung. Wir werden alle Plagade von der [...] vernichten, du kanst als Toten gräber gehen deine Figur ist zum Gotzen
>
> (BKA, KT54 Autorenerkennung)

(5)에 나타난 정서법상의 오류를 종류별로 모아서 정리해 보면 아래와 같다.

---

26  문서작성자의 신원확인을 위한 언어 층위별 분석방법에 대해서는 주로 Rathert(2006)에 근거하였다. 이에 대해서는 Blum(1990)도 참고할 만하다.

(6) a. Plagate (< Plakate), Gotzen (< Kotzen)
    b. sit (< sieht), nider (< nieder)

Rathert(2006: 55f.)에 따르면, (6a)의 경우 무성음이 일관성 있게 유성음으로 표기되어 있고, (6b)는 장모음이 모두 단모음으로 잘못 표기되어 있다. 이는 고지독일어 발달과정에서 '단모음의 장모음화(Dehnung kurzer Vokale)' 현상을 겪지 않은 독일 서남부에 위치한 알레만어 사용 지역에서 부분적으로 나타나는 현상이다(Schmidt 1993⁶: 291f.).

문서작성자가 외국인인 경우에도 유사한 현상이 나타난다. 이를 보여 주기 위해 Rathert(2006: 55)는 Bickes/Kresic(2000)에 근거하여 세르비아-크로아티아 출신 화자의 다음과 같은 사례를 제시하고 있다.

(7) a. *ich vil (< ich will)
    b. *informacion (< Information)

(7a)는 세르비아-크로아티아어에서 [v]가 v로 표기된 데서 연유한 것이고, (7b)의 경우에는 Information에 해당하는 세르비아-크로아티아어 단어가 informacia인데서 이유를 찾을 수 있다고 한다. 이는 일종의 모국어 '간섭현상(Interferenz)'으로 볼 수 있다.[27]

### ● 어휘·형태론

범죄수사 및 재판 과정에서 어휘의 선택, 특히 특정 어휘의 선호도가 혐의자를 찾거나 피의자의 유죄를 확인하는 과정에 기여하기도 한다. 왜냐하면 각 개인마다 선호하는 어휘 및 표현이 다르기 때문이다. 예를 들어 Wolf(2002:

---

27  모국어 간섭현상은 보통 외국어를 발화할 때 발화자의 모국어 문법이 혼동을 일으킴으로써 관찰되는 현상인데, 여기서처럼 글을 쓸 때도 유사한 현상이 나타난다. 외국어 발화시 모국어 간섭현상에 대해서는 홍명순(1998: 245f.) 참조.

311)에 따르면, 젊은 남성을 유괴한 뒤 그 집에 보낸 아래와 같은 협박 편지에서 범인은 일상적으로 흔히 사용되지 않는 befindlich라는 어휘를 사용하고 있다 (44행).

(8)

```
 1  Wir haben        an einem sich eren Ort festgesetzt. Jede Kontakt-
    möglichkeit mit der Aussenwelt ist ihm mit absoluter Sicherheit ge-
    nommen. Da wir nicht bereit sind - und es vor allem aus Gründen des
    Geldübernahmeverfahrens technisch nicht möglich ist - die Operation
    durch irgendwelche Einflüsse über den planmäßigen Abschluß am
    Freitag, den 17.12.76 hinaus verzögern zu lassen, haben wir bis auf
    etwas Wasser aufm jede Proviantierung und Entsorgung verzichtet.
    Der Aufenthaltsort        s wird von uns aus Sicherheitsgründen nicht
    mehr kontaktiert - und er wird auch für immer aus unserem Bewußtsein
10  gestrichen, wenn einer der folgenden Fälle eintritt:
    1. Lösegeld wird nicht 1oo % termingerecht und in voller Höhe bereit-
       gestellt. (Verhandlungen oder gar Beweise des Wohlbefindens können
       auf Grund des festgelegten Operationsverlaufes nicht stattfinden)
    2. Polizeieinsatz in irgendwelcher Form wird bemerkt.
    3. Lösegeld ist falsch oder gekennzeichnet. (UV-Tinte, Berührungs-
       farbstoffe, Strahlung usw.usw. All dies wird vor der Freilassung
       von Fachleuten geprüft.)
    4. Der Geldübernahmekurier - der nicht weiß, was er überbringt - wird
       in irgend einer Weise verfolgt, oder anderweitig observiert.
20  Der Einsatz von Peilsignalquellen gleich welcher Art, wird von uns
    mit Sicherheit festgestellt! (H'F. und IR - Peilung, Geiger Müller
    usw. Auch der Einsatz von Sprechfunk wird überwacht.)
    Publikation irg end welcher Art, vor und nach Beendigung des Unter-
    nehmens vor Ablauf von drei Jahren. Auch nach der Freilassung hat
    eine Publikation die Liquidierung eines Angehörigen des Hauses
    zur Folge - und sein Sie sicher , wir haben die Mittel.
    Wie wichtig es ist, die Bedingungen alle Wortgetreu einzuhalten, wird
    klar, wenn Sie folgendes wissen:
             ist an seinem Aufenthaltsort über eine Zeitschaltung,
30  die für kommenden Freitag, 17.12. 17,oo Uhr aktiviert ist, an das
    Kraftstromnetz angeschlossen. Bei nicht rechtzeitiger Befreiung
    tritt zum genannten Zeitpunkt innerhalb von Sekunden der Tod ein.
    Die Ausslöserumme beträgt 2T ooo ooo.-- DM ( Einundzwanzig Millionen)
    in gebrauchten, nicht notierten Tausendmark cheinen, untergebracht
    in zwei kleinen Koffern. Die Bündelung hat in straffer Form mittels
    Tesafilm einmal längs und quer in Bündeln zu je 1,5 Mill. DM zu erfolgen.
    Als Übergabeperson wird       s Bruder     oder        bestimmt.
    Der Überbringer hat mit dem Geld am Freitag, den 17.12.76 um 11,oo Uhr
    in der Reception des Hotel Sheraton in München Bogenhausen zu wa rten.
40  Die Bekanntgabe des Aufenthaltsortes erfolgt 3 Stunden nach übernahme
    und Prüfung des Geldes.
    Sollte eine von us nicht kontrollierbare Entwicklung abzusehen sein,
    wird aus Sicherheitsgründen die gesamte Aktion, egal in welcher Phase
    befindlich, sofort gestoppt und als gescheitert betrachtet.
    Eine erfolgreiche Wiederholung ist an jedem Ort, zu j eder Zeit und mit
    Jedermann möglich.
47           allerdings wirde denn nicht mehr in unserer Mitte weilen.
```

이 협박범은 befindlich라는 단어를 다른 협박 편지에서도 수차례 사용했다고 한다.[28]

(9) a. Verhalten Sie sich nach der dort befindlichen Anweisung.

   b. Gehen Sie mit dem Geld und dem hier im Schließfach befindlichen

---

28   아래 두 예시는 Engel(1990: 431)에서 인용.

Koffer zu den Toiletten und Waschräumen bei Gleis 1.

befindlich는 소위 '문서 독일어(Papierdeutsch)'로서 일반적으로는 흔히 사용되지 않는 어휘이다. 그런데 혐의를 받고 형사재판의 피고가 된 남성의 업무상의 또 다른 세 통의 편지에서도 이 어휘가 등장함으로써 befindlich라는 어휘는 전문가 자문과정에서 피고를 협박범으로 동일시하는 데 중요한 단서를 제공했다.[29]

(10) a. Ich bitte Sie um sofortige Einstellung des Vertriebes und Einzug der noch im Handel befindlichen unverkauften Exemplare.

b. Als Beweis habe ich unmittelbar bevor ich zurückfuhr mit meiner zufällig im Wagen befindlichen Kamera ein Bild der Situation aufgenommen.

c. [...] Aussage vor dem Richter liegt in allen Punkten zwar etwas später, kann aber nicht stimmen, da dem zum ersten die ursprüngliche wesentlich frischer in Erinnerung befindliche Aussage entgegensteht.

Wolf(2002: 318)에 따르면 이 협박범은 또 다른 편지들에서도 어휘론상으로 흥미로운 표현을 사용하고 있다고 한다. 두 통의 편지에서 서두에 "Werter Herr 1. Bürgermeister"나 "Werte Damen und Herren"이라고 시작함으로써 오늘날에는 이미 '구식'이 되어버린 표현을 사용하고 있다. 구동독 시절에 공식적인 편지나 업무상의 편지에서 종종 사용되었으며, 통일 이후에도 기차역에서 상당 기간 werte Fahrgäste라는 표현을 사용했던 것으로 미루어 문서작성자가 동독 지역 출신임을 추측케 한다.

한편, ich du, wir와 같은 인칭대명사의 사용도 문서작성자에 정보를 얻는데 도움이 된다.[30] 예를 들어, 위 (8)에 제시된 협박 편지에서는 Wolf(2002: 312)

---

29  이에 대해서는 Engel(1990: 431) 참조.

가 지적한 바와 같이 복수 1인칭 인칭대명사 wir와 복수 1인칭 소유대명사 unser가 여러 차례 등장한다(1, 3, 6, 8, 9, 20, 26행). 이 경우 wir나 unser는 원칙적으로 청자를 배제하는 '배타적(exklusiv)' 지시관계를 나타낸다. 따라서 wir와 unser의 사용은 문서작성자, 즉 협박범이 2명 이상임을 암시해 준다.[31]

사람에 따라 특정한 합성어나 파생어 유형을 빈도 높게 사용하는 경향도 발견된다. 따라서 범죄수사 및 재판 과정에서 범죄에 사용한 문서(예, 협박 편지)와 피의자의 다른 글에 대한 형태, 조어론적인 분석을 통해서 동일인임을 추정할 수도 있다. 또한 협박 편지와 같은 텍스트에서 특정 파생어미가 빈도 높게 사용된다면 이를 근거로 혐의자의 연령대도 예상 가능하다. 예를 들어, 어떤 협박 편지에 파생어미 -mäßig가 빈번하게 사용되고 있다면, 이 협박 편지의 작성자는 청소년일 가능성이 높다. 왜냐하면 -mäßig는 최근 청소년 사이에서 유행하는 형용사 파생어미이기 때문이다.[32]

### ● 통사론

통사론적인 관점에서도 문서작성자에 따라 특성이 다양하게 나타날 수 있다. 예를 들어 위 (8)에 제시된 협박 편지는 단 한 번을 제외하고는 동사 두 번째 위치를 보이는 서술문으로 구성되어 있다(Wolf 2002: 312).

Wolf(2002: 312)에 따르면, 서술문은 전달하는 모든 내용이 재고할 여지가 없는 확정된 사실이라는 것을 강조하는 효과가 있다. 즉, (8)의 협박범이 아래와 같은 내용에 대해 자신이 제시한 조건 이외에는 상대와 어떤 협상도 할 의향이 없음을 보여 주는 것이다.

---

30  광고텍스트에서도 각각의 인칭대명사가 나름대로 고유한 기능을 갖는 것으로 알려져 있다. 예를 들어 ich가 여성 주체를 지시하는 경우에는 (여성의) 정체성을, du는 소비자로 하여금 친근감을, 복수 1인칭 대명사 wir는 소속감 및 연대감을 느끼게 하는 효과가 있다고 한다(이현우 1998: 90ff., 구명철 2002: 438).

31  이에 대해서는 Schall(2004: 555)도 참조.

32  Schall(2004: 558) 참조.

(11)  a. Jede Kontaktmöglichkeit mit der Aussenwelt ist ihm [...] genommen
      (1-3행)

   b. Lösegeld wird nicht 100% termingerecht [...] bereitgestellt (11행 이하)

   c. Polizeieinsatz in irgendwelcher Form wird gemerkt (14행)

   d. Als Übergabeperson wird NNs Bruder oder NN3 bestimmt (37행)

   e. Eine erfolgreiche Wiederholung ist an jedem Ort [...] möglich (45행
      이하)

한편, 아래 (12)에서 관찰할 수 있는 '명사문체(Substantivstil)'도 주의를 기울
일 만하다.

(12)  a. Bei nicht rechteitiger Befreiung tritt [...] der Tod ein. (31행 이하)

   b. Auch nach der Freilassung hat [...] zur Folge. (25행 이하)

   c. Die Bekanntgabe des Aufenthaltsortes erfolgt [...] (40행 이하)

(12)에 제시된 문장들에 대한 Wolf(2002: 313f.)의 주장에 따르면, 첫째, (12a)
의 "der Tod tritt ein"이라는 명사 활용 표현은 동사 sterben과는 달리 'Tod
(죽음)'이라는 단어를 강조한다. 더욱이 동사 sterben이나 töten의 경우에는 행
위자나 피행위자가 드러나는 반면, der Tod tritt ein은 소위 비인칭구문을 유
도하므로 예상되는 '죽음'이 어쩔 수 없는 '운명'임을 의미한다. töten을 사용
하지 않은 것은 협박범이 스스로 행위자, 즉 살인자가 되는 것은 피하고 싶은
심정을 암시하는 것이다. 둘째, (12b)에서 협박범이 동사적인 표현 sich
erfolgen을 쓰지 않고 zur Folge haben을 사용한 것은 '원인-결과 관계
(Ursache-Folge-Verhältnis)'를 더욱 분명하게 나타내고자 하는 의도로 해석된다.
마지막으로, (12c)에서 문장은 erfolgen을 중심으로 두 부분으로 구분되는데,
전반부는 소위 '테마'가 되고 후반부는 '레마'가 된다. 이와 같이 기능동사
erfolgen을 사용하여 테마-레마를 명확하게 구분한 것은 특히 레마 부분에서

전달하고자 하는 새로운 정보를 명확히 하고자 하는 협박범의 의도로 파악된다.[33]

(12)에 제시된 문장들에 대한 통사적인 분석을 통해 명사문체가 문장구성의 핵심적인 특성으로 나타나고 있으며, 그러한 명사문체의 사용을 통해서 문서 작성자의 문장 구사능력이 매우 뛰어나다는 것을 알 수 있다. 이로써 텍스트의 통사적 분석이 협박 편지를 작성한 용의자의 범위를 좁히는 데 어떤 방식으로든 기여할 수 있을 것이다.

다음에 제시된 협박 편지의 경우에도 통사적으로 눈에 띄는 점이 발견된다.

> (13) Ich habe anders formuliert als sonst. Das Papier stammt aus einem Supermarkt. Die Schreibmaschine kaufte ich in einer anderen Stadt auf einem Trödelmarkt. Ich habe an sie nur einmal benutzt. Sie ist bald zerstört und landet in verschiedenen Orten in vielen Müllkontainern. Meine Hände bedeckten immer Handschuhe. Alles wurde zusätzlich mit einem Lappen abgewischt. Das Papier ist mit einem Parfüm behandelt, welches ich noch nie benutzte, Die Briefe sind nicht mit Speichel zugeklebt und nicht von hier abgesandt. (Schall 2004: 546)

이 편지에는 11개의 문장이 포함되어 있는데, 이 중 5개가 수동문의 형태를 보이고 있다. 수동문의 기능 중의 하나가 '의도적인 익명화(intendierte Anonymisierung)'라는 점을 고려해 보면,[34] 이 편지의 작성자가 비록 3회에 걸쳐 1인칭대명사 ich를 사용하고 있기는 하지만, 그럼에도 불구하고 가급적 자신을 전면에 드러내는 것을 피하려는 의도가 있는 것으로 보인다. 이는 사용된 모든 수동문에서 행위자구가 생략되어 있다는 점을 통해서도 확인할 수 있다.

---

33 '테마-레마 구분(Thema-Rhema-Gliederung)'에 대해서는 Dürscheid(2000: 168f.) 참조.
34 '의도적인 익명화'에 대해서는 Zifonun et al.(1997: 1839) 참조.

## 5) 문서작성자의 신원확인

소송이나 수사과정에서 피의사실 및 혐의에 대한 증거가 되는 문서의 언어학적 분석을 통해 피의자 또는 혐의자의 신원을 확인할 수 있는 실마리를 찾아낼 수 있다. 협박 편지 등에 대한 언어학적 분석을 통해 추측할 수 있는 정보로는 문서작성자의 모국어화자 여부, 사용 방언에 의한 출신지, 교육 수준, 연령대, 직업 그리고 범죄자의 수 등이다.

### 가. 문서작성자의 모국어화자 여부

텍스트 분석을 통해 범죄수사를 하는 과정에서 텍스트의 작성자가 모국어화자인가의 여부를 판별하는 것도 중요하다. 모국어화자 여부는 동사의 부정형이나 명사의 성과 같은 형태론상의 오류뿐만 아니라 복잡한 명사구, 관용어 사용상의 오류 등을 통해서 확인할 수 있다(Schall 2004: 557). 예를 들어 Schall (2004: 557)에 따르면, 아래와 같은 텍스트의 작성자는 독일어 모국어화자가 아니고 다른 게르만어나 슬라브어 또는 로맨스어 계통언어 사용자로 추정된다고 한다.

> (14)  Hallo Schatz Hoite teime besuch hat mich seher ge froit, aber leida war korz und di zeit gang ja ganz schnell [...] ich habe suga nicht geschaft dich zu frag wi dier er geht, aber hofi das duch da mit featik wers.

그런데, 텍스트 특히 협박 편지에 오류가 있다고 해서 그 작성자가 외국인이라고 속단할 수는 없다. 예를 들어, Rathert(2006: 54)가 제시한 아래 (15)와 같은 편지에서 동사가 거의 모두 부정형으로 쓰이고 있고(예, tun, schicken, zahlen, sagen 등) 격 어미 사용에 오류가 나타나고 있다는 이유로(예, in [...] Internate(n) und Schulungsgebäude(n)) 모국어화자가 아닌 것으로 잘못 판단할 수도 있다.

(15)    [...] Bomben versteckt in [...] und Internaten und Schulungsgebäuden
        aber nicht sein Gefahr für Krankenhaus
        wir leid tun kranke Leute
        Forderung: Leute von [...] schicken heim wegen Gefährlichkeit,
        Landesregierung zahlen uns 2 Millionen mark ( deutschmark ). Termin
        für übergabe Mittwoch 11. 13. ????. [...]
        Nach geben Geld wir sagen wo und wieviel Bomben [...]
        Ihr nicht suchen Bomben oder arbeiten an Bomben große gefahr

그러나 대문자 대신 소문자를 쓴 세 경우(예, übergabe, geben, gefahr)를 제외하고
는 정서법상의 오류가 전혀 없고 형태론상 매우 복잡한 합성어 및 파생어를 정확
하게 사용하고 있다는 점에서(Schulungsgebäude, Gefährlichkeit, Landesregierung) 의
도적으로 외국인인 것으로 가장한 것을 알 수 있다(Rathert 2006: 54f.).

## 나. 문서작성자의 방언 사용여부: 출신지

문서작성자의 방언 사용여부는 범인의 출신지역을 찾아내는 데 기여한다.
물론 범인이 의도적으로 표준어를 사용하려고 노력하기 때문에 어려움이 발생
하기도 하지만, 정확한 분석을 통해 방언사용 여부를 확인할 수 있다. 예를
들어 Engel(1990: 424)에 따르면, 협박 편지에 "Schließfach aufsperren"이라는
표현이 들어 있는 경우, 협박범은 남독지역 출신인 것으로 추정된다. 왜냐하면
일반적으로는 aufsperren 대신 aufschließen이나 öffnen을 사용했을 것이기
때문이다.

텍스트를 분석하여 작성자의 출신지역을 추측할 수 있는 경우를 살펴보기
위해 앞서 Rathert(2006: 55)가 제시한 (5)를 다시 보기로 한다. (5)에 나타난
정서법상의 오류는 독일어에 능숙하지 않은 외국인이기 때문이거나, 문서작성
자가 단순히 교육수준이 낮기 때문에 생긴 것은 아니다. 왜냐하면 이미 살펴본
바와 같이 (6a)에 제시된 예의 경우 무성음이 일관성 있게 유성음으로 쓰였고,

(6b)의 경우에도 장모음이 단모음으로 일관성 있게 쓰였기 때문이다. 이는 독일 서남부에 위치한 알레만어 사용 지역에서 보이는 특성으로서, 문서작성자, 즉 용의자가 이 지역 출신임을 보여 주는 중요한 정보가 된다.

### 다. 문서작성자의 교육 수준: 오류 분석

텍스트에 나타나는 오류가 여러 문서에 공통으로 나타난다면, 문서작성자가 동일한 인물일 가능성이 높아진다. 오류는 정서법, 구두법, 통사론, 형태론 그리고 어휘선택 등 일반적으로 문서작성자의 신원을 확인하는 데 사용된 분야 및 방법과 유사한 방식으로 활용할 수 있다(Schall 2004: 552).

오류가 의도적인 것이 아니라면 문서작성자의 교육수준에 대한 정보가 되기도 한다. 예를 들어, 앞서 살펴보았던 (5)의 작성자는 Rathert(2006: 56)에 따르면 방언사용 지역 출신일 뿐만 아니라 교육수준도 상당히 낮은 것으로 판단된다. 다수의 정서법 오류, 문자부호 사용의 오류(예, sit, Schöhne, Gröste, nider, Plagade, kanst), 표현력 등이 이에 대한 근거이다. 경우에 따라 교육수준이 낮은 범인이 자신의 교육수준을 감추기 위해서 의도적으로 고상한 표현을 사용하는 경우도 있으나, 이런 경우에도 오히려 눈에 띄는 오류가 발생한다고 한다.

### 라. 문서작성자의 연령

텍스트에 사용된 어휘의 어미변화나 어휘 선택은 텍스트 사용자의 연령대를 추정하는 데 중요한 요인이 된다. 물론 문서작성자의 정확한 나이를 예측하기는 쉽지 않기 때문에 '청소년(Jugendliche)', '성년(reifer Erwachsener)', '노년(alter Mensch)'과 같이 '연령대'로만 추정할 수 있다.[35]

예를 들어 Rathert(2006: 56)에 따르면, 오늘날 독일어에서는 탈락되어 사용되지 않은 3격어미의 사용(gibt dem Sohne), 구식 철자법(Choc, Photo) 및 구식

---

35  이에 대해서는 Schall(2004: 558) 참조.

어휘(Fernschreiber, Kraftdroschke) 등의 사용은 연령대가 높은 문서작성자를 예상하게 한다. 반면, 아래 (16)에서 보여 주고 있는 바와 같이 음운단축 및 약화 (a), 특정 어휘의 사용(b), 과장된 표현(c), 특정 접두사 및 접미사의 빈번한 사용 (d, e) 등은 청소년언어의 대표적인 특성이므로 문서작성자의 연령대를 확인하는 데 결정적인 도움이 된다.[36]

> (16) a. ichs (< ich es), haste (< hast du)
> b. geil, krass; ätzend
> c. riesig klein, echt völlig egal
> d. super-, ab- (abschmieren, abjacken)
> e. -o (Sympathik-o, Radikal-o), -mäßig (bombenmäßig, hammer- mäßig)

## 마. 문서작성자의 직업

텍스트에 사용된 전문용어나 독특한 문체상의 특징이 경우에 따라서는 문서작성자의 직업을 예상할 수 있도록 해준다. 예를 들어, 명사 문체, 비인칭수동문 등은 관공서에서 많이 사용하는 언어적 수단이다. 또한 아래와 같은 텍스트의 작성자는 길고 복잡한 공적인 문서의 작성에 익숙한 직업군에 속한다는 것을 알 수 있다(Schall 2004: 559).

> (17) Die von uns geforderte Anzeige in der Rheinischen Post [...] Beigefügt erhalten Sie einen zufällig ausgewählten Artikel [...] Hisichtlich möglichen gesundlichen Schäden [...]

## 바. 문서작성자의 수

앞서 살펴본 바와 같이 텍스트에 사용된 어휘, 특히 대명사의 문법적인 특성을 통해 문서작성자의 수를 확인할 수 있다. 즉, 범죄의 혐의자가 한 명인지, 아니면 공범이 있는지에 대한 정보를 얻을 수 있는 것이다. 예를 들어, 복수

---

36  Androutsopoulos(1998, 2~5장), Schall(2004: 558), 곽은하(2005, III장) 참조.

1인칭 인칭대명사 wir와 복수 1인칭 소유대명사 unser가 여러 번 나오는 앞서 (8)에 제시된 편지의 작성자, 즉 협박범은 2인 이상으로 구성된 것으로 볼 수 있다. 또한 서로 다른 일련의 협박 편지에서 Samstag과 Sonnabend 등과 같이 지역적 차이에 기인한 동의어를[37] 번갈아 사용한 경우에는 편지 작성자가 2명 이상임을 의미한다(Schall 2004: 559).

이처럼 협박 편지에 대한 언어학적 분석을 통해 얻게 되는 모국어화자 여부, 사용 방언에 의한 출신지, 교육 수준, 연령대, 직업 그리고 범죄자의 수 등 문서 작성자 관련 정보는 혐의자의 또 다른 문서에서 나타나는 언어학적 특성들과 비교함으로써 동일인 여부를 확인하고 범인을 특정하는 데 참고가 될 수 있을 것이다.

---

37　Samstag과 Sonnabend의 사용지역에 대해서는 König(1992: 186f.) 참조.

# 제3장 법률언어 연구를 위한 방법론

## 3.1. 가독성 이론: 통제언어 이론[38]

### 3.1.1. 통제언어 이론의 기본원리

자연언어는 복잡성과 중의성이라는 특성을 보이고 있어 일상에서 사용하는 언어로 기술문서를 작성할 경우 가독성이 떨어지고 기계번역에서도 번역 성공률이 낮아지는 것이 일반적이었다. 이러한 기술문서의 가독성과 번역 수월성을 높이기 위하여 개발된 것이 '통제언어'인데, 자연언어의 체계를 인위적으로 통제하여 얻어낸 일종의 축소된 언어체계를 말한다(Lehrndorfer 1996, Wojcik/Hoard 1996, Schwitter 1998, Grover et al. 2000, Ley 2005, Göpferich 2006 참조). 여기에서 자연언어의 체계를 통제한다는 것은 의미가 명확하지 않은 표현 또는 복잡하고 중의적인 통사구조를 차단 및 제한하는 것을 말하며, 이를 통해 간략하고 명확한 표현으로 문서를 작성하는 것을 유도한다.

통제언어의 기본 목표라 할 수 있는 '가독성'이라는 개념은 Göpferich(2006: 108ff.)에 따르면, 가독성(legibility), 독해성(readability), 이해성(comprehensibility)

---

38   3.1.1.절과 3.1.2절의 1) 및 3.1.3절의 1)은 구명철/정수정(2018)의 2장에서 유래한 것임.

이라는 텍스트 수용의 세 단계를 전제로 한다.[39] 기술문서의 가독성 향상을 위한 기본원리로 Rechenberg(2006: 17ff.)는 3K를 제시하고 있다.

(1) a. Klarheit(명확성): 적절한 어휘의 사용, 하나의 내용에 하나의 어휘 사용, 정의되지 않은 개념, 불명확한 지시관계 등을 피함으로써 명확성을 높인다.

b. Kürze(간결성): 불필요한 단어(sehr, relativ, prinzipiell, praktisch, eigentlich, genau 등과 같은 부사)의 사용을 피하고 간결한 표현을 사용한다.

c. Klang(운율성): 예기치 않은 단어들의 조합이나 능, 수동표현의 조합을 피한다.

이처럼 대부분의 통제언어들은 해당 기술문서에서 주로 사용되는 어휘와 문장유형들로 제한된 어휘부 및 쓰기규칙으로 구성되어 있다. 어휘부는 자연언어의 어휘들 중에서 필요한 것들만을 선별하여 어휘의 범주적, 의미적 용법을 엄격히 제약해 놓은 것이며, 쓰기규칙은 문서에 사용해도 좋은 문장구조와 사용해서는 안 되는 문장구조가 어떤 것들인지를 규정해 놓은 것이다.

## 3.1.2. 통제언어 이론에서 어휘부와 통사부

### 1) 통제언어 이론의 어휘부

독일어 통제언어에서 어휘부의 어휘항목들은 빈도수에 기초하여 동사(정형동사, 부정형, zu-부정형), 명사(전문용어가 아닌 일반어휘), 관사, 관계대명사, 재귀대명사, 전치사, 동사부가어, 접속사 등으로 구성된다(Lehrndorfer 1996, 권민재/남유선/홍우평 2008: 57ff.). 통제언어에 대한 논의를 위해 Lehrndorfer(1996: 175ff.)는

---

39  이에 대해서는 류수린/임병화/정동규(2008: 75ff.) 참조.

구체적인 어휘범주에 대해서 다음과 같은 제안을 하고 있다.

    (2)  a. 접속사(Koordinationen)는 짧은 구나 문법적 역할이 동일한 요소들의
           등위 접속으로 제한한다.
        b. (관계)대명사 등 대용형태(Pro-Formen)는 부정확한 지시관계로 인해
           의미를 불명확하게 하거나 가독성을 해치므로 사용을 제한한다.
        c. 부가어(Attribute)는 그 쓰임과 빈도를 고려하여 어휘부에 정의된 것만
           허용한다.

류수린/임병화/정동규(2008: 80ff.)는 우리나라 통제언어의 제약규칙을 제시하였는데, 그중 어휘론에 해당하는 것만 보이면 다음과 같다.

    (3)  a. 하나의 단어-하나의 의미(一語一意)(one word-one meaning)로 사용하
           라: '하다'처럼 의미가 구체적이지 않거나 '가하다'처럼 (일본어식) 번역
           어투이면서 '더 하다'나 '주다'의 의미로 사용될 때 비승인 어휘로 처리
           하는 경우가 그 대표적인 예이다.
        b. 잉여적 표현을 삭제하라(Omit redundant words): '..게 되다', '..게 하
           다', '..할 수 있다' 등의 보조용언의 불필요한 사용을 피한다.

임병화/남유선(2009: 80ff.)은 '경우'와 '-면'이 들어 있는 한국어 조건 부사어의 가독성 및 번역성 향상을 위한 방안으로 다음과 같이 제안하고 있다.

    (4)  a. 조건 부사어에 대해 '경우'나 '경우에'만을 쓰고, 특수조사 '은/는, 만,
           도' 등을 사용할 때에는 부사격 조사 '에'와 함께 쓰며 '경우에 + 있다,
           대하다, 한하다' 식의 조건 부사어에 불필요한 잉여적 표현은 피한다.
        b. '경우'와 '면'이 동시에 나타나는 조건 부사어 '경우라면'의 사용은 피하
           고 이 중에서 한 가지 유형만을 선택한다.

## 2) 통제언어 이론의 통사부

통사부의 쓰기규칙으로는 기술문서의 특성을 고려하여 가능한 한 단순문 형태로 작성하여야 하며, 어순에 대해서도 독일어의 경우 아래 문형 중 하나를 사용하도록 하였다(Lehrndorfer 1996: 155, 166ff.).

(5) a. 주어 – 술어(Subjekt – Prädikat)
   b. 주어 – 술어 – 직접목적어(Subjekt – Prädikat – Akkusativobjekt)
   c. 주어 – 술어 – 전치사구(Subjekt – Prädikat – Präpositionalphrase)
   d. 주어 – 술어 – 직접목적어 – 전치사구(Subjekt – Prädikat – Akkusativobjekt – Präpositionalphrase)
   e. 주어 – 술어 – 장소 및 시간 보족어(Subjekt – Prädikat – Artergänzung (Raumergänzung, Zeitergänzung))
   f. 주어 – 술어 – 간접목적어(Subjekt – Prädikat – Dativobjekt)
   g. 주어 – 술어 – 간접목적어 – 직접목적어(Subjekt – Prädikat – Dativobjekt – Akkusativobjekt)
   h. 주어 – 술어 – 직접목적어 – 장소 및 시간 보족어(Subjekt – Prädikat – Akkusativobjekt – Artergänzung)

영어의 경우, AECMA(Association Européenne des Constructeurs de Matériel Aérospatial), 즉 유럽우주항공산업협회가 1986년 이후 우주항공산업과 관련된 국제적인 기술문서 작성에 사용하도록 한 SE(Simplified English, 1998년판) 쓰기 규칙이 대표적이다(Göpferich 2002: 374). 그 중 일부를 제시해 보면 다음과 같다.

(6) a. 긴 문장은 사용하지 말라.
     • 행위지침(Handlungsanweisungen)의 경우, 한 문장에 최대 20 단어 이하 만을 사용
     • 묘사나 다른 서술 표현의 경우, 25 단어 이하의 문장 10개 이하를 사용
   b. 문장 하나에 진술은 하나만
   c. 완전한 문장으로 구성

d. 지시의 경우, 명령문을 사용
e. 한 문단에 최대 6 문장까지만 사용
f. 명사의 연쇄(Cluster)는 피하고, 클러스터의 길이는 명사 3개까지만
g. 명사는 관사와 함께 사용
h. 행위지침에는 반드시 능동동사를 사용할 것
i. 시제는 허용함: 단, 현재, 과거, 단순미래

여기 제시된 지침들 중 일부는 연구 결과 가독성 향상에 기여한 것으로 확인되었지만, 정확한 수치가 동반된 지침의 경우들은 추가적인 검토와 연구가 필요한 것으로 파악되었다(Göpferich 2002: 375).

## 3.1.3. 통제언어 이론의 법률언어에의 적용

### 1) 어휘부에의 적용

통제언어 이론의 어휘부에 대한 제약은 매우 구체적인데, 상당히 복잡한 내용을 정의 및 기술해야 하는 법률언어의 경우에는 접속관계를 등위접속으로 제한하거나 Lehrndorfer(1996)의 제안처럼 품사의 종류나 그 형태 및 쓰임을 제한하는 것은 가능하지도 바람직하지도 않다. 예를 들어, 법조항에는 인과관계(민법 제1038조 1항: "규정에 위반하여")나 조건(민법 제436조의 2: "손해를 입힌 경우에는") 등이 매우 중요한 요소로 작용하므로 접속관계를 등위접속으로 제한하기 쉽지 않다. 또한 부가어의 경우, 법률언어에서는 '필요하다, 특별하다, 중대하다, 정당하다, 동일하다, 상당하다, 중하다, 위험하다, 중요하다, 부정하다, 부당하다, 불능하다, 불리하다, 균등하다, 현저하다, 불가능하다, 유사하다, 문란하다, 적법하다, 새롭다' 등과 같이 매우 다양한 형용사가 부가어로 사용되므로 그 사용을 제한하는 것은 적절하지 않다. 물론 기술문서에 대한 통제언어 이론의 논의에서 대용어의 사용 자제, 一 語一意, 잉여적 표현의 삭제 등에 대한

제안은 법률언어에도 수용할 필요가 있다. 예를 들어, 아래 민법 제1113조에서 '그'라는 대용어 때문에 "그 가격"이 무엇의 가격인지 파악하기 쉽지 않고, 이와 같은 불명확함(Unklarheit)으로 인해 가독성이 저해되고 있다.

> (7) 조건부의 권리 또는 존속기간이 불확정한 권리는 가정법원이 선임한 감정인의 평가에 의하여 <u>그</u> 가격을 정한다. (민법 제1113조(유류분의 산정) 2항)

아래 민법 제153조의 경우에는 대용어 사용의 문제뿐만 아니라 불필요한 표현의 사용이 문제된 경우이다("기한의 이익은 이를 포기할 수 있다" → "기한의 이익은 포기할 수 있다").

> (8) 기한의 이익은 <u>이를</u> 포기할 수 있다. 그러나 상대방의 이익을 해하지 못한다. (민법 제153조(기한의 이익과 그 포기) 2항)

민법 제153조에서 불필요한 '이를'과 유사한 표현은 일본 헌법에서도 관찰된다.

> (9) 財産権は、<u>これを</u>侵してはならない。(憲法 第29条)

일본 헌법 제29조는 "재산권은 이를 침해해서는 안 된다"로 번역할 수 있는데, 목적어에 해당하는 것(財産権)을 주제[토픽]로 하고 그 목적어 명사구를 받는 지시사와 조사의 결합, 즉 これを('이를')를 삽입한 구문으로 분석 가능하다. 하시우치 타케시/홋타 슈고(2016, 59f.)에 따르면 영어의 수동태 문장에 해당하는 법조항 17개 중 8개가 이러한 구조를 사용하고 있다고 한다. 일본어에서는 이와 같은 "..は、これを .." 구조가 자연스러운 구문이지만,[40] 한국어에서는

---

40  "..は、これを .." 구조에 대한 문법성 평가는 일본어 모국어화자인 고마츠 나나 교수(고려대)에 따름.

여기에 해당하는 "..는 이를 ..." 구조는 불필요한 '이를'을 포함한 부자연스러운 구문이다. 다음으로 민법 제5조와 제808조는 하나의 의미에 대해 두 가지 표현('동의를 얻다/받다')이 사용되고 있어 비경제적인 언어 사용에 해당한다.[41]

> (10)  a. 미성년자가 법률행위를 함에는 법정대리인의 <u>동의를 얻어야</u> 한다. (민법 제5조(미성년자의 능력) 1항)
> b. 미성년자가 혼인을 하는 경우에는 부모의 <u>동의를 받아야</u> 하며, [...] (민법 제808조(동의가 필요한 혼인) 1항)

우리나라 법률언어에서는 이외에도 정확성(Korrektheit)이나 일관성(Konsistenz)의 결여로 가독성이 저해되는 경우도 발견되는데, 법률언어의 가독성 향상을 위해서는 용어 및 표현의 정확하고 일관된 사용이 필요하다. 예를 들어, 자동사('완성되다', '성취되다')를 사용해야 하는 상황인데도 타동사('완성하다', '성취하다')를 사용하여 정확성이 문제되는 경우가 적지 않다.

> (11)  a. 상속재산에 속한 권리나 상속재산에 대한 권리는 상속인의 확정, 관리인의 선임 또는 파산선고가 있는 때로부터 6월내에는 소멸시효가 <u>완성하지</u> 아니한다. (민법 제181조(상속재산에 관한 권리와 시효정지))
> b. 조건의 성취로 인하여 불이익을 받을 당사자가 신의성실에 반하여 조건의 성취를 방해한 때에는 상대방은 그 조건이 <u>성취한</u> 것으로 주장할 수 있다. (민법 제150조(조건성취, 불성취에 대한 반신의행위) 1항)

또한 동일한 동사('위반하다')가 특별한 이유 없이 상이한 지배관계('..에 대하여' vs. '..를' (위반하다))를 보임으로써 일관성이 떨어지는 경우가 있다. 이 경우 민법 제1038조에서 "규정에 위반하여"를 표준화된 표현인 "규정을 위반하여"로[42]

---

41  이 경우는 비경제성뿐만 아니라 일관성이 결여된 경우에도 해당한다.
42  국립국어원이 제공하는 네이버사전의 어휘항목 '위반하다' 참조. '..에 위반하여'를 '..를 위반하여'로 대체하는 문제에 대해서는 법제처(2015: 118) 참조.

바꾸면 일관성이 확보되고 가독성 향상에도 도움이 된다.

(12)  a. 채권자가 제1항부터 제3항까지의 규정에 따른 <u>의무를 위반하여</u> 보증인
에게 손해를 입힌 경우에는 법원은 그 내용과 정도 등을 고려하여 보증
채무를 감경하거나 면제할 수 있다. (민법 제436조의2(채권자의 정보제
공의무와 통지의무 등) 4항)
b. 한정승인자가 제1032조의 규정에 의한 공고나 최고를 해태하거나 제
1033조 내지 제1036조의 <u>규정에 위반하여</u> 어느 상속채권자나 유증 받
은 자에게 변제함으로 인하여 [...] (민법 제1038조(부당변제 등으로 인
한 책임) 1항)

## 2) 통사부에의 적용

### ● 기본어순

독일어가 영어에 비해 상대적으로 어순이 자유로운 편이지만, 문장성분의
기능이 격조사를 통해 드러나는 한국어의 경우에는 어순이 더 자유롭다. 이러
한 자유로운 어순에도 불구하고 한국어에도 기본어순이 있다. 기본어순이란
문장이 취할 수 있는 다양한 문장성분들의 배열 가능성 중에서 가장 일반적이
고 제약이 없는 어순을 말한다. 경험적으로는 가장 무난하고 자연스럽게 읽힐
수 있는 문장이 기본어순에 따라 쓰인 문장이라고 할 수 있다(정수정 2019: 377f.).
기본어순에서 벗어난 모든 문장은 자연스러움에 어느 정도 부정적인 영향을
미치게 되고 결과적으로 가독성이 낮아질 수 있다(이기갑 1989, 144f.).

다음 (13), (14)의 각 예문들에서 (a)는 자연스러운 기본어순 문장이고 여기
서 벗어난 (b), (c), (d)는 유표적 문장이거나 비문으로 간주된다(이익섭/임홍빈
1983: 19).

(13)  a. 형은 나에게 선물을 주었다.

　b. 나에게 형은 선물을 주었다.

　c. 선물을 형은 나에게 주었다.

　d. ?*선물을 나에게 형은 주었다

(14)　a. 나는 그를 천재로 알았다.

　b. 그를 나는 천재로 알았다.

　c. ?*나는 천재로 그를 알았다.

　d. *그를 천재로 나는 알았다

즉, 한국어에서 간접목적어(IO)와 직접목적어(DO)가 들어 있는 문장의 기본어순은 S-IO-DO-V이고, 목적보어(C)를 포함한 문장의 기본어순은 S-DO-C-V이다. 가독성의 관점에서 보면, 이러한 기본어순에 따라 쓰인 문장이 최적인 상태라고 볼 수 있다(정수정 2019: 379).

실제로 법령들을 대상으로 한 코퍼스 분석에서 "(누가) 법무부장관에게 출국금지기간을 연장하다"와 같은 S-IO-DO-V 구조의 문장이 많이 관찰되었다. 그런데, S-DO-IO-V 구조의 문장이 무시할 정도 이상으로 나오는 것은 논의가 필요하다. 이런 경우는 대부분 "이를 국민에게 개방하다", "사실을 환경부장관에게 보고하다"처럼 직접목적어가 직전에 나오는 내용과 연관되는 경우로서 정보의 신구성에 따라 (재)배열되어 간접목적어보다 앞에 나오는 경우에 해당한다. 그러나 S-DO-IO-V 구조가 이와 같은 정보의 신구성에 따라 재배열되지 않고 "국내주식 등을 거주자에게 증여하다"처럼 나오는 경우도 있는데, 이런 경우는 "거주자에게 국내주식 등을 증여하다"와 같이 기본어순인 S-IO-DO-V의 어순으로 배열하여 가독성을 높이는 것을 고려해 볼 수 있다.

한편, 직접목적어 및 목적보어와 관련된 기본어순은 법률언어에서도 대체로 잘 지켜지는 것으로 파악되고 있다.

(15)　a. 주소를 알 수 없으면 [거소를] [주소로] 본다. (민법 제19조(거소))

b. 2인 이상이 공동하여 죄를 범한 때에는 [각자를] [그 죄의 정범으로]
처벌한다. (형법 제30조(공동정범))

직접목적어와 목적보어의 배열은 목적보어('주소로'와 '정범으로')가 동사('보다'
와 '처벌하다')의 의미를 한정하면서 동사에 더 가까이 위치하는 방식으로, 즉
목적어 뒤, 동사 바로 앞에 나온다고 볼 수 있다(정수정 2019: 386).

기본어순의 결정에 있어서, 이러한 의미적 연관성은 기술문서의 가독성 향
상을 위한 권민재 외(2010: 3)에서도 논의된다. 이들은 부사어와 목적어의 상대
적 위치에 대해 논의한 바 있는데, Yamashita/Chang(2001)에서 사용된 문장
산출과제를 심리언어학적인 실험방법으로 채택하여 부사어와 목적어 사이의
어순에 대해서 밝혀냈다. 두 문장성분 중에서 동사와 의미적으로 더 가까운
것일수록, 즉 동사와의 긴밀도에 따라 동사에 더 가깝게 위치한다는 것이다.
이 연구에 따르면, 동사와의 의미적 긴밀도에 따라 "직접목적어 > 필수적 부사
어 > 동사"(예, "(부장님이) 서류를 서랍에 두었다"), "직접목적어 > 도구 부사어 >
동사"(예, "(아버지가) 파리를 손으로 잡았다"), "수의적 부사어 > 직접목적어 > 동
사"(예, "(형사가) 거리에서 범인을 놓쳤다") 순으로 배열하는 것이 처리시간을 단축
시키고, 그에 따라 자연스럽게 잘 읽힐 수 있는 기본어순의 문장으로서 가독성
을 높일 수 있게 된다.

목적어와 부사어의 종류에 따른 부사어의 배열과 관련된 어순은 법조문에서
도 쉽게 확인할 수 있다.

(16)  a. 국가는 [법률이 정하는 바에 의하여] [재외국민을 보호할 의무를] 진다.
(헌법 제2조 2항))
b. 유언자는 [유언으로] [유언집행자를] 지정할 수 있고 그 지정을 제삼자
에게 위탁할 수 있다. (민법 제1093조(유언집행자의 지정))

헌법 제2조는 "법률이 정하는 바에 의하여"가 수의적 부사어로서 목적어인 "재외국민을 보호할 의무를"보다 앞에 위치해야 한다는 "수의적 부사어 > 직접목적어 > 동사" 배열원칙을 잘 반영하고 있다. 그런데, 민법 제1093조에서 도구 부사어로 간주할 수 있는 "유언으로"는 "직접목적어 > 도구 부사어 > 동사" 배열원칙에 따라 직접목적어인 "유언집행자를" 보다 뒤에 위치함으로써 동사에 더 가깝게 나와야 한다(예, "유언자는 [유언집행자를] [유언으로] 지정할 수 있고"). 다만, 이 경우는 이 부사어가 앞선 주어("유언자는")와 의미적인 연관성이 강하기 때문에 직접목적어 앞에 나온 것으로 판단할 수도 있다(정수정 2019: 385).[43]

기본어순은 정보구조(Informationsstruktur)에 의해 영향을 받을 수도 있다. 정보구조에는 문장에서 정보의 핵심이 되는 초점과 배경을 비롯하여, 알려진 정보와 새로운 정보, 즉 테마와 레마의 구분이 포함된다. 나아가 정보 구조의 또 다른 관점에서는 문장이 언급하고자 하는 것과 언급된 내용을 의미하는 토픽과 코멘트의 구분이 있다.

우선 초점(Fokus)과 배경(Hintergrund)의 경우, 초점은 강세를 통해서 두드러진 문장 요소이고 나머지 부분이 배경이 된다. 예를 들어, "Wen hat Hans gefüttert?"라는 질문에 대한 대답이 "Hans hat seine KATze gefüttert."인 경우 강세를 받는 KATze가 초점이 된다. 비슷한 질문에 대해 한국어에서도 "한스는 고양이한테 밥을 줬어."라고 대답하면서 "고양이"에 강세를 줄 것이다. 마지막으로 테마와 레마는 정보의 신구성에 기초한 개념쌍인데, 테마는 문맥이나 상황에서 주어진 정보를 의미하고, 레마는 새로운 정보를 나타낸다. 어순과 관련해서는 원칙적으로 테마가 레마에 앞선다. 테마와 레마의 배열에 대

---

43  부사어의 이러한 어순은 일반 언어학적인 현상이라고 볼 수 있다. 예를 들어, 독일어에서도 다양한 종류의 부사어들의 어순이 동사와 의미적 긴밀도에 따라 동사의 기본위치인 뒤쪽에 가깝게 나온다(Pittner/Berman 2004: 150ff.).

해 Pittner/Berman (2004: 145)은 Lenerz(1977: 43)의 다음과 같은 예를 통해서
설명하고 있다.

> (17) Was hast du dem Kassierer gegeben?
>   a. Ich habe dem Kassierer das GELD gegeben.
>   b. ?*Ich habe das GELD dem Kassierer gegeben.

즉, "Was hast du dem Kassierer gegeben?"이라는 질문에 대한 대답에서
간접목적어와 직접목적어의 배열은 이론적으로 "Ich habe dem Kassierer das
GELD gegeben."과 "Ich habe das GELD dem Kassierer gegeben."이라는
두 가지가 가능한데, 후자, 즉 (b)의 경우 독일어의 기본어순(간접목적어 > 직접목
적어)을 어겼을 뿐만 아니라, 새 정보, 즉 레마인 das GELD가 알려진 정보인
dem Kassierer 앞에 나오기 때문에 허용되지 않는다.[44]

지금까지 살펴본 초점과 배경, 테마와 레마의 배열은 대화를 기반으로 하거
나 강세가 정보의 가치를 부여하는 구어체 표현의 분석에 많이 활용된다. 반면,
토픽(Topik)과 코멘트(Komment)는 문장이 언급하고자 하는 것과 언급된 내용을
구분하는 데 일차적인 관심이 있는 만큼, 문장 단위의 서술이 중심을 이루는
법조문 등의 분석에 적합하다. Pittner/Berman(2004: 142ff.)에 따르면, 토픽은
문장의 정보가 저장되어 있는 일종의 주소로서, 목록카드의 항목에 비유할 수
있다. 어순과 관련해서 보면, 토픽은 문두에 나오고 코멘트는 그것을 뒤따르는
범언어적인 경향이 있다. "Das Haus hat vier Fenster."라는 독일어 문장에서
"das Haus"가 토픽이 되고, 술어인 "hat vier Fenster"가 코멘트이다. 한국어

---

44  (17b)의 비문법성은 "Wem hast du das Geld gegeben?"라는 질문에 대한 대답으로 "Ich
habe das Geld dem KasSIERer gegeben."이라고 했을 때, 이 문장이 독일어의 기본어순(간접
목적어 > 직접목적어)을 어겼음에도 불구하고, 레마인 dem KasSIERer가 테마인 das Geld
뒤에 나옴으로써 정보구조를 준수하기 때문에 용인되는 경우와 대조를 이룬다. 이에 대해서는
Pittner/Berman(2004: 145) 참조.

의 경우 토픽은 문두에 나올 뿐만 아니라 "토끼는 앞발이 짧다."나 "이 집안은 아들이 귀하다."에서처럼 주제격 조사 '은', '는'으로 표시된다(최수형 1984: 238, 고영근/구본관 2008: 516).

이처럼 별다른 조건이 없다면, 일반적으로 주어가 토픽이 되어 문두에 나오는데, 법조문에서도 주어가 목적어나 다른 문장성분들보다 주제격을 가지고 문두에 놓이는 경향이 있다.

(18)  a. [모든 국민은] [근로의 권리를] 가진다. (헌법 제32조 1항)
      b. [사람은] 생존한 동안 [권리와 의무의 주체가] 된다. (민법 제3조)

헌법 제32조와 민법 제3조에서 모두 주어인 "모든 국민"과 "사람"이 토픽이 되고 있다. 그런데, 한국어에서는 주어 이외의 다른 문장성분들도 '언급의 대상'이 된다면 별문제 없이 주제격 조사와 함께 문두에 나올 수 있다(예, "철수는 순이가 좋아한다."). 우리나라 법조문에서는 이와 같은 목적어 토픽이 매우 빈도 높게 관찰된다.[45]

(19)  a. 대한민국의 영토는 한반도와 그 부속도서로 한다. (헌법 제3조)
      b. 저작자 · 발명가 · 과학기술자와 예술가의 권리는 법률로써 보호한다. (헌법 제22조 2항)
      c. 근로조건의 기준은 인간의 존엄성을 보장하도록 법률로 정한다. (헌법 제32조 3항)

이처럼 법조문에서 목적어 토픽이 매우 빈도 높게 나오는 이유는 국가나 기관 등 일반적인 행위자가 전제되거나 (어떤 사실이나 규칙을 서술하는) 법조문의 특성상 행위자가 생략되어 주어로 삼기 어렵기 때문으로 보인다(구명철 2018:

---

45  구명철(2017a)에 따르면, 한국어에서 목적어 토픽은 수동문의 대체형으로 일반화된 구조이다. 이에 대한 자세한 논의는 구명철(2017a)의 III. 2절 참조.

28f.). 따라서 영어나 독일어라면 수동문을 써야 하는 상황에서, 토픽 선호 언어인 한국어는 목적어를 언급대상으로 하는 토픽이라는 기제를 사용하는 것이다.

### ● 수식어의 위치

독일 기본법 GG §4, (3)의 "mit der Waffe"처럼("Niemand darf gegen sein Gewissen zum Kriegsdienst mit der Waffe gezwungen werden. [...]"), 수식어는 통사론적인 관점에서만 보면 중의성을 낳기 쉽다. 그래서 기술문서의 가독성 향상을 위한 연구에서 강조되는 통사·구문론적인 현상 중의 하나는 수식어와 피수식어의 관계 및 위치이다(신형기 외 2006, 김은양 2005, 권민재 외 2010). 예를 들어, 한국어에서는 수식어를 피수식어 바로 앞에 위치시키라는 것인데, 피수식어 자리에 둘 이상의 명사구가 나오는 경우(예, [수식어] > [명사구1] + [명사구2]), [명사구1]만이 피수식어로 간주될 수도 있고 [명사구1 + 명사구2] 모두 피수식어로 이해될 수도 있다. 이와 관련하여 형법 제170조에 대해서는 개정(2020. 12. 8.) 전인 최근까지도 언어학적으로뿐만 아니라(김기영 2007), 법조계에서도 적지 않은 논란이 있었다.[46]

> (20) 형법 제170조(실화)
> ① 과실로 인하여 제164조 또는 제165조에 기재한 물건 또는 타인의 소유에 속하는 제166조에 기재한 물건을 소훼한 자는 1천500만원 이하의 벌금에 처한다. [개정 1995.12.29.]
> ② 과실로 인하여 <u>자기의 소유에 속하는 제166조 또는 제167조에 기재한 물건</u>을 소훼하여 공공의 위험을 발생하게 한 자도 전항의 형과 같다.

> (21) 형법 제166조(일반건조물 등에의 방화)
> ① 불을 놓아 전2조에 기재한 이외의 건조물, 기차, 전차, 자동차, 선박,

---

46  관련된 논의를 위해 아래 형법 조항들은 개정 전의 것으로 제시한다.

항공기 또는 광갱을 소훼한 자는 2년 이상의 유기징역에 처한다.

② 자기 소유에 속하는 제1항의 물건을 소훼하여 공공의 위험을 발생하게 한 자는 7년 이하의 징역 또는 1천만원 이하의 벌금에 처한다.<개정 1995.12.29.>

(22) 형법 제167조(일반물건에의 방화)

① 불을 놓아 전3조에 기재한 이외의 물건을 소훼하여 공공의 위험을 발생하게 한 자는 1년 이상 10년 이하의 징역에 처한다.

② 제1항의 물건이 자기의 소유에 속한 때에는 3년 이하의 징역 또는 700만원 이하의 벌금에 처한다.

형법 제170조 2항의 "자기의 소유에 속하는 제166조 또는 제167조에 기재한 물건을" 부분에서 "자기의 소유에 속하는"은 어법상 "제166조 또는 제167조에 기재한 물건"을 수식한다. 그런데, 이렇게 해석할 경우 제167조 1항의 내용 중 과실로 인하여 타인의 소유에 속하는 물건을 소훼하여 공공의 위험을 발생하게 한 자가 배제되는 의외의 결과를 낳게 된다.[47] 수식구문이 중대한 오해석을 일으키거나 중의성 때문에 가독성을 해칠 수 있는 만큼, 그 구성을 명확히 해야 한다는 교훈을 준 대표적인 사례이다.[48]

● **주어 및 목적어의 생략**

한편, 아래 헌법 제55조 2항의 두 번째 문장과 헌법 제64조 4항은 문장 내용의 핵심이 되는 주어가 생략됨으로써 가독성이 떨어지는 경우이다.

---

47  과실로 인하여 "타인의 소유에 속하는 제166조에 기재한 물건을 소훼한 자"에 대한 내용은 제170조 1항에 들어 있으나, "타인의 소유에 속하는 제167조에 기재한 물건을 소훼한 자"에 대해서는 어디에도 언급이 없기 때문이다. 이와 관련된 대법원 판례를 포함한 자세한 논의는 제2부의 2.4절 참조.

48  이러한 문제 제기가 반영되어 형법 제170조 2항은 다음과 같이 개정되었다: "② 과실로 자기의 소유인 제166조 물건 또는 제167조에 기재한 물건을 불태워 공공의 위험을 발생하게 한 자도 제1항의 형에 처한다." [전문개정 2020. 12. 8.]

(23) 예비비는 총액으로 국회의 의결을 얻어야 한다. <u>예비비의 지출은 차기국회</u>
<u>의 승인을 얻어야 한다.</u> (헌법 제55조 2항)

(24) 헌법 제64조
① 국회는 법률에 저촉되지 아니하는 범위안에서 의사와 내부규율에 관한
규칙을 제정할 수 있다.
② 국회는 의원의 자격을 심사하며, 의원을 징계할 수 있다.
③ 의원을 제명하려면 국회재적의원 3분의 2 이상의 찬성이 있어야 한다.
④ <u>제2항과 제3항의 처분에 대하여는 법원에 제소할 수 없다.</u>

우선, 제64조 4항의 경우, 주어가 생략됨으로써, 행위의 주체가 전항 또는
전전항에 등장하는 "의원"인지, "국회"인지 불명확하다. 내용을 정확히 이해하
고 나서야 생략된 주어가 "의원"이라는 것을 알 수 있다. 가급적 정보를 분명하
게 제공하라는 통제언어 이론의 제안대로 4항에 주어를 추가하여 "(해당) 의원
은 제2항과 제3항의 처분에 대하여 법원에 제소할 수 없다."라고 수정하면 불
필요한 오해나 시간 낭비를 줄여서 가독성을 높일 수 있다.

한편, 헌법 제55조에서는 "예비비의 지출"에 주제격 표지('는')가 붙어있고
같은 문장에 목적격 명사구('승인을')가 들어 있어서, 이것이 주어인지 목적어인
지 곧바로 파악하기 어렵지만 "예비비의 지출"은 "승인을 얻어야" 하는 대상이
므로 목적어임이 분명하다. 이 경우 생략된 주어가 무엇인지 확인하기 쉽지
않고 세계지식이나 법률지식 등 언어 외적인 요인을 통해서만 그 선행사를
파악할 수 있다(구명철 2018: 28). 따라서 생략된 주어를 복원하거나, 주어를 생략
할 수밖에 없다면 "예비비는 차기국회의 승인을 얻어 지출한다."처럼 수정하여
문장을 좀 더 명확히 구성해야 할 것이다.

다음의 경우는 등위접속구문의 후행문에 주어와 목적어가 모두 생략되어
있어 문제가 되는 경우이다.

(25) 대통령의 임기[토픽]는 5년으로 하며, <u>중임할 수 없다.</u> (헌법 제70조)

즉 헌법 제70조에서는 후행문의 주제[토픽]가 생략됨으로써 이것이 선행문의 주어와 동일한 것으로 착각하게 할 뿐만 아니라, 술어("중임할 수 없다")와의 의미적 결합에도 문제가 있는 경우이다. 왜냐하면 '중임하다'의 사전적 의미는 "임기가 끝나거나 임기 중 개편이 있을 때 거듭 그 자리에 임용하다"인데 '대통령의 임기'가 '중임하다'의 목적어로서 결합될 수는 없기 때문이다. 따라서 등위접속구문에서 후행문의 주제[토픽]는 "대통령의 임기"가 아니라 "대통령(직)"이므로, 헌법 제70조는 "대통령의 임기는 5년으로 하며, 대통령(직)은 중임할 수 없다"로 수정해야 할 것이다.

이처럼 법률에서 실제 관찰할 수 있는 문제점을 개선하고 가독성 저해원인을 제거하기 위해서, 구명철/정수정(2018: 8)은 Rechenberg(2006: 17ff.)의 기술문서 대상 가독성 원리(3K: Klarheit(명확성), Kürze(간결성), Klang(운율성))를 수정하여 다음과 같은 법률언어의 가독성 향상 원리($3K_R$)를 제시한다.

(26) a. Korrektheit(정확성): 법률에서는 조항 하나하나가 개인의 운명과 재산을 좌우하는 중대한 의미를 갖는 만큼, 어법상의 오류가 없이 정확해야 한다.
b. Klarheit(명확성): 불명확한 표현은 해당 법조항에 대한 잘못된 해석을 낳을 수 있으므로 명확해야 한다.
c. Konsistenz(일관성): 법률은 전체로서 하나의 완성된 텍스트이므로 일관성 있는 표현을 사용해야 한다.

법률에서는 여기 제시된 $3K_R$이 지켜지지 않을 경우 다양한 정도로 가독성이 저해되는데, 특히 정확성은 가독성의 가장 중요한 원리라고 할 수 있다.

## 3.2. 코퍼스 활용 언어분석

### 3.2.1. 코퍼스의 구축 및 검색

컴퓨터의 용량 및 처리속도가 눈에 띄게 향상됨으로써 코퍼스를 구축하여 대규모의 언어자료를 분석하는 것이 가능해졌다. 방대한 양의 법령 자료를 분석하여 사용 어휘와 구문 등을 검색하는 데에도 코퍼스의 구축은 필수적이다. 코퍼스 구축을 위해서는 코퍼스 작업대(Corpus Workbench)인 CWB가 매우 유용하다. CWB에 기반한 코퍼스는 검색시스템 CQP를[49] 내장하고 있어서 대용량 데이터를 효율적으로 처리할 수 있게 해준다. CQP로 검색이 가능하기 위해서는 여기에 적합한 포맷으로 인코딩 되어야 하는데, "CWB는 이러한 인코딩 작업을 할 수 있는 도구들을 갖추고 있으며, 또한 인코딩이 완료된 코퍼스에 접근하여 검색 작업을 수행할 수 있는 인터페이스를 사용자에게 제공한다"(이민행 2015: 22). 나아가 CWB는 유니코드를 지원하기 때문에 영어뿐만 아니라 독일어나 한국어 등 다양한 언어의 코퍼스 구축을 가능하게 해주는 등 매우 큰 장점을 가지고 있다(이민행 2015: 21ff.)

한국어의 경우, 앞서 소개한 UTaggerTCM이라는 형태소 분석기를 활용하여 한국어 문장들에 대한 형태분석을 한 뒤, CWB 인코딩 작업을 통해 코퍼스를 구축할 수 있다. 이렇게 구축된 코퍼스를 대상으로 CQP 검색기능을 활용하면 어휘목록 및 어휘들의 결합 관계를 분석할 수 있다. 어휘목록의 경우 사용어휘의 빈도수와 여기에 기초한 주제어(keyword) 추출이 가능하고, 어휘들의 결합 관계는 공연강도(collocation strength) 산출을 통해 구문 및 연어로의 분석이 가능하다.

---

49   CQP Query Language의 사용법에 대해서는 이민행(2015)과 Corpus Encoding Tutorial
     (http://cwb.sourceforge.net/files/CWB_Encoding_Tutorial/) 참고.

## 3.2.2. 코퍼스의 검색 방법

### 1) 사용 어휘: 어휘목록

코퍼스 검색을 통해 어휘목록을 추출할 수 있는데, 어휘목록은 목적에 따라 명사, 동사, 형용사 등의 품사별로 검색할 수도 있고, 품사 구분 없이 모든 어휘를 대상으로도 검색 가능하다. 품사별 어휘목록에 대해서는 제3부 제1장에서 자세히 살펴보기로 하고 여기서는 전체 어휘목록을 품사와 관계없이 추출하는 작업을 소개하기로 한다. 예를 들어 전체 법령에 사용된 모든 어휘를 그 빈도에 따라 검색하기 위한 검색식은 다음과 같다.[50]

(28) T=[word=".*" & pos="(NNG|NNP|NNB|NP|NR|VV|VA|VX|VCP|VCN|MM|
      MAG|MAJ)"]; count by word;

한국어 법령코퍼스에서 어휘들을 검색하는 검색식은 원래 "T=[pos="*.*"]; count by word;"인데, 이렇게 할 경우 한국어의 특성상 조사, 어미, 숫자, 기호 등 진정한 의미의 어휘에 포함되지 않는 요소들이 함께 검색되기 때문에, 이것들을 제외하기 위해서 (28)이 보여 주는 것처럼 품사들을 하나하나 나열한 것이다.[51]

이러한 검색과정을 통해 얻게 되는 총 어휘목록 중 상위빈도 30개는 다음 <표 1-1>과 같다.[52]

---

50　여기서는 한국법제연구원의 2020년 과제("국문법령의 법률용어와 상용어구에 대한 코퍼스 분석")를 위해 구축하였던 한국어 법령코퍼스를 검색 대상으로 한다(구명철/권민재 2020). 한국어 법령코퍼스는 927개의 국문 법령(2020년 3월 기준)을 대상으로 하는데, 이 법령들을 내용에 따라 과학기술 분야, 관리/보호법, 국토 분야 등 27개의 하위 분야로 구분하고 추가로 정의 조항과 목적 조항 그리고 전체 법령의 통합 버전을 별도로 구성하였다.

51　검색식에서 불필요한 것들을 제외하는 방법에는 두 가지가 있는데, 여기 제시된 것처럼 불필요한 것은 빼고 해당하는 것들을 모두 나열하는 방법과 반대로 제외하고자 하는 것들만 나열하는 방법이 있다(후자의 방법에 대해서는 제3부 제1장 참고).

<표 1-1> 전체 법령의 총 어휘목록

| 어휘 | 절대빈도 | 빈도등급 |
|---|---|---|
| 따르다 | 149653 | 1 |
| 이 | 117637 | 1 |
| 경우 | 92878 | 1 |
| 또는 | 88122 | 1 |
| 및 | 86529 | 1 |
| 등 | 85437 | 1 |
| 하다 | 73404 | 2 |
| 있다 | 70122 | 2 |
| 법 | 58276 | 2 |
| 정하다 | 56493 | 2 |
| 관하다 | 51240 | 2 |
| 규정 | 39401 | 2 |
| 사항 | 38685 | 2 |
| 받다 | 38420 | 2 |
| 대하다 | 38134 | 2 |
| 다음 | 35068 | 3 |
| 시행 | 34183 | 3 |
| 아니하다 | 32664 | 3 |
| 기관 | 31450 | 3 |
| 사업 | 31281 | 3 |
| 장관 | 30340 | 3 |
| 필요하다 | 30125 | 3 |
| 위하다 | 29196 | 3 |
| 대통령령 | 27879 | 3 |
| 때 | 25551 | 3 |
| 이하 | 25506 | 3 |
| 위원회 | 24138 | 3 |
| 해당하다 | 24062 | 3 |
| 관리 | 23140 | 3 |
| 년 | 22806 | 3 |

---

52  한국어 코퍼스에서 검색을 통해서 얻게 된 총 어휘목록은 구명철/권민재(2020: 41f.)에서
    가져왔음.

위의 <표 1-1>의 각 어휘에 제시된 빈도등급은 권민재(2017)에 따르면, 원래 문서 내에서 가장 빈도 높게 출현하는 어휘의 절대빈도를 기준으로 해당 어휘의 상대빈도를 구한 값이다. Zipf의 법칙을 이용하여 코퍼스에서 절대빈도수가 가장 높은 어휘가 특정 어휘 w보다 2N배 만큼 빈번하게 출현한다고 하면 w의 빈도등급은 N이 된다. 따라서 빈도수가 가장 높은 어휘의[53] 절대빈도를 f(a), 특정 어휘 w의 절대빈도를 f(w)라고 할 때, 특정 어휘 w의 빈도등급인 N을 얻을 수 있는 함수는 $\log_2(f(a)/f(w))$인데, 여기에 0.5를 더한 뒤 '실수보다 작은 최대 정수'(가우스 기호 [ ] 적용)를 최종값으로 한다. 그런데 이렇게 할 경우 최고 빈도등급이 "0"이 되어 우리 직관에 맞지 않으므로 여기서는 가우스 기호([ ])를 적용하지 않은 중간값에 반올림을 하여 최고 빈도등급이 "1"이 되도록 조정하였다.

한편, 한국어 법령코퍼스에서 특정한 법령 분야, 예를 들어 형사 분야에 사용된 어휘들을 검색하기 위한 검색식과 그 결과(상위 30개)는 다음과 같다.[54]

(29) T=[pos="(NNG|NNP|NNB|NP|NR|VV|VA|VX|VCP|VCN|MM|MAG|MAJ)"]::match.text="t20";[55] count by word;

<표 1-2> 형사 분야의 총 어휘목록

| 어휘 | 절대빈도 | 빈도등급 |
|------|---------|---------|
| 또는 | 2550 | 1 |
| 있다 | 1534 | 1 |
| 따르다 | 1444 | 1 |
| 하다 | 1339 | 1 |

---

53  빈도수가 가장 높은 어휘 및 구문은 각 코퍼스의 해당 목록을 기준으로 선정하였음('빈도등급'에 대해서는 권민재(2017) 참고).

54  형사 분야의 총 어휘목록에 대한 검색식은 구명철/권민재(2020: 11)을 참고하여 수정하였고, 검색 결과(<표 1-2>)는 구명철/권민재(2020: 21f.)에서 인용한 것임.

55  코퍼스 구축 및 검색 과정에서 각 법령 분야에 't'로 시작하는 일련번호를 부여하였는데, 형사 분야의 경우 "t20"으로 표시됨.

| 어휘 | 절대빈도 | 빈도등급 |
|---|---|---|
| 법 | 1303 | 1 |
| 경우 | 1292 | 1 |
| 및 | 1242 | 2 |
| 보호 | 1161 | 2 |
| 때 | 1120 | 2 |
| 관하다 | 1019 | 2 |
| 년 | 977 | 2 |
| 사람 | 974 | 2 |
| 이하 | 920 | 2 |
| 대하다 | 870 | 2 |
| 자(者) | 862 | 2 |
| 죄 | 837 | 2 |
| 범죄 | 790 | 2 |
| 받다 | 784 | 2 |
| 치료 | 691 | 2 |
| 관찰 | 665 | 2 |
| 징역 | 646 | 2 |
| 다음 | 631 | 3 |
| 처하다 | 603 | 3 |
| 시행 | 561 | 3 |
| 각 | 558 | 3 |
| 아니하다 | 555 | 3 |
| 명령 | 544 | 3 |
| 집행 | 524 | 3 |
| 행위 | 522 | 3 |
| 형(刑) | 522 | 3 |

그런데, 어떤 특정 분야에서 상위빈도를 보이는 어휘들이 반드시 해당 분야를 대표할 수는 없다. 왜냐하면 '또는', '있다', '따르다', '하다', '법' 등과 같은 단어들은 법령의 다른 분야, 심지어 다른 텍스트 영역에서도 빈도 높은 어휘로 나올 가능성이 있기 때문이다. 따라서 특정 분야의 전문어를 추출하는 방법으로 상대빈도비율을 활용할 수 있는데, 예를 들어 형사 분야에 상대빈도비율을

계산한 뒤 상위빈도에 따라 정렬하면 다음과 같은 표를 얻을 수 있다.

**<표 1-3> 형사 분야의 총 어휘목록 (상대빈도비율 포함)**

| 어휘 | 절대빈도 | 빈도등급 | 상대빈도비율(형사/전체) |
|---|---|---|---|
| 귀휴 | 12 | 8 | 54.86630942 |
| 가종료 | 7 | 9 | 54.86630942 |
| 가출소 | 7 | 9 | 54.86630942 |
| 감호자 | 75 | 6 | 54.86630942 |
| 계호하다 | 8 | 9 | 54.86630942 |
| 교정청 | 14 | 8 | 54.86630942 |
| 구형법 | 8 | 9 | 54.86630942 |
| 반공법 | 13 | 8 | 54.86630942 |
| 사면장 | 9 | 9 | 54.86630942 |
| 상신 | 11 | 8 | 54.86630942 |
| 신입자 | 9 | 9 | 54.86630942 |
| 의무관 | 9 | 9 | 54.86630942 |
| 임박자 | 10 | 8 | 54.86630942 |
| 자해하다 | 8 | 9 | 54.86630942 |
| 평결 | 15 | 8 | 54.86630942 |
| 관찰자 | 41 | 6 | 54.86630942 |
| 배심원 | 217 | 4 | 54.36524723 |
| 가석방 | 94 | 5 | 52.62686822 |
| 적다 | 18 | 8 | 51.97860892 |
| 범죄인 | 171 | 4 | 51.55021379 |
| 징벌 | 67 | 6 | 51.05614904 |
| 법정형 | 13 | 8 | 50.94728731 |
| 습벽 | 13 | 8 | 50.94728731 |
| 가해 | 47 | 6 | 50.56306946 |
| 소년부 | 87 | 5 | 50.24598862 |
| 디엔에이 | 118 | 5 | 49.42156115 |
| 목적하다 | 9 | 9 | 49.37967847 |
| 자유형 | 18 | 8 | 49.37967847 |
| 출소 | 51 | 6 | 49.09090842 |
| 수형자 | 191 | 4 | 48.96946308 |

상대빈도비율은 코퍼스 프로그램에서 주제어를 검색할 때 흔히 사용되는데, 특정어휘의 모집단에서의 비율과 해당 분야에서의 비율을 비교함으로써 얻어지며, 해당 공식은 다음과 같다.

(30)　　(특정 어휘의 빈도수/해당 분야 어휘의 빈도수 합)
　　　　(모집단에서 특정 어휘의 빈도수/모집단 어휘의 빈도수 합)

위의 <표 1-3>에서 '귀휴', '가종료', '가출소', '감호자', '계호하다' 등이 상대빈도비율이 매우 높은 어휘로 나오는데, 실제로 이것들은 모두 형사 분야나 이와 관련된 영역에서 주로 사용되는 어휘들로서 형사 분야의 전문어휘로 간주하는 데 전혀 문제가 없다. 따라서 상대빈도비율 계산이 특정 분야의 전문어휘를 추출하는 유용한 방법이라고 하겠다.

## 2) 연어 및 구문의 추출

CWB 기반 한국어 법령코퍼스의 전체 법령에서 어휘들의 결합 관계, 예를 들어 "직접목적어와 동사"의 결합을 그 빈도에 따라 검색하는 검색식은 (31)과 같다.[56]

(31) T=[pos="N.*"][pos="JKO"&word="을|를"];set T target nearest [pos="V.*"] within right 1 word from match; group T target word by match word;

이러한 검색과정을 통해 얻을 수 있는 '직접목적어+동사' 구문을 절대빈도가 높은 순으로 제시하면 다음과 같다.[57]

---

56　'직접목적어+동사'뿐만 아니라, '간접목적어+동사', '주어+동사/형용사 서술어' 등 한국어 법령코퍼스에서 검색해 낼 수 있는 다양한 구문에 대해서는 제3부에서 자세히 살펴보기로 함.

57　한국어 법령코퍼스의 '직접목적어+동사' 구문의 유형별 검색 결과(<표 1-4>)는 구명철/권민재(2020: 59)를 수정하여 인용함.

<표 1-4> 전체 법령에서의 '직접목적어+동사' 구문(절대빈도와 빈도등급)

| 직접목적어 | 동사 | 절대빈도 | 빈도등급 |
|---|---|---|---|
| 것(을/를) | 말하다 | 2489 | 1 |
| 허가(을/를) | 받다 | 2280 | 1 |
| 승인(을/를) | 받다 | 2216 | 1 |
| 경우(을/를) | 포함하다 | 2112 | 1 |
| 조치(을/를) | 하다 | 2039 | 1 |
| 행위(을/를) | 하다 | 1723 | 1 |
| 신고(을/를) | 하다 | 1693 | 1 |
| 자(을/를) | 말하다 | 1414 | 1 |
| 사항(을/를) | 규정하다 | 1378 | 1 |
| 규정(을/를) | 준용하다 | 1365 | 1 |
| 등록(을/를) | 하다 | 1282 | 1 |
| 업무(을/를) | 수행하다 | 1232 | 2 |
| 기간(을/를) | 정하다 | 1156 | 2 |
| 심의(을/를) | 거치다 | 1122 | 2 |
| 규정(을/를) | 적용하다 | 1036 | 2 |
| 경우(을/를) | 제외하다 | 1005 | 2 |
| 인가(을/를) | 받다 | 918 | 2 |
| 사항(을/를) | 변경하다 | 911 | 2 |
| 과태료(을/를) | 부과하다 | 908 | 2 |
| 지정(을/를) | 받다 | 799 | 2 |
| 직무(을/를) | 수행하다 | 771 | 2 |
| 지원(을/를) | 하다 | 768 | 2 |
| 의견(을/를) | 듣다 | 765 | 2 |
| 규정(을/를) | 인용하다 | 740 | 2 |
| 영향(을/를) | 미치다 | 713 | 2 |
| 요청(을/를) | 받다 | 710 | 2 |
| 동의(을/를) | 받다 | 685 | 2 |
| 요건(을/를) | 갖추다 | 683 | 2 |
| 지정(을/를) | 취소하다 | 651 | 2 |
| 사항(을/를) | 정하다 | 626 | 2 |

그런데 <표 1-4>에 제시된 검색 결과는 직접목적어와 동사가 함께 나오는 경우들의 절대빈도를 기준으로 보여 주고 있기 때문에 해당 직접목적어와 동사의 긴밀도가 이러한 순으로 나타난다고 단정 지을 수는 없다. 왜냐하면 "행위를 하다"와 같은 경우, 직접목적어인 "행위"나 동사인 "하다" 모두 이 둘의 결합 여부와 관계없이 매우 빈도 높게 출현하는 어휘로서, 이들의 결합으로 나타나는 경우도 높은 절대빈도를 보일 것이기 때문이다. 반면에, "(_한) 자를 말하다"는 "행위를 하다"보다 절대빈도수는 적지만, 이 구문을 구성하는 "자(者)"와 "말하다"가 더 긴밀하게 결합할 것으로 예측된다. 이처럼 절대빈도가 아니라 구문을 구성하는 어휘들의 긴밀한 결합관계는 소위 '연어값(Kollokationswert)'을 산출하여 비교해 보면 확인할 수 있다. 강범모(2011)에 따르면, 연어값 계산에 많이 활용되는 함수로는 z-스코어, t-스코어, log-값이 있다. 여기에서 각각의 함수에 대해서 살펴보기로 한다.[58]

우선 z-스코어는 표준편차를 기준으로 하여 실제 관찰된 빈도와 기대 빈도의 차이를 계산한다. z-스코어에 대한 다음의 공식이 보여 주듯이 표준편차를 분모로 하기 때문에, 관찰 빈도와 기대 빈도의 차이가 동일하더라도 편차가 적은 경우에 연어값이 높게 나온다.

(32) $z = \dfrac{O-E}{\sigma}$

O: 관찰 빈도(observed frequency) = 공기 빈도

E: 기대 빈도(expectd frequency)

σ: 표준편차

기대빈도(E)는 기준이 되는 어휘(A)의 주변 어절수(N_A)와[59] 전체 텍스트에서

---

58  z-score, t-score, log-값의 계산법은 Bambrook(1996, 5장)에 기초하여 한국어 자료를 예로 들어 제시한 강범모(2011, 120ff.)에서 인용함.

59  '주변 어절수(N_A)'는 검색시 설정하는 스팬(span)과 어휘 A의 빈도에 의해 산출된다. 예를

의 어절수(N) 그리고 전체 텍스트에서의 어휘 B의 발생빈도(f(B))를 가지고 다음과 같이 계산한다.

(33) $E = \dfrac{f(B)}{N} = N_A$

한편, 표준편차는 어휘 A의 스팬(span)과 발생확률(p)을 활용하여 다음과 같이 계산 가능하다. 이때 발생확률은 전체 텍스트에서의 어휘 B의 발생빈도(f(B))를 전체 텍스트에서의 어절수(N)로 나눈 값, 즉 "p=f(B)/N"이다.

(34) $\sigma = \sqrt{N_A \times p \times (1-p)}$

P: 발생 확률

$N_A$: A 주변 일정 범위 어절 수

z-스코어는 빈도가 낮은 어휘의 유의성을 과대하게 반영하는 경향이 있는데, 이를 보완해줄 수 있는 연어값이 t-스코어라고 한다(강범모 2011: 122). t-스코어는 다음과 같이 관찰빈도(O)와 기대빈도(E)의 차이값을 관찰빈도의 루트로 나눔으로써 산출된다.

(35) $t = \dfrac{O-E}{\sqrt{O}}$

t-스코어는 z-스코어와 비교했을 때 상위빈도 어휘의 연어값이 낮아지는 효과가 생긴다.[60]

---

들어 스팬을 좌우 4로 설정하여 검색된 어떤 어휘 A의 빈도가 120이라면 주변 어절수($N_A$)는 "4*2(좌/우)*120=960"이 된다.

60  이러한 효과는 아래 표에서 "것을 말하다" 등을 비롯한 대부분의 상위빈도 구문들의 z-스코어가 100 이상인 반면, z-스코어는 그 절반 이하인 것을 통해 확인할 수 있다.

마지막으로 log-값은 관찰 빈도(O)와 기대 빈도(E)를 직접 비교하여 기대 빈도에 대한 공기 빈도의 비율을 계산하는데, 다음과 같이 log 함수를 사용한다.

$$(36)\quad I = \log_2 \frac{O}{E}$$

밑을 2로 하는 log 함수를 사용하기 때문에, 기대 빈도에 대한 관찰 빈도의 비율이 1 이상이면, 즉 실제로 관찰되는 빈도가 기대 빈도보다 더 크면 log에 의한 연어값은 0이상이 되고, 그렇지 않은 경우에는 마이너스 값이 나온다. 따라서 log-값이 0에서부터 커질수록 공기 관계가 높아진다고 할 수는 있지만 빈도가 낮은 어휘의 경우 몇 회의 출현만으로도 연어값이 높게 나와 긴밀도가 과대평가될 우려가 있다.

이제 앞서 보았던 '직접목적어+동사' 구문의 각 경우들에 대해 z-스코어, t-스코어, log-값을 계산하여 제시하면 다음과 같다.

<표 1-5> 전체 법령에서의 '직접목적어+동사' 구문의 연어값

| 직접목적어 | 동사 | 절대빈도 | t-score | z-score | log-값 |
|---|---|---|---|---|---|
| 것(을/를) | 말하다 | 2489 | 48.20972 | 263.1985 | 4.892075 |
| 허가(을/를) | 받다 | 2280 | 45.70762 | 221.8664 | 4.547619 |
| 승인(을/를) | 받다 | 2216 | 45.73275 | 271.9041 | 5.132848 |
| 경우(을/를) | 포함하다 | 2112 | 41.8833 | 140.8266 | 3.496035 |
| 조치(을/를) | 하다 | 2039 | 40.74891 | 131.3806 | 3.35723 |
| 행위(을/를) | 하다 | 1723 | 35.82791 | 97.53875 | 2.869176 |
| 신고(을/를) | 하다 | 1693 | 37.07661 | 118.74 | 3.337842 |
| 자(을/를) | 말하다 | 1414 | 37.19256 | 356.5847 | 6.516882 |
| 사항(을/를) | 규정하다 | 1378 | 36.45393 | 271.9401 | 5.79736 |
| 규정(을/를) | 준용하다 | 1365 | 35.61314 | 187.6237 | 4.792917 |
| 등록(을/를) | 하다 | 1282 | 29.77341 | 73.06098 | 2.569545 |
| 업무(을/를) | 수행하다 | 1232 | 34.66286 | 310.7907 | 6.327682 |

| 직접목적어 | 동사 | 절대빈도 | t-score | z-score | log-값 |
|---|---|---|---|---|---|
| 기간(을/를) | 정하다 | 1156 | 27.90698 | 66.28559 | 2.480305 |
| 심의(을/를) | 거치다 | 1122 | 33.40563 | 642.3628 | 8.529658 |
| 규정(을/를) | 적용하다 | 1036 | 29.21932 | 96.34552 | 3.439089 |
| 경우(을/를) | 제외하다 | 1005 | 27.04124 | 70.58266 | 2.766008 |
| 인가(을/를) | 받다 | 918 | 29.42041 | 173.4616 | 5.108705 |
| 사항(을/를) | 변경하다 | 911 | 29.20087 | 161.9596 | 4.941995 |
| 과태료(을/를) | 부과하다 | 908 | 30.0809 | 723.3106 | 9.174695 |
| 지정(을/를) | 받다 | 799 | 25.50199 | 81.84884 | 3.353955 |
| 직무(을/를) | 수행하다 | 771 | 27.63947 | 408.2019 | 7.767683 |
| 지원(을/를) | 하다 | 768 | 21.46399 | 45.52534 | 2.148896 |
| 의견(을/를) | 듣다 | 765 | 27.64042 | 1077.167 | 10.56839 |
| 규정(을/를) | 인용하다 | 740 | 26.85956 | 239.0939 | 6.307797 |
| 영향(을/를) | 미치다 | 713 | 26.67412 | 824.7164 | 9.900358 |
| 요청(을/를) | 받다 | 710 | 25.74931 | 140.9027 | 4.893437 |
| 동의(을/를) | 받다 | 685 | 25.62368 | 177.6085 | 5.575552 |
| 요건(을/를) | 갖추다 | 683 | 26.04728 | 451.6189 | 8.230911 |
| 지정(을/를) | 취소하다 | 651 | 25.2993 | 275.4201 | 6.888175 |
| 사항(을/를) | 정하다 | 626 | 8.143048 | 9.969352 | 0.568028 |

예를 들어 "행위를 하다"의 연어값을 계산할 경우, 우선 여기에 필요한 정보는 다음과 같다.

(37) a. 관찰빈도(O): 1723 (※ SQRT(1723)=41.50904)

b. 기대빈도(E): (73404/5175547) * 16627 = 235.81741
- A(행위)의 빈도(Na): 16627[61]
- B(하다)의 빈도(f(B)): 73404
- 전체 텍스트에서의 어절수(N): 5175547
- 발생확률(f(B)/N): 73404/5175547 = 0.0141828

---

61 여기서 어휘 A의 주변 어절수(N_A)는 어휘 A의 빈도 자체가 된다. 왜냐하면, 앞서 제시한 '직접목적어+동사' 구문의 검색식에서 직접목적어와 동사의 간격을 오른쪽 1단어(within right 1 word)로 설정하였기 때문이다.

c. 표준편차: SQRT(16627*0.0141828*(1-0.0141828)) = 15.24706

위에 제시된 관찰빈도(O), 기대빈도(E), 포준편차를 이용하여 "행위를 하다"의 z-스코어, t-스코어, log-값을 계산하면 다음과 같다.

(38) "행위를 하다"의 연어값
    a. z-score: (1723-235.81741)/15.24706 = 97.53875
    b. t-score: (1723-235.81741)/41.50904 = 35.82791
    c. log-값: log((1723/235.81741),2) = 2.869176

"행위를 하다"뿐만 아니라 "(..한) 자를 말하다"를 비롯한 다른 구문들의 연어값들도 동일한 방식으로 계산하면 위의 <표 1-5>와 같게 된다. 그런데 흥미로운 사실은 다음 (39)가 보여 주는 것처럼 절대빈도에서 더 상위에 있던 "행위를 하다"보다 "(..한) 자를 말하다"의 연어값이 더 높다는 것이다.

(39) "행위를 하다"와 "(..한) 자를 말하다"의 연어값 비교
    a. z-score: 97.53875 vs. 356.58472
    b. t-score: 35.827905 vs. 37.192564
    c. log-값: 2.8691756 vs. 6.5168819

이처럼 연어값은 "행위를 하다"보다 "(..한) 자를 말하다"가 절대빈도는 적어도 더 긴밀한 구문을 형성한다는 한국어 모국어화자의 직관을 잘 반영해 준다. 따라서 코퍼스 검색을 통해서 얻게 되는 구문에 대한 연어값은 '직접목적어+동사' 구문뿐만 아니라, '간접목적어+동사', '주어+동사/형용사 서술어' 구문 등 다양한 구문의 공기 관계를 파악하는 데 효과적으로 활용될 수 있을 것이다.[62]

---

62    이처럼 다양한 구문들의 공기 관계에 대해서는 제3부에서 자세히 다루기로 한다.

### 3.2.3. 코퍼스 프로그램 WordSmith의 활용

WordSmith와 같은 코퍼스 프로그램을 활용하면, 단어의 연쇄라 할 수 있는 클러스터(cluster)를[63] 추출할 수 있어서 규모가 큰 텍스트에서 사용된 다단어구 문을 어절 단위로 검색해 내는 데 유용하다. WordSmith Tools 7.0의 첫 화면 은 다음과 같이 용례검색(Concord(ance)), 주제어(KeyWords), 어휘목록(WordList) 으로 구성되어 있다.

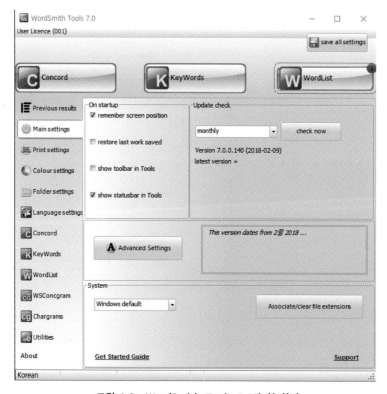

<그림 1-3> WordSmith Tools 7.0의 첫 화면

---

63　cluster는 '군집'으로 번역되기도 하지만, 코퍼스 언어학 분야에서는 단어들의 연쇄를 의미하 는 전문용어로서 보통 '클러스터'라는 표현을 그대로 사용하고 있다.

WordSmith에서 다단어구문의 기초자료가 되는 클러스터를 추출하기 위해서는 일정한 개수의 어휘가 필요하다. 여기에 필요한 어휘는 WordList 기능을 이용하여 추출할 수 있다. 예를 들어, 형사 분야의 텍스트에서 상위빈도 300개의 어휘(어절 단위)를[64] 선별하면 <그림 1-4>와 같다.[65]

| N | Word | Freq. | % |
|---|---|---|---|
| 2 | 또는 | 2,549 | 2.32 |
| 3 | 그 | 1,583 | 1.44 |
| 4 | 및 | 1,443 | 1.31 |
| 5 | 한다 | 1,332 | 1.21 |
| 6 | 이 | 1,199 | 1.09 |
| 7 | 관한 | 1,037 | 0.94 |
| 8 | 수 | 1,001 | 0.91 |
| 9 | 따른 | 784 | 0.71 |
| 10 | 있다 | 769 | 0.70 |
| 11 | 때에는 | 729 | 0.66 |
| 12 | 이하의 | 660 | 0.60 |
| 13 | 전문개정 | 637 | 0.58 |
| 14 | 경우에는 | 615 | 0.56 |
| 15 | 따라 | 592 | 0.54 |
| 16 | 처한다 | 587 | 0.53 |
| 17 | 법률 | 529 | 0.48 |
| 18 | 각 | 515 | 0.47 |
| 19 | 생략 | 507 | 0.46 |
| 20 | 시행한다 | 504 | 0.46 |
| 21 | 법은 | 499 | 0.45 |

<그림 1-4> 형사 분야에서 추출된 WordList

---

64  이때 상위빈도 300개를 선정하는 과정에서 '각', '이', '그', '수', '조', '항', '되(다)', '하(다)' 등 구문 추출에 변별력이 없는 어휘로 판단되는 것들은 제외함.

65  형사 분야에서의 상위빈도 300개 어휘와 이를 통해 추출된 클러스터를 보여 주는 <그림 1-4>와 <그림 1-5>는 구명철/권민재(2020: 15)에서 인용함.

| N | Cluster | Freq. | Set | Length |
|---|---|---|---|---|
| 1 | 시행일 이 법은 | 1,368 | | 3 |
| 2 | 제1조 시행일 이 | 1,345 | | 3 |
| 3 | 제1조 시행일 이 법은 | 1,142 | | 4 |
| 4 | 이 법은 공포한 | 1,069 | | 3 |
| 5 | 법은 공포한 날부터 | 946 | | 3 |
| 6 | 다음 각 호의 | 932 | | 3 |
| 7 | 경과한 날부터 시행한다 | 901 | | 3 |
| 8 | 법은 공포 후 | 898 | | 3 |
| 9 | 이 법은 공포한 날부터 | 889 | | 4 |
| 10 | 공포한 날부터 시행한다 | 863 | | 3 |
| 11 | 법은 공포한 날부터 시행한다 | 784 | | 4 |
| 12 | 이 법은 공포 | 764 | | 3 |
| 13 | 각 호의 어느 | 762 | | 3 |
| 14 | 이하의 벌금에 처한다 | 755 | | 3 |
| 15 | 이하의 징역 또는 | 752 | | 3 |
| 16 | 이 법은 공포 후 | 744 | | 4 |
| 17 | 부칙 이 법은 | 735 | | 3 |
| 18 | 호의 어느 하나에 | 729 | | 3 |
| 19 | 이 법은 공포한 날부터 시행한다 | 727 | | 5 |
| 20 | 각 호의 어느 하나에 | 690 | | 4 |
| 21 | 다음과 같이 개정한다 | 688 | | 3 |
| 22 | 어느 하나에 해당하는 | 680 | | 3 |
| 23 | 다른 법률의 개정 | 585 | | 3 |
| 24 | 일부를 다음과 같이 | 543 | | 3 |
| 25 | 다음 각 호의 어느 | 539 | | 4 |
| 26 | 소속 관서 관할 | 521 | | 3 |
| 27 | 시행일 이 법은 공포 | 519 | | 4 |
| 28 | 시행일 이 법은 공포 후 | 518 | | 5 |
| 29 | 일부를 다음과 같이 개정한다 | 517 | | 4 |
| 30 | 호의 어느 하나에 해당하는 | 509 | | 4 |

<그림 1-5> 형사 분야에서 추출된 클러스터

상위빈도 어휘 300개를 토대로 WordSmith의 Concord 기능을 이용해서 클러스터를 추출할 수 있는데, 예를 들어 3~6개의 어절로 이루어진 클러스터를 추출해 보면 <그림 1-5>와 같다. 그런데 클러스터는 구문의 구성 및 의미와는 관계없이 주제어를 포함하는 n개의 어절로 구성된 연속체일 뿐이다. 따라서 이렇게 추출된 무의미한 클러스터들(예, "이 법은 공포한", "다음 각 호의 어느", "이

법은 공포 후 6개월이" 등)을 삭제하는 작업을 한 뒤, 의미 있는 클러스터(예, "다음
각 호", "다음과 같이 개정한다")를 선별해 내면 다음 <표 1-6>과 같은 다단어구문들
을 얻을 수 있다.

<표 1-6> 형사 분야의 "다단어구문" 목록

| 다단어구문 | 구성(어휘수) | 빈도등급 |
| --- | --- | --- |
| 다음 각 호(의/에) | 3 | 1 |
| 법은 공포한 날부터 | 3 | 1 |
| 경과한 날부터 시행한다 | 3 | 1 |
| 이 법은 공포한 날부터 | 4 | 1 |
| 공포한 날부터 시행한다 | 3 | 1 |
| 법은 공포한 날부터 시행한다 | 4 | 1 |
| 이 법은 공포 후 | 4 | 1 |
| 이 법은 공포한 날부터 시행한다 | 5 | 1 |
| 다음과 같이 개정한다 | 3 | 1 |
| 어느 하나에 해당하는 | 3 | 1 |
| _년 이하의 징역(에) | 3 | 1 |
| 다른 법률의 개정 | 3 | 1 |
| _개월이 경과한 날부터 | 3 | 1 |
| 공포 후 _개월이 경과한 | 4 | 1 |
| 일부를 다음과 같이 개정한다 | 4 | 1 |
| 다음 각 호의 어느 하나(에) | 5 | 1 |
| 소속 관서 관할 구역에서 | 4 | 2 |
| 공포 후 _개월이 경과한 날부터 | 5 | 2 |
| _천만원 이하의 벌금(에) | 3 | 2 |
| _개월이 경과한 날부터 시행한다 | 4 | 2 |
| 소속 관서 관할 구역에서 발생하는 | 5 | 2 |
| _년 이상의 징역(에) | 3 | 2 |
| _년 이하의 징역에 처한다 | 4 | 2 |
| 공포 후 _개월이 경과한 날부터 시행한다 | 6 | 2 |
| 무기 또는 _년 이상의 징역(에) | 5 | 2 |
| 법은 공포 후 _개월이 경과한 날부터 (시행한다) | 6 | 2 |
| _천만원 이하의 벌금에 처한다 | 4 | 2 |

| 다단어구문 | 구성(어휘수) | 빈도등급 |
|---|---|---|
| 이 법은 공포 후 _개월이 경과한 | 6 | 2 |
| _년 이상의 유기징역(에) | 3 | 2 |
| 제_조부터 제_조까지 생략 | 3 | 2 |

형사 분야에서 최상위빈도를 보이는 다단어구문에는 "다음 각 호(의/에)", "(이 법은) 공포한 날부터 시행한다", "경과한 날부터 시행한다", "어느 하나에 해당하는", "다음과 같이 개정한다" 등 한편으로는 법률에서 일반적으로 많이 사용되는 상투적 표현들이 들어 있고, 다른 한편으로는 "_년 이하의 징역에 (처한다)", "_천만원 이하의 벌금에 (처한다)", "무기 또는 _년 이상의 징역(에)" 등과 같이 형사 분야의 고유한 형벌 관련 표현들이 많이 포함되어 있다(구명철/ 권민재 2020: 36ff.).

이처럼 WordSmith를 활용하여 클러스터를 추출하고 이것들에 대한 선별작업을 하면 2~3단어로 이루어진 구문들뿐만 아니라 그 이상의 어휘로 구성된 다양한 상용구 및 다단어구문의 목록을 작성할 수 있게 됨으로써, 각 법령의 재·개정 시에 구문 사용의 가이드라인을 제공하여 정확하고 일관된 표현을 사용할 수 있게 된다.

제2부

언어학 층위별 법률언어의 기술

# 제1장 법률언어와 어휘론

## 1.1. 법 개념의 정의

어휘론적인 관점에서 시도할 수 있는 대표적인 법 언어학적 연구의 예로는 법조항에 사용된 개념에 대한 정의의 문제이다. 그런데 법조항의 각 항목은 내용에 따라 추상적 개념에 관한 것일 수도 있고 어떤 행위에 관한 것일 수도 있다. 추상적 개념의 경우에는 그 개념의 '의미'를 분석하여 정의할 수 있을 것이며, 어떤 행위에 관한 개념일 경우에는 동사를 중심으로 '술어-논항 구조(Prädikat-Argument-Struktur)'의 분석에 기초하여 정의할 수 있을 것이다.

### 1.1.1. 추상적 개념의 정의

법 개념(Rechtsbegriff)과 같은 추상적 개념은 그 의미를 명확히 정의하고 이해하는 것이 매우 중요하다. 그런데, 어떤 개념, 즉 해당 어휘의 의미는 이 어휘의 내포(Intension)와 외연(Extension)으로 파악할 수 있다(Stedje 1996: 27). 예를 들어, 'Tier(동물)'라는 단어의 내포는 아래 제시된 바와 같이 Tier가 의미하는 내용(Bedeutungsinhalt), 즉 'Lebewesen', 'Bewegungsfähigkeit', 'nicht-Mensch'

등과 같은 의미자질의 집합이 된다.

(1) Tier = {Lebewesen, Bewegungsfähigkeit, nicht-Mensch}

반면에 Tier의 외연은 Säugetier(포유류), Vogel(조류), Fisch(어류) 등 동물의 하위종들을 포함하고, "Tier₁, Tier₂, ..., Tierᵢ"와 같이 Tier라고 부를 수 있는 모든 개체들의 집합({t₁, t₂, ..., tᵢ}), 즉 Tier의 '의미 범위(Bedeutungsumfang)'가 된다.

(2) Tier = {t₁, t₂, t₃, t₄, t₅, ..., tᵢ}

이처럼 내포와 외연을 활용하여 어휘의 의미를 파악하면 개념을 좀 더 체계적으로 정의할 수 있다. 예를 들어 Säugetier의 경우, 그 내포는 Tier의 정의에 "dessen Jungen Milch gebend"라는 의미자질을 추가하여 {Lebewesen, Bewegungsfähigkeit, nicht-Mensch, dessen Jungen Milch gebend}로 파악할 수 있다. 반면에 Säugetier의 외연은 "Säugetier = {t₁, ..., t₅, ..., tⱼ} (j < i)"로 Tier보다 그 범위가 축소된다. 그런데 개념을 정의할 때 외연을 사용하면, 여기에 해당하는 개체를 일일이 나열해야 하는 문제가 있어서 일반적으로 외연보다는 내포 의미를 사용한다(정수정 2016: 226). 이러한 상황은 사전에서 어휘를 정의할 때 쉽게 관찰할 수 있다(Duden 2011).

(3) Tier = [...], in der Regel frei bewegliches Lebewesen, das nicht mit der Fähigkeit zu logischem Denken u. zum Sprechen befähigt ist:

(4) Säugetier = Tier, dessen Junge vom Muttertier gesäugt werden

여기 제시된 표제어 Tier와 Säugetier의 정의를 해체하여 그 내용에 따라
요약해 보면 다음과 같다.

(3') Tier
    a. frei bewegliches: 'Bewegungsfähigkeit'
    b. Lebewesen: 'Lebewesen'
    c. das nicht mit der Fähigkeit zu logischem Denken u. zum Sprechen
       befähigt ist: 'nicht-Mensch'

(4') Säugetier
    a. Tier: 'Lebewesen', 'Bewegungsfähigkeit', 'nicht-Mensch'
    b. dessen Junge vom Muttertier gesäugt werden: 'seinen Jungen Milch
       gebend'

Duden-사전에서 표제어 Tier와 Säugetier의 정의는 Stedje(1996: 27)가 제시
한 단어들의 내포(Tier = {Lebewesen, Bewegungsfähigkeit, nicht-Mensch}; Säugetier
= {Lebewesen, Bewegungsfähigkeit, nicht-Mensch, dessen Jungen Milch gebend})와 내
용상 각각 일치한다.

법률상의 개념도 내포 의미에 기반한 사전의 정의와 유사한 방식으로 정의
할 수 있다. 예를 들어, 독일 민법 BGB §1592에서 Vaterschaft는 "Vater eines
Kindes ist der Mann, 1. der zum Zeitpunkt der Geburt mit der Mutter
des Kindes verheiratet ist, [...]"와 같이 정의되어 있는데, Vater가 법률적으
로 가질 수 있는 내포 의미를 기본 내용으로 하고 있다. 즉, Vater는 의미내용
'Mann'과 '(der) mit der Mutter des Kindes verheiratet ist'를 모두 포함하는
개념으로 파악 가능하다는 것이다. 그런데 Vaterschaft의 경우 법적인 부부관
계의 변동 가능성을 고려해서 시점(Zeitpunkt)에 해당하는 'zum Zeitpunkt der
Geburt'를 추가 내용으로 부여하고 있다. 결과적으로 Vaterschaft는 다음과

같이 이 세 가지 의미내용의 집합으로 나타낼 수 있으며, BGB §1592
Vaterschaft의 정의는 이러한 의미분석에 기반한 것으로 보인다.[66]

(5) Vaterschaft = {Mann, (der) mit der Mutter des Kindes verheiratet ist,
zum Zeitpunkt der Geburt (des Kindes)}

Vaterschaft와 달리, 조세조례(Abgabenordnung = AbO)에 제시되어 있는
Angehörige의 경우는 여기에 해당하는 모든 구성원들을 나열한다.[67]

(6) AbO §15, (1) Angehörige sind:
1. der Verlobte, auch im Sinne des Lebenspartnerschaftsgesetzes,
2. der Ehegatte oder Lebenspartner,
3. Verwandte und Verschwägerte gerader Linie,
4. Geschwister,
5. Kinder der Geschwister,
6. Ehegatten oder Lebenspartner der Geschwister und Geschwister der

---

66 한국 민법 제 844조(부의 친생자의 추정 ① 처가 혼인 중에 포태한 자는 부의 자로 추정한다.)
에서는 부자의 관계를 '친생자'라는 어휘를 통해 개념화한다. '친생자'라는 개념은 '처가 포태
함'과 '혼인 중'이라는 의미(내용)을 포함하고 있다. 정수정(2016: 232)에 따르면 'Vaterschaft'
와 '친생자'는 부와 자녀의 관계에 대한 개념화에서 서로 대칭적인 모습을 보인다. 즉, 독일
민법의 'Vaterschaft'는 자녀에서 출발하여 부가 정의되는 반면, 한국 민법의 '친생자'는 부를
출발점으로 하여 정의되고 있다.
67 'Angehörige'는 독일 형법에서도 Personen- und Sachbegriffe를 정의하는 과정에 이와 유사
하게 정의되어 있다.
StGB §11 Personen- und Sachbegriffe
(1) Im Sinne dieses Gesetzes ist:
1. Angehöriger:
wer zu den folgenden Personen gehört:
a) Verwandte und Verschwägerte gerader Linie, der Ehegatte, der Lebenspartner, der
Verlobte, auch im Sinne des Lebenspartnerschaftsgesetzes, Geschwister, Ehegatten
oder Lebenspartner der Geschwister, Geschwister der Ehegatten oder Lebenspartner,
und zwar auch dann, wenn die Ehe oder die Lebenspartnerschaft, welche die
Beziehung begründet hat, nicht mehr besteht oder wenn die Verwandtschaft oder
Schwägerschaft erloschen ist,

Ehegatten oder Lebenspartner,

7. Geschwister der Eltern,

8. Personen, die durch ein auf längere Dauer angelegtes Pflegeverhältnis mit häuslicher Gemeinschaft wie Eltern und Kind miteinander verbunden sind (Pflegeeltern und Pflegekinder).

즉 AbO의 Angehörige에는 약혼자(der Verlobte), 배우자 및 반려자(der Ehegatte oder Lebenspartner), 직계의 친인척(Verwandte und Verschwägerte gerader Linie), 형제자매(Geschwister)와 그 자녀들(Kinder der Geschwister), 형제자매의 배우자와 배우자의 형제자매(Ehegatten oder Lebenspartner der Geschwister und Geschwister der Ehegatten oder Lebenspartner), 부모의 형제자매(Geschwister der Eltern), 양부모 및 양자녀(Pflegeeltern und Pflegekinder) 등 Angehörige의 구성원이 될 수 있는 대상들이 나열되어 있다는 점에서 외연 의미에 토대를 두고 있다고 하겠다. 물론 친족을 구성하는 대상들을 집합의 원소($\{a_1, a_2, a_3, .., a_i\}$)처럼 하나하나 나열하지 않아서 엄밀한 의미의 외연이라고 보기는 어렵지만, 이와 같은 방식으로 개념을 정의하는 것이 실제로는 불가능하기 때문에, AbO §15에 제시된 Angehörige의 정의가 현실적으로 가능한 외연의 활용 방식이라고 할 수 있다(정수정 2016: 227f.).

한편, 우리나라 민법에서 독일어의 Angehörige에 해당하는 '친족'은 다음과 같이 정의되고 있다.

(7) a. 배우자, 혈족, 인척을 친족으로 한다. (민법 제767조(친족의 정의))

b. 자기의 직계존속(直系尊屬)과 직계비속(直系卑屬)을 직계혈족(直系血族)이라 하고, 자기의 형제자매와 형제의 직계비속·직계존속의 형제자매 및 그 형제의 직계비속을 방계혈족이라 한다. (민법 제768조(혈족의 정의))

c. 혈족의 배우자, 배우자의 혈족, 배우자의 혈족의 배우자를 인척으로 한다. (민법 제769조(인척의 계원))

민법 제767조부터 제769조에 따르면, '친족'의 경우 독일어의 Angehörige
와는 달리 그 구성원들이 한 번에 나열되지 않고 중간 단계에 해당하는 개념들
을 통해 다음과 같이 위계적으로 정의되어 있다.[68]

> (8) a. 친족: 배우자, 혈족, 인척
> b. 혈족: 직계혈족, 방계혈족[69]
> • 직계혈족(直系血族): 직계존속(直系尊屬)과 직계비속(直系卑屬)
> • 방계혈족: 형제자매, 형제의 직계비속, 직계존속의 형제자매, 직계존
>   속의 형제의 직계비속
> c. 인척: 혈족의 배우자, 배우자의 혈족, 배우자의 혈족의 배우자[70]

즉, 친족의 정의는 기본적으로 배우자, 형제자매, 직계존속(부모, 조부모 등),
직계비속(자녀 등) 등 친족에 속하는 대상들을 명명한다는 점에서는 외연에 토
대를 두면서도, '자기'와의 긴밀도에 따라 위계적으로 구성되어 있다.[71] 그런데,
이처럼 친족을 구성하는 구성원들을 위계관계로 파악하는 데 중요한 역할을
하는 중간 개념(혈족: 직계혈족과 방계혈족, 인척)의 분류 기준은 무엇일까? Löbner

---

68  '친족'과 그 구성원들 간의 이러한 관계(위계관계)에 대해서는 다음 1.2절에서 자세히 논의할
    것임.
69  '혈족'(직계혈족, 방계혈족)은 독일 민법(BGB §1589)에서 Verwandtschaft라는 개념으로 정의
    된다: Personen, deren eine von der anderen abstammt, sind in gerader Linie verwandt.
    Personen, die nicht in gerader Linie verwandt sind, aber von derselben dritten Person
    abstammen, sind in der Seitenlinie verwandt. Der Grad der Verwandtschaft bestimmt
    sich nach der Zahl der sie vermittelnden Geburten. (1인이 타인에게서 출생한 자는 직계혈
    족이다. 직계혈족이 아니면서 동일한 제3자에게서 출생한 자는 방계혈족이다. (신영호 2009:
    683))
70  '인척'은 독일 민법(BGB §1590)에서 Schwägerschaft라는 개념으로 정의된다: Die Verwandten
    eines Ehegatten sind mit dem anderen Ehegatten verschwägert. (배우자의 일방혈족은
    타방 배우자의 인척이다. (신영호 2009: 683))
71  이처럼 독일어 Angehörige와 유사개념인 '친족'이 우리나라 법률에서 다르게 정의되고 있는
    것은 유교에 기반을 둔 가족(친족)문화에 대한 역사적 차이에서 기인한 것으로 보인다. 이는
    이미 한국어에서 친족에 대한 명칭이 촌수 등에 따라 다양하게 나타나고 있음을 통해 확인할
    수 있다(정수정 2016: 228).

(2015: 248)는 친족관계의 대표적인 의미자질로 '상하관계(↑/↓)', '동급관계(=)' 그리고 '혼인관계(∞)'를 제시하였다.[72] 다음 그림들은 이 세 가지 자질을 가지고 파악 가능한 대표적인 친족관계를 보여준다(Löbner 2013: 249, 251).

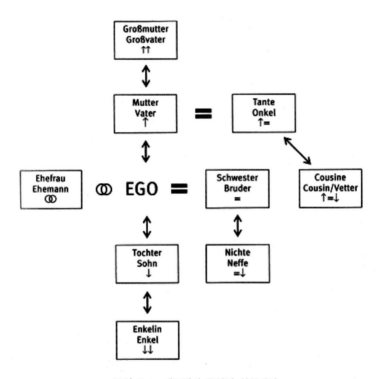

<그림 2-1> 대표적인 독일어 친족개념

---

72  Löbner(2013: 251f.)는 더 나아가서 "="는 "↑↓"(형제자매는 부모의 자녀라는 의미)로, ∞ 는 "↓↑"(배우자는 자녀의 부모라는 의미)로 대체하여 코드를 일원화 하는데(Code 1), 여기서 는 의미자질을 명시적으로 보여 주는 이 세 가지 자질을 모두 사용하기로 한다(Code 3).

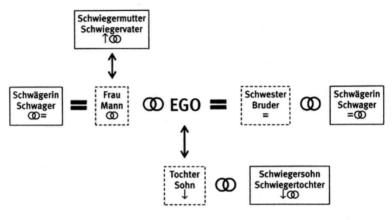

<그림 2-2> 독일어 친족 개념(인척 관계)

위의 두 도식에서 제시된 친족을 세 가지 자질로 각각 표시해 보면 다음과 같다.[73]

(9) a. 배우자(Ehrfrau, Ehemann): ⓒⒹ
    b. 부모(Mutter, Vater): ↑
    c. 조부모(Gorßmutter, Gorßvater): ↑↑
    d. 자녀(Tochter, Sohn): ↓
    e. 손자손녀(Enkelin, Enkel): ↓↓
    f. 형제자매(Schwester, Bruder): =
    g. 조카(Nichte, Neffe): =↓
    h. (외)삼촌, 고모/이모(Tante, Onkel): ↑=
    i. (외)사촌(Cousine, Cousin): ↑=↓
    j. 장인/장모, 시부모(Schwiegermutter, Schwiegervater): ⓒⒹ↑
    k. 시누이, 처남 등(Schwägerin, Schwäger): ⓒⒹ=

---

73 성별은 여기에 고려되지 않고 있으나, m(= männlich)과 w(= weiblich) 자질을 추가하여 구분할 수 있다. 예를 들어 할머니는 "↑↑w", 즉 조부모(↑↑) 중에서 여성(w) 자질을 갖는 존재이다. 한편 누나는 "m=w"가 되는데, 기본 관계(=)의 왼쪽 자질은 자신의 성(性)이고 오른쪽 자질은 상대의 성(性)을 의미한다(Löbner 2013: 255).

l. 올케, 매형 등(Schwägerin, Schwäger): = ⓞ

m. 며느리, 사위 등(Schwiegertochter, Schwiegersohn): ↓ⓞ

이제 이 세 가지 자질을 활용하여 앞서 언급되었던 친족들을 하나하나 표시해 보기로 한다.

(10) a. 배우자: ⓞ (남편, 아내)

  b. 직계존속: ↑(부모), ↑↑(조부모), …

  c. 직계비속: ↓(자녀), ↓↓(손자손녀), …

  d. 형제자매: = (언니, 형, 동생)

  e. 형제의 직계비속: =↓(조카), =↓↓(조카의 자녀), …

  f. 직계존속의 형제자매: ↑=(고모/이모, 삼촌), ↑↑=(큰/작은할아버지 등), …

  g. 직계존속의 형제의 직계비속: ↑=↓(사촌), ↑↑=↓(당고모, 당숙), …

  h. 혈족의 배우자: =ⓞ(매형/형부, 처남/처제), ↑=ⓞ(숙모, 숙부), …

  i. 배우자의 혈족의 배우자: ⓞ=ⓞ (동서, 처남댁,..), ⓞ=↓ⓞ (조카며느리/사위), …

(10)에서 b, c는 직계혈족에 해당하고 d, e, f, g는 방계혈족에 해당한다. 직계혈족에 해당하는 b, c는 의미자질로 상하관계(↑, ↓)만을 포함하는 반면, 방계혈족인 d, e, f, g는 상하관계의 포함 여부와 관계없이 동급관계(=)를 포함하고 있다. 한편, h와 i는 인척에 해당하는데, 그 구성원들은 모두 혼인관계(ⓞ)를 추가적인 의미자질로 가지고 있다.[74] 따라서 Löbner(2013: 248)의 세 가지 의미자질을 가지고 친족의 하위 유형을 명확하게 분류할 수 있으며, 우리나라 민법에서 정의한 '친족'의 개념이 매우 체계적임을 알 수 있다. 이런 맥락에서 친족의 정의에 사용되는 중간 개념이 의미자질에 토대를 두고 있다는 점에서는 내포 의미를 포함하는 것으로 보아야 한다. 따라서 민법에서 친족의 정의는

---

74 혼인관계(ⓞ) 외에 추가적인 의미자질을 가지고 있지 않은 배우자는 인척에 해당하지 않는다.

앞서 살펴본 것처럼 기본적으로는 배우자, 형제자매 등 친족에 속하는 대상들을 명명한다는 점에서는 외연에 토대를 두면서도, 위계구조의 중간단계에서 직계혈족, 방계혈족, 인척 등 의미자질을 토대로 하고 있다는 점에서는 내포 의미를 병행하여 사용하는 것으로 보인다. 결국 법률상의 개념은 그 의미, 즉 내포 의미와 외연 의미에 대한 분석을 통해서 적절히 정의될 수 있으며, 이러한 방식을 활용하여 개념을 더욱 명확하게 정의할 수 있다.

그런데, 민법 제909조(친권자)에서처럼 법 개념이 정의되지 않고 그대로 제시되는 경우도 있다.

> (11) 부모는 미성년자인 자의 친권자가 된다. 양자의 경우에는 양부모(養父母)가 친권자가 된다. (민법 제909조(친권자) 1항)

'친권자'에 관한 제909조는 민법의 '제3절. 친권'에 관한 첫 번째 조항으로서, 친권의 의미를 정의하지 않은 채 제시하고 있다. 이와 달리 독일 민법 BGB §1626에서는 친권을 아래와 같이 정의함으로써 친권의 범위 및 대상을 명확하게 규정하고 있다.

> (12) Die Eltern haben die Pflicht und das Recht, für das minderjährige Kind zu sorgen (elterliche Sorge). Die elterliche Sorge umfasst die Sorge für die Person des Kindes (Personensorge) und das Vermögen des Kindes (Vermögenssorge). (BGB §1626 Elterliche Sorge, Grundsätze)

'elterliche Sorge'는 부모가 가지고 있는 권리와 의무이며, 나아가 이 개념은 'die Sorge für die Person des Kindes'와 'das Vermögen des Kindes'를 그 의미에 포함하고 있다. BGB §1626을 자세히 살펴보면, "사실 이 법조항에서도 'elterliche Sorge' 자체에 대한 개념 정의를 명확하게 규정하고 있지는 않다."(정수정 2016: 231) 일상에서는 어떤 개념을 특별한 정의 없이 사용할 수 있지만, 책임이나 권리 그리고 나아가 시시비비를 가려야 하는 법조항에서는 개념에 대한 명확한 정의가 필수적이다. 따라서 지금까지 살펴본 내포 및 외연의 의미 기술에 토대를 두고 법 개념을 분석 및 정의하는 것이 바람직하다고 하겠다.

## 1.1.2. 행위 개념의 정의[75]

행위(Handlung)는 참여자의 의도(Intention)가 동반된 과정(Vorgang)이나 사건(Ereignis)을 의미한다. Lehmann(1991)에 따르면, 동작이나 사건은 상황의 하위 유형으로서 그 시간성에 따라 구분된다. 즉, 어떤 상황이 지속되는 경우([+durativ])는 과정이고, 순간적인 경우([+punktuell])는 사건에 해당한다. 과정 및 사건 그리고 여기에 의도가 동반된 행위는 모두 '술어(Prädikat)'인 동사로 표현된다. 술어는 "무언가에 대해서 서술해주는 것"인 만큼, 완성된 의미를 전달하기 위해서는 서술하는 대상, 즉 논항(Argument)을 필요로 한다. (범죄)행위를 완전하게 표현하기 위해서는 술어와 논항이 하나의 완성체를 이루어야 하는 만큼, 술어-논항 구조에 대한 논의가 중요하다. 술어논리(Prädikatenlogik)에서 사태란 일정한 수의 논항을 갖는 논리적 술어로 간주된다.

술어는 대개 동사로 나오고 그 보족어는 흔히 논항이 된다. 이때 술어(P)는 괄호 밖에 쓰고 논항(x, y, ..)은 괄호 안에 소문자로 쓰는데, 1항 술어는 P(x)로, 2항 술어는 P(x, y) 등과 같이 나타낸다(Pittner/Berman 2004: 50). 예를 들어, "Peter läuft."는 1항 술어인 LAUFEN(p)로 나타낼 수 있다. 술어논리에 따르면, 술어를 수식하는 부사류는 피수식어인 술어의 의미를 대상으로 하기 때문에 ADV(P(x, y))와 같은 구조를 보이며, "Peter läuft schnell."은 SCHNELL

---

75  술어-논항 구조의 분석에 기반한 행위 개념의 정의방식에 대한 1.1.2절의 내용은 구명철(2016, 2장과 3장)에 기초함.

(LAUFEN(p))로 나타낼 수 있다(이해윤 2003: 309).

술어에 의해 요구되는 논항들은 해당 사태에서 각각의 의미적인 역할, 즉 행위자(Agens), 피행위자(Patiens), 수신자(Rezipient), 경험자(Experiencer), 도구(Instrument), 수혜자(Benefaktiv) 등과 같은 '의미역(semantische Rolle)'을 갖는다(Jacobs 1994, Pittner/Berman 2004: 49ff.). 그런데, 사태 특히 법률적 사건을 기술하는 데에는 논항의 의미역들 이외에도 시간이나 장소, 원인 및 방법 등 소위 '부사역(Adverbialrollen)'이 중요하게 작용한다.[76] 따라서 의미역에 Fillmore (1968), Dik(1978), Lakoff(1977)의 격이론 및 의미역 이론을 참고하여 장소(Lokativ), 방향(Direktional), 근원(Source), 방법(Methode)을 추가할 수 있고, '피영향성(Affiziertheit)'에[77] 따라 '대상(Thema)'과 '피행위자(Patiens)'를 구분할 수 있다(피행위자: einen Menschen töten vs. 대상: übergebene bewegliche Sache aufbewahren). 나아가 도구도 '통제력(Kontrolle)'의 정도에 따라 동반자(Komitativ)와 구분할 수 있다(Primus 2012: 72). 따라서 술어-논항 구조는 "P(x, (y, (z))) + AR (Adverbialrollen)"와 같이 확장 가능하다.[78]

독일과 우리나라 법 개념이 정의되고 있는 방식은 술어-논항 구조와 의미역 할당을 통해 몇 가지 유형으로 나누어 볼 수 있다. 우선 술어-논항 구조에 시간 및 장소, 양태 등의 부사역이 추가되어 있지 않은 경우를 찾아보면, 독일 법에서는 다음과 같은 경우가 여기에 해당한다.

(13)  a. Geschäftsunfähig ist: (1) wer(Agens) nicht das siebente Lebensjahr
        (Thema) vollendet hat(Präd), [...] (BGB §104 Geschäftsunfähigkeit)

---

76  Primus(2012: 63)는 시간이나 장소, 원인 및 방법 등을 '부사역'이라는 개념으로 통합하였다.
77  '피영향성(Affiziertheit, affectedness)'은 개체가 상황 속에서 겪게 되는 물리적, 정신적 영향의 정도를 말한다(Comrie 1981, Lehmann 1991). Primus(2012: 32f.)는 '상태변화 (Zustandsveränderung)'를 나타내는 술어(schmelzen, einfrieren, verblühen, verrosten 등)의 논항을 피행위자의 특수한 경우로 파악하고 이것을 '대상(Thema)'이라고 하였다.
78  여기에 고려할 수 있는 의미역은 Primus(2012)가 제시한 예들 참조.

b. Wer(Agens) einem anderen(Rezipient) die Schließung eines Vertrags
(Thema) anträgt(Präd), ist an den Antrag gebunden, es sei denn, dass
er die Gebundenheit ausgeschlossen hat. (BGB §145 Bindung an den
Antrag)

그런데, 독일 법에서는 부사역이 동반되지 않는 경우가 드문 반면, 우리나라
법에서는 이런 경우를 찾아보기 어렵지 않다.

(14) a. 법률에 의하여 선서한 증인이(Agens) 허위의 진술을(Thema) 한(Präd)
때에는 5년 이하의 징역 또는 1천만원 이하의 벌금에 처한다. (형법 제
152조(위증, 모해위증) 1항)

b. 사람을(Patiens) 살해한(Präd) 자(Agens)는 사형, 무기 또는 5년 이상의
징역에 처한다. (형법 제250조(살인) 1항)

c. 사람의 신체를(Patiens) 상해한(Präd) 자(Agens)는 5년 이하의 징역, 10
년 이하의 자격정지 또는 1천만원 이하의 벌금에 처한다. (형법 제267조
(상해, 존속상해) 1항)

d. 타인의 재물을(Thema) 절취한(Präd) 자(Agens)는 6년 이하의 징역 또
는 1천만원 이하의 벌금에 처한다. (형법 제329조(절도))

e. 위임은 당사자 일방이(Agens1) 상대방에 대하여(Rezip1) 사무의 처리를
(Thema1) 위탁하고(Präd1) 상대방이(Agens2) 이를(Thema2) 승낙함으
로써(Präd2) 그 효력이 생긴다. (민법 제680조(위임의 의의))

술어-논항 구조에서 시간 및 장소, 양태 등 부사역에 대한 독일과 우리나라
법의 차이는 동일한 법 개념이 들어 있는 법 조항을 비교해 보면 더욱 분명하
게 드러난다.

(15) a. Wer(Agens) vor Gericht oder vor einer anderen zur Abnahme von
Eiden zuständigen Stelle(Lok) falsch(Methode) schwört(Präd), wird
mit Freiheitsstrafe nicht unter einem Jahr bestraft. (StGB §154
Meineid (1))

⇒ Präd(Agens) + [Lok] & [Methode]

b. 법률에 의하여 선서한 증인이(Agens) 허위의 진술을(Thema) 한(Präd) 때에는 5년 이하의 징역 또는 1천만원 이하의 벌금에 처한다. (형법 제 152조(위증, 모해위증) 1항)

⇒ Präd(Agens, Thema)

즉 독일의 StGB §154조와 우리나라 형법 제152조는 '위증(Meineid)'이라는 동일한 법 개념을 규정하고 있는 조항인데, '위증'에 대해서 우리나라와 독일의 정의가 술어-논항 구조상의 차이를 보이고 있음을 알 수 있다. 독일의 Meineid 는 행위자를 유일한 논항으로 취하는 일항술어 "Präd(Agens)"에 행위 장소와 방법이 비논항 부사어로 표현되어 있다. 이러한 술어-논항 구조는 '위증'과 관련된 기본행위와 필요조건을 구분하여 논리적으로 제시한 것으로 평가할 수 있다. 즉, 위증이 성립되기 위한 기본행위는 '선서하다(schwören(Agens))'라는 술어와 논항을 통해서, 그리고 위증이 성립되기 위한 필요조건은 장소("vor Gericht oder vor einer anderen zur Abnahme von Eiden zuständigen Stelle")와 방법 ("falsch")의 부사어로 제시되어 있다.

독일의 Meineid와는 달리, 형법 제152조 '위증'의 경우에는 술어 자리에 소위 '경동사(light verb)' "하다"가 나오고 그 대상으로 '허위의 진술'이 언급된다. 즉, 술어는 의미적으로 비어있고 논항에 '위증'의 핵심적인 내용이 모두 들어가 있는 구조를 보인다. 따라서 '위증'과 그렇지 않은 '증언'의 차이, 즉 이 두 가지 행위의 의미적 차이를 술어-논항 구조에서는 읽어내기 어렵고 부가어('허위의') 와 피수식어('진술을')의 관계를 통해서만 파악할 수 있다. 이러한 문제점은 부가어 '허위의'를 Meineid의 정의에서처럼 부사어 '허위로'라고 나타내면 해결될 수 있을 것이다. 이 경우 목적어 논항이 가벼워질 수 있기 때문에 '진술을 하다' 는 기능동사구로 간주되어 의미적으로 비어있는 경동사 '하다'를 독립적으로 분석할 필요가 없는 장점이 있다.

이러한 차이는 "사람을 살해한 자는 …"과 같이 술어-논항 구조로만 정의되어 있는 형법 제250조(살인)와 "Wer aus Mordlust, zur Befriedigung des Geschlechtstriebs, aus Habgier oder sonst aus niedrigen Beweggründen, heimtückisch oder grausam oder mit gemeingefährlichen Mitteln oder um eine andere Straftat zu ermöglichen oder zu verdecken, einen Menschen tötet"처럼 술어-논항 구조(TÖTEN(wer, einen Menschen))에 원인, 목적, 방법, 도구 등이[79] 구체적으로 나열되어 있는 독일 형법의 StGB §211, (2) Mord에서도 드러난다.

동일한 법 개념에 대해 두 나라의 법에서 정의하는 방식이 이렇게 차이를 보이는 것은 우리나라 법에서는 법 개념을 정의할 때 원인, 목적, 방법, 도구 등을 내포하는 함축적인 술어를 사용하는 경향이 강한 반면, 독일 법에서는 법 개념을 가능한 한 최대로 풀어서 정의하기 때문이다. 법 개념의 정의방식에 대한 이러한 차이는 술어와 논항으로만 구성되는 기본적인 술어-논항 구조에 시간, 장소, 수단 및 방법 등의 부사적인 요소를 반영하여 확장함으로써 파악할 수 있다. 술어-논항 구조에 시간, 장소, 수단 및 방법 등의 요소를 반영하는 방법으로는 크게 세 가지가 있다. 우선 기본적인 술어-논항 구조에 부사역들이 독립된 표현으로 나와서 이들의 의미가 합성되는 경우이다. 그 다음으로는 부사역이 어휘적으로 술어의 한 부분으로 통합되어 나오는 경우가 있고, 마지막으로 부사역이 술어의 한 부분으로 통합되어 있는데도 독립된 표현으로 다시 나오는 경우이다. 여기서는 이 세 가지 방식을 각각 '합성적 구조(kompositionale Struktur)', '통합적 구조(inkorporierte Struktur)', '합성적 통합 구조(kompositionale

---

79  aus Mordlust(살해욕: '원인'), zur Befriedigung des Geschlechtstriebs(성욕의 만족: '목적'), aus Habgier oder sonst aus niedrigen Beweggründen(탐욕 및 기타의 저열한 동기: '원인'), heimtückisch oder grausam(비열하거나 잔혹한 방법: '방법') oder mit gemeingefährlichen Mitteln(다수에 대한 위험을 야기하는 방법: '방법/도구') oder um eine andere Straftat zu ermöglichen oder zu verdecken(다른 범죄를 가능하게 하거나 은폐하려는 목적: '목적').

inkorporierte Struktur)'라고 명명하고, 독일과 우리나라 법 조항에서 각각의 경우에 해당하는 전형적인 예들을 찾아서 분석해 보기로 한다.

## 1) 합성적 구조

법 개념의 정의에 합성적 구조를 보이는 대표적인 경우로는 'Mord(謀殺)'와 관련된 법 조항(StGB §211, (2))을 예로 들 수 있다.

> (16) Mörder ist, wer aus Mordlust, zur Befriedigung des Geschlechtstriebs, aus Habgier oder sonst aus niedrigen Beweggründen, heimtückisch oder grausam oder mit gemeingefährlichen Mitteln oder um eine andere Straftat zu ermöglichen oder zu verdecken, einen Menschen tötet. (StGB §211, (2) Mord)

독일 형법에서 Mord(StGB §211)의 정의에는 술어 töten이 "aus Mordlust, zur Befriedigung des Geschlechtstriebs, aus Habgier ..."라는 부사적 표현에 의해 상세화되어 있다. Mord는 töten이라는 행위에 (살해) 동기 및 원인, 목적, 방법 등이 전제될 때 비로소 성립되기 때문이다(1.1.2절 참조). 따라서 법 개념으로서 Mord의 경우, 원인, 목적, 방법 등 부사역(aus Mordlust ...)이 기본 술어 töten을 단순히 수식하는 것이 아니라, 아래 그림이 보여 주는 바와 같이 töten과 함께 새로운 술어("aus Mordlust ... töten")를 합성해 내는 것으로 분석할 수 있다.

- 부사역이 술어와 합성되는 구조를 보이는 경우 (예, 'Mord')

(er)Mord(en) = töten <Agens Patiens>    +    [*aus Mordlust, ...*]

"합성적 구조"

법 개념의 정의에서 이와 같은 합성적 구조를 보이는 경우로는 Mord 이외
에도 독일어 법조항으로는 Fahrlässige Tötung(StGB §222), Totschlag(StGB
§212), Körperverletzung(StGB §223), Diebstahl(StGB §242), Raub(StGB §249)이,
그리고 우리나라 법조항으로는 과실치사(형법 제267조)가 있다.

독일의 Fahrlässige Tötung(StGB §222)과 마찬가지로 동일한 합성적 구조를
보이는 '과실치사'(형법 제267조)를 함께 제시해 보면 다음과 같다.

(17)  a. Wer durch Fahrlässigkeit den Tod eines Menschen verursacht, wird
mit Freiheitsstrafe bis zu fünf Jahren oder mit Geldstrafe bestraft.
(StGB §222 Fahrlässige Tötung)
b. 과실로 인하여 사람을 사망에 이르게 한 자는 2년 이하의 금고 또는
700만원 이하의 벌금에 처한다. (형법 제267조(과실치사))

이 둘의 차이는 Fahrlässige Tötung(StGB §222)의 경우 verursachen이라는
단순술어를 사용하여 그 목적어로 den Tod eines Menschen을 취하고 있는
반면, 과실치사(형법 제267조)에서는 '사망에 이르게 하다'라는 복합술어를 사용
하고 그 목적어로 '사람'을 취하고 있는 점이다. 동일 개념을 정의하고 있는
이 두 조항은 술어상의 이러한 차이 이외에는 합성적 구조를 보인다는 공통점
을 가지고 있다. 이처럼 독일과 우리나라의 동일 법조항이 모두 합성적 구조를
보이는 경우로는, 아래 제시된 Rücktritt(StGB §24)와 중지범(형법 제26조),
Täterschaft(StGB §25(2))와 공동정범(형법 제30조), Beihilfe(StGB §27(1))와 종범(형
법 제32조) 등을 들 수 있다.

(18)  a. Wegen Versuchs wird nicht bestraft, wer freiwillig die weitere
Ausführung der Tat aufgibt oder deren Vollendung verhindert. Wird
die Tat ohne Zutun des Zurücktretenden nicht vollendet, so wird
er straflos, wenn er sich freiwillig und ernsthaft bemüht, die

Vollendung zu verhindern. (StGB §24 Rücktritt (1))

b. 범인이 자의로 실행에 착수한 행위를 중지하거나 그 행위로 인한 결과의 발생을 방지한 때에는 형을 감경 또는 면제한다. (형법 제26조(중지범))

(19) a. Begehen mehrere die Straftat gemeinschaftlich, so wird jeder als Täter bestraft (Mittäter). (StGB §25 Täterschaft (2))

b. 2인 이상이 공동하여 죄를 범한 때에는 각자를 그 죄의 정범으로 처벌한다. (형법 제30조(공동정범))

(20) a. Als Gehilfe wird bestraft, wer vorsätzlich einem anderen zu dessen vorsätzlich begangener rechtswidriger Tat Hilfe geleistet hat. (StGB §27 Beihilfe (1))

b. 타인의 범죄를 방조한 자는 종범으로 처벌한다. (형법 제32조(종범))

## 2) 통합적 구조

형법 제250조의 '살인'의 정의에서는 "살해하다"라는 이항 술어가 사용되고 있는데, '살인'이 독일 형법의 'Mord(謀殺)'와 'Totschlag(故殺)'을 모두 포괄하는 개념이므로 "살해하다"라는 표현은 Mord(StGB §211)의 정의 "aus Mordlust ... töten"를 포함한다고 볼 수 있다. 따라서 '살인'의 "살해하다"는 다음과 같이 부사역(aus Mordlust ...)이 술어(töten)의 의미에 들어있는 모습, 즉 통합적 구조를 보인다고 하겠다.

- 부사역이 술어에 통합된 구조를 보이는 경우(예, '살인')

살해하다 = töten[aus Mordlust, ...] <Agens Patiens>

"통합적 구조"

이와 같은 통합적 구조를 보이는 경우로는 '살인'뿐만 아니라 '절도'(형법 제

329조), '모욕'(형법 제311조) 등 다수가 있는데, 독일의 법조항에서는 '모욕'에 해당하는 Beleidigung(StGB §185) 이외에는 찾아보기 어렵다.

(21) a. 공연히 사람을 모욕한 자는 1년 이하의 징역이나 금고 또는 200만원 이하의 벌금에 처한다. (형법 제311조(모욕))

   b. Die Beleidigung wird mit Freiheitsstrafe bis zu einem Jahr oder mit Geldstrafe und, wenn die Beleidigung mittels einer Tätlichkeit begangen wird, mit Freiheitsstrafe bis zu zwei Jahren oder mit Geldstrafe bestraft. (StGB §185 Beleidigung)

특히 Beleidigung(StGB §185)은 범죄 행위가 정의되지 않고, 해당 개념이 명사의 형태로 제시된 경우로서 통합적 구조를 보인다고 하기도 어렵다. 다만, 아래 (22)처럼 선행하는 조항인 Beleidigung von Organen und Vertretern ausländischer Staaten(StGB §103)에서 동사 beleidigen이 목적어와 함께 나오므로 술어-논항 구조를 분석할 수 있고, 이 경우 부사역이 분리되어 나오지 않아 통합적 구조에 해당한다.

(22) Wer ein ausländisches Staatsoberhaupt [...] oder einen im Bundesgebiet beglaubigten Leiter einer ausländischen diplomatischen Vertretung beleidigt, wird mit Freiheitsstrafe bis zu drei Jahren oder mit Geldstrafe, im Falle der verleumderischen Beleidigung mit Freiheitsstrafe von drei Monaten bis zu fünf Jahren bestraft. (StGB §103 Beleidigung von Organen und Vertretern ausländischer Staaten (1)))

통합적 구조는 Beleidigung(StGB §185)의 경우를 제외하고는 한자어에 기초한 법 개념을 사용하는 우리나라 법조항에서 주로 관찰되는데, 통합적 구조를 통해 정의된 법 개념은 – 법조항 자체에서 의미를 파악할 수 있는 합성적 구조와 달리 – 그 의미파악을 위해 해당 어휘를 해체해야 하는 문제점이 있다.

### 3) 합성적 통합 구조

형법 제 333조 강도("폭행 또는 협박으로 타인의 재물을 강취하거나 [...].")는 부사적 의미가 술어에 통합되어 있는 상태('강취하다' = 남의 물건이나 권리를 강제로 빼앗다)에서 해당하는 부사적 표현("폭행 또는 협박으로")이 술어와 함께 다시 출현하여 합성되는 구조를 보인다.

- 합성적 구조와 통합적 구조를 동시에 보이는 경우(예, '강도')

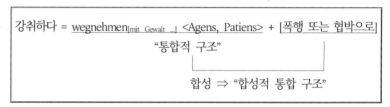

이처럼 '강도'와 같은 경우는 통합적 구조와 합성적 구조의 특성을 모두 보이므로 '합성적 통합 구조'라고 개념화 할 수 있는데, 우리나라 법 조항에서는 '간첩(형법 제98조)', '점유강취(형법 제325조)' 등이 이러한 '합성적 통합 구조'의 대표적인 경우에 해당한다.

(23)  a. 적국을 위하여 간첩하거나 적국의 간첩을 방조한 자는 사형, 무기 또는 7년 이상의 징역에 처한다. (형법 제98조(간첩) 1항)[80]
b. 폭행 또는 협박으로 타인의 점유에 속하는 자기의 물건을 강취한 자는 7년 이하의 징역 또는 10년 이하의 자격정지에 처한다. (형법 제325조 (점유강취, 준점유강취) 1항)

---

80   '간첩'이 "한 국가나 단체의 비밀이나 상황을 몰래 알아내어 경쟁 또는 대립 관계에 있는 국가나 단체에 제공하는 사람"(국립국어원 2019)을 뜻하므로, "적국을 위하여" 이런 행위를 하는 경우로 제한된 형법 제98조 1항의 '간첩'에 대한 정의가 엄밀한 의미에서는 '합성적 통합 구조'가 아니라 '합성적 구조'에 해당한다고 볼 수도 있다.

합성적 통합 구조는 부사적 의미가 이중으로 – 즉 한편으로는 술어 자체에 ("강취하거나"), 다른 한편으로는 부사어로("폭행 또는 협박으로") – 반영되는 잉여 적 특성을 보인다. 합성적 통합 구조는 부사역이 술어와 부사어에 이중으로 반영되는 잉여적 특성을 보이는 만큼, 개념을 명확하면서도 경제적으로 정의 해야 하는 법 개념의 정의방식에는 적합하지 않는 것으로 간주된다.

## 4) 가독성의 관점에서 본 세 가지 정의방식의 비교

앞서 살펴본 세 가지 정의방식을 가독성의 관점에서 비교해 보면, 우선 합성 적 정의방식은 해당 법 개념의 의미자질을 최대한 명시적으로 제공함으로써 명확성을 필수요건으로 하는 법률의 특성을 잘 반영할 뿐만 아니라, '절도', '강도' 또는 '살인', '과실치사' 등과 같은 유사 법 개념들의 관계를 파악하는 데에도 유용하다. 예를 들어, 절도와 강도는 개념상 "타인의 재물에 대한 권리 를 침해한다"는 공통점이 있는 반면, 이러한 범죄행위에 동반되는 수단 및 방 법 등 그 양태에 있어서는 차이를 보인다. 즉, 절도는 별다른 수단이나 방법을 사용하지 않는 반면, 강도는 재물을 탈취하는 과정에서 폭력이나 협박을 동반 함으로써 상대가 인지하게 된다. 절도와 강도의 이러한 차이는 인지언어학적 인 관점에서 영어의 steal과 rob을 비교한 Goldberg(1995; 47)의 다음과 같은 분석에서도 확인할 수 있다.

<그림 2-3> steal과 rob

즉, 절도(steal)의 경우에는 행위자와 대상물이 부각되고 피해자는 상대의 행위를 인지하지 못하는 반면, 강도(rob)의 경우에는 행위자뿐만 아니라 폭력이나 협박의 대상인 피해자가 부각되는 차이를 보임으로써 소위 '윤곽부여(profiling)' 프레임의 모습이 다르게 된다(Goldberg 1995; 47).[81]

절도와 강도의 이와 같은 차이가 독일의 해당 법조문에서는 다음과 같이 상당히 구체적으로 표현되어 있다.

> (24) a. <u>Wer</u> eine fremde bewegliche Sache einem anderen in der Absicht wegnimmt, die Sache sich oder einem Dritten rechtswidrig zuzueignen, wird mit Freiheitsstrafe bis zu fünf Jahren oder mit Geldstrafe bestraft. (StGB §242 Diebstahl)
>
> b. <u>Wer</u> mit Gewalt gegen eine Person oder unter Anwendung von Drohungen mit gegenwärtiger Gefahr für Leib oder Leben <u>eine fremde bewegliche Sache einem anderen in der Absicht wegnimmt,</u> wird mit Freiheitsstrafe nicht unter einem Jahr bestraft. (StGB §249 Raub)

독일의 Raub과 Diebstahl은 둘 다 합성적 구조를 보일 뿐만 아니라, 절도와 강도가 개념상으로 공유하는 내용, 즉 "타인의 재물에 대한 권리를 침해한다"는 내용을 동일하게 서술하면서도(밑줄친 부분), 이들의 차이, 즉 "피해사실에 대한 피해자의 인지 여부"는 Raub의 "mit Gewalt gegen eine Person oder unter Anwendung von Drohungen mit gegenwärtiger Gefahr für Leib oder Leben"라는 부분을 통해서 보여준다. 이처럼 Raub은 방법 및 양태 부사어를 추가함으로써 Diebstahl과 명확히 구분된다.

그렇다면, 우리나라 관련 법조항에서는 이 범죄행위들이 어떻게 기술되어

---

81   Goldberg(1995; 47)에 따르면 절도의 경우에는 행위자와 물건이, 강도의 경우에는 행위자와 피해자가 부각되는 윤곽부여 프레임을 보인다.

있는가?

   (25)  a. 타인의 재물을 절취한 자는 6년 이하의 징역 또는 1천만원 이하의 벌금
            에 처한다. (형법 제329조(절도))
         b. 폭행 또는 협박으로 타인의 재물을 강취하거나 기타 재산상의 이익을
            취득하거나 제삼자로 하여금 이를 취득하게 한 자는 3년 이상의 유기징
            역에 처한다. (형법 제333조(강도))

    우리나라 형법에서도 절도와 강도 행위에 동반되는 수단 및 방법이 차이를
보이기는 하지만, "타인의 재물에 대한 권리를 침해한다"는 두 범죄행위의 공
통점이 독일의 형법에서와는 달리("Wer [...] eine fremde bewegliche Sache einem
anderen in der Absicht wegnimmt") 명확하게 드러나지 않고 있다. 이러한 문제점
은 절도의 경우 통합 구조를, 강도의 경우에는 합성적 통합 구조를 보이기 때문
이다. 즉, 방법 및 양태 등의 부사적 의미가 술어('절취', '강취')에 통합됨으로써
의미 내용을 해체하여 분석, 비교하기가 어렵다. 결과적으로 통합 및 합성적
통합 구조를 보이는 한국의 형법 조항들에서는 서로 밀접한 두 범죄행위를
일관성 있고 체계적으로 분석 및 비교하는 데 어려움이 있다고 하겠다.
    결국, 세 가지 정의방식 중에서는 기본 술어에 부사적 의미를 명시적으로
함께 제시하는 합성적 구조가 법 개념의 정의를 위해 가장 적합한 방식으로
평가받을 수 있다. 법 조항을 명확하고 가독성 높은 방식으로 개정, 보완하는
경우에는 합성적 정의방식에 기초한 독일의 법 조항과 그 예들을 참고할 수
있을 것이다.

## 1.2. 법률에서의 어휘관계

어휘론에서는 어휘의 정의뿐만 아니라, 어휘들 간의 관계에 대한 논의도 중요한 연구대상이다. 예를 들어, 상위어(Hyperonym), 하위어(Hyponym), 동종하위어(Kohyponym), 동의어(Synonym), 반의어(Antonym) 등에 대한 논의가 가능하다 (Schwarz-Friesel/Chur 2014: 60f.). 특히 법률언어에서는 법 개념들 간의 상위어와 하위어 그리고 반의어의 관계가 중요한 만큼(예, '형(벌)'과 '징역형'/'벌금형', '혈족' 과 '인척') 이러한 어휘관계를 중심으로 살펴보기로 한다.

### 1.2.1. 상위어와 하위어 그리고 공동하위어

Löbner(2015: 232)에 따르면, "어떤 어휘 B의 의미가 다른 어떤 어휘 A의 의미에 포함되는 경우" A는 B의 하위 개념, 즉 하위어(Hyponym)가 된다. 이때 의미는 내포 의미로서 의미자질들의 집합이라고 볼 수 있다. 예를 들어, 앞서 1.1.1절에서 살펴본 Tier와 Säugetier의 정의에서 Tier의 내포 의미는 "{Lebewesen, Bewegungsfähigkeit, nicht-Mensch}"이고 Säugetier의 의미는 "{Lebewesen, Bewegungsfähigkeit, nicht-Mensch, dessen Jungen Milch gebend}"로 파악할 수 있는데, 이 두 어휘의 의미를 비교해 보면 Tier(B)의 의미가 Säugetier(A)의 의미에 포함되므로 정의에 따라 Säugetier(A)가 Tier(B)의 하위어가 된다. 추가로 이 두 단어와 Vogel의 어휘관계를 파악해 보기 위해 Duden-사전에 제시된 Vogel의 어휘적 의미를 제시해 보면 다음과 같다.

(26) Vogel = zweibeiniges Wirbeltier [...], das im Allgemeinen fliegen kann
      (Duden 2011)

Duden-사전에 제시된 Vogel의 어휘적 의미를 토대로 Vogel의 의미를 Tier 와 Säugetier에서처럼 의미자질의 집합으로 표시하면 다음과 같다.

(26') Vogel' = {Wirbeltier, zweibeinig, im Allgemeinen flugfähig}

그런데, Wirbeltier(척추동물)의 의미는 "Tier mit Wirbelsäule, [...]"[82]라는 Duden-사전의 뜻풀이에 근거하여 다시 "{Tier, mit Wirbelsäule}"라고 더 분 해할 수 있으므로 이를 반영하면 Vogel'의 의미는 (26")처럼 수정할 수 있다.

(26") Vogel' = {Tier, mit Wirbelsäule, zweibeinig, im Allgemeinen flugfähig}

결과적으로 Vogel의 의미 {Tier, mit Wirbelsäule, zweibeinig, im Allgemeinen flugfähig}는 Tier라는 의미를 포함하고 있으므로 Tier의 하위어로 간주할 수 있다.

한편, Säugetier의 의미는 1.1.1절에서 살펴본 것처럼 "{Lebewesen, Bewegungsfähigkeit, nicht-Mensch, dessen Jungen Milch gebend}", 즉 "{Tier, dessen Jungen Milch gebend}"였는데, 여기서 의미자질 Tier는 Wirbeltier를 의미하므로 Säugetier는 다음과 같은 의미자질의 집합으로 표시 할 수 있다.

(27) Säugetier = {Wirbeltier, dessen Jungen Milch gebend}

(27)에서도 - (26")의 Vogel의 경우처럼 - Wirbeltier를 "Tier, mit Wirbelsäule"로 분해하면 Säugetier는 (27')와 같은 (내포적) 의미를 갖게 된다.

---

82  Wirbeltier, das (Zool.): Tier mit einer Wirbelsäule, das zwei Paar Gliedmaßen besitzt, [...]. (Duden 2011)

(27') Säugetier = {Tier, mit Wirbelsäule, dessen Jungen Milch gebend}

결국 (26")와 (27')를 통해 Vogel과 Säugetier 모두 Tier의 하위어가 되고 이 둘의 관계는 정의에 따라 Tier의 공동하위어로 간주할 수 있다. Vogel과 Säugetier처럼 서로 다른 단어가 또 다른 어떤 단어(Tier)의 공동하위어로 볼 수 있는 경우는 이 두 단어의 내포 의미에 공동의 상위어(Tier)가 의미자질로서 개념상 포함되는 것을 통해서 확인된다.

그런데, Vogel과 Säugetier의 의미에서 Wirbeltier를 분해하기 전의 모습, 즉 (26')와 (27)은 Vogel과 Säugetier가 Wirbeltier를 공동으로 포함하고 있음을 보여준다. 이는 Vogel과 Säugetier가 Tier뿐만 아니라 Wirbeltier도 상위어로 하는 공동하위어로 간주될 수 있음을 의미한다. 결과적으로 Vogel과 Säugetier는 Wirbeltier도 상위어로 하는 공동하위어인 것이다. 이러한 이중적인 상위어 관계가 형성될 수 있는 것은 Tier와 Wirbeltier가 서로 상하위어 관계에 놓여 있기 때문이다. 즉, Vogel과 Säugetier가 Wirbeltier를 상위어로 갖는데, Wirbeltier가 다시 Tier를 상위어로 갖기 때문에 Vogel과 Säugetier도 Tier를 상위어로 갖는 것이다. 따라서 상하위어 관계는 전이될 수 있는 관계로 볼 수 있으며 이는 다음과 같은 위계 관계로 분석할 수 있다.

(28)

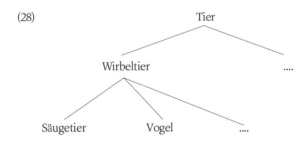

동물들의 위계관계를 보여 주는 (28)은 생물학에서 보여 주는 동물의 계통도

와 일치한다. 이는 Tier, Wirbeltier, Vogel, Säugetier 등 동물의 종(種)을 나타
내는 어휘들의 의미에 기초하여 상하위어 관계를 파악한 분석방법이 적절하였
음을 의미한다.

　법률 어휘들의 관계도 이들의 의미 분석을 통해서 체계화할 수 있다. 상하위
어 관계는 법률에서 다양한 개념을 정의할 때 나타나는데, 예를 들어 '공범'을
공동정범(제30조), 교사범(제31조), 종범(제32조)으로 분류하는 형법(제3절)에서 쉽
게 찾아볼 수 있다. 뿐만 아니라, 다음과 같이 형의 종류를 구분하는 형법 제41
조에서도 상하위어 관계를 볼 수 있다.

　　(29) 형법 제41조(형의 종류) 형의 종류는 다음과 같다.
　　　　a. 사형
　　　　b. 징역
　　　　c. 금고
　　　　d. 자격상실
　　　　e. 자격정지
　　　　f. 벌금
　　　　g. 구류
　　　　h. 과료
　　　　i. 몰수

　즉 '형(刑)'과 형의 종류로 나열되어 있는 "사형, 징역, 금고, …" 등은 상하위어
관계에 놓인다. 나아가 "징역 또는 금고는 무기 또는 유기로 하고 유기는 1개월
이상 30년 이하로 한다. 단, 유기징역 또는 유기금고에 대하여 형을 가중하는
때에는 50년까지로 한다."는 제42조의 내용을 고려하면 '징역'과 '유기징역' 및
'무기징역', 그리고 '금고'와 '유기금고' 및 '무기금고'도 상하위어 관계에 있으
며 '유기징역' 및 '무기징역'과 '유기금고' 및 '무기금고'는 각각 '징역'과 '금고'
의 공동하위어에 해당한다. 또한 '유기징역', '무기징역' 등은 '징역'이나 '금고'

를 통해 '형'의 하위관계에 놓이는 다음과 같은 위계적인 구성을 보인다.

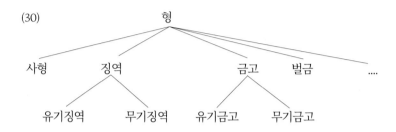

(30)

한편, 독일 형법에서 '형(Strafe)'은 종류별로 §38~§43a에 정의되어 있는데, 형벌에는 일차적으로 '자유형(Freiheitsstrafe)', '벌금형(Geldstrafe)', '재산형(Vermögensstrafe)'[83]이 속한다. '자유형'은 다음 StGB §38이 규정하고 있듯이 유기자유형(zeitige Freiheitsstrafe)과 무기자유형(lebenslange Freiheitsstrafe)으로 구분된다.[84]

    (31) StGB §38 Dauer der Freiheitsstrafe

        (1) Die Freiheitsstrafe ist zeitig, wenn das Gesetz nicht lebenslange Freiheitsstrafe androht. (자유형은 법률이 무기자유형을 규정하고 있지 아니한 때에는 유기로 한다.)

        (2) Das Höchstmaß der zeitigen Freiheitsstrafe ist fünfzehn Jahre, ihr Mindestmaß ein Monat. (유기자유형은 최소 1개월 이상 최고 15년 이하로 한다.)

즉 독일의 형벌도 '자유형'과 '벌금형', '재산형'으로 하위 구분되므로 '형벌'과 '자유형', '벌금형', '재산형'은 상하위어 관계에 놓이게 되고, 자유형을 비롯한 형벌의 세 가지 종류는 공동하위어가 된다. '자유형'은 다시 '유기자유형'

---

83  '재산형'은 독일의 형법 §43a에 따르면 무기 또는 2년 이상의 자유형에 부가하여 피고의 재산 가액 이하로 일정 금액을 납부하게 하는 형벌을 말함.

84  'Freiheitsstrafe'에 대한 번역은 신영호(2009: 261)를 참고함.

및 '무기자유형'으로 구분되므로 여기에도 상하위어 관계가 존재하며 '유기자
유형' 및 '무기자유형'은 '자유형'의 공동하위어에 해당한다. 결과적으로 독일
의 형벌들은 한국의 형벌들과 비교했을 때, 사형과 징역형이 제시되어 있지
않는 등 좀 더 단순하기는 하지만 다음과 같이 위계적인 구성을 보이는 점에는
차이가 없다.

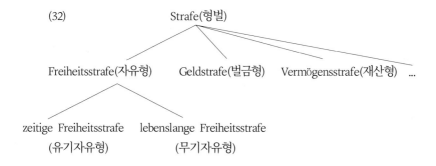

(32)  Strafe(형벌)

Freiheitsstrafe(자유형)  Geldstrafe(벌금형)  Vermögensstrafe(재산형)  ...

zeitige Freiheitsstrafe  lebenslange Freiheitsstrafe
(유기자유형)  (무기자유형)

이제 앞서 1.1.1절에서 살펴본 '친족'의 개념에 대해서 독일과 한국의 경우를
비교하면서 좀 더 자세히 살펴보기로 한다. 우선 독일의 Angehörige와 AbO
§15에 제시된 그 구성원들, 즉 약혼자(der Verlobte), 배우자 및 반려자(der
Ehegatte oder Lebenspartner), 직계의 친인척(Verwandte und Verschwägerte gerader
Linie), 형제자매(Geschwister)와 그 자녀들(Kinder der Geschwister)의 관계는 대표
적인 상위어와 하위어의 관계에 해당한다. 따라서 위계관계, 즉 중간단계를 설
정하지 않은 Angehörige의 경우, 배우자와 형제자매가 동등하게 Angehörige
의 구성원이 되고, 결과적으로 배우자와 형제자매는 Angehörige의 공동하위
어로 간주할 수 있다.

한편, 독일어 Angehörige에 해당하는 민법의 '친족'과 그 구성원들도 상위
어와 하위어의 관계에는 해당하는데, 친족의 경우는 앞서 언급한 것처럼 중간
단계를 설정하고 있어서 다음 그림이 보여 주는 것처럼 위계구조로 분석할

수 있다.

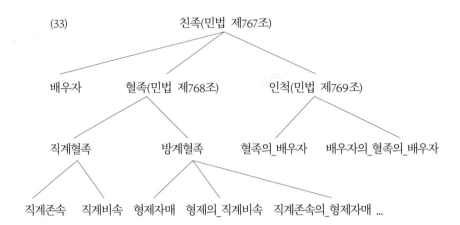

(33) 친족(민법 제767조)

즉, 친족은 배우자, 혈족, 인척에 대해 상위어가 되고 배우자, 혈족, 인척은 친족의 하위어가 된다. 다시 혈족은 직계혈족과 방계혈족에 대해 상위어가 되고, 직계혈족은 직계존속과 직계비속에 대해 상위어가 될 것이며, 방계혈족과 형제자매 등의 관계도 마찬가지로 파악할 수 있다. 따라서 한국어 '친족' 개념에서는 배우자가 형제자매보다 더 긴밀한 관계임이 명시적으로 정의되고 있으며, 배우자와 형제자매의 이러한 차이는 독일어 Angehörige에서와는 달리 이둘이 '친족'의 직접적인 공동하위어가 될 수 없다는 점에서도 개념적으로 드러난다.

## 1.2.2. 반대

일상에서 반대말이라고 하는 것들에는 '크다 – 작다', '여자 – 남자', '사다 – 팔다' 등 다양한 반대(Opposition)의 쌍들이 있다. 그런데, 이것들의 관계를 자세히 살펴보면 단순히 반대말이라는 하나의 어휘관계로 보기에는 어려운 점이 있다. Löbner(2015: 234f.)에 따르면, '크다 – 작다'에 해당하는 독일어 단어 'groß – klein'의 관계는 '반의어 관계(Antonymie)'이다. 반의어는 동일한 연속선에서의 양 극단을 의미한다. 즉, '크기(Größe)'라는 기준에서 '크고' '작은' 것이 두 끝을 차지하고 그 사이에 다른 다양한 정도('조금 큰', '중간 크기인', '조금 작은' 등)가 존재할 수 있다. 이러한 '반의어 관계'에는 '늙은 – 젊은', '무거운 – 가벼운' 등 중간을 허용하는 경우들이 해당된다. 한편, 'Frau(여자)'와 'Mann (남자)'은 중간을 허용하지 않고 서로 대립쌍을 이루는 '상보적 대립관계 (Komplementarität)'에 있다. 'ja(예) – nein(아니오)'도 논리적으로는 중간을 허용하지 않는다는 점에서 '상보적 대립관계'이다. 마지막으로 '사다 – 팔다'처럼 어느 하나가 다른 하나를 반드시 전제하는 동전의 양면과 같은 경우는 '전환 관계(Konversität)'라고 하고 'Elternteil(부모) – Kind(자녀)'의 관계도 여기에 해당한다.

'반대'와 관련된 법적 개념의 대표적인 예들을 그 유형별로 하나씩 살펴보면, 우선 반의어 관계에는 형의 '가중(加重)'과 '감경(減輕)'이 해당한다.[85] 가중은 형벌이 늘어나는 것을, 그리고 감경은 "본형(本刑)보다 가벼운 형벌에 처하는 경우"를 말하므로(현암사 2013: 1085), 이들이 형이라는 연속선에서 본형(本刑)을 중심으로 두 극단을 형성하게 되고 정의에 따라 반의어 관계가 된다. 한편, 이경은(2009: 72f.)과 이해윤(2023: 68)은 반의어 관계의 또 다른 예로서 '유죄'와 '무죄'를 들고 있는데, 이 둘은 중간을 허용하지 않는다는 점에서 Löbner(2015: 234f.)의 분류에 따르면 '상보적 대립관계'에 해당한다.

반대 중 '전환 관계'에 대해서는 앞서 논의하였던 친족 개념을 가지고 좀 더 구체적으로 살펴보기로 한다. 논의를 위해 1.1.1절의 Löbner(2015)식 친족관계 표시법 일부를 여기에 다시 (9')로 제시해 보기로 한다.

---

85  '가중'과 '감경'의 반의어 관계에 대해서는 이경은(2009: 72f.)과 이해윤(2023: 68) 참조.

(9') b. 부모(Mutter, Vater): ↑

    c. 조부모(Großmutter, Großvater): ↑ ↑

    d. 자녀(Tochter, Sohn): ↓

    e. 손자손녀(Enkelin, Enkel): ↓ ↓

    g. 조카(Nichte, Neffe): = ↓

    h. (외)삼촌, 고모/이모(Tante, Onkel): ↑ =

    k. 시누이, 처남 등(Schwägerin, Schwäger): ⓪ =

    l. 올캐, 매형 등(Schwägerin, Schwäger): = ⓪

예를 들어 친족 개념으로서 '부모(Mutter, Vater)'와 '자녀(Tochter, Sohn)'는 Löbner(2015)의 표시 방법에 따르면 각각 '↑'와 '↓'로서 상하가 대칭되는 모습을 보인다. 역시 전환 관계로 간주할 수 있는 '조부모(Gorßmutter, Gorßvater)'와 '손자 손녀(Enkelin, Enkel)'도 '↑ ↑'와 '↓ ↓'로서 상하 대칭꼴을 보인다. '↑ ='로 표시되는 '(외)삼촌, 고모/이모(Tante, Onkel)'의 경우는 '조카(Nichte, Neffe)'가 전환 관계에 놓이는데, 이들도 '↑ ='를 180도 전환한 형태인 '= ↓'로 표시된다. 대표적인 친족 관계의 개념쌍인 '시누이와 올케'도 각각 "⓪ ="와 "= ⓪"로서 완벽한 대칭관계를 보인다.

이로써 Löbner(2015)의 친족관계 표시법이 법적인 친족 개념들 간의 전환 관계를 파악하는 데 매우 체계적으로 적용될 수 있음을 알 수 있다. 나아가 어휘의미론에 토대를 둔 이와 같은 어휘관계의 파악은 다양한 법적 개념들을 정확히 분석하고 이해하는 데 유용할 것으로 예상되며, 개념들 사이의 관계와 관련된 법조항을 개선하는 데 이러한 방식을 적절히 활용할 수 있을 것으로 기대된다.[86]

---

86  어휘들 간에는 이외에도 '동음이의어(Homonym)' 관계도 있는데, 예를 들어 민법 제201조 2항("악의의 점유자는 수취한 과실을 반환하여야 하며 소비하였거나 과실로 인하여 훼손 또는 수취하지 못한 경우에는 …")에서 '과실'은 각각 한자어 '果實'과 '過失'에 해당하는 동음이의어이다. 그러나 이러한 동음이의어는 오해를 일으킬 소지가 크므로 한자를 병기하거나 다른 표현으로 대체할 필요가 있다.

# 제2장 법률언어와 형태·통사론

    법률언어에서 관찰되는 **형태·통사론적인** 현상으로는 수동 및 피동 현상, 주어 생략 현상, 기본어순 및 수식어-피수식어의 어순 등을 들 수 있다. 그런데, 언어에 따라서는 동일한 문법 현상이 형태론의 논의대상이 될 수도 있고, 통사론의 대상이 될 수도 있다. 예를 들어, 소위 '수동(Passiv)' 현상의 경우, 독일어에서는 수동이 조동사 werden이나 sein과 과거분사의 결합으로 실현되기 때문에 통사적인 현상으로 간주되는 반면, 한국어에서는 어휘교체('완성하다' vs. '완성되다')나 피동접미사('-이/히/리/기-')의 삽입과 관련된 것들은 형태론적인 현상이다. 따라서 독일어와 한국어를 동시에 분석의 대상으로 하는 이 책에서는 형태론과 통사론을 구분하지 않고 '형태·통사론'으로 통합하여 기술하기로 한다.


## 2.1. 수동 및 피동 현상

    통사적인 조건만 만족시키면 별 제약 없이 **수동구문이** 유도될 수 있는 독일어와는 달리(Brinker 1971, Höhle 1978, Leiss 1992, Koo 1997), 한국어에서는 특정 동사에 피동접미사('-이/히/리/기-')가 붙거나 '-하다'가 '-되다'로 대체되어 수동동사가 만들어진다(고영근/구본관 2008, Sohn 1999). 여기서는 독일어와 한국어,

특히 법률언어에서의 수동에 대해 구체적으로 논의하기에 앞서 우선 수동 및 피동이 무엇인지 그 정의에 대해서 살펴보기로 한다.

## 2.1.1. 수동 및 피동의 정의

기본적인 능동(태)와는 달리 형태 및 구조에 변화를 보이는 수동(태)는 흔히 (동사의) '유표적인 변이형태(markierte Diathese)'라고 불린다(Shibatani 1988: 3). 즉, 수동태에서는 동사 자체에 형태 변화가 관찰되고, 능동태에서 주어였던 행위자가 더 이상 문장의 주어로 나오지 않는다는 두 가지 특징을 갖는다.[87] 동사에 형태 변화가 관찰된다는 수동태의 첫 번째 특징은 독일어의 경우 다음과 같이 동사에 조동사가 붙어 능동태와 비교되는 것을 말한다.

(1) a. Er versteht die Sache.
b. Die Sache wird (von ihm) verstanden.

(2) a. Sie lesen die Zeitschrift.
b. Die Zeitschrift wird (von ihnen) gelesen.

수동문인 (1b)에서는 능동 동사 versteht와는 달리 조동사 werden과 verstehen의 과거분사가 결합되고(wird + verstanden), 행위자 er가 더 이상 주어 자리에 나오지 않는 대신 피행위자인 die Sache가 주어로 실현되어 있다. (2b)에서도 마찬가지로 lesen의 과거분사와 조동사 werden이 결합되어(wird + gelesen) 행위자구가 생략되거나 전치사구인 von-구로 바뀌어 있다.

반면 한국어에서는 아래 제시된 예에서처럼 조동사 대신 '-이/히/리/기-'와 같은 접미사가 붙어서 피동동사가 파생됨으로써 피행위자(Patiens)가[88] 주어가

---

87  이에 대한 자세한 논의는 Koo(1997: 37ff) 참조.

되고 행위자는 생략되거나 여격 조사('에게')와 결합되어 나온다.

    (3)  a. 민호가 순이를 <u>잡았다</u>.
          b. 순이가 (민호에게) <u>잡혔다</u>.

  즉, 피동문인 (3b)는 능동동사 '잡다'에 수동접미사 '히'가 붙으면('잡히다') 피행위자인 '순이'가 주어로 나오고 행위자인 '민호'에는 여격조사가 붙어서 더 이상 주어가 아님을 보여 주고 있다.

  수동은 이처럼 동사에 변화가 생긴다는 점에서 어순상의 변화만을 보이는 '토픽' 구문과 구분된다.

    (1')  a.  Die Sache versteht er.
    (2')  a.  Die Zeitschrift lesen sie.
    (3')  a.  순희는 민호가 잡았다.

  즉 독일어 토픽 구문인 (1'a)와 (2'a)에서 토픽의 대상이 되는 목적어가 문두에 나올 뿐(die Sache, die Zeitschrift), 동사의 형태에는 변화가 없고(versteht, lesen) 행위자도 계속 주어로 실현되어 있다(er, sie). 한국어 토픽 구문인 (3'a)에서도 동사 형태에 변화가 없고('잡았다') 행위자도 계속 주어로 실현되어 있다('민호가'). 단지 피행위자인 '순이'가 문두에 위치하면서 독일어에서와는 달리 목적격 대신 주제격 조사 '는'과 결합되어 있다.

  인지언어학적인 관점에서 보면 수동은 능동으로 표현된 동일한 사태를 다른 '관점(Perspektive)'에서 묘사함으로써 전경과 배경을 교체하는 기제에 해당한다(구명철 2015: 299ff). 즉, 능동문인 (2a)와 수동문인 (2b)는 '그들(sie)'이 '잡지(die

---

88   연구에 따라서는 '피행위자'와 '대상(Thema)'을 구분하기도 하는데, 여기서는 '피행위자'를 '대상'을 포함하는 넓은 의미로 사용하기로 한다.

Zeitschrift)'를 '읽고 있다'는 동일한 상황을 나타내는데, 이 둘이 다른 점은 능동문에서는 행위자('그들이')가 부각되는 반면, 수동문에서는 대상('잡지')이 부각되어 묘사된다는 것이다. 다시 말해 능동에서는 행위자가 전경이 되고, 수동에서는 피행위자가 전경이 된다. 능동과 수동의 이러한 차이는 구명철(2015: 301)에서 제안된 도식을 활용하여 다음 그림과 같이 나타낼 수 있다.

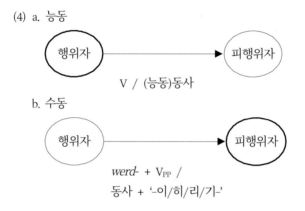

(4) a. 능동

V / (능동)동사

b. 수동

werd- + V$_{PP}$ /
동사 + '-이/히/리/기-'

즉, 능동에서는 행위자가 전경으로서 현저성이 높은 반면, 수동에서는 피행위자가 전경이 되어 현저성이 높게 된다. 이와 같은 수동의 특징은 행위자 대신 피행위자가 문장의 주어로 실현되는 방식으로 나타난다. 나아가 배경이 된 행위자는 주어 이외의 다른 통사적 표현(von-구, 여격 명사구)으로 실현되거나 생략된다. 능동문과 수동문의 이와 같은 통사적인 차이는 아래 표 (5)와 같이 정리해 볼 수 있다.

(5)

| | 주어 | 비주어 |
|---|---|---|
| 능 동 | 행위자<br>(sie / 민호가) | 피행위자<br>(die Zeitschrift / 순이를) |
| 수 동 | 피행위자<br>(die Zeitschrift / 순이가) | 행위자<br>(von ihnen / 민호에게) |

능동문과 수동문의 차이는 앞서 살펴본 것처럼 동사의 형태 변화를 통해서 촉발된다. 즉, 동사에 조동사나 접미사와 같은 수단이 필요하지 않은 능동문과는 달리, 수동문에서는 독일어의 경우 werden과 같은 조동사가(동사의 과거분사와 함께), 한국어에서는 '-이/히/리/기-'와 같은 피동접미사가 동사에 보조수단으로 결합된다.

능동과 수동에서 동사 형태의 이러한 차이는 다음과 같이 요약할 수 있다.

> (6) a. 능동: 무표적인 동사형태(unmarkierte Verbform)
>     [ ... ]$_V$ : lesen / 잡다
>   b. 수동: 유표적인 동사형태(markierte Verbform)
>     HILFSVERB + [ ... ]$_{PP}$ / [ ... ]$_V$ + '-이/히/리/기-'
>     werd- ... gelesen / 잡히다

행위자 및 피행위자의 통사적인 실현과 동사의 형태를 모두 고려한 수동의 정의는 아래와 같다.[89]

> (7) 수동의 기본적인 정의
>   a. A ≠ SUBJ & P = SUBJ
>   b. V = HILFSVERB + [ ... ]$_{PP}$ / [ ... ]$_V$ + '-이/히/리/기-'

수동의 이러한 정의에 따르면, 독일어에서든 한국어에서든 수동은 동사의 형태에 변화가 생기면서 행위자는 비주어로, 피행위자는 주어로 통사적인 변화를 겪는 것을 기본으로 한다고 요약할 수 있겠다.

---

89  그런데, 독일어에서는 "Heute wird gestreikt."처럼 자동사에서도 수동문이 만들어질 수 있는데, 자동사의 수동문에서는 주어가 나타나지 않는 비인칭구문(unpersönliche Konstruktion)의 형태를 보이므로 독일어 수동의 정의에서 "A ≠ SUBJ & P = SUBJ"는 구명철(2015: 304)가 제안한 것처럼 "A ≠ SUBJ (& P = SUBJ)"와 같이 수정되어야 하지만, 여기서는 자동사 수동과 같은 특수한 경우는 제외하고 기본적인 경우로만 국한한다.

## 2.1.2. 수동/피동의 종류 및 법률에서의 수동[90]

### 1) 독일어에서의 수동

독일어에서 조동사가 붙어 동사 자체에 변화가 관찰되고, 피행위자구인 '비주어(Nicht-Subjekt)'가 '주어'로 되는 수동태에는 앞서 살펴본 것처럼 'werden + 과거분사'뿐만 아니라 'sein + 과거분사', 'sein/bleiben + zu-부정사' 등 다양한 구문들이 있다. 이와 같은 수동구문이 들어 있는 문장들을 예로 들면 다음과 같다(Duden 2009: 544ff.).[91]

> (8) a. Der Motor wurde (vom Mechniker) repariert.
>     b. Das kranke Kind wird (von der Nachbarin) gepflegt.

> (9) a. Die Stadt ist zerstört.
>     b. Er war rasiert.

> (10) a. Der Schmerz ist kaum zu ertragen.
>      b. Das Ergebnis bleibt abzuwarten.

구명철(2017a: 213)에 따르면, 독일 기본법에서 위와 같은 수동문이 들어 있는 법조문은 드물지 않게 발견된다.

> (11)  a. Die ungestörte Religionsausübung wird gewährleistet. (GG §4 (2))
>       b. Der Bundespräsident wird ohne Aussprache von der Bundesversammlung gewählt. (GG §54 (1))

---

90   수동 및 피동의 종류에 관한 내용 중 독일어 부분은 구명철(2017a: 211ff.), 한국어 부분은 구명철(2017a: 215ff.)의 내용을 부분적으로 수정, 보완한 것임.

91   'bekommen + 과거분사'로 구성되어 있는 bekommen-수동은 능동문에서 3격 명사구가 주어가 됨으로써 만들어진다(Eroms 1978).

(12) a. Das Recht, zur Wahrung und Förderung der Arbeits- und Wirtschaftsbedingungen Vereinigungen zu bilden, ist für jedermann und für alle Berufe gewährleistet. (GG §9 (3))

   b. Die Todesstrafe ist abgeschafft. (GG §102)

(13) Eine private Volksschule ist nur zuzulassen, wenn die Unterrichtsverwaltung ein besonderes pädagogisches Interesse anerkennt oder, [...]. (GG §7 (5))

(11)-(13)은 werden-수동, sein-수동, sein zu-수동 등을 통해 행위자가 비주어로서 전치사구로 나오거나 생략되고, 그 대신 피행위자가 주어로 실현됨을 보여 주고 있다. 구명철(2017a: 211ff.)에 따르면, (11)에서는 die ungestörte Religionsausübung과 der Bundespräsident가, 그리고 (12)에서는 das Recht 와 die Todesstrafe가 원래는 능동 동사 gewährleisten, wählen, abschaffen의 목적어인데, 수동조동사 werden과 sein이 도입됨에 따라 수동문의 주어가 되었다. 이 경우들은 행위자가 국가나 의회 등 일반적인 것이어서 생략되고 그 대신 피행위자가 수동의 주어로 나온 경우이다. 한편, (11b)에서는 능동의 주어였던 die Bundesversammlung이 행위자구 von der Bundesversammlung으로 나오는데, 이 경우는 행위자인 die Bundesversammlung보다는 피행위자인 연방대통령(der Bundespräsident)이 문장에서 다루고자 하는 '주제(Topik)'이기 때문에 수동변형을 통해 주어가 된 경우이다.[92]

이처럼 기본법을 비롯한 독일 법률에서 수동문이 많이 관찰되는 이유는 수동문이 문어체 중심의 공식 언어에서 선호된다는 일반적인 이유뿐만 아니라,[93] (법적) 행위 자체를 핵심 내용으로 하는 법조문의 특성상 행위자가 일반적인

---

92  독일어에서 주어는 무표적인 경우 전장, 즉 문두에 위치하기 때문에 자동으로 '문장의 주제'가 될 수 있다. 따라서 피행위자처럼 주어가 아닌 것을 '주제'로 삼으려면 수동이라는 "기발한 트릭(genialer Trick)"을 사용하기도 한다(Musan 2010: 32f.). 주제 및 토픽에 대한 자세한 논의는 구명철(2017a) 참조.

93  수동의 문체적 특성에 대해서는 Duden(2016: 1168) 참조.

사람이나 기관[국가]일 가능성이 높기 때문이기도 하다. 일반적인 행위자는 정
보로서의 가치가 낮기 때문에 꼭 실현될 필요가 없는데, 독일어에서 이러한
행위자를 생략할 수 있는 방법은 다음 법조문들이 보여 주는 것처럼 수동태를
사용하는 것이다(구명철 2018: 29).

> (14) a. Niemand darf [Ø] wegen seiner Behinderung <u>benachteiligt werden</u>.
>    (GG §3 (3))
> b. Die ungestörte Religionsausübung <u>wird</u> [Ø] <u>gewährleistet</u>. (GG §4 (2))

즉 (14a)에서 장애를 이유로 다른 사람에게 불이익을 주는 행위자는 특정인
이기 보다는 이런 행위를 하는 모든 사람이다. 그리고 (14b)에서 종교의 자유는
'국가로부터' 보장받을 수 있어야 하는데, 이는 민주주의 국가의 경우 너무나도
당연해서 굳이 언급할 필요가 없다. 그런데, 이와 같은 법조항의 내용을 능동문
으로 표현하면 불특정한 사람들이나 국가 등 일반적인 행위자가 불필요하게
주어로 실현되어야 하는 문제가 생기기 때문에, 이런 경우에는 수동문이 자연
스러운 대안이 된다.

## 2) 한국어에서의 피동[94]

한국어에서는 일부 타동사에 '-이/히/리/기-'와 같은 피동접미사를 붙여 피
동사로 파생하거나((15)), '-하다'류 타동사에서 '-하다'를 '-되다'로 대체하는 피
동법이 존재한다((16))(권재일 2012: 379ff., 구명철 2017a: 211).

> (15) a. 경찰이 도둑을 <u>잡았다</u>.
> b. 도둑이 (경찰에) <u>잡혔다</u>.

---

94  한국어 문법에서는 '수동' 대신 '피동'이라는 표현을 선호하므로 여기서도 한국어에 대해서는
원칙적으로 '피동'으로 통일해서 쓰기로 한다.

(16)  a. 이사회가 두 회사의 합병을 <u>결정했다</u>.
　　　b. 두 회사의 합병이 (이사회에서) <u>결정됐다</u>.

　농동문인 (15a)와 (16a)에서 주어였던 행위자('경찰', '이사회')가 (15b)와 (16b)에서는 동사의 형태 변화와 함께 생략되거나 비주어('경찰에', '이사회에서')로 되고, 목적어였던 피행위자는 주어가 됨으로써('도둑이', '두 회사의 합병이') 2.1.1절의 수동의 정의에 부합하는 모습을 보인다.

　피동접미사를 붙여서 피동사를 만드는 (15)와 같은 경우를 권재일(2012: 379ff.)은 '파생적 피동법'이라고 하였고 '-하다'가 '-되다' 및 '-받다', '-당하다' 등으로 대체되는 경우는 '어휘적 피동법'이라고 불렀으며, 여기에 해당하는 예들은 다음과 같다.

(17)  a. 멀리서 그의 모습이 (우리에게) 보였다.
　　　b. 그가 돌아왔다는 소문이 (나에게) 들렸다.
　　　c. 초등학교 친구들과 오랫동안 소식이 끊겼다.

(18)  동작성명사 + '-되다/받다/당하다'[95]
　　　a. 그 일은 이제 모두 용서되었다.
　　　b. 그는 모든 사람들로부터 주목받았다.
　　　c. 그는 같이 사업하자는 제안을 친구로부터 거절당하였다.

　권재일(2012: 383f.)에 따르면, 이외에도 '풀어 + 지다', '만들어 + 지다'처럼 '(타)동사 + -어 지다'라는 통사적 방법으로 피동법이 실현되기도 한다.[96]

---

95　(18)에서처럼 동작성명사에 '-하다'가 붙는 동사에서 '-하다'를 '-받다', '-당하다'로 대체하여 피동을 유도하는 경우(예, "..에게 ..을 부여하다" > "..가 ..을 부여받다"; "..에게서 ..을 박탈하다" > "..가 ..을 박탈당하다")는 간접목적어, 즉 행위의 수혜자 및 피해자가 주어로 되는 피동문에 해당한다. 여기서는 피행위자가 주어가 되는 경우로 제한하여 '-받다', '-당하다' 피동구문은 다루지 않기로 한다.

96　원래 통사적 구성을 보이던 (타)동사 + '-어 지다' 구문이 현재는 하나의 형태적 구성으로

(19) a. 어렵던 수학 문제가 김 박사에 의해서 풀어졌다(= 풀어 지었다).
　　 b. 새로운 법률안이 소위원회에서 만들어졌다(= 만들어 지었다).

　(19)에서도 동사에 '-어 지다'가 붙어 형태상의 변화를 보이면서 행위자가
비주어로 되고('김 박사에 의해서', '소위원회에서'), 목적어였던 피행위자는 주어가
됨으로써('어렵던 수학 문제가', '새로운 법률안이') 파생적 피동 및 어휘적 피동과
유사한 구문상의 변화를 보인다. 따라서 한국어 피동에는 크게 '-이/히/리/
기-'처럼 피동접미사가 붙는 파생적 피동, '-하다'류 타동사에서 '-하다'가 '-되
다'로 대체되는 어휘적 피동, 그리고 (타)동사 + '-어 지다'라는 형식의 통사적
피동이 있다고 할 수 있다.
　이제 이러한 피동문이 우리나라 법조문, 예를 들어 헌법에서는 어떻게 사용
되고 있는지 살펴보기로 한다.[97] 구명철(2017a: 215f.)에 따르면, 헌법에서 피행위
자 명사구가 피동을 통해 주어가 되는 경우는 대체로 '-되다'-피동, 즉 어휘적
피동에 의한 경우이다.

(20) a. 모든 국민의 재산권은 보장된다. (헌법 제23조 1항)
　　 b. 헌법개정은 국회재적의원 과반수 또는 대통령의 발의로 제안된다. (헌
　　　 법 제128조 1항)
　　 c. 탄핵결정은 공직으로부터 파면함에 그친다. 그러나, 이에 의하여 민사
　　　 상이나 형사상의 책임이 면제되지는 아니한다. (헌법 제65조 4항)

　(20)은 타동사 '보장하다', '제안하다', '면제하다'의 피행위자(대상) 목적어가
각각 '-되다'-수동을 통해 주어가 된 경우를 보여 주고 있다('모든 국민의 재산권
은', '헌법개정은', '민사상이나 형사상의 책임이').[98] 여기서 '보장' 및 '제안'하고 '면제'

---

　　인식되어 붙여써서 '-어지다'로 표기된다(권재일 2012: 383).
97　한국어 피동에 대한 내용의 일부(한국 법률에서 사용된 피동 중 '-되다'-수동에 대한 부분)는
　　구명철(2017a: 215ff.)에서 유래한 것임.

해 주는 행위의 주체가 일반적인 행위자이거나 이미 문맥에서 전제되어 생략되기 때문에 능동문으로의 구성은 어렵다. 대신 피행위자를 주어로 삼는 피동이 더 나은 대안이 되어 (20)과 같은 피동문이 만들어진다.

이처럼 행위자가 명시적이지 않은 경우들은 법률에서도 일반적으로 피동이 사용되는데, 아래 (21)은 문맥을 통해 행위자를 확인할 수 있는 경우이고(“국회 재적의원 과반수 또는 대통령의 발의로” → (행위자:) ‘국회 또는 대통령’; “국군은 … 사명으로 하며” → (행위자:) ‘국군’),[99] (22)는 맥락을 통해서 행위자를 ‘국가’나 ‘일반적인 사람’으로 유추 가능한 경우이다. 그리고 (23)은 행위자를 명확하게 규정할 수 없는 경우로서, (21)-(23)에 제시된 세 경우 모두 행위자가 명시적이지 않아 문장에 새로운 주어를 할당하기 위해 피동이 불가피하다. 결국 앞서 살펴본 것처럼 피동을 통해 피행위자(대상)를 주어로 만들 수밖에 없다.

(21)  a. 헌법개정은 국회재적의원 과반수 또는 대통령의 발의로 제안된다. (헌법 제128조 1항)
　　　 b. 국군은 국가의 안전보장과 국토방위의 신성한 의무를 수행함을 사명으로 하며, 그 정치적 중립성은 준수된다. (헌법 제5조 2항)

(22)  a. 모든 국민의 재산권은 보장된다. (헌법 제23조 1항)
　　　 b. 국민의 자유와 권리는 헌법에 열거되지 아니한 이유로 경시되지 아니한다. (헌법 제37조 1항)

(23) 국교는 인정되지 아니하며, 종교와 정치는 분리된다. (헌법 제20조 2항)

그런데 이처럼 피행위자(대상)를 주어로 삼기 위해 (어휘적) 피동이 사용된

---

98　여기서 피행위자 주어는 다시 주제격조사 ‘-은/는’으로 대체되어 토픽이 되었다. ‘국민의 재산권’이나 ‘헌법개정’은 헌법의 속성상 ‘전제된 정보’, 즉 주어진 정보에 해당하기 때문에 토픽이 되기 쉽다.

99　(21a)에 해당하는 능동문은 “국회 또는 대통령은 … 헌법개정을 제안한다”와 같이 재구성할 수 있다.

경우는 매우 드물게 관찰되는데, 헌법 전 조항을 걸쳐 조사한 바에 따르면, '보장되다' 4번, '인정되다/확정되다/파면되다' 각각 3번, '집회되다/임명되다'에서 각각 2번 그리고 '준수되다/해산되다/분리되다/추정되다' 등에서 1번씩 나와 총 31번으로 파악된다. 여기서 특히 상대적으로 빈도 높게 나오는 '보장되다/인정되다/확정되다/파면되다'와 같은 동사들은 '-되다' 표현이 '-하다' 표현과 비교해서도 많이 사용되고 있어,[100] '어휘화(Lexikalisierung)'된 것으로 보인다.

한편, (15)와 (17)에서처럼 '-이/히/리/기-'와 같은 피동접미사가 붙는 파생적 피동은 기본 3법에서 사용되지 않는 것으로 파악되며, '(타)동사 + -어 지다' 형식의 통사적 피동도 헌법에서는 관찰되지 않고, 민법 및 형법에서 '정하여지다',[101] '만들어지다'[102] 등과 같이 매우 한정된 경우에만 사용되고 있음을 볼 수 있다.[103]

>    (24)   a. 광고 중에 다른 의사표시가 있거나 광고의 성질상 판정의 표준이 <u>정하</u><u>여져</u> 있는 때에는 그러하지 아니하다. (민법 제678조 3항)
>    b. 제225조 내지 제228조의 죄에 의하여 <u>만들어진</u> 문서, 도화, 전자기록등 특수매체기록, 공정증서원본, 면허증, 허가증, 등록증 또는 여권을 행사한 자는 그 각 죄에 정한 형에 처한다. (형법 제229조)

---

100   '보장되다/인정되다/확정되다/파면되다'에 상응하는 능동 동사 '보장하다'는 3번, '인정하다/확정하다/파면하다'는 각각 1번씩 관찰된다.

101   예: "그 정하여진 기간", "성질에 의하여 정하여진"(2번), "판정의 표준이 정하여져 있는", "청구에 의하여 정하여진 친권자를", "단독 친권자로 정하여진 부모의", "새로 정하여진 친권자", "친권자가 정하여진 때에는"(2번)

102   예: "제225조 내지 제228조의 죄에 의하여 <u>만들어진</u> 문서"

103   '(타)동사 + -어 지다' 형식을 보이는 경우 중 '이루어지다'("그 시정이 이루어지지 아니하거나", "협의가 이루어지지 아니한 경우에는" 등)는 '이루다'와 '(-어)지다'로 구성되어 있기는 하지만, 본용언('이루다')과 보조 용언이 결합하여 만들어진 '합성어'로서 더 이상 통사적 피동에 해당하지 않는다. 실제로 '이루어지다'는 사전에서도 독립된 자동사 표제어로 제시되고 있을 뿐만 아니라(국립국어원 2019), 일상에서 타동사 '이루다'보다 더 많이 사용되고 있으며 "수요와 공급이 균형적으로 이루어지다"처럼 능동문으로의 변형이 어려운 경우가 존재한다.

(24)는 타동사 '정하다'와 '만들다'의 피행위자(대상)인 '판정의 표준'과 '문서' 등이 '(-어) 지다'-피동을 통해 주어가 된 경우를 보여준다. 여기서도 '정하고' '만드는' 주체는 일반적인 행위자이거나 내용상 중요하지 않기 때문에 능동문으로의 구성보다는 피행위자를 주어로 하는 피동문으로의 구성이 더 자연스러워서 (24)와 같이 피동문으로 실현된 것이다.[104]

## 2.2. 주어 생략 현상[105]

한국어에서는 모호성(ambiguity)이 초래하지 않는다면 **주어 생략**이 허용되거나 심지어 필수적이다(김은일/정연창 2007: 95). 주어가 생략될 수 있는 조건은 여러 가지가 있는데, 확인성(idenfifiability, 또는 recoverability)이 그 대표적인 조건이다(정연창 2007: 102). 법조문에서 주어가 생략되었다면 의미적으로는 행위자일 가능성이 높다. 독일어에서 행위자가 생략되는 대표적인 경우는 수동문이다("Die ungestörte Religionsausübung wird [Ø] gewährleistet."(GG §4 (2)). 우리나라 법조문의 경우 독일어의 수동문과 유사한 기능을 보이는 '목적어 토픽(DO-Topik)' 구문에서 행위자인 주어가 생략되는 경향을 보인다.[106] 여기서 흥미로운 점은 이러한 한국어의 '목적어 토픽' 구문이 독일어 수동문의 행위자 생략 현상과 유사한 조건을 보인다는 것이다. 즉, 생략되는 행위자는 일반적인 사람 또는 기관[국가]이거나 동일 문장 및 담화 내에서 유추할 수 있는 것들이다(구명철 2018).

---

104 '만들어지다'의 경우는 '이루어지다'의 경우처럼 사전에서 독립된 자동사 표제어로 제시되어 있기는 하지만, 타동사 '만들다'가 매우 생산적으로 사용되고 있으며 '만들어지다'가 들어 있는 문장의 경우 능동문으로의 변형에 어려움이 없다. 따라서 '만들어지다'는 통사적 피동의 경우로 간주할 수 있다.
105 '주어 생략 현상'에 대한 2.2절은 구명철(2018), 2장-4장에서 유래함.
106 아래 제4장 '텍스트 언어학 분야'의 4.2.3.2절 참조.

## 2.2.1. 주어 생략과 법조문에서의 주어 생략 현상

### 2.2.1.1. 한국어에서의 주어 생략에 대한 논의

한국어에서는 아래의 예와 같이 구어든((25)), 문어든((26)) 관계없이 주어가
생략되는 경우가 많다.[107]

(25) a. [] 어쨌든 만나서 즐거웠어요.
  b. [] 괜찮아요. [] 두고 보면 결과가 어떻게 되는지 알겠죠. (박청희 2013:
  45)

(26) 순이가 영희를 길에서 만났다. [] 너무 반가워서 손을 덥석 잡았다. (송현주
  /운정은 2007: 384)


김은일/정연창(2007: 95)에 따르면, 한국어에서 주어 생략은 '모호성(ambiguity)'
을[108] 초래하지 않는다면 사실상 의무적이거나 적어도 정상적이다. 김은일/정
연창(2007: 97ff.)은 심지어 한국어에서는 주어가 실현되는 경우가 유표적이어
서, 특히 구어체에서는 다음 (27)의 화자 B의 발화에서처럼 주어가 다른 요소
와 대조를 이루는 경우 등 상대적으로 제한된 상황에서만 실현된다고 하였다.


(27) 화자 A: Ø 배가 고픈데요.
    'I am hungry.' or 'Speaking of me, I am hungry.'
  화자 B: 나는 /??Ø 목이 마른데요.
    'I am thirsty.' or

---

107 독일어에서는 "Hans fuhr nach München und (er) besuchte eine alte Freundin."에서처럼
  등위접속이 되는 두 번째 문장의 주어가 선행문의 주어와 일치하면 생략될 수 있다. 이외에도
  구어체나 인터넷 언어에서 주어가 생략되는 경우를 발견할 수 있다(예, (Ich) hab ihn
  gesehen). 독일어에서 독립된 문장의 주어가 생략되는 현상은 매우 제한적인 경우로서 강세를
  받지 않는 1격 대명사(주어)에 국한된다(Pittner/Berman 2004: 87).
108 '모호성'의 영어 대응어 'ambiguity'는 김은일/정연창(2007)에 따른 것임.

'(As for you, you are hungry)
As for me, I am thirsty.'

주어가 대조 요소여서 생략되지 않고 나타나는 것은 '관계 맺기'나 '관계있음'을 나타내는 화자의 의도나 태도와 관련이 있으며, 주어가 생략되는 것은 '관계 끊기'나 '관계없음'을 나타내는 화자의 의도나 태도와 관련이 있다는 것이다(정연창 2007: 118).

실제로 한국어 문장에서 주어가 생략되는 비율은 매우 높게 나오는데, 박청희(2013: 40)는 한국어에서 주어의 68.79%가 생략되어 나온다고 하였으며, 이나라(2014: 150)도 한국어 말뭉치 분석 결과를 토대로 – 비록 성별, 연령대별 차이는 있지만 – 1인칭의 경우 71%, 2인칭의 경우 79%에 이를 정도로 주어가 나타나지 않는 것이 일반적이거나 평범하다고 하였다.

이런 이유에서 주어가 생략되는 발화가 자연스럽고 의미 전달에 문제가 없기 때문에 한국어를 '맥락 의존적(context-dependant)' 혹은 '맥락 지향적(context-oriented)' 언어로 분류하는 견해가 지배적이다(Huang 1984, Kwon/Sturt 2013, 이나라 2014: 146).

주어가 생략될 수 있는 조건에 대해서는 여러 가지가 언급되고 있는데, 정연창(2007: 102)은 주어 생략에 대한 가장 중요한 조건으로 '확인성(identifiability)'을 들고 있다. 확인성 조건이란 어떤 요소가 생략될 때 그 요소가 상황상 또는 문맥상 확인 가능하면, 그 요소는 생략될 수 있다는 것이다. 즉, 한국어에서는 복원할 수만 있으면 주어가 생략 가능함을 의미한다.

확인성은 예를 들어 주어 생략의 정도가 다른 두 언어 사이의 기계번역에서도 중요한 실마리를 제공하는데, Nariyama(2002)는 일-영 기계번역에서 생략된 주어의 선행사를 어떻게 복원할 수 있느냐에 따라 생략된 주어의 선행사가 문장 내에 있는 경우(= 문장 내부 선행사, Intra-Sentential Zero Pronoun), 생략된 주어의 선행사가 문장 외부에 있는 경우(= 문장 외부 선행사, Inter-Sentential Zero Pronoun),[109] 언어 외적 요인을 통해 생략된 주어의 선행사를 파악할 수 있는 경우(= 언어 외적 선행사, Extra-Sentential Zero Pronoun)라는 세 가지 유형으로 구분한다.[110]

### 2.2.1.2. 한국어 법조문에서의 주어 생략 현상

한국어에서는 앞서 살펴본 것처럼 주어가 생략되는 것이 일반적인 현상으로 간주되는 만큼, 법조문에서도 이에 상응하여 주어 생략 현상이 흔히 발견된다. 예를 들어, 아래 (28b)에서 헌법 제79조 2항은 주어가 생략된 대표적인 경우를 보여 주고 있다.

> (28) a. <u>대통령은</u> 법률이 정하는 바에 의하여 사면·감형 또는 복권을 명할 수 있다. (헌법 제79조 1항)
> b. [Ø] 일반사면을 명하려면 국회의 동의를 얻어야 한다. (헌법 제79조 2항)

헌법 제79조 2항의 경우는 생략된 주어의 선행사가 "문장 외부에 있는 경우"로서 문장에서 생략된 주어는 (28a)에 제시된 1항의 주어와 동일하다. 즉, 이경우는 확인성 조건에 따라 생략된 주어를 복원할 수 있다.

그런데, 우리나라 법조문에는 생략된 주어를 복원하기 어려운 경우가 적지 않게 발견된다. 아래 헌법 제55조의 경우, "예비비의 지출"에 주제격 표지('는')

---

109  Nariyama(2002)의 분류 내용은 홍문표(2011: 420)에서 재인용한 것임. 다만, 홍문표(2011)는 "Inter-Sentential Zero Pronoun"을 "담화 내 선행사"라고 부르고 있으나 여기서는 원래의 취지대로 "문장 외부 선행사"로 번역한다.

110  생략된 주어의 선행사가 문장 내부나 문장 외부에 있는 경우는 앞에 나오는 문장의 주어를 지시하는 경향이 강하다. 문장에서 '주어'라는 문장성분 정보가 담화특출성을 증진시키는 중요한 요소이기 때문이다. 물론 (어순이 자유로운 언어에서는) 주어가 아닌 다른 성분이 담화 내에서 중요한 정보일 때 주어보다 먼저 언급되는 경향이 있다(송현주/윤정은 2007: 394f.).

가 붙어있고 동일 문장에 목적격 명사구('승인을')가 들어 있어서, 이것이 주어인지 목적어인지 파악하기 쉽지 않다.

> (29) 예비비는 총액으로 국회의 의결을 얻어야 한다. <u>예비비의 지출은 차기국회의 승인을 얻어야 한다.</u> (헌법 제55조 2항)

그런데, "예비비의 지출"은 "승인을 얻어야" 하는 대상, 즉 목적어에 해당하므로 이 문장에서는 주어가 생략된 것으로 보아야 한다. 이 경우 생략된 주어가 무엇인지 찾아내기 쉽지 않고 언어 외적 요인, 예를 들어 세계지식이나 법률지식을 통해서만 그 선행사를 파악할 수 있다.

생략된 주어를 복원하는 데 필요한 선행사는 이처럼 문장 내부, 즉 같은 법조항 안에 있을 수도 있고 법률지식 등 언어 외적 요인을 통해 찾아갈 수 있는 등 매우 다양하며 그 다양성만큼 생략된 주어의 복원 가능성도 상이하다.

## 2.2.2. 법조문에서의 주어 생략 현상의 유형별 분석

앞서 살펴본 것처럼 한국어에서 주어 생략은 일반적인 현상이고, 헌법 제79조 2항에서처럼 주어 생략이 법조문을 이해 불가능하게 하는 것만은 아니므로, 주어 생략 현상을 선행사의 유형에 따라 구분하고 각 유형별로 생략된 주어의 복원 가능성을 검토하고 분석해 볼 필요가 있다. 생략된 주어의 선행사는 우선 Nariyama(2002)의 기본 분류에 따라, 크게 '언어 외적 선행사', '문장 외부 선행사', '문장 내부 선행사'로 구분하고, 법조문의 특성을 고려하여 이 세 경우를 좀 더 구체적으로 하위분류하여 살펴볼 것이다.

## 2.2.2.1. 생략된 주어의 언어 외적 선행사

### 1) 일반적인 사람

법적 행위를 내용으로 하는 법조문의 특성상, 주어가 생략되었다면 생략된 주어는 행위자일 가능성이 높다. 독일어에서 행위자가 생략되어 나오는 대표적인 경우는 아래 (30)에 제시된 법조문에서처럼 수동문의 형태를 보인다.

(30) a. Niemand darf [Ø] wegen seiner Behinderung benachteiligt werden. (GG §3(3))

b. Die ungestörte Religionsausübung wird [Ø] gewährleistet. (GG §4(2))

독일어 수동문에서 행위자가 생략되는 경우는 보통 일반적인 사람이다. 독일 기본법(GG) §3(3)과 §4(2)에서도 수동문의 생략된 행위자는 일반적인 사람(또는 기관[국가])이다.

한국어의 특성상 법조문에서 수동문은 잘 사용되지 않는다. 대신 독일어 수동문과 유사한 기능을 보이는 소위 '목적어 토픽'[111] 구문에서 행위자인 주어가 생략되는 경향을 보인다. 여기서 흥미로운 점은 '목적어 토픽' 구문이 독일어 수동문의 행위자 생략 현상과 유사한 양상을 보인다는 것이다. 즉, 우리나라 법조문에서도 행위자, 즉 주어는 생략되는데, 실현되지 않은 주어는 일반적인 사람('누구나', '모든 국민' 등)일 가능성이 높다.[112]

---

111 구명철(2017a: 217f.)에서는 독일 기본법과 우리나라 헌법을 분석하여 피행위자가 '주어진 정보'인 경우를 비교했는데, 여기에 따르면 '주어진 피행위자'를 주제화하여 토픽으로 만드는 방법에는 두 가지가 있다. 즉, 수동변형을 통해 피행위자를 주어로 만드는 방법과 목적어를 직접 주제화하는 방법이다. 그런데 독일어에서는 '주어진 피행위자'가 나올 경우 수동을 동반한 토픽구문이 우세한 반면, 우리나라 법률에서는 목적어, 즉 '피행위자'를 직접 주제화하는 방식의 '목적어 토픽'이 우세한 것으로 파악되었다.

112 헌법 제23조 2항에서 '재산권 행사의 주체'를 '모든 국민'으로 볼 수 있음은 동조의 1항("모든 국민의 재산권은 보장된다.")에서 '모든 국민'이 재산권의 소유자로서 명시되어 있기 때문이다.

(31)  a. [Ø(= 누구나)] 권리의 행사와 의무의 이행은 신의에 좇아 성실히 하여야
       한다. (민법 제2조(신의성실) 1항)
    b. [Ø(= 모든 국민은)] 재산권의 행사는 공공복리에 적합하도록 하여야
       한다. (헌법 제23조 2항)

예를 들어, 민법 제2조(신의성실) 1항에서 행위자, 즉 문장의 주어가 생략되어
있는데, 생략된 주어는 독일 기본법 GG §3(3)에서처럼 일반적인 사람('누구나')
이다. 이 경우 생략된 주어를 복원시켜 보는 설문조사에서[113] 약 38%의 정답률
을 보임으로써 생략된 주어의 복원이 쉽지 않은 것으로 파악되었다.

## 2) 국가 및 국가 기관

법조문의 특성상 생략된 주어는 일반적인 사람뿐만 아니라 – 특히 국가의
기본이념 및 국가 기관을 규정하는 헌법에서는 – '국가'나 '국가 기관'이 될
가능성이 높다.

(32)  a. [Ø(= 국가는)] 대한민국의 국민이 되는 요건은 법률로 정한다. (헌법
       제2조 1항)
    b. 통신·방송의 시설기준과 신문의 기능을 보장하기 위하여 필요한 사항
       은 [Ø(= 국가가/국회가)] 법률로 정한다. (헌법 제21조 3항)

예를 들어, 헌법 제2조 1항에서 "대한민국의 국민이 되는 요건을 법률로 정
하는" 주체, 즉 생략된 주어는 '국가'이다. "법률로 정하는" 주체가 '국가'라는
것은 '국가'로 명시되어 있는 헌법 제32조 2항("모든 국민은 근로의 의무를 진다.

---

113  설문조사는 서울대학교 대학생과 대학원생 16명을 대상으로 실시하였으며, 법조문 20개에서
    생략된 주어 (또는 주체) 부분을 괄호로 표시하여 제시하고 생략된 주어를 기입하게 하는
    방식으로 진행하였다.
    (예: ※ 다음 빈칸에 주어(또는 주체)라고 판단되는 되는 것을 써넣으시오!
    - [   ] 권리의 행사와 의무의 이행은 신의에 좇아 성실히 하여야 한다.)

국가는 근로의 의무의 내용과 조건을 민주주의원칙에 따라 법률로 정한다.”)를 통해서 유추할 수 있다. 한편, 헌법 제21조 3항에서 “통신 · 방송의 시설기준과 신문의 기능을 보장하기 위하여 필요한 사항을” “법률로 정하는” 주체도 크게 보면 ‘국가’인데, 구체적으로는 법안 제 · 개정의 주체인 ‘국회’로 이해할 수도 있다.

이처럼 법률행위의 주체가 생략되는 현상은 수동문으로 표현된 다음과 같은 독일의 기본법에서도 관찰할 수 있다.


(33) Die Todesstrafe ist [Ø(= im Bundestag/Bundesrat)] abgeschafft. (GG
   §102)


그런데, 우리나라 법조문의 생략된 주어로서 ‘국가’ 및 국가 기관(예, ‘국회’)은 수동문의 형태를 보이는 독일 법조문의 생략된 행위자와 함께 “언어 외적 선행사”에 해당한다. 언어 외적 선행사는 구체적이지 않기 때문에 “문장 외부 선행사”나 “문장 내부 선행사” 등의 다른 유형에 비해 복원하기가 상대적으로 어렵다. 이는 위에서 살펴본 민법 제2조뿐만 아니라(38%), 정답률 31%와 44%로 낮게 나온 헌법 제2조와 제21조의 경우에서도 확인할 수 있다.

물론 문장의 구조가 단순하고 문장 안에 실마리를 제공하는 관련 어휘가 들어 있는 경우에는 아래 헌법 제109조에서처럼 생략된 주어의 복원이 상대적으로 용이해진다.


(34) [Ø(= 법원은)] 재판의 심리와 판결은 공개한다. [...] (헌법 제109조)


헌법 제109조는 매우 단순한 문장으로 구성되어 있고, ‘재판’, ‘판결’ 등과 같은 어휘가 생략된 주어(‘법원은’)를 복원하는 데 실마리를 제공한다. 생략된 주어가 ‘법원’이라는 것은 제109조의 뒷부분(“다만, 심리는 국가의 안전보장 또는 안녕질서를 방해하거나 선량한 풍속을 해할 염려가 있을 때에는 법원의 결정으로 공개하지 아니할 수 있다."), 특히 "법원의 결정으로"를 통해서 확인할 수 있으며, 이는 설문 조사의 결과(81% 정답률)에 잘 반영되어 있다.

### 2.2.2.2. 생략된 주어의 선행사가 문장 외부에 있는 경우

법조문에서는 앞에 나온 내용을 다시 받는 주어도 생략될 수 있다. 생략된 주어의 선행사가 법률 텍스트의 해당 문장 외부에 있는 경우로는 앞 문장의 주어나 앞 문장 전체를 받는 경우가 있고, 법조문의 특성상 전항(前項)이나 전조(前條)의 구성성분을 받을 수도 있다(Nariyama 2002; 홍문표 2011: 420).

### 1) 앞 문장의 주어

법조항 하나가 둘 이상의 문장으로 구성될 때, 두 문장의 독립성에 따라 형법 제31조처럼 항으로 구분하거나,[114] 민법 제122조처럼 항을 구분하지 않고 서술하기도 한다. 그러나 두 경우 모두 기본적으로는 하나의 주제를 다룬다는 점에서는 큰 차이가 없다. 우선, 아래 민법 제122조에서 두 번째 문장의 생략된 주어는 동일 조항 내에 있는 앞 문장의 주어를 선행사로 받는다.

> (35) 법정대리인은 그 책임으로 복대리인을 선임할 수 있다. 그러나 부득이한 사유로 인한 때에는 [Ø(= 법정대리인은/그는)] 전조제1항에 정한 책임만 이 있다. (민법 제122조(법정대리인의 복임권과 그 책임))

이런 경우는 일상어의 주어 생략 현상과 유사하므로 내용을 이해하는 데 크게 지장을 주지 않을 것으로 예상할 수 있는데, 실제 설문조사의 결과(정답률 50%)는 예상보다 낮게 나왔다. 이처럼 예상보다 낮은 정답률이 나온 것은 앞 문장에 선행사 후보가 두 개('법정대리인', '복대리인')이고, 내용상 전조, 즉 민법

---

114 　이에 대해서는 아래 "3) 전항(前項)의 구성성분" 참조.

제121조("전조의 규정에 의하여 대리인이 복대리인을 선임한 때에는 본인에게 대하여 그 선임감독에 관한 책임이 있다.")와 관련이 있기 때문으로 보인다.

## 2) 앞 문장 전체

법조문에서 생략된 주어가 앞 문장 전체를 받는 경우도 적지 않게 나오는데, 다음은 그 예이다.

> (36) a. 법률안에 이의가 있을 때에는 대통령은 제1항의 기간내에 이의서를 붙여 국회로 환부하고, 그 재의를 요구할 수 있다. [∅(= 이는)] 국회의 폐회중에도 또한 같다. (헌법 제53조 2항)
>
> b. 이사는 법인의 사무에 관하여 각자 법인을 대표한다. 그러나 [∅(= 이것은[이러한 내용은])] 정관에 규정한 취지에 위반할 수 없고 특히 사단법인은 총회의 의결에 의하여야 한다. (민법 제59조(이사의 대표권) 1항)

헌법 제53조 2항의 두 번째 문장은 "국회의 폐회중에도" "법률안에 이의가 있을 때 이의서를 붙여 국회로 환부하고, 그 재의를 요구할 수" 있음을 의미하므로, 생략된 주어는 인용된 앞 문장 전체에 해당한다. 민법 제59조 1항에서도 두 번째 문장의 주어는 앞 문장 전체인 "(이사가) 법인의 사무에 관하여 각자 법인을 대표한다"는 내용이다. 이처럼 생략된 주어가 앞 문장 전체를 선행사로 하는 경우는 법률지식이 전제되기 때문에 헌법 제53조에 대한 정답률(25%)이 보여 주는 바와 같이 내용을 이해하는 데 어려움을 일으키는 요인이 될 수 있다.

## 3) 전항(前項)의 구성성분

법조문에는 하나의 조문이 '항(項)'으로 구분되는 경우가 있는데, 이런 경우는 '조(條)' 단위로 구분하는 경우보다 다루는 주제나 대상이 더 밀접하다. 아래 헌법 제79조의 경우에는 2항의 생략된 주어가 전항의 주어인 '대통령'과 동일하다. 게다가 1항과 2항, 즉 잇따른 두 문장의 구조가 단순하여 위에 제시된 민법 제122조에서보다 생략된 주어를 파악하기가 더 용이하다. 그리고 형법 제31조의 경우, 3항의 생략된 주어는 전항, 즉 앞 문장의 술어 '처벌하다'의 핵심요소인 '처벌'이므로, 이처럼 바로 앞에 나오는 정보를 포착하기는 어렵지 않을 것이다.

(37)  a. 헌법 제79조
① <u>대통령은</u> 법률이 정하는 바에 의하여 사면·감형 또는 복권을 명할 수 있다.
② [∅(= 대통령은)] 일반사면을 명하려면 국회의 동의를 얻어야 한다.
b. 형법 제31조(교사범)
② 교사를 받은 자가 범죄의 실행을 승낙하고 실행의 착수에 이르지 아니한 때에는 교사자와 피교사자를 음모 또는 예비에 준하여 처벌한다.
③ 교사를 받은 자가 범죄의 실행을 승낙하지 아니한 때에도 교사자에 대하여는 [∅(= 그 처벌은)] 전항과 같다.

실제로 위 두 경우 모두 앞서 제시된 민법 제122조에서보다 정답률이 더 높게 나와서(헌법 제79조: 100%, 형법 제31조: 81%), 이러한 분석과 예상이 적절함을 확인시켜 주었다.

아래 제시한 헌법 제64조 4항의 경우("제2항과 제3항의 처분에 대하여는 법원에 제소할 수 없다")에도 생략된 주어는 전항, 즉 앞 문장("③의원을 제명하려면 국회재적의원 3분의 2 이상의 찬성이 있어야 한다") 안에 들어 있다.

(38) ① 국회는 법률에 저촉되지 아니하는 범위안에서 의사와 내부규율에 관한 규칙을 제정할 수 있다.
② 국회는 의원의 자격을 심사하며, 의원을 징계할 수 있다.
③ 의원을 제명하려면 국회재적의원 3분의 2 이상의 찬성이 있어야 한다.

④ [Ø(= 제명된 의원은)] 제2항과 제3항의 처분에 대하여는 법원에 제소할
수 없다. (헌법 제64조)

다만, 이 경우는 주어가 아니라 보문의 목적어('의원을')와 관련이 있고, 나아
가 생략된 주어를 정확히 복원하기 위해서는 맥락상의 추가 정보('제명된')가
필요하다는 점에서 위의 두 경우와는 정답률에 있어서 다소 차이가 날 수 있다.
실제로 헌법 제64조는 설문조사에서 정답률이 높은 편에 해당하기는 하지만
앞서의 두 경우보다는 다소 어려운 것으로 파악되었다(69%).

### 4) 전조(前條)의 문장성분

법조문에서는 문장의 생략된 주어가 전조의 문장성분, 특히 주어인 경우도
드물지 않게 발견된다. 아래 민법 제64조에서 두 번째 문장의 생략된 주어는
제63조의 주어('법원은')와 동일하다.

(39) a. 이사가 없거나 결원이 있는 경우에 이로 인하여 손해가 생길 염려 있는
　　　때에는 <u>법원은</u> 이해관계인이나 검사의 청구에 의하여 임시이사를 선임
　　　하여야 한다. (민법 제63조(임시이사의 선임))
　　 b. 법인과 이사의 이익이 상반하는 사항에 관하여는 이사는 대표권이 없
　　　다. 이 경우에는 전조의 규정에 의하여 [Ø(= 법원은)] 특별대리인을 선
　　　임하여야 한다. (민법 제64조(특별대리인의 선임))

이처럼 앞 문장의 주어를 선행사로 받더라도 '조(條)' 단위를 넘어서면 '항
(項)'으로 구분되는 경우보다 정답률이 상대적으로 낮을 것이다. 왜냐하면 별개
의 '조'로 구성되는 경우에는 '항'으로 구분되어 있을 때보다 주제 및 내용의
긴밀성이 낮고, '조'를 넘어섬으로써 선행사에 대한 선택의 폭이 넓어지기 때문
이다. 실제로 설문조사에서 민법 제64조의 생략된 주어에 대한 정답률은 전조
인 제63조를 함께 제시했음에도 불구하고 '3) 전항의 구성성분'(평균: 83%)보다

낮은 63%로 파악되었다.

## 5) 조항의 제목 또는 그 일부

생략된 주어의 선행사가 문장 단위를 넘어서는 법조문만의 특수한 경우가 있다. 법조문에는 조항의 제목이 달려 있는 경우가 있는데, 이런 경우는 조항의 제목이 생략된 주어의 선행사가 된다.

> (40) a. 사단법인은 총사원 4분의 3 이상의 동의가 없으면 해산을 결의하지 못한다. 그러나 정관에 다른 규정이 있는 때에는 [Ø(= 사단법인의 해산 결의는)] 그 규정에 의한다. (민법 제78조(사단법인의 해산결의))
> b. [Ø(= 범죄의 성립과 처벌은)] 범죄 후 법률이 변경되어 그 행위가 범죄를 구성하지 아니하게 되거나 형이 구법보다 가벼워진 경우에는 신법에 따른다. (형법 제1조(범죄의 성립과 처벌) 2항)

민법 제78조에는 "사단법인의 해산결의"라는 제목 아래 "사단법인은 총사원 4분의 3 이상의 동의가 없으면 해산을 결의하지 못한다. 그러나 정관에 다른 규정이 있는 때에는 그 규정에 의한다."라고 기술되어 있다. 두 번째 문장의 "(그 규정에) 의한다"라는 술어에 의미적으로 가장 잘 호응되는 주어는 제목으로 붙어있는 "사단법인의 해산결의"가 된다. 한편, 형법 제1조에서 "신법에 의한다"라는 술어에 의미적으로 호응되는 주어는 제목 "범죄의 성립과 처벌"이다. 물론 전항(형법 제1조 1항)의 내용이 "범죄의 성립과 처벌은 행위 시의 법률에 의한다."이기 때문에 생략된 주어를 앞서 살펴본 '전항의 주어'로 볼 수도 있다. 어쨌든 제목이라는 형식을 통해 구조가 명확해지는 장점은 있지만, 선행사가 문장 단위를 넘어서고 있어 문장 내에 선행사가 나올 때보다는 주어를 복원하기가 더 어려울 수 있다. 설문조사 결과 이 경우들은 각각 정답률 56%와 38%로 다음 절에서 다루게 될 '문장 내부 선행사'보다는 낮은 것으로 파악되었다.

### 2.2.2.3. 생략된 주어의 선행사가 문장 내에 있는 경우

일반적으로 동일한 문장에서 선행사를 찾을 수 있는 경우에는 생략이 쉽게 일어나는데, 이는 법조문에서도 마찬가지이다.

### 1) 보문의 주어

법조문에서 생략된 주어가 한 문장 안에 있는 다른 요소를 받는 경우는 대부분 복합문이다. 복합문을 두 부분으로 분해할 경우, 동사 후치라는 어순상의 특성으로 인해 보문이 주문장을 앞서게 된다. 이에 따라 두 부분 문장의 주어가 동일한 경우 후행하는 주문장의 주어가 생략될 가능성이 높다. 이런 맥락에서 생략된 주문장의 주어는 첫 번째 구성문, 즉 보문의 주어와 일치하게 된다. 이는 한국어의 전형적인 특성인 만큼, 모국어화자들이 생략된 주어를 파악하기는 어렵지 않을 것이다. 실제로 아래 제시된 헌법 제67조와 민법 제5조의 생략된 주어는 각각 선행하는 보문의 주어 '대통령후보자는'과 '그는/미성년자는'으로서 정답률이 88%와 94%로 매우 높게 나타났다.

> (41) a. 대통령후보자가 1인일 때에는 그 득표수가 선거권자 총수의 3분의 1 이상이 아니면 [Ø(= 대통령후보자는)] 대통령으로 당선될 수 없다. (헌법 제67조 3항)
> b. 미성년자가 법률행위를 함에는 [Ø(= 그는/미성년자는)] 법정대리인의 동의를 얻어야 한다. (민법 제5조(미성년자의 능력) 1항)

### 2) 문장 내 구성성분 또는 그 조합

법조문에서는 행위의 주체가 생략돼서 직접 주어로 나오지는 않지만, 문장 내의 다른 곳에서 다양한 형태로 실현되기도 한다.

> (42) a. 형을 가중감경할 사유가 경합된 때에는 [Ø(= 가중감경은)] 다음 순서에 의한다. (형법 제56조(가중감경의 순서))

b. 사단법인의 사원의 지위는 [→ 사단법인의 사원은 그 지위를] 양도 또는
   상속할 수 없다. (민법 제56조(사원권의 양도, 상속금지))

형법 제56조에서 생략된 주어는 보문의 구성성분인 '가중감경'이 되는데,
이 경우에는 조항의 제목이 추가로 실마리를 제공하고 있다. 한편, 민법 제56
조는 소위 소유격 명사구의 '상승(promotion)'을 통해서 이것이 주어로 해석되
는 경우이다.[115] 즉, "사단법인의 사원의 지위는"에서 소유격 명사구 "사단법인
의 사원의"를 "사단법인의 사원은"(주어)으로 상승시키고 "지위는"은 "지위를"
로 조정하면 문장이 더 명확해질 수 있다.

한편, 생략된 주어를 문장 내에서 재구성해야 하는 경우도 발견된다.

(43) 당사자가 조건성취의 효력을 그 성취전에 소급하게 할 의사를 표시한 때에
    는 [Ø(= 조건성취 효력의 소급은)] 그 의사에 의한다. (민법 제147조(조건
    성취의 효과) 3항)

위 (43)의 민법 제147조 3항에서 문장의 생략된 주어는 내용상 "조건성취
효력의 소급"이다. 생략된 주어가 비록 문장 내에 포함된 내용들이기는 하지만
이들을 재구성해야 하는 만큼, 법률지식이 전제되므로 내용을 이해하기가 어
려울 수밖에 없고, 예상대로 정답률이 31%로 낮은 것으로 파악되었다.

### 2.2.2.4. 생략된 주어의 선행사와 복원 가능성

법조문에서 주어 생략은 한국어의 특성을 반영하는 현상이기는 하지만, 복
원 가능성을 충분히 고려하지 않고 적용됨으로써 법조문의 이해를 저해하는
대표적인 원인이 되고 있다. 물론 생략된 주어의 복원 가능성에 "문장 내부
선행사," "문장 외부 선행사", "언어 외적 선행사"라는 구분이 일정 정도의 역

---

115  상승에 대해서는 Comrie(1985: §3) 참조.

할은 한다. 그러나 단순히 이들의 순서에 따라 생략된 주어의 복원 가능성이 낮아진다고 보기도 어렵고 다른 요인들도 복합적으로 작용하는 만큼, 이들을 '일반적인 사람', '국가' 및 '국가 기관', '동일 조항 내 앞 문장의 주어', '전항 및 전조의 구성성분' 등으로 세분화하여 살펴보았다. 이제 법조문에서 주어가 생략된 경우들을 이러한 선행사의 세부 유형과 관련해서 표로 정리해 보면 아래와 같다.

<표 2-1> 법조문에서 생략된 주어의 유형과 설문 정답률

| Nariyama(2002)의 분류 | 법조문에서 생략된 주어의 하위분류 | 관련 법조항 및 설문 정답률 | 정답률에 대한 분석[116] |
|---|---|---|---|
| 1. 언어 외적 선행사(Extra-Sentential Zero Pronoun) | (1) 일반적인 사람('누구나', '모든 국민' 등) | 민법 제2조 1항: 38% | 언어 외적 선행사는 구체적이지 않음(-)<br>법률지식 및 내용에 대한 이해가 필요함(-) |
| | (2) '국가' 및 국가 기관('국회', '법원' 등) | 헌법 제2조 1항: 31%<br>헌법 제21조 3항: 44%<br>헌법 제109조: 81% | 언어 외적 선행사는 구체적이지 않음(-)<br>법률지식 및 내용에 대한 이해가 필요함(-)<br>※ 헌법 제109조: 단순문 구성, 관련 어휘 제공(+) |
| 2. 문장 외부 선행사(Inter-Sentential Zero Pronoun) | (1) (동일 조항내) 앞 문장의 주어 | 민법 제122조: 50% | 일상어의 주어 생략 현상과 동일(+)<br>※ 다수의 선행사 후보, 전조와의 관련성(-) |
| | (2) 앞 문장 전체 | 헌법 제53조 2항: 25% | 법률지식 및 내용에 대한 이해가 전제됨(-) |
| | (3) 전항의 구성성분 | 헌법 제79조: 100%<br>형법 제31조: 81%<br>헌법 제64조 4항: 69% | 항 구성을 통해 앞 문장의 구조(및 앞 문장과의 관계)를 명확하게 해줌(+)<br>※ 헌법 제64조 4항: 맥락상의 정보가 추가되어야 함(-) |

---

116 괄호 안의 '+'와 '-'는 정답률의 향상(+) 또는 저하(-) 요인을 나타냄.

| Nariyama(2002)의 분류 | 법조문에서 생략된 주어의 하위분류 | 관련 법조항 및 설문 정답률 | 정답률에 대한 분석 |
|---|---|---|---|
| | (4) 전조의 구성성분 | 민법 제64조: 63% | '조(문)'의 구성을 통해 앞 문장의 구조를 명확하게 해줌(+)<br>해당 '조'를 넘어섬으로써 선행사의 선택권이 넓어짐(-) |
| | (5) 조항의 제목 | 민법 제78조: 56%<br>형법 제1조 2항: 38% | 조항의 제목이라는 형식을 통해 구조가 명확함(+)<br>'문장 내부 선행사'보다는 가독성이 낮음(-) |
| 3. 문장 내부 선행사(Intra-Sentential Zero Pronoun) | (1) 본문의 주어 | 헌법 제67조: 88%<br>민법 제5조: 94% | 일상어의 주어 생략과 동일(+) |
| | (2) 본문의 주어를 제외한 구성성분 | 민법 제147조 3항: 31% | 동일문 내에서 구성성분들을 재구성해야 함(-)<br>법률지식 및 내용에 대한 이해가 필요함(-) |

위의 표에 제시된 정답률의 정도는 '생략된 주어의 선행사' 유형뿐만 아니라, '법률지식의 전제', '문장 경계(의 수)', '구조 변형의 필요성' 등 정답률을 낮추는 추가 요인을 고려하여 설정한 것으로서, 구체적인 경우에는 추가 요인에 따라 정답률이 더 낮아질 수 있다. 예를 들어, 앞서 살펴보았던 헌법 제64조 4항의 경우("제2항과 제3항의 처분에 대하여는 법원에 제소할 수 없다")에는 생략된 주어의 선행사가 기본적으로는 전항('의원')에 있지만 맥락상의 정보('제명된')가 추가되어야 하기 때문에 정답률의 저하에 영향을 미치게 된다. 그리고 민법 제147조 3항의 경우, 생략된 주어가 비록 문장 내에 포함되어 있기는 하지만 이들을 재구성해야 하고('구조 변형'), '법률지식'이 어느 정도 요구되므로 정답률에 부정적인 영향을 미친다.

## 2.3. 기본어순

통사적으로 가장 중요한 현상 중의 하나가 **기본어순**인데, 한국어에서는 명사구나 부사어가 격조사를 통해 문장에서의 기능을 보이기 때문에 어순이 상당히 자유로운 편이다. 자유로운 어순에도 불구하고 한국어에도 기본어순이 있는데, 기본어순이란 본보기가 되는 어순으로서, 가장 무난하고 자연스럽게 읽힐 수 있는 문장을 구성한다. 따라서 기본어순에 따라 쓰인 문장은 가독성이 최적인 상태라고 볼 수 있다(정수정 2019).[117]

### 2.3.1. 주어, 동사, 목적어의 어순[118]

언어마다 문장을 구성하는 요소들이 일정한 순서로 나오는데, 이를 보통 '기본어순'이라 하고, 특별한 조건이나 맥락이 없다면 문장의 구성요소들은 이러한 어순에 따라 배열되는 경향을 보인다(구명철 2021: 3). 기본어순에 대한 논의에서는 주로 동사를 중심으로 한 핵심 명사구들의 순서를 다루지만, 부사(어)들 간의 어순, 나아가 Yamashita/Chang(2001)에서처럼 명사구와 부사어들 간의 어순이 함께 논의되기도 한다.

구명철(2021: 3f.)에 따르면, 독일어에서 일반적으로 맨 앞에 나오는 주어(Subjekt = S)를 제외하고 나면, 동사(Verb = V)와 목적어(Objekt = O)를 배열하는 방법은 크게 두 가지가 있다. 즉, 아래 (44)가 보여 주는 바와 같이, 동사 뒤에 목적어가 나오는 "동사-목적어"(V-O) 어순과 동사가 문미에 나옴으로써 목적어 뒤에 위치할 수밖에 없는 "목적어-동사"(O-V) 어순이 그것이다.

---

117  어순에 영향을 미치는 추가적인 요인으로는 토픽-코멘트, 테마-레마 배열 등 다양한데, 이에 대해서는 '텍스트 언어학'(제4장) 부분에서 자세히 다루게 된다.

118  2.3.1절의 내용은 구명철(2021)의 내용을 토대로 상당 부분 재구성한 것임.

(44) a. (Und) der Mann liebt seine Frau

    b. .., dass der Mann seine Frau liebt

(44a)는 영어에서처럼 동사 뒤에 목적어가 나오는 소위 주문장 어순이고, (44b)는 dass, weil 등과 같은 종속접속사가 나올 때 동사가 후치되는, 즉 동사가 목적어 뒤에 오는 부문장 어순이다. 영어는 동사-목적어 어순, 한국어는 목적어-동사 어순 등 대부분의 언어가 하나의 일관된 어순을 보인다는 점을 고려하면, 독일어에서도 이 두 어순 중 하나가 문법적으로 더 기본적인 어순이라고 가정해 볼 수 있다.

신수송 편(2003: 178ff.)에 따르면, 현대 독일어의 문장구조를 연구하는 통사론자들 사이에서는 다음과 같은 몇 가지 이유에서 목적어-동사 어순이 기본적인 어순이라는 주장이 지배적이다. 첫째, 동사와 밀접한 요소일수록 문장의 뒤쪽에 위치한다. 예를 들어 "Der Mann ruft seine Frau an."이라는 예문이 보여주는 것처럼 동사의 한 부분인 분리전철이 문장의 맨 뒤에 위치한다. 즉, anrufen, ankommen, abfahren 등과 같은 분리동사가 진술문의 정형동사로 쓰이면 동사의 일부라고 할 수 있는 전철이 동사에서 분리되어 문장의 끝자리에 위치하게 된다. 이때 동사-목적어 어순을 보이는 주문장의 통사구조만으로는 문미에 나오는 분리동사의 위치를 설명하기 어렵다. 그런데, ".., dass der Mann seine Frau anruft."와 같은 목적어-동사 어순을 기본어순이라고 가정하면, 주문장의 경우 동사의 어간인 ruft만 주어 뒤로 이동해서 "Der Mann ruft seine Frau an."과 같은 동사-목적어 어순을 보이고 분리전철은 문장의 맨 뒤에 그대로 나오는 것을 설명할 수 있다.

또한 목적어-동사 어순이 독일어 기본어순이라는 가정은 부정어 표현 nicht의 위치에 의해 뒷받침될 수 있다. 부정 표현의 경우 일반적으로 부정을 하고자 하는 단어에 인접하여, 특히 그 바로 앞에 나타나는데, 독일어에서 문장을 부정할 때 부정어 nicht가 문미에 위치한다. 문장 의미의 핵심은 동사이므로 문장을 부정하려면 부정어 표현을 동사에 가깝게 위치시키는 것이 일반적인 언어 현상이다. 그런데 독일어에서는 목적어-동사 어순의 부문장뿐만 아니라, 주문장에서도 "Der Mann liebt seine Frau nicht."에서처럼 부정어 nicht가 문미에 위치한다. 부정어 nicht의 이러한 위치는 주문장에서도 부문장인 ".., dass der Mann seine Frau nicht liebt"에서처럼 동사가 원래는 문장의 맨 끝에 있었다는 것을 의미한다.

'목적어-동사' 어순이 기본어순이라는 가정은 "Das Brot essen!"처럼 아이들이 독일어를 습득하는 과정에서 완전한 문장을 구성하지 못하고 꼭 필요한 단어들만 나열할 때 '목적어-동사' 순으로 말하는 것을 통해서도 확인 가능하다. 즉, 독일사람들의 머릿속에는 '목적어-동사' 어순이 기본어순으로 자리잡고 있다고 볼 수 있다. 이외에도 "Auf die Bremse treten!"과 같이 긴박한 상황에서 발화되는 축약된 명령문에서도 잘 드러난다. 긴박한 의사소통 상황에서는 주어 없이 동사와 목적어만 사용될 때 부문장 어순인 '목적어-동사' 순으로 나온다. 이 또한 독일어 모국어화자에게는 "동사-목적어" 보다는 "목적어-동사" 어순이 의식의 기저에 깔려있음을 보여 주는 것이다. 따라서 독일어의 기본어순은 다음 (45)에서처럼 목적어가 동사에 선행하는 어순, 즉 목적어-동사 어순이라고 할 수 있다.

(45) a. .., dass der Mann seine Frau liebt
     b. .., weil der Mann seine Frau liebt

이러한 독일어의 기본어순은 결과적으로 목적어-동사 어순을 일관되게 보이는 한국어의 기본어순과 일치하게 된다.

(46) a. 그 남자는 자기 아내를 사랑한다.

b. 그 남자가 자기 아내를 사랑한다는 것

c. 그 남자가 자기 아내를 사랑하기 때문에

이제 명사구(대명사 포함)가 여러 개인 경우, 예를 들어 목적어로서 직접목적어(DO)뿐만 아니라 간접목적어(IO)가 함께 나오는 경우도 어순의 논의에 함께 고려해 볼 필요가 있다.[119] 즉, geben, schicken과 같은 수여동사의 경우 직접목적어와 간접목적어가 모두 필요한데, 이들 사이에는 일정한 배열이 있다(구명철 2021: 4).

(47) a. Ich habe dem Kassierer das Geld gegeben.

b. Ich habe meinem Bruder das Buch geschickt.

(48) a. Ich habe es ihm gegeben.

b. Ich habe es ihm geschickt.

잘 알려져 있는 것처럼, 독일어에서 간접목적어와 직접목적어가 동시에 나올 경우 이 둘 모두 명사라면 (47)에서처럼 "간접목적어 > 직접목적어"(IO > DO) 순으로 배열되고, 이들이 대명사라면 (48)에서처럼 "직접목적어 > 간접목적어"(DO > IO) 순으로 배열된다.

그런데, 간접목적어와 직접목적어 중 하나가 대명사라면 그것이 간접목적어든 직접목적어든 관계없이 대명사인 목적어가 명사 목적어를 선행하는 경향이 있다.

(49) a. Ich habe es dem Kassierer gegeben.

b. Ich habe es meinem Bruder geschickt.

---

119 여기서 DO는 direktes Objekt, IO는 indirektes Objekt의 약어임.

(50) a. Ich habe ihm das Geld gegeben.

b. Ich habe ihm das Buch geschickt.

대명사가 명사를 선행하는 것은 '알려진 정보'가 '새로운 정보'를 앞선다는 정보의 가치에 따른 배열과 관련이 있다.[120] 이는 익숙한 것을 토대로 새로운 것으로 확장해 가는 인간의 사고 과정을 적극적으로 반영한 것이다.

그렇다면 목적어가 두 개 나오는 경우 한국어는 어떤 양상을 보이는지 살펴보기 위해 이와 관련된 독일어 예문을 한국어로 번역해 보기로 한다.

(47') a. 나는 계산원에게 돈을 주었다.

b. 나는 내 동생에게 (그) 책을 보냈다.

(48') a. 나는 그것을 그에게 주었다.

b. 나는 그것을 그에게 보냈다.

(49') a. 나는 그것을 계산원에게 주었다.

b. 나는 그것을 내 동생에게 보냈다.

(50') a. 나는 그에게 돈을 주었다.

b. 나는 그에게 (그) 책을 보냈다.

위 문장들은 간접목적어와 직접목적어, 그리고 대명사와 명사의 어순을 보여 주는 독일어 문장들을 그대로 번역한 것들인데, 직관적으로 별 문제가 없어 보인다. 그렇다면 각 번역문에서 명사구들의 순서를 뒤바꿔 보면 어떻게 될까?

---

120  Musan(2010: 23)은 "대명사(Pronomen) > 비(非)대명사(Nicht- Pronomen)" 어순을 "알려진 정보 > 알려지지 않은 정보"의 배열이라는 관점에서 파악한다. 여기서 '알려진 정보'는 보통 '테마(Thema)', '새로운 정보'는 '레마(Rhema)'라고 하고 이것들은 일반적으로 '테마 > 레마' 순으로 나온다. 이에 대한 자세한 논의는 Pittner/Berman(2004: 143f.), Wöllstein(2016: 43), 구명철(2019: 16) 참조.

(47″) a. 나는 돈을 계산원에게 주었다.

b. 나는 (그) 책을 내 동생에게 보냈다.

(48″) a. 나는 그에게 그것을 주었다.

b. 나는 그에게 그것을 보냈다.

(49″) a. 나는 계산원에게 그것을 주었다.

b. 나는 내 동생에게 그것을 보냈다.

(50″) a. 나는 돈을 그에게 주었다.

b. 나는 (그) 책을 그에게 보냈다.

독일어 문장을 그대로 번역했던 (47′)-(50′)이 비슷하거나 더 자연스럽기는 하지만, 명사구들의 순서가 뒤바뀐 (47″)-(50″)도 별로 어색하지 않다. 이는 한국어에서 목적어 명사구들 사이의 어순이 문법적으로만 결정되지 않고 여러 가지 다른 요인들이 관여할 수 있음을 의미한다.

그렇다면 한국어, 특히 법조문처럼 정확성을 요구하는 문서에서 목적어들은 어떤 어순 규칙에 따라 배열될까? 이러한 질문에 대한 답을 찾기 위해 실제로 간접목적어와 직접목적어가 동시에 나오는 법조항들을 예로 들어서 살펴보기로 한다. 다음 (51)은 독일 법률에서 주어를 비롯해서 직접목적어와 간접목적어가 모두 명사구인 경우이다.

(51) Ist die Erfüllung des Stiftungszwecks unmöglich geworden oder gefährdet sie das Gemeinwohl, so kann <u>die zuständige Behörde</u>(S) <u>der Stiftung</u>(IO) <u>eine andere Zweckbestimmung</u>(DO) geben oder sie aufheben. (BGB §87 Zweckänderung; Aufhebung (1))

(51)은 앞서 기본어순에 대한 논의에서 언급한 것처럼 명사구들이 모두 명사일 때 "주어 > 간접목적어 > 직접목적어"(die zuständige Behörde > der Stiftung

> eine andere Zweckbestimmung) 순으로 배열됨을 보여 주고 있다. 여기에 해당
하는 양창수(2015)의 한국어 변역도 동일한 어순을 보인다.

> (51') 재단목적의 실현이 불가능하게 되거나 재단이 공공복리를 위태롭게 하는
> 때에는, 관할 관청은 재단에 새로운 목적을 지정하거나 재간을 폐지할
> 수 있다. (민법 제87조 목적변경: 폐지 (1))

한편, 명사구들 중 하나, 특히 직접목적어가 대명사인 경우에는[121] '알려진 정
보'가 '새로운 정보'를 앞선다는 독일어 기본어순의 원칙에 따라 법조문에서도
대명사인 직접목적어가 간접목적어 명사구 앞에 위치하는 것으로 파악된다.

> (52) [...] Ersetzt das Familiengericht die Genehmigung, so ist sein Beschluss
> nur wirksam, wenn <u>der Ehegatte ihn</u>(= seinen Beschluss) <u>dem Dritten</u>
> innerhalb der zweiwöchigen Frist mitteilt; andernfalls gilt die Genehmigung
> als verweigert. (BGB §1366 Genehmigung von Verträgen (3))

여기서 해당 부분을 한국어로 번역하면, "배우자가 2주 안에 그것을(그 결정
을) 제삼자에게 알리면"이 되어, 독일어의 어순, 즉 "주어 > 직접목적어(대명사)
> 간접목적어(명사)" 배열을 유지한다. 물론 여기서 "배우자가 2주 안에 제삼자
에게 그것을(그 결정을) 알리면"처럼 대명사인 직접목적어를 뒤에 위치시켜도
별로 문제가 안 되는 것처럼 보인다. 이는 한국어에서는 명사구들 사이의 어순
이 문법적으로 중요하거나 결정적이지 않다는 앞선 논의와 일치한다.

그렇다면 목적어가 모두 대명사인 경우는 어떠한가?

> (53) Übernimmt der Erwerber eines Grundstücks durch Vertrag mit dem

---

121  간접목적어가 대명사이고 직접목적어가 명사인 경우는 대명사 여부와 관계없이 문법적으로도
    간접목적어가 직접목적어에 선행하므로 어순에 변화가 생기지 않는다. 따라서 이에 대한 구체
    적인 논의는 생략하기로 한다.

Veräußerer eine Schuld des Veräußerers, für die eine Hypothek an dem Grundstück besteht, so kann der Gläubiger die Schuldübernahme nur genehmigen, wenn <u>der Veräußerer</u> <u>sie(= die Schuldübernahme)</u> <u>ihm(=</u> <u>dem Gläubiger)</u> mitteilt. (BGB §416 Übernahme einer Hypothekenschuld (1))

간접목적어와 직접목적어 둘 다 대명사인 (53)과 같은 경우 독일어에서는 기본어순인 "직접목적어(대명사 sie) > 간접목적어(대명사 ihm)" 배열을 예외 없이 준수한다. 그런데 여기에 해당하는 양창수(2015)의 한국어 번역에서는 다음과 같이 직접목적어인 sie는 대명사가 아니라 그것이 지시하는 내용, 즉 '채무인수(를)'로 나오고, 간접목적어 ihm은 주문장의 주어(der Gläubiger)와 동일해서 생략되었다.

(53') 부동산의 양수인이 양도인의 계약에 의하여 부동산상의 저당권에 의하여 담보되는 양도인의 채무를 인수하는 경우에, 채권자는 <u>양도인이</u> <u>채무인수</u> <u>를</u> (자신에게 = 채권자에게) 통지하는 때에 한하여 채무인수를 승낙할 수 있다. (민법 제416조 저당채무의 인수 (1))

한국어에서는 일반적으로 대명사의 사용을 자제하는 경향이 있는데, (53')에서처럼 목적어가 둘 다 대명사일 경우 지시관계가 불분명해질 수 있기 때문에 해당 명사('채무인수를')를 반복하거나, 맥락상 유추 가능한 경우에는 생략('채권자에게')하는 문장구성을 보인다.

이제 번역이 아닌 실제 한국어 법조문에서 명사구 사이의 어순이 어떤 양상을 보이는지 살펴보기로 한다. 기본어순 자체에 대한 논의에서 언급한 것처럼 한국어에서도 목적어가 둘 이상 나오는 경우, "간접목적어 > 직접목적어" 순으로 배열되는 것을 볼 수 있다.

(54) a. 법원은(S) <u>그 선임한 재산관리인에 대하여</u>(IO)[122] 부재자의 재산을 보존
하기 위하여 <u>필요한 처분을</u>(DO) 명할 수 있다. (민법 제24조(관리인의
직무) 2항)

　　b. 법원은(S) <u>그 선임한 재산관리인에 대하여</u>(IO) 부재자의 재산으로 <u>상당
한 보수를</u>(DO) 지급할 수 있다. (민법 제26조(관리인의 담보제공, 보수)
2항)

　　c. 채권자는(S) 보증계약을 체결할 때 [보증계약의 체결 여부 또는 그 내용
에 영향을 미칠 수 있는 주채무자의 채무 관련 신용정보를 보유하고
있거나 알고 있는 경우에는] <u>보증인에게</u>(IO) <u>그 정보를</u>(DO) 알려야 한
다. (민법 제436조의2(채권자의 정보제공의무와 통지의무 등) 1항)

　　d. 채권자가(S) [제1항부터 제3항까지의 규정에 따른 의무를 위반하여] <u>보
증인에게</u>(IO) <u>손해를</u>(DO) 입힌 경우에는 법원은 그 내용과 정도 등을
고려하여 보증채무를 감경하거나 면제할 수 있다. (민법 제436조의2
(채권자의 정보제공의무와 통지의무 등) 4항)

　　(54)에 제시된 법조항들은 모두 간접목적어가 직접목적어에 선행하는 [간접
목적어 + 직접목적어 + 동사] 구문을 포함하고 있다. 그런데, 구명철(2021: 11ff.)
에 따르면, [간접목적어 + 직접목적어 + 동사] 구문은 동사와 직접목적어의
결합 관계에서 몇 가지 두드러진 특징을 보인다. 우선 동사와 직접목적어가
긴밀한 관계를 보이는 경우들이 있다. 예를 들어, "(위)해를 끼치다", "손해를
가하다/입히다", "불이익을 주다" 등처럼 직접목적어 명사구에 대해 특정한
동사가 긴밀하게 결합되어 나타나는 경향이 있다.[123] 앞서 제시된 (54)의 법조
항에 포함된 [직접목적어 + 동사]의 결합("처분을 명하다, 보수를 지급하다, 정보를

---

122　"그 선임한 재산관리인에 대하여"는 간접목적어를 취하는 '명하다', '지급하다'와 같은 동사와
　　　결합되어 있고, "..에 대하여"를 "..에게"로 바꾸어 쓸 수 있으므로("그 선임한 재산관리인에
　　　게") 간접목적어로 간주한다.

123　이러한 경향은 [간접목적어 + 직접목적어 + 동사] 구문을 구성하는 [직접목적어 + 동사]의
　　　연어값($t$-스코어)이 [직접목적어 + 동사] 구문 전체의 연어값 평균(1.68)보다 상대적으로 높은
　　　값(3이상)을 보이는 것을 통해서 확인된다.

알리다, 손해를 입히다")들도 여기에 해당하고, 이외에도 법조문에서 다음과 같이 빈도 높은 표현들을 찾을 수 있다(구명철 2021: 10).[124]

    (55) a. (장에게) 협조를 요청하다
        b. (사람에게) 해를 끼치다
        c. (타인에게) 손해를 가하다
        d. (사람에게) 위해를 끼치다
        e. (타인에게) 손해를 입히다
        f. (직원에게) 불이익을 주다
        g. (이사장에게) 사무를 인계하다
        h. (이용자에게) 손해를 입히다
        i. (소비자에게) 피해를 주다
        j. (장에게) 의견을 묻다
        k. (등에게) 협조를 요청하다
        l. (장에게) 이의를 신청하다
        m. (임명권자에게) 해임을 건의하다

---

124 [간접목적어 + 직접목적어 + 동사] 구문의 연어값($t$-스코어) 기준 상위 100개에 포함된 [직접목적어 + 동사] 표현은 다음과 같다(구명철 2021: 10f.): "결산서를 제출하다, 고용장려금을 지급하다, 고유번호를 부여하다, 공정을 기대하다, 구명조끼를 착용하다, 구상권을 행사하다, 권리금을 지급하다, 금융정보등을 제공하다, 금전을 지급하다, 기간을 정하다, 기피신청을 하다, 기한을 정하다, 당선증을 교부하다, 도로공사를 시행하다, 도서관서비스를 제공하다, 등록을 하다, 등록증을 내주다, 등록증을 빌리다, 변경등록을 하다, 보상을 청구하다, 보상계획을 통지하다, 보조금을 지급하다, 보험금을 지급하다, 불이익을 주다, 사무를 인계하다, 사업계획서를 제출하다, 사업연도를 신고하다, 사용료를 징수하다, 사육을 위탁하다, 선박을 제공하다, 설립동의서를 제출하다, 설명을 하다, 손실을 주다, 손해를 가하다, 손해를 끼치다, 손해를 입히다, 승인을 신청하다, 시정을 요청하다, 신고를 하다, 신용공여를 하다, 신주를 배정하다, 신탁재산을 이전하다, 영수증을 발급하다, 운송물을 인도하다, 원상회복을 명하다, 위해를 가하다, 위해를 끼치다, 위해를 주다, 의견을 묻다, 의견을 제시하다, 의견을 제출하다, 의견서를 제출하다, 의료행위를 하다, 이를 내보이다, 이를 보고하다, 이를 송부하다, 이를 요구하다, 이를 이용하다, 이를 제공하다, 이를 통보하다, 이를 통지하다, 이의를 신청하다, 이의신청을 하다, 이익을 배당하다, 자료제출을 요청하다, 전용실시권을 설정하다, 지원을 요청하다, 질문을 하다, 징수를 위탁하다, 처분통지서를 송달하다, 치료명령을 집행하다, 통상실시권을 허락하다, 통신제한조치를 집행하다, 평가를 의뢰하다, 포상을 하다, 피해를 입히다, 피해를 주다, 해를 끼치다, 해임을 건의하다, 현지조사를 의뢰하다, 혐오감을 주다, 협의를 요청하다, 협조를 요청하다"

　　n. (주주에게) 금전을 지급하다
　　o. (원장에게) 사무를 인계하다
　　p. (자에게) 원상회복을 명하다
　　q. (위원에게) 공정을 기대하다
　　r. (사람에게) 위해를 주다
　　s. (장에게) 협의를 요청하다

　이처럼 [간접목적어 + 직접목적어 + 동사] 구문 안에서 직접목적어와 동사가 긴밀하게 결합되는 경우는 대부분 '연어(Kollokation)'로 분류될 수 있다. 연어는 a와 b의 결합의 빈도가 높고 그 결합이 고정적인 것들을 말하는데,[125] (55)에서 "협조를 요청하다", "(위)해를 끼치다", "손해를 가하다/입히다", "불이익을 주다" 등이 여기에 해당한다.

　또한, [간접목적어 + 직접목적어 + 동사] 구문을 살펴보면, 직접목적어와 '하다'가 결합되어 나오는 다음과 같은 경우들도 쉽게 찾아볼 수 있다.

　(56) a. [...], 필요하면 소속 공무원에게 운수사업자의 사업장에 출입하여 장부
　　　　·서류, 그 밖의 물건을 검사하거나 관계인에게 질문을 하게 할 수 있
　　　　다. (건설기계관리법 제61조(보고와 검사) 1항)
　　　b. 상속인이 한정승인을 함에는 제1019조제1항 또는 제3항의 기간 내에
　　　　상속재산의 목록을 첨부하여 법원에 한정승인의 신고를 하여야 한다.
　　　　(민법 제1030조(한정승인의 방식) 1항)
　　　c. 품질검사기관으로 지정받으려는 자는 다음 각 호의 요건을 모두 갖추어
　　　　산업통상자원부령으로 정하는 바에 따라 산업통상자원부장관에게 지정
　　　　신청을 하여야 한다. (석유 및 석유대체연료 사업법 제97조(벌칙) 4항)
　　　d. 이 법 시행당시 종전의 규정에 의하여 유료직업소개사업의 허가 또는
　　　　갱신허가를 받은 자는 제19조제1항의 개정규정에 의하여 국내유료직업
　　　　소개사업의 경우에는 시장·군수·구청장에게 등록을 한 것으로 보고,
　　　　국외유료직업소개사업의 경우에는 노동부장관에게 등록을 한 것으로

---

125　'연어'에 대해서는 구명철(2006: 121) 참조.

본다. (직업안정법 부칙 제4조(유료직업소개사업에 관한 경과조치))

(56)의 조항들에는 직접목적어와 동사 '하다'가 결합되는 다음과 같은 표현들이 포함되어 있다.

(57) a. (관계인에게) 질문을 하다
   b. (법원에) (한정승인의) 신고를 하다
   c. (산업통상자원부장관에게) (지정) 신청을 하다
   d. (시장 · 군수 · 구청장에게/노동부장관에게) 등록을 하다

고영근/구본관(2008: 290)에 따르면, 경동사 '하다'는 서술성 명사와 결합하여 하나의 동사, 즉 '-하다'-류 동사를 만든다. (57)에 제시된 예들도 이러한 특성을 보이는데, 직접목적어로 나온 '질문', '신고', '신청', '등록' 모두 서술성 명사이고, 이것들은 '-하다'와 결합하여 다음 (57')와 같이 '-하다'-류 동사를 만들 수 있다(구명철 2021: 12).

(57') a. 질문을 하다 > 질문하다
   b. (기피)신청을 하다 > (기피)신청하다
   c. 신고를 하다 > 신고하다
   d. 등록을 하다 > 등록하다

결국, 한국어 법조문에서는 [간접목적어 + 직접목적어 + 동사] 구문의 경우, 동사와 직접목적어의 연어값이 상대적으로 높은 긴밀한 관계를 보이거나, 직접목적어가 서술성 명사로서 경동사 '하다'와 결합된 경우들이 주류를 이룬다고 하겠다.

지금까지는 [간접목적어 + 직접목적어 + 동사] 구문을 중심으로 살펴보았는데, 한국어 법조문을 보면 다음 (58), (59)와 같이 직접목적어가 간접목적어에

선행하는 경우들을 종종 볼 수 있다.[126] 이는 앞서 언급한 것처럼 한국어에서 목적어 명사구들 사이의 어순이 문법적으로만 결정되지는 않고 다른 요인들이 더 중요하게 작용할 수 있다는 것을 의미한다.

(58) a. 관계 공무원은 제1항에 따른 조사를 할 때에, 그 권한을 나타내는 증표를 지니고 이를(DO) 관계인에게(IO) 내보여야 한다. (주민등록법 제20조 (사실조사와 직권조치) 8항)

　　 b. 제2항에 따라 검사를 하는 공무원은 그 권한을 나타내는 증표를 지니고 이를(DO) 관계인에게(IO) 내보여야 한다. (공탁법 제25조(감독) 3항)

(59) 전조의 규정에 의하여 주채무자가 보증인에게 배상하는 경우에 주채무자는(S) [자기를 면책하게 하거나 자기에게 담보를 제공할 것을](DO) 보증인에게(IO) 청구할 수 있고 또는 배상할 금액을 공탁하거나 담보를 제공하거나 보증인을 면책하게 함으로써 그 배상의무를 면할 수 있다. (민법 제443조 (주채무자의 면책청구))

우선 (58)에 제시된 조항들에서는 직접목적어 "이를"이 소위 '근칭 지시대명사'로서[127] 앞에 나오는 명사구("그 권한을 나타내는 증표를")를 대신하는데, 이것이 간접목적어("관계인에게")보다 선행하여 더 가깝게 위치함으로써 지시관계를 명확하게 해준다. 즉, 대명사인 직접목적어의 지시관계를 명확히 하기 위해서 "간접목적어 > 직접목적어"의 배열보다 "직접목적어 > 간접목적어"를 선호하는 것이다.

---

126 구명철(2021)에 따르면, 한국어에서 기본어순이 독일어에서처럼 "간접목적어 > 직접목적어"일 것으로 기대하기 쉬운데, 법조문을 대상으로 한 코퍼스 분석의 결과 "간접목적어 > 직접목적어"보다 "직접목적어 > 간접목적어" 어순이 훨씬 빈도 높게 나온다(두 어순의 상위빈도 100개의 모든 토큰의 합이 1164 : 494로 파악됨). 또한 "간접목적어 > 직접목적어"와 "직접목적어 > 간접목적어" 어순 모두 나름대로의 원칙에 따라 선호되고 있음도 확인되었다.

127 '근칭 지시대명사'에 대한 자세한 설명은 고영근/구본관(2008: 70) 참조. 법조문에서 '근칭 지시대명사'와 관련된 어순의 문제는 구명철(2021) 참조.

물론 법조문에서는 지시대명사 "이를"이 간접목적어보다 뒤에 나오는 다음과 같은 경우들도 관찰할 수 있다(구명철 2021: 14f.).

> (60) a. 제1항의 경우에 관계공무원은 그 권한을 표시하는 증표를 지녀야 하며, 관계인에게 <u>이를 내보여야</u> 한다. (공중위생관리법 제9조(보고 및 출입 · 검사) 2항)
>
> b. 환경부장관, 유역환경청장 또는 지방환경청장은 중권역관리계획이 확정되거나 대권역관리계획이 수립되었을 때에는 관계 기관 및 단체의 <u>장에게 이를 통보하여야</u> 하며, 통보를 받은 관계 기관 및 단체의 장은 필요한 조치 또는 협조를 하여야 한다. (환경정책기본법 시행령 제15조 (영향권별 환경관리계획 및 대책의 수립) 4항)
>
> c. 제3항에 따라 신고를 받은 자는 신용카드가맹점의 납세지 관할 세무서 <u>장에게 이를 통보하여야</u> 한다. (법인세법 제117조(신용카드가맹점 가입 · 발급 의무 등) 4항)

직접목적어 "이를"은 연어의 예로 제시된 "협조를 요청하다"의 "협조를"이나 "손해를 가하다/입히다"의 "손해를" 등처럼 동사와 긴밀성을 보이지 않는다. 그렇다고 서술성 명사로서 경동사 "-하다"와 결합될 수 있는 경우도 아니다. 오히려 근칭 지시대명사로서 "이를"이 바로 앞에 나오는 것을 지시한다는 특성을 고려하여 다음과 같이 간접목적어 앞으로 보내면 어떨까?

> (60') a. 제1항의 경우에 관계공무원은 그 권한을 표시하는 증표를 지녀야 하며, <u>이를 관계인에게 내보여야</u> 한다.
>
> b. 환경부장관, 유역환경청장 또는 지방환경청장은 중권역관리계획이 확정되거나 대권역관리계획이 수립되었을 때에는 <u>이를 관계 기관 및 단체의 장에게 통보하여야</u> 하며, 통보를 받은 관계 기관 및 단체의 장은 필요한 조치 또는 협조를 하여야 한다.
>
> c. 제3항에 따라 신고를 받은 자는 <u>이를 신용카드가맹점의 납세지 관할 세무서장에게 통보하여야</u> 한다.

(60')에서처럼 "이를"이 직접목적어이지만 간접목적어에 선행하면 지시관계가 더 명확해져서 가독성을 높일 수 있는 장점이 있다.[128] 직접목적어 대명사를 간접목적어 명사구에 선행시키는 것은 독일어의 명사, 대명사 어순에 대한 앞선 논의에서처럼 정보의 가치에 따른 배열로도 설명될 수 있다. 즉, 정보의 가치를 비교하여 '알려진 정보'가 '새로운 정보'를 선행하는데, 대명사는 알려진 정보이고 명사구는 새로운 정보이므로 (58)과 (60')에서 대명사가 직접목적어("이를")일지라도 명사구 간접목적어("관계인에게")에 앞설 수 있다는 것이다. 결국 (58)과 (60')에서는 지시관계의 관점에서든, 정보의 가치라는 관점에서든 "직접목적어 > 간접목적어" 어순이 설명된다.

한편, 앞선 (59)의 경우에는 직접목적어("자기를 면책하게 하거나 자기에게 담보를 제공할 것을")가 대명사가 아닌데도 간접목적어("보증인에게")에 선행하는 어순을 보이고 있다. 이는 한국어에서 간접목적어와 직접목적어의 어순은 이들의 길이와 관련이 있다는, 즉 긴 목적어가 짧은 목적어에 선행할 가능성이 크다는 최혜원(2007)의 주장과 일치한다(구명철 2021: 20). 목적어의 길이와 어순의 문제는 핵심어의 위치와 관련이 있는 것으로 알려져 있다. 즉, 영어와 같은 핵심어 선치 언어에서는 짧은 목적어, 긴 목적어 순으로, 그리고 한국어 및 일본어와 같은 핵심어 후치 언어에서는 긴 목적어, 짧은 목적어 순으로 나온다는 것이다.[129] (59)의 경우에도 직접목적어가 간접목적어보다 길어서 이러한 "긴 성분 > 짧은 성분"이라는 배열 원칙을 따르고 있는 것으로 파악할 수 있다. 따라서 법조문에서도 독일어의 경우는 주어 및 목적어와 관련된 어순들이 문법적으로 지켜져야 할 규칙으로 작용하고 있는 반면, 한국어의 경우에는 지시관계나 정보의 가치, 나아가 목적어의 길이에 따라 "(주어) > 간접목적어 > 직접목적어"

---

128  어순과 관련된 가독성에 대한 자세한 논의는 5장의 5.2.2절 참조.

129  최지영(2009: 324)과 홍우평 외(2009: 318)도 Hawkins(1994)의 코퍼스 분석연구와 Yamashita/Chang(2001)의 실험연구를 소개하면서 일본어처럼 동사 후치 구조를 보이는 언어에서는 "긴 (성분) > 짧은 (성분)"이라는 어순이 선호된다고 하였다.

뿐만 아니라 "(주어) > 직접목적어 > 간접목적어"라는 배열도 가능함을 알 수 있다.

그런데, 구명철(2021: 18ff.)에 따르면, 직접목적어가 대명사를 포함하거나 긴 경우뿐만 아니라 직접목적어에 어떤 특정한 그룹의 명사들이 들어 있는 경우 그것이 관계 맺는 선행 표현과의 원활한 연결을 위해서 이 직접목적어가 간접목적어를 선행하여 "직접목적어 > 간접목적어 (동사)" 어순이 되는 경우도 있다.

> (61)  a. 산림청장 또는 시·도지사는 제2항에 따른 이의신청을 받은 날부터 20일 이내에 그 이의신청에 대하여 결정을 하고 지체 없이 그 <u>결과를 신청인에게 알려야</u> 한다. (산림보호법 제8조(산림보호구역 지정의 고시 등) 3항)
>
>  b. 제47조의3제2항에 따라 의약품 품목허가를 받은 자·수입자 및 의약품 도매상 등의 영업에 관한 비밀을 업무상 알게 된 자는 <u>그 비밀을 타인에게 누설하거나</u> 업무목적 외의 용도로 사용하여서는 아니 된다. (약사법 제87조(비밀 누설 금지) 2항)
>
>  c. 금융위원회는 제1항 및 제2항에 따른 과징금 및 가산금의 징수 또는 체납처분에 관한 <u>업무를 국세청장에게 위탁할</u> 수 있다. (은행법 제65조의8(과징금 징수 및 체납처분) 3항)

위 (61)에 제시된 조항들에서는 직접목적어 자리에 '결과', '비밀', '업무' 등의 명사를 포함하고 있다.[130] 그런데, 이 명사들은 하나의 공통점을 가지고 있다 (구명철 2021: 18f.). 이것들은 개념상 불완전하여 추가로 다른 개념을 필요로 한다는 것이다. 예를 들어, '결과'는 그 자체로 완전할 수 없고 '무엇의 결과'여야 한다. 또 '비밀'은 '무엇에 대한 비밀'이고 '업무'는 '누구의 권한' 또는 '무엇에 대한 업무'여야 한다.

---

130  이외에도 '결정서', '권한', '뜻', '명단', '문서', '보증금', '비밀', '사실', '수익', '업무', '여부', '연장', '일부', '증표', '취지'와 같은 명사들이 여기에 해당한다.

이처럼 개념상 불완전한 명사의 대표적인 그룹에는 '신체의 일부와 사람의 관계(Körperteil-Relation)', '부분-전체의 관계(Teil-Ganzes- Relation)', '친족 관계(Verwandschaftsverhältnis)' 등이 있는데, 예를 들어 '머리(der Kopf)'라는 개념에는 그 소유자의 존재가 전제되어야만 한다. 그래서 여기에 속하는 명사들은 '양도불가능 명사(inalienables Nomen)' 또는 '관계 명사(relationales Nomen)'라고 불리고, 언어에 따라서는 관계적이지 않은 명사, 즉 '절대 명사(absolutes Nomen)'와 문법적으로 다른 특징을 보인다.[131]

이처럼 위 (61)과 각주 (130)에 제시된 명사들('결과', '결정서', '권한', '뜻', '명단', '문서', '보증금', '비밀', '사실', '수익', '업무', '여부', '연장', '일부', '증표', '취지')도 개념상 완전해지기 위해서는 다른 개념을 필요로 하는데,[132] 대부분의 경우 문맥상의 내용, 특히 동일 문장이나 전조 및 전항의 내용이 여기에 해당한다. 따라서 이와 같은 관계 명사가 직접목적어로 나오는 경우, (61)이 보여 주는 것처럼 자신에게 필요한 개념과 더 가까이에서 관계를 맺기 위해 간접목적어에 선행한다. 예를 들어, (61a)에서 "(그) 결과"는 선행하는 "이의신청에 대하여"와 관계를 맺고, (61b)에서 "(그) 비밀"은 ".. 등의 영업에 관한"과 연결된다. 그리고 (61c)의 경우, "업무"가 무슨 업무인지는 앞에 나오는 "과징금 및 가산금의 징

---

131 '관계성(Relationalität)'에 따른 명사의 분류에 대한 논의는 Seiler(1988), Shin(1994), 구명철 (2005: 183ff.) 참조.

132 [직접목적어 + 간접목적어 + 동사] 구문의 조사대상을 100개로 확대할 경우 "이를"과 "등을"이 들어 있는 8개를 제외한 대다수(92개)가 보통명사인데(결과, 결정서, 경위, 계약서, 권한, 금액, 내용, 등록증, 등본, 뜻, 명단, 명의, 문서, 보증금, 부본, 비밀, 사무, 사실, 사유, 사항, 사항, 서류, 서면, 수익, 신고서, 신청서, 업무, 여부, 연장, 예산서, 요구서, 일부, 자료, 정보, 정본, 증표, 지분, 채권, 체결, 취지, 허가증), 이 명사들 대부분이 관계 명사이거나, 의심스러운 한두 명사도(서면, 채권) 해당 문맥에서 관계적으로 사용된 경우이다(예, "직매입거래의 경우로서 납품업자가 반품이 자기에게 직접적으로 이익이 된다는 객관적인 근거자료를 첨부한 서면으로 반품일 이전에 자발적으로 반품을 요청한 경우"(대규모유통업법 제10조(상품의 반품금지) 1항); "채권금융회사가 제1항에 따라 합의가 성립된 채권을 제3자에게 양도하는 경우 채무조정의 효력은 양수인에게도 동일하게 미친다."(서민의 금융생활 지원에 관한 법률 제74조(채무조정의 효력) 2항).

수 또는 체납처분에 관한"이 있음으로 인해서 명확해진다.[133]

또한 직접목적어에 "등을"이 있어서 여러 가지 내용이 축약되어 나오는 다음과 같은 경우에도 "직접목적어 > 간접목적어 (동사)"의 어순을 보인다(구명철 2021: 19f.).

(62) a. 분쟁조정위원회는 분쟁의 성질상 분쟁조정위원회에서 조정하는 것이 적합하지 아니하다고 인정하거나 부정한 목적으로 조정을 신청하였다고 인정할 때에는 해당 조정을 거부할 수 있다. 이 경우 조정 거부의 사유 등을 신청인에게 통보하여야 한다. (사회기반시설에 대한 민간투자법 제44조의6(조정의 거부 및 중지) 1항)
   b. 조정위원회는 분쟁의 성질상 조정위원회에서 조정하는 것이 적합하지 아니하다고 인정하거나 당사자가 부정한 목적으로 조정을 신청한 것으로 인정되는 경우에는 해당조정을 거부할 수 있다. 이 경우 그 사유 등을 신청인에게 통보하여야 한다. (정보보호산업의 진흥에 관한 법률 제29조(조정의 거부 및 중지) 1항)

구명철(2021: 19f.)에 따르면, 위 (62)에 제시된 조항들에서는 직접목적어인 "조정 거부의 사유 등을", "그 사유 등을"이 간접목적어인 "신청인에게"에 선행하는 어순을 보인다. 이는 앞서 관계 명사로 인해 직접목적어가 길어진 경우 목적어들 사이의 어순이 그 길이와 관련 있다는 논의와도 일치한다. 즉, (62)의 두 경우 모두 직접목적어가 간접목적어보다 길어서 이러한 "긴 성분 > 짧은 성분"이라는 배열 원칙을 따르고 있는 것으로 파악할 수 있다.

결국 표현의 명확성을 요구하는 법조문에서는 직접목적어의 대명사, 관계 명사 여부 그리고 그 길이 등이 요인으로 작용하여 "직접목적어 > 간접목적어 > 동사"의 어순으로 나타남을 알 수 있다.

---

133  (61c)와 같은 경우에는 앞서 논의한 것처럼 "긴 성분 > 짧은 성분"이라는 배열 원칙도 적용된다.

## 2.3.2. 부사어의 어순[134]

### 2.3.2.1. 부사어들 사이의 어순

부사어(Adverbial)들 사이의 어순에 대해 구체적으로 논의하기에 앞서, 부사어에는 어떤 것들이 있는지 기존의 연구와 문법서들을 토대로 간략히 살펴보기로 한다. 부사어에 대한 의미상의 분류는 원칙적으로 '품사로서의 부사'의 구분과 일치한다.[135] Pittner/Berman(2004: 21)에 따르면 부사에는 다음과 같이 장소, 시간, 사건의 양태 등을 나타내는 단어들이 포함된다고 한다.

> (63) a. 시간 부사(temporales Adverb): heute, gestern, morgen, oft, manchmal
>        등
>     b. 장소 부사(lokales Adverb): dort, hier, unten, dorthin 등
>     c. 양태 부사(modales Adverb): eilends, flugs, gerne 등
>     d. 인과 부사(kausales Adverb): deswegen, daher, umständehalber 등

Duden(2009: 573)과 Helbig/Buscha(2001; 313f.) 등 주요 문법서들도 부사를 (63)에서처럼 네 가지로 구분하는데, '인과 부사'를 넓은 의미로 보고 여기에 '목적의 부사(finale Adverbien)'를 포함시킨다. 그런데, Zifonun et al.(1997: 55)은 부사의 하위 종류에 '위치(Lokal)', '방향(Direktional)', '시점(Temporal)', '지속(Durativ)', '빈도(Frequenz)', '양태(Modikativ)' '도구(Instrumental)', '원인 및 이유(Kausal)', '목적(Final)' 등의 부사가 있다고 함으로써 앞선 연구나 문법서들보다 부사를 세분하고 있다. 그런데, '위치'와 '방향'은 '장소'로, '시점', '지속', '빈도'는 '시간'으로, '양태'와 '도구'는 '양태'로, '원인 및 이유'와 '목적'은 '인과'로 각각 통합할 수 있을 것이므로, 여기서는 Duden(2009), Helbig/Buscha

---

134  '부사어의 어순'에 대한 2.3.2절은 구명철(2022), 2장과 3장에서 유래함.
135  '부사'는 Pittner/Berman(2004: 21)의 정의에서처럼 장소, 시간, 사건의 양태 등을 의미하는 '단어'를 말하고, '부사어'는 그러한 의미와 기능을 갖는 단어 또는 구를 가리킨다.

(2001)처럼 부사(어)를 '시간', '장소', '양태', '인과' 부사어 4가지 종류로만 구분하고 그 대표적인 경우('위치', '시점', '양태', '원인 및 이유')를 중심으로 이들의 순서를 논의하기로 한다.[136]

앞서 독일어와 한국어 모두에서 목적어-동사 어순이 기본어순이라는 점에 대해서 살펴보았는데, 목적어-동사를 기본어순으로 하는 이러한 주장은 부사어들 간의 어순을 설명하는 데에도 도움이 된다. 예를 들어, 어원상 같은 게르만어에 속하는 영어가 "장소 부사어[137] > 시간 부사어" 배열을 보이는 것과 반대로 독일어는 원칙적으로 "시간 부사어 > 장소 부사어"라는 부사어 배열을 보인다.

(64) a. ... that he drank a lot <u>in a pub</u> <u>yesterday</u>.
　　 b. ... because he drank a lot <u>in a pub</u> <u>yesterday</u>.

(64') a. .., dass er <u>gestern</u> <u>in einer Kneipe</u> viel getrunken hat.
　　 b. .., weil er <u>gestern</u> <u>in einer Kneipe</u> viel getrunken hat.

영어에서 "장소 부사어 > 시간 부사어" 배열을 보이는 것은 장소 부사어와 시간 부사어 중에서 장소 부사어가 동사의 의미와 더 밀접하다는 사실과 관련이 있다. 왜냐하면, 어떤 상황이나 행위에 대해 시간은 항상 전제되어 있으므로 상황이나 행위와 관련된 두드러진 특징을 보이지 않지만, 장소는 상황이나 행위를 구체화하는 데 일정 정도의 역할을 하기 때문이다. 예를 들어, '마시다'라

---

136　Pittner/Berman(2004: 150ff.)은 이 네 가지 부사어 이외에 '화행 부사어(Sprechakt-Adverbiale)', '문장 부사어(Satzadverbiale)', '동반 부사어(Komitativadverbiale)', '도구 부사어(Instrumentaladverbiale)' 등을 추가로 제시하고 있다.

137　넓은 의미의 장소 부사어에는 방향 부사어가 포함되지만, 여기서는 방향 부사어의 어순에 대해서는 고려하지 않기로 한다. 방향 부사어는 동사의 의미에 매우 긴밀하게 결합되어 보충어로서 동사 바로 앞에 위치하고, 심지어 동사와 함께 오른쪽 괄호에 포함된다고 보는 견해도 있다(Pittner/Berman 2004: 152).

는 동사 drink의 의미는 시간('언제')보다는 장소('어디서')를 통해 행위의 구체성이 드러나기 때문에 "... that he drank a lot <u>in a pub</u> <u>yesterday</u>"에서처럼 동사와 장소 부사어가 더 긴밀하게, 즉 더 가까이 나오는 것이 자연스럽다. 그런데 독일어에서는 목적어보다 동사가 뒤에 나오는 부문장의 어순이 기본어 순이므로, 동사에 의미적으로 더 긴밀한 장소 부사어가 동사의 기본 위치인 문미에 더 가깝게 나오기 위해서는 ".., dass er <u>gestern</u> <u>in einer Kneipe</u> viel getrunken hat"에서처럼 장소 부사어가 시간 부사어보다 뒤에 나오는 "시간 부사어 > 장소 부사어"라는 배열을 보이게 되는 것이다.[138]

심지어 독일어에서는 동사 후치의 부문장뿐만 아니라 영어 문장 (65a)와 같은 어순, 즉 동사가 주어 뒤에 위치하는 소위 "동사 두 번째 위치(V2)"인 주문장((65b))에서도 "시간 부사어 > 장소 부사어"의 배열을 보이는 경향이 강하다.

(65) a. He drank a lot <u>in a pub</u> <u>yesterday</u>.
　　 b. Er hat <u>gestern</u> <u>in einer Kneipe</u> viel getrunken.

부사어들의 이러한 어순은 동사 두 번째 위치(V2)를 보이는 독일어 주문장에서도 마치 동사가 후치되어 있는 것처럼 부사어들이 배열됨을 의미한다. 즉, 장소 부사어가 부문장의 후치 동사를 수식하는 것처럼 문장의 맨 뒤, 즉 눈에 보이지 않는 동사 바로 앞에서 수식하는 것으로 가정할 수 있다. 부사어의 배열에서 보이는 독일어와 영어의 이러한 차이는 시간 부사어와 장소 부사어가 들어 있는 아래 (66)과 같은 문장을 대비시켰을 때에도 드러난다.

(66) a. A young man brutally beats a woman on the street in daylight.
　　 b. Ein junger Mann schlägt bei Tageslicht auf der Straße brutal auf eine

---

138  실제로 Pittner/Berman(2004: 151f.)은 상황관련 부사어에 속하는 시간 부사어가 동사의 의미와 더 밀접한 상황내적 부사어나 과정관련 부사어보다 선행한다고 하였다.

Frau ein.

(66)을 통해 장소 부사어 on the street가 시간 부사어 in daylight에 선행하고 있는 영어 문장과는 반대로 독일어 번역문에서는 장소 부사어 auf der Straße가 시간 부사어 bei Tageslicht에 후행함으로써, 독일어에서는 영어에서와 달리 "시간 부사어 > 장소 부사어"의 배열을 보임을 확인할 수 있다. 이처럼 독일어에서는 기본어순이 '목적어-동사' 어순이고, 이에 따라 부사어들도 원칙적으로 동사의 의미에 가까울수록 동사에 긴밀하게 나오는 "시간 부사어 > 장소 부사어"의 배열을 보인다는 것이 자연스럽게 설명된다.

여기에 '양태 부사어'의 위치를 추가로 살펴보면, 양태 부사어가 동작이나 행위의 구체적인 모습을 묘사하는 기능을 갖는다는 점에서 의미상으로 동사와 매우 긴밀하다고 할 수 있다.[139] 따라서 양태 부사어는 시간 부사어나 장소 부사어보다 동사에 더 가깝게 나올 것으로 예상할 수 있다. 예를 들어 위의 예문 (66)을 보면, 영어에서는 양태 부사어인 brutally가 동사 바로 앞에 나와 있고, 독일어에서는 brutal이 시간 부사어(bei Tageslicht)와 장소 부사어(auf der Straße) 뒤에 나와서 동사에 더 가깝게 위치한다.[140] 즉, 목적어-동사라는 기본어순으로

---

[139] 양태 부사어가 동사와 매우 긴밀하다는 것은 양태 부사어의 의미가 동사에 포함되어 하나의 어휘로 실현될 수도 있음을 통해서 확인할 수 있다. 예를 들어, 양태 부사어 heftig와 동사 schlagen의 의미적인 결합은 prügeln이라는 단일 동사의 의미와 일치한다. 실제로 Duden(2009)에 따르면 prügeln의 어휘 의미는 "heftig, besonders mit einem Stock schlagen"으로 heftig와 schlagen의 의미를 포함하고 있다. Pittner/Berman(2004: 152)은 양태 부사어가 "weil Hans das Geschirr gründlich gespült hat"의 gründlich처럼 동사의 의미와 밀접한 '과정 관련(prozessbezogen)' 부사어로서 후치 구문에서 동사와 매우 가깝게 위치한다고 하였다. 실제로 이 부문장에 시간 부사어 "nach dem Essen"을 추가해 보면, "weil Hans nach dem Essen das Geschirr gründlich gespült hat"와 같이 양태 부사어 gründlich가 시간 부사어보다 뒤, 즉 동사와 더 가깝게 나온다.

[140] 문장 성분들의 위치를 제시하고 있는 Heidolph et al.(1984: 709)이 시간 부사어와 인과 부사어를 포함하고 있지는 않지만, 적어도 양태 부사어가 장소 부사어 뒤, 즉 동사에 더 가깝게 위치함은 보여 주고 있다.

인해 독일어에서 부사어의 어순은 동사의 의미에 긴밀한 것일수록 – 부문장에 서처럼 실제로 실현되든, 주문장에서처럼 눈에 보이지 않든 – 동사의 기저 위치에 가깝게 뒤쪽에 나오는 "시간 부사어 > 장소 부사어 > 양태 부사어"의 배열을 보이는 경향이 있다고 하겠다.[141]

따라서 독일어와 마찬가지로 목적어-동사라는 기본어순을 보이는 한국어의 경우에도 부사어는 기본적으로 "시간 부사어 > 장소 부사어 > 양태 부사어"의 배열을 보일 것으로 예측할 수 있다.[142] 이러한 예측은 한국어 말하기와 글쓰기의 기본 원칙 중의 하나인 육하원칙의 배열 순서, 즉 "(누가) 언제 어디서 (무엇을) 어떻게 ..."가 보이는 부사어의 어순에서도 드러난다. 이는 (66)에서 인용했던 영어 문장에 대한 아래와 같은 한국어 번역문 (66')를 통해서도 확인 가능하다.

(66') 한 청년이 대낮에 거리에서 여자를 무자비하게 때렸다.

한국어 문장 (66')의 부사어의 순서들을 바꾸면 다음과 같이 다소 어색한 문장들이 만들어진다.

(66") a. ?한 청년이 거리에서 대낮에 여자를 무자비하게 때렸다.
      b. ??한 청년이 무자비하게 거리에서 대낮에 여자를 때렸다.
      c. ??한 청년이 무자비하게 대낮에 거리에서 여자를 때렸다.
      d. ??한 청년이 거리에서 무자비하게 대낮에 여자를 때렸다.

---

141 Helbig/Buscha(2001: 490)는 장소 부사어와 양태 부사어 사이에 명확한 전후 관계가 없다고 보았지만 여기서 살펴본 것처럼 이 둘 사이에는 "장소 부사어 > 양태 부사어"의 경향이 관찰된다.

142 채희락(2002, 287f.)은 한국어 부사어를 의미적 기준에 의해 시간, 장소, 정도, 방식의 부사어 등으로 나눌 수 있다고 하면서 다른 부사들과는 달리 시간 부사어와 장소 부사어는 어울림의 관점에서 보면 자유 부사어에 속한다고 하였다. 즉, 시간 부사어와 장소 부사어가 다양한 종류의 술어와 자유롭게 결합할 수 있다는 것에 주안점을 두고 있는데, 여기서는 이 두 부사어 사이의 어순, 특히 선호되는 어순("시간 부사어 > 장소 부사어")에 초점을 두고자 한다.

e. <sup>??</sup>한 청년이 대낮에 무자비하게 거리에서 여자를 때렸다.

즉, 한국어에서도 시간 부사어, 장소 부사어, 양태 부사어 사이에는 독일어에
서처럼 "시간 부사어 > 장소 부사어 > 양태 부사어"의 어순이 유지되는 것을
확인할 수 있다.

그렇다면 여기에 '인과 부사어'가[143] 추가되면 어떻게 될까? 원인 및 목적을
나타내는 인과 부사어는 '상황 관련 부사어'로서 시간 부사어와 같은 그룹에
포함되고, 상황 내적 또는 '과정 관련(prozessbezogene)' 부사어보다도 선행한다
(Pittner/Berman 2004: 151). 원인 및 목적은 어떤 상황 전체를 대상으로 하는 개
념으로서 장소, 양태보다 상황에 덜 긴밀하므로 이것들에 선행하여 동사와 거
리를 두고 나온다. 그런데, 독일어에서 인과 부사어는 상황 관련 부사어에 함께
속하는 시간 부사어와는 일관된 전후 관계를 보이지 않는다. 아래 (67)에서는
시간부사어 heute가 인과 부사어인 wegen des schlechten Wetters에 선행하
는 (a) 어순이 더 자연스러운 반면, (68)에서는 이러한 인과 부사어가 시간 부
사어인 den ganzen Tag에 선행하는 경우(b)가 적어도 더 자연스럽다.

(67) a. Er ist heute wegen des schlechten Wetters zu Hause geblieben.
　　 b. <sup>?</sup>Er ist wegen des schlechten Wetters heute zu Hause geblieben.

(68) a. <sup>?</sup>Er ist den ganzen Tag wegen des schlechten Wetters zu Hause
　　　　geblieben.
　　 b. Er ist wegen des schlechten Wetters den ganzen Tag zu Hause
　　　　geblieben.

---

143　목적을 나타내는 부사(어)는 앞서 살펴본 것처럼 '목적의 부사어'로 구분되기도 하지만,
　　　Duden(2009: 573), Helbig/Buscha(2001: 313f.) 등과 같은 주요 문법서들은 목적을 나타내는
　　　부사를 '인과 부사어'의 일종으로 간주한다.

Helbig/Buscha(2001: 489f.)도 다음 (69)의 예문들을 통해 인과 및 시간 부사어와 장소 및 양태 부사어 사이에 대해서는 명확한 전후 관계를 보여 주면서도, 인과 부사어와 시간 부사어의 전후 관계는 제시하지 않고 하나의 어순 그룹 (Adverbialbestimmung 1)에 포함시킨다.

(69)  a. Wir sind wegen der nassen Fahrbahn sehr langsam gefahren.
      b. Ich habe am Montag im Garten gearbeitet.
      c. Er treibt in seiner Freizeit mit Begeisterung Sport.

따라서 Helbig/Buscha(2001: 489ff.)의 제안과 장소 부사어 및 양태 부사어에 대한 앞선 논의를 종합하면, 독일어에서 부사어들 사이의 어순은 "인과부사어/시간부사어 > 장소 부사어 > 양태 부사어"로 정리해 볼 수 있다. 이러한 부사어의 기본어순은 한국어에서도 별문제 없이 적용된다.

(69')  a. 우리는 젖은 도로 때문에 매우 천천히 운전했다.
      b. 나는 월요일에 정원에서 일했다.
      c. 그는 여가 시간에 열심히 운동을 한다.

결국, 동사 후치라는 기본어순을 공통으로 갖는 독일어와 한국어는 부사어에 대해서도 "인과 부사어/시간 부사어 > 장소 부사어 > 양태 부사어"라는 공통된 기본어순을 갖는다고 하겠다.

## 2.3.2.2. 독일과 한국 법조문에서 부사어의 배열

이제 법률에서 부사어들의 어순은 어떤 양상을 보이는지 실제 법조문들을 대상으로 살펴보기로 한다. 우선 독일 법률, 예를 들어 독일 민법에서 시간과 장소 부사어가 함께 나오는 문장을 찾아보는 것은 어렵지 않다.

(70) Die Verjährung von Ansprüchen wegen Verletzung der sexuellen
Selbstbestimmung ist bis zur Vollendung des 21. Lebensjahrs des
Gläubigers gehemmt. Lebt der Gläubiger von Ansprüchen wegen
Verletzung der sexuellen Selbstbestimmung <u>bei Beginn der Verjährung</u>
mit dem Schuldner <u>in häuslicher Gemeinschaft</u>, so ist die Verjährung
auch bis zur Beendigung der häuslichen Gemeinschaft gehemmt. (BGB
§208 Hemmung der Verjährung bei Ansprüchen wegen Verletzung der
sexuellen Selbstbestimmung)

부사어의 어순에 대한 앞선 논의를 통해 예상할 수 있는 것처럼 (70)에서
시간 부사어(bei Beginn der Verjährung)가 장소 부사어(in häuslicher Gemeinschaft)
에 선행하는 것을 볼 수 있다. 이 조항에 대한 양창수(2015: 93)의 한국어 번역에
서도 시간 부사어("시효의 기산시에")가 장소와 관련된 표현("가정적 공동생활")에
선행하고 있다.

(70') 성적 자기결정권의 침해로 인한 청구권의 소멸시효는 채권자가 21세가
될 때까지 정지한다. 성적 자기결정권의 침해로 인한 청구권의 채권자가
<u>시효의 기산시</u>에 채무자와 <u>가정적 공동생활</u>을 하는 경우에는 그 소멸시
효는 그 공동생활의 종료시까지 정지한다. (민법 제218조 성적 자기결정
권의 침해로 인한 청구권의 시효정지)

"시간 부사어 > 장소 부사어"의 배열은 독일 법조항의 번역에서뿐만 아니라
실제 한국어 법률에서도 쉽게 찾아볼 수 있다.

(71) 전항의 방식에 의한 유언은 그 증인 또는 이해관계인이 <u>급박한 사유의
종료한 날로부터 7일내에</u> 법원에 그 검인을 신청하여야 한다. (민법 제
1070조(구수증서에 의한 유언) 2항)

구수증서에 의한 유언과 관련된 민법 조항 중 일부인 (71)은 시간과 장소를

모두 포함하고 있는데, 예상대로 "급박한 사유의 종료한 날로부터 7일내에 법원에"처럼 "시간 부사어 > 장소 부사어"의 배열을 보인다. 만약 (71)에서 시간 부사어와 장소 부사어의 순서를 맞바꾸면 "전항의 방식에 의한 유언은 그 증인 또는 이해관계인이 <u>법원에 급박한</u> 사유의 종료한 날로부터 7일내에 그 검인을 신청하여야 한다."로 되어 (71)보다 가독성이 떨어진다.

그런데, 아래 제시된 도로교통법 제54조 3항은 "시간 부사어 > 장소 부사어"의 배열을 보이고 있음에도 불구하고 이해하기가 쉽지 않다.

> (72) 제2항에 따라 신고를 받은 국가경찰관서의 경찰공무원은 부상자의 구호와 그 밖의 교통위험 방지를 위하여 필요하다고 인정하면 <u>경찰공무원(자치경찰공무원은 제외한다)</u>이 현장에 도착할 때까지 신고한 운전자등에게 <u>현장에서</u> 대기할 것을 명할 수 있다. (도로교통법 제54조 3항)

그렇다고 제54조 3항의 난해함이 시간 부사어와 장소 부사어의 배열에 있는 것이 아님은 이 두 부사어의 순서를 맞바꾼 아래 (72')의 문장을 통해서 확인할 수 있다.

> (72') 제2항에 따라 신고를 받은 국가경찰관서의 경찰공무원은 부상자의 구호와 그 밖의 교통위험 방지를 위하여 필요하다고 인정하면 <u>현장에서</u> 신고한 운전자등에게 <u>경찰공무원(자치경찰공무원은 제외한다)</u>이 현장에 도착할 때까지 대기할 것을 명할 수 있다.

시간 부사어와 장소 부사어의 순서가 뒤바뀐 (72')는 이해하기가 더 어려워졌을 뿐만 아니라 장소 부사어 "현장에서"가 "대기할"이 아니라 "신고한"을 수식하는 것처럼 오해를 불러일으킨다. "시간 부사어 > 장소 부사어"의 배열을 지키고 있는 제54조 3항의 문제는 이 부사어들의 어순에 있지 않고 이 둘 사이에 들어 있는 피사역어 "신고한 운전자등에게"에 있는 것으로 보인다. "신고한

운전자등에게"를 다음 (72")에서처럼 시간 부사어인 "경찰공무원(자치경찰공무
원은 제외한다)이 현장에 도착할 때까지"의 앞으로 보내면 가독성이 훨씬 개선된
다.

> (72''') 제2항에 따라 신고를 받은 국가경찰관서의 경찰공무원은 부상자의 구호
> 와 그 밖의 교통위험 방지를 위하여 필요하다고 인정하면 신고한 운전자
> 등에게 <u>경찰공무원(자치경찰공무원은 제외한다)이 현장에 도착할 때까</u>
> <u>지</u> <u>현장에서</u> 대기할 것을 명할 수 있다.

결국 "시간 부사어 > 장소 부사어"의 배열에 의문을 제기했던 도로교통법
제54조 3항도 실제로는 이러한 배열에 문제가 없으며, 나아가 법조문에서도
시간 부사어와 장소 부사어가 동사의 의미에 가까운 것일수록 뒤에 나오는
배열, 즉 "시간 부사어 > 장소 부사어"의 배열을 보인다는 2.3.2.1절의 논의를
확인시켜 주고 있다.

한편, 법조문에서는 앞서 언급하였던 시간, 장소뿐만 아니라 사건의 인과관
계 및 양태도 중요한 정보로 포함되는 경우가 있다.

> (73) Kündigt der Vermieter ein Mietverhältnis, dessen Fortsetzung <u>auf</u>
> <u>bestimmte Zeit</u> <u>durch Urteil</u> bestimmt worden ist, so [...] (BGB §574c
> Weitere Fortsetzung des Mietverhältnises gegen die Kündigung (2))

> (74) Die Verjährung ist gehemmt, solange der Schuldner <u>auf Grund einer</u>
> <u>Vereinbarung mit dem Gläubiger</u> <u>vorübergehend</u> zur Verweigerung der
> Leistung berechtigt ist. (BGB §205 Hemmung der Verjährung bei
> Leistungsverweigerungsrecht)

(73)은 방법을 나타내는 양태 부사어(durch Urteil)가 시간 부사어(auf bestimmte
Zeit)와 함께 한 문장 안에 들어 있는 경우로서, 앞서 3장에서 살펴보았던 부사

어의 일반적인 어순과 일치된 배열을 보이고 있다. durch Urteil을 인과 부사
어로 분석할 수도 있겠지만 동사가 bestimmen이므로 durch Urteil bestimmen
은 "판결로[판결에 의하여] 정하다"를 의미하므로 양태 부사어로 파악하는 것이
적절한 것으로 보인다. durch Urteil이 양태 부사어라는 것은 (73)의 번역에서
도 확인할 수 있다(양창수 2015: 395).

> (73') 임대인이 판결에 의하여 기간의 정함이 없이 계속되는 것으로 정하여진
> 임대차관계를 해지하는 경우에 [...] (민법 제§574조의c 예측하지 못한 사
> 정 있는 경우 임대차관계의 재차의 계속)

한편, 채무자가 급부를 거부하는 내용과 관련된 위 (74)의 독일 민법 조항에
서는 급부를 거부하는 이유가 제시된다. 여기서 이유를 나타내는 표현, 즉 인과
부사어는 시간 부사어에 선행하는 "인과 부사어 > 시간 부사어"의 어순을 보이
고 있다.[144]

독일 민법 205조의 번역인 (74')에서도 인과 부사어인 "채권자와의 약정에
기하여"가 주어 바로 뒤에 나와 시간 부사어 "일시적으로"보다 앞에 위치하고
있음을 볼 수 있다.

> (74') 채무자가 채권자와의 약정에 기하여 급부를 일시적으로 거절할 권리를
> 가지는 동안에는 소멸시효는 정지한다. (민법 제205조 급부거부권으로
> 인한 시효정지)[145]

---

144  비록 명사구를 수식하는 분사구 안에서 나타나는 현상이기는 하지만, (74)에서처럼 "인과
부사어 > 시간 부사어" 순으로 나오는 예도 있다(Eine Mietdatenbank ist eine zur Ermittlung
der ortsüblichen Vergleichsmiete fortlaufend geführte Sammlung von Mieten, [...]. (BGB
§558e Mietdatenbank) "차임데이터베이스라 함은, 지역상례적 비교차임을 조사하기 위하여
지속적으로 수집한 차임정보의 집합으로서, [...] (민법 제558조의e 借賃데이터베이스)").

145  양창수(2015: 91)에 제시된 번역임.

그런데, 앞서 살펴보았던 부사어의 일반적인 어순에 따르면, 인과 부사어는 상황 관련 부사어로서 시간 부사어와 같은 그룹에 포함되므로(Pittner/Berman 2004: 151) "시간 부사어 > 인과 부사어"의 배열도 가능할 텐데, 독일 법조문에서는 이러한 배열을 보이는 예를 찾기가 쉽지는 않다. 이처럼 인과 부사어는 시간 부사어와 상황 관련 부사어라는 그룹에 함께 속해있지만, 법조문에서의 예들을 보면 엄밀성을 추구하는 법조문의 특성상 인과 부사어가 시간 부사어보다 선행하는 경향이 있는 것으로 보인다. 인과 관계, 즉 원인 및 목적은 문장 전체의 내용과 관련이 있어서 시간에 선행하여, 즉 동사에 거리를 두고 나오는 것이 더 자연스럽다.[146]

한편, 법률에는 '인과 부사어'와 방법을 나타내는 '양태 부사어'가 함께 나오는 경우도 찾아볼 수 있는데, 독일 민법 651e조의 (1)이 그러한 예를 보여준다.

(75) Wird die Reise <u>wegen eines Mangels der in §651c bezeichneten Art erheblich</u> beeinträchtigt, so kann der Reisende den Vertrag kündigen. Dasselbe gilt, wenn ihm die Reise infolge eines solchen Mangels aus wichtigem, dem Reiseveranstalter erkennbaren Grund nicht zumuten ist. (BGB §651e Kündigung wegen Mangels (1))

여행의 하자로 인한 해지와 관련된 독일 민법 651e조 (1)의 첫 문장에는 인과 부사어("wegen eines Mangels der in §651c bezeichneten Art")와 양태 부사어("erheblich")가 동시에 나오는데, 인과 부사어, 양태 부사어의 배열을 보이고 있

---

146  이숙현 외(2004: 12, 19)는 "부사어들 사이의 어순은 시간부사어가 앞에, 방향이나 장소부사어는 뒤에, 그리고 원인이나 도구 또는 빈도부사어가 그 사이에 놓이는 것이 일반적"이라고 하면서 "나는 8시에 치통 때문에 의사에게 간다."를 예문으로 제시하고 있다. 그런데, 원인이 시간에 선행하는 "나는 치통 때문에 8시에 의사에게 간다."도 자연스러울 뿐만 아니라, "나는 치통 때문에 아침 일찍 의사에게 간다."의 경우는 "나는 아침 일찍 치통 때문에 의사에게 간다."보다 더 자연스럽게 받아들여진다. 따라서 시간 부사어가 인과 부사어에 선행한다는 이숙현 외(2004: 12, 19)의 주장은 검토가 필요해 보인다.

다. 독일 민법 651e조에 대한 양창수(2015: 483)의 번역인 (75')에서도 인과 부사어인 "제651조의c에 의하여 정하여진 하자로 인하여"가 양태 부사어 "현저히"보다 선행한다.

> (75') 여행이 제651조의c에 의하여 정하여진 하자로 인하여 현저히 저해된 경우에는 여행자는 계약을 해지할 수 있다. 그러한 하자로 인하여 여행자에 있어서 여행이 여행주최자가 알 수 있는 중요한 이유로 기대될 수 없는 것인 경우에도 또한 같다. (민법 제651조의e(하자로 인한 해지))

그런데, 아래 우리나라의 "정보통신망 이용촉진 및 정보보호 등에 관한 법률" 제44조의2제1항에서도 '인과 부사어'와 '양태 부사어'가 함께 나오고 있지만 여기서는 오히려 양태 부사어("정보통신망을 통하여")가 인과 부사어("일반에게 공개를 목적으로")보다 선행하고 있다.

> (76) 정보통신망을 통하여 일반에게 공개를 목적으로 제공된 정보로 사생활 침해나 명예훼손 등 타인의 권리가 침해된 경우 그 침해를 받은 자는 해당 정보를 처리한 정보통신서비스 제공자에게 침해사실을 소명하여 그 정보의 삭제 또는 반박내용의 게재(이하 "삭제등"이라 한다)를 요청할 수 있다. <개정 2016.3.22> (정보통신망 이용촉진 및 정보보호 등에 관한 법률 제44조의2(정보의 삭제요청 등) 1항)

제44조의2제1항의 문장은 가독성이 떨어지는 것으로 보이는데, 그 이유 중의 하나는 이러한 부사어들의 어순이 직관에 맞지 않게 구성되어 있어서이다. 즉, 부사어들 중 방법을 나타내는 '양태 부사어'가 목적을 나타내는 '인과 부사어'보다 선행함으로써 결과적으로 '인과 부사어'가 '양태 부사어'보다 술어('제공된')에 더 가까이 위치하고 있기 때문이다. '원인 및 목적'은 앞서 살펴본 것처럼 술어만이 아니라 문장 전체의 내용과 관련이 있는데, 예를 들어 "누가 언제

어디서 무엇을 어떻게 한" 것은 "이러이러한 이유나 목적"이 있어서인 것이다. 따라서 이런 순서로 제44조의2 3항의 문장을 재구성하면 "일반에게 공개를 목적으로[인과(목적)] 정보통신망을 통하여[양태(방법)] 제공된[술어] 정보로 사생활 침해나 명예훼손 등 타인의 권리가 침해된 경우 ..."가 되고, 이렇게 수정된 문장의 가독성이 더 향상된 것을 확인할 수 있다.

특히 방법을 나타내는 '양태 부사어'와 목적을 나타내는 '인과 부사어'를 재배열하기 전("정보통신망을 통하여 일반에게 공개를 목적으로 제공된 정보로")과 후("일반에게 공개를 목적으로 정보통신망을 통하여 제공된 정보로")를 비교해 보면 부사어의 어순에 따른 가독성의 차이가 더욱 분명히 드러나는 것을 알 수 있다. 방법을 나타내는 양태 부사어 "정보통신망을 통하여"가 인과 부사어인 "일반에게 공개를 목적으로"보다 술어인 '제공된'과 의미상으로 더 밀접하게 결합되기 때문이다.

흥미롭게도 동법("정보통신망 이용촉진 및 정보보호 등에 관한 법률")의 제70조 1항과 2항에서는 '목적'이 '방법'보다 선행하는 '더 좋은' 배열을 보이고 있다.

(77) a. 사람을 비방할 목적으로 정보통신망을 통하여 공공연하게 사실을 드러내어 다른 사람의 명예를 훼손한 자는 3년 이하의 징역 또는 3천만원 이하의 벌금에 처한다. <개정 2014.5.28> (정보통신망 이용촉진 및 정보보호 등에 관한 법률 제70조(벌칙) 1항)

 b. 사람을 비방할 목적으로 정보통신망을 통하여 공공연하게 거짓의 사실을 드러내어 다른 사람의 명예를 훼손한 자는 7년 이하의 징역, 10년 이하의 자격정지 또는 5천만원 이하의 벌금에 처한다. (정보통신망 이용촉진 및 정보보호 등에 관한 법률 제70조(벌칙) 2항)

그런데, (76)의 제44조의2 1항은 2016년 3월 22일에 개정되었고 (77)의 제70조는 2014년 5월 28일이나 그 이전에 재, 개정된 것으로서 표현상으로는 더 어색해졌다고 하겠다. 이러한 문제는 법 개정시 국어의 표현 방식에 대해서는 충분히 고려하지 않았을 뿐만 아니라, 국어 표현을 검토하는 과정이 제도화되어 있지 않은 데서 유래한 것으로 보인다.

결국 부사어들의 순서는 기본어순 상의 동사 위치를 기준으로 동사의 의미에 긴밀한 것일수록 동사에 가깝게 위치하는 양상을 보이는데, 독일어와 한국어 모두 동사 후치를 기본어순으로 하기 때문에 동사와 긴밀한 정도에 따라 "인과 부사어(원인 및 목적)/시간 부사어 > 장소 부사어 > 양태 부사어" 등의 순으로 배열되는 경향이 있음을 법조문에서도 관찰할 수 있으며,[147] 이러한 순서가 지켜지지 않을 경우 어색하거나 가독성이 저해되는 것을 확인할 수 있다.


## 2.4. 수식어-피수식어의 어순

통사론적인 관점에서만 보면 수식어와 피수식어의 어순은 중의성을 보이기 쉽다. 예를 들어, 피수식어로 분석 가능한 위치에 둘 이상의 구성요소가 나오는 경우([수식어] + [피수식어1] [피수식어2] 또는 [피수식어1] [피수식어2] + [수식어])에는 진짜 피수식어를 파악하는 데에 어려움이 생길 수 있다. 예를 들어, "Someone visited the daughter of the teacher who came from Germany."라는 영어 문장에서 관계절 "who came from Germany"의 피수식어는 문법적으로 the teacher와 the daughter 모두 될 수 있지만, Gibson et al.(1996: 26)에 따르면 소위 최신효과(Recency)에 의해 관계절에 가까운 the teacher가 피수식어로 해석될 가능성이 더 높다(최명원 2005: 20 참조).

이와 달리 독일어의 경우는 관계절[수식어]을 "술어부의 핵어에 가능한 한

---

147  독일 민법 텍스트를 대상으로 부사어의 어순을 분석한 안은진(2024)에 따르면, 부사어들 간의 이러한 어순, 즉 무표적인 어순이 일반적이기는 하지만, 특정 부사어가 그 앞이나 뒤의 문장성분과 통사, 의미적으로 긴밀히 연결되는 경우에는 유표적인 어순이 나오기도 한다.

가깝게 부착시키라.(Attach as close as possible to the head of a predicate phrase.)"는 술어근접성(Predicate Proximity) 원리가 적용된다고 한다. 예를 들어, "Jemand erschoss die Dienerin der Schauspielerin, die auf dem Balkon war."라는 문장이 있을 때 수식어인 관계절 "die auf dem Balkon war"의 선행사, 즉 피수식어로는 die Dienerin이 선호된다는 것이다. 왜냐하면 가까이 있는 der Schauspielerin보다 직접목적어인 die Dienerin이 구조상 술어부의 핵어 erschoss에 더 가깝기 때문이다.

이처럼 독일어에서 피수식어를 결정할 때 술어근접성 원리가 작용한다는 사실은 다음과 같은 법조문에서도 확인할 수 있다.

(78) Der Bund kann sich zur Wahrung des Friedens einem System gegenseitiger kollektiver Sicherheit einordnen; er wird hierbei in die Beschränkungen seiner Hoheitsrechte einwilligen, die eine friedliche und dauerhafte Ordnung in Europa und zwischen den Völkern der Welt herbeiführen und sichern. (GG §24 (2))

(78)에서 GG §24 (2)항의 두번째 문장에서 수식어에 해당하는 관계문 "die eine friedliche und dauerhafte Ordnung in Europa und zwischen den Völkern der Welt herbeiführen und sichern"의 선행사, 즉 피수식어로는 "die Beschränkungen"과 "seiner Hoheitsrechte"가 가능한데, 이 둘 중에서 seiner Hoheitsrechte보다 die Beschränkungen이 "(in etwas) einwilligen"이 라는 술어에 구조상 더 가깝기 때문에 술어근접성 원리에 의하여 피수식어로 선호될 가능성이 높다. 이러한 추측은 문장의 내용을 통해서도 확인 가능한데, "유럽과 전 세계 국민들 사이에서 평화롭고 지속적인 질서를 도모하고 확실하 게 해줄" 수 있는 것은 "각 연방의 주권(seiner Hoheitsrechte)"보다는 "(이러한 주권을) 제한하는 것(die Beschränkungen)"이기 때문이다.

최명원(2005: 25)에 따르면, 한국어에서도 최신효과보다는 술어근접성 원리
가 작용하여 "나를 사랑한 이 검사의 형이 인천에 산다."라는 문장에서 수식어
"나를 사랑한"의 피수식어로는 "이 검사"보다 술어 "산다"에 구조상 더 가까운
"형"이 될 가능성이 높다. 법조문의 경우, 관련된 상황이 복잡하고 여러 개념들
이 서로 복잡하게 얽혀 있는 만큼, 아래 (79)에서처럼 수식관계, 특히 수식어
하나에 피수식어 후보가 여러 개 나올 수 있다. 피수식어에 대한 후보는 "나를
사랑한 이 검사의 형이 인천에 산다."에서처럼 안긴 구문으로 나올 수도 있고
(헌법 제33조 3항), 병렬적으로(형법 제2조) 나올 가능성도 있다.

> (79) a. <u>법률이 정하는</u> 주요방위산업체에 종사하는 근로자의 단체행동권은 법
>       률이 정하는 바에 의하여 이를 제한하거나 인정하지 아니할 수 있다.
>       (헌법 제33조 3항)
>    b. 본법은 <u>대한민국영역내에서 죄를 범한</u> 내국인과 외국인에게 적용한다.
>       (형법 제2조(국내범))

(79a)로 제시된 헌법 제33조 3항에서 수식어 "법률이 정하는"의 피수식어는
통사적으로 "주요방위산업체", "근로자", "단체행동권" 등 여러 가지가 가능하
다. 앞서 살펴본 술어근접성 원리를 적용하여 술어를 "종사하는"으로 보게 되
면([s 법률이 정하는 주요방위산업체에 [PRÄD 종사하는]]) "주요방위산업체"가 피수식어
가 되고, 전체 문장의 술어부인 "제한하거나 인정하지 아니할 수 있다'로 보면
([s 법률이 정하는 ... 근로자의 단체행동권은 [PRÄD 제한하거나 인정하지 ...]]) "단체행동권"
이 피수식어일 가능성이 높다. 이처럼 술어근접성 원리로 피수식어를 제대로
결정할 수 없는 경우에는 추가로 "최신효과"를 적용하여 수식어인 "법률이 정
하는"에 더 가까운 "주요방위산업체"가 피수식어로서 파악될 수 있다.

(79b)로 제시된 형법 제2조에서는 수식어 "대한민국영역내에서 죄를 범한"
의 피수식어로는 "내국인", "외국인", 그리고 "내국인과 외국인" 모두 가능한

데, 의미적인 제약이 없다면 등위접속된 구성요소들은 동등한 가치를 가지므로 "내국인과 외국인"이 피수식어가 된다.

그런데, 법률에 대한 신뢰성을 위해서 정확해야 하고(Korrektheit) 오해의 소지가 없도록 명확해야 하는(Klarheit) 법조문의 특성상 수식어와 피수식어의 수식관계가 분명해야 함에도 불구하고(구명철/정수정 2018), 법조문에는 등위접속되어 나오는 피수식어 두 개([수식어] + [피수식어1] [피수식어2])의 잘못된 구성으로 문제가 생기는 경우들이 있다. 예를 들어, 수식어와 피수식어의 관계 및 위치와 관련된 아래 (80)의 형법 제170조는 개정(2020. 12. 8.) 전인 최근까지도 언어학적으로뿐만 아니라(김기영 2007), 법조계에서도 적지 않은 논란이 있었다.[148]

> (80) 형법 제170조(실화)
> ① 과실로 인하여 제164조 또는 제165조에 기재한 물건 또는 타인의 소유에 속하는 제166조에 기재한 물건을 소훼한 자는 1천500만원 이하의 벌금에 처한다.
> ② 과실로 인하여 자기의 소유에 속하는 제166조 또는 제167조에 기재한 물건을 소훼하여 공공의 위험을 발생하게 한 자도 전항의 형과 같다.

형법 제170조 2항의 "자기의 소유에 속하는 제166조 또는 제167조에 기재한

---

148 내용의 이해를 위해 형법 제170조와 여기서 언급된 제166조 및 제167조를 개정 전의 형태로 제시하면 다음과 같다.

> 형법 제166조(일반건조물 등에의 방화)
> ① 불을 놓아 전2조에 기재한 이외의 건조물, 기차, 전차, 자동차, 선박, 항공기 또는 광갱을 소훼한 자는 2년 이상의 유기징역에 처한다.
> ② 자기소유에 속하는 제1항의 물건을 소훼하여 공공의 위험을 발생하게 한 자는 7년 이하의 징역 또는 1천만원 이 하의 벌금에 처한다.<개정 1995.12.29.>
> 형법 제167조(일반물건에의 방화)
> ① 불을 놓아 전3조에 기재한 이외의 물건을 소훼하여 공공의 위험을 발생하게 한 자는 1년 이상 10년 이하의 징역에 처한다.
> ② 제1항의 물건이 자기의 소유에 속한 때에는 3년 이하의 징역 또는 700만원 이하의 벌금에 처한다.

물건을" 부분에서 "자기의 소유에 속하는"은 앞서 살펴본 **술어근접성**의 원리에 따라 "제166조"가 아니라 "(제166조 또는 제167조에 기재한) 물건"을 수식한다. 그 런데, 이렇게 해석할 경우 – 타인의 소유에 속하는 제166조에 기재한 물건을 소훼한 자에 대해서는 제170조 1항에 규정되어 있는 반면 – "타인의 소유에 속하는 (제167조의) 물건을" 소훼하여 공공의 위험을 발생하게 한 자는 배제되는 결과를 낳게 된다.

실제로 1994년의 대법원 판례에서는 형법 제170조 2항에서 말하는 "자기의 소유에 속하는 제166조 또는 제167조에 기재한 물건"에서 "자기의 소유에 속 하는"이 "제166조"만을 수식하는 것으로 보아 "제167조에 기재한 물건"은 자 기의 소유든, 타인의 소유든 불문하고 이 조항에 포함된다고 해석한 바 있다. 즉, 대법원 판례는 법 규정의 의도상 수식어인 "자기의 소유에 속하는"이 피수 식어 자리의 첫 번째 명사구("제166조")만을 수식하는 것으로 보고자 하는 것이 다. 이는 구문의 구조 및 의미에 따른 "자기의 소유에 속하는 [...] 물건"과 상반 된 해석으로서 수식구문의 잘못된 구성에 원인이 있다고 하겠다(대법원 1994. 12. 20. 자 94모32 결정 "실화죄 판결").

제170조 2항의 문장 구성상의 오류는 해당 대법원 판결의 소수의견에서 분 명히 드러난다. 즉, "형법 제170조 제2항은 명백히 '자기의 소유에 속하는 제 166조 또는 제167조에 기재한 물건'이라고 되어 있을 뿐 '자기의 소유에 속하 는 제166조에 기재한 물건 또는 제167조에 기재한 물건'이라고는 되어 있지 아니하므로, 우리말의 보통의 표현방법으로는 '자기의 소유에 속하는'이라는 말은 '제166조 또는 제167조에 기재한 물건'을 한꺼번에 수식하는 것으로 볼 수밖에 없고", [중략] "과실로 인하여 타인의 소유에 속하는 일반물건을 소훼하 여 공공의 위험을 발생하게 한 경우 그 처벌의 필요성이 있다는 점에는 의견을 같이 할 수 있으나, 그 처벌의 필요성은 법의 개정을 통하여 이를 충족시켜야 할 것이고 법의 개정에 의하지 아니한 채 형법의 처벌규정을 우리말의 보통의

표현방법으로는 도저히 해석할 수 없는 다른 의미로 해석하는 것에 의하여 그 목적을 달성하려고 한다면 그것은 죄형법정주의의 정신을 훼손할 염려가 크다고 아니할 수 없다."고 함으로써 언어적 표현의 문제점을 지적하고 있다. 이러한 지적이 반영되어 형법 제170조 2항은 2020년 12월 8일 자로 "과실로 자기의 소유인 제166조 물건 또는 제167조에 기재한 물건을 불태워 공공의 위험을 발생하게 한 자도 1항의 형에 처한다."와 같이 개정되었고, 이로써 표현상의 문제점이 해소되었다.

# 제3장 법률언어와 의미론

의미론은 단어나 문장의 의미 파악에 주안점을 두는 분야인데, 예를 들어 대용어(Anapher)의 사용시 그 지시관계, 즉 선행사(Bezugswort)가 무엇인지 파악하는 것이 올바른 의미 파악에 매우 중요하다. 특히 대명사가 한 문장에 두 개 이상 쓰이는 경우에는 이들의 지시관계를 파악하는 데 어려움이 배가돼서 정확성과 명확성이 요구되는 법조문에서는 그 사용에 신중을 기해야 한다.

## 3.1. 대용어(Anapher)의 지시관계

### 3.1.1. 대용어의 사용

대명사를 포함한 대용어의 사용시 그 지시관계 및 선행사의 파악이 중요하다. 대명사에 성(Genus)과 수(Nummer)가 있어 그 지시대상, 즉 선행사를 잘못 연결시킬 가능성이 상대적으로 낮은 영어나 독일어에서도 대명사와 선행사의 관계는 문법적으로뿐만 아니라 문맥 및 상황 등을 고려해서 파악해야 하는 경우가 많다. 이 때문에 독일어 문법 및 독어학 연구에서도 중요한 주제로 다루어지고 있고(Duden 2009, Zifonun et al. 1997 등), 변형생성문법론자들 사이에서는 대명사와 재귀대명사의 구분 및 용법이 대용어 논의에서 핵심적인 부분을 이룬다(Chomsky 1981, Carnie 2013).

그런데, 한국어 대명사에는 독일어에서처럼 문법적인 정보가 명확하게 드러나지 않기 때문에 대명사가 지시하는 선행사를 특정하는 데 어려움이 더 크다. 게다가 가독성과 깊은 관련이 있는 명확성이 중요한 법조문에서는 이러한 대명사의 사용이 더욱 문제가 될 수 있다. 따라서 여기서는 대명사를 중심으로 대용어에 대한 이론적인 논의를 먼저 살펴보고, 법조문에서의 대명사 사용과 관련된 몇 가지 현상들을 논의해 보기로 한다.

대명사는 "명사가 쓰일 자리에 명사를 대신하여" 나타내는 말로서 다음 예문에서 '나', '너', '여기', '거기'가 대명사이다(고영근/구본관 2008: 69).

(1) a. 너는 거기서 무엇을 하고 있니?
    b. 나는 여기서 연필을 찾고 있다.

즉 한국어 대명사는 (1)에서처럼 사람이나 장소의 표현을 대신하고 나아가 다음 (2)에서와 같이 사물의 이름도 대신하는 것들을 말한다.

(2) 이것, 그것, 저것

대명사는 지시 대상이 사람이냐 아니냐에 따라 인칭대명사와 지시대명사로 나눌 수 있는데, 이에 따르면 대명사는 다음과 같이 분류할 수 있다(고영근/구본관 2008: 70).

(3) a. 인칭대명사: 나, 너, 우리, 저, 당신, 저희 ...
    b. 지시대명사: 이것, 그것, 저것; 여기, 거기, 저기

그런데 법조문에서는 그 특성상 '나', '너', '우리'와 같은 인칭대명사는 거의

쓰이지 않고, 지시대명사 중에서도 특히 '이' 또는 '그'와 명사가 결합된 형태가 매우 빈도 높게 쓰이는 것으로 나타난다.[149]

(4) a. 대통령의 국법상 행위는 문서로써 하며, <u>이 문서</u>에는 국무총리와 관계 국무위원이 부서한다. 군사에 관한 것도 또한 같다. (헌법 제82조)

b. 전세권의 존속기간을 약정하지 아니한 때에는 각 당사자는 언제든지 상대방에 대하여 전세권의 소멸을 통고할 수 있고 상대방이 <u>이 통고</u>를 받은 날로부터 6월이 경과하면 전세권은 소멸한다. (민법 제313조(전세권의 소멸통고))

c. 경합범중 판결을 받지 아니한 죄가 있는 때에는 그 죄와 판결이 확정된 죄를 동시에 판결할 경우와 형평을 고려하여 그 죄에 대하여 형을 선고한다. <u>이 경우</u> 그 형을 감경 또는 면제할 수 있다. <개정 2005. 7. 29.> (형법 제313조(전세권의 소멸통고))

(5) a. 대한민국의 영토는 한반도와 <u>그 부속도서</u>로 한다. (헌법 제3조)

b. 외국인은 국제법과 조약이 정하는 바에 의하여 <u>그 지위</u>가 보장된다. (헌법 제6조 2항)

c. 외국을 모욕할 목적으로 <u>그 나라</u>의 공용에 공하는 국기 또는 국장을 손상, 제거 또는 오욕한 자는 2년 이하의 징역이나 금고 또는 300만원 이하의 벌금에 처한다. (형법 제109조(외국의 국기, 국장의 모독))

d. 한정후견인의 동의가 필요한 법률행위를 피한정후견인이 한정후견인의 동의 없이 하였을 때에는 <u>그 법률행위</u>를 취소할 수 있다. (민법 제13조(피한정후견인의 행위와 동의) 4항)

(4a)와 (4b)의 경우에는 바로 앞에 나온 명사를 반복하면서 다시 지시하기 때문에 선행사가 명확하고, (4c)의 '이 경우'는 '이 장', '이 조' 등과 함께 법조문에서 앞 문장 전체나 앞 장 및 전 조항을 받을 때 많이 사용되는 대용어

---

149 한편, 지시대명사 중에서 '이'와 '그'의 결합형과는 달리 '저'의 경우는 찾아보기가 어렵다. 예를 들어, 기본 3법에서 대명사 '저'와 명사의 결합형은 전혀 발견되지 않는다.

표현이다. '그'가 사용된 (5)의 경우들에서도 '그'의 선행사를 찾는 것은 대체로 어렵지 않다. '그'는 (5a)-(5c)에서처럼 앞에 나오는 단어('한반도', '외국인', '외국')를 지시하거나 앞에 나온 명사를 반복하면서 다시 지시하기 때문에 지시관계가 명확함을 알 수 있다.

### 3.1.2. 대명사의 중첩

앞서 언급한 것처럼 한국어 대명사는 문법적인 정보를 별로 많이 지니지 않기 때문에 그 선행사를 특정하기 어려운 경우가 많다. 예를 들어, 아래 민법 제1113조에서 '그'라는 대명사 때문에 "그 가격"이 무엇의 가격인지 파악하기 쉽지 않고, 이와 같은 불명확함(Unklarheit)으로 인해 가독성이 저해되고 있다(구명철/정수정 2018: 6).

> (6) 조건부의 권리 또는 존속기간이 불확정한 권리는 가정법원이 선임한 감정인의 평가에 의하여 <u>그 가격</u>을 정한다. (민법 제1113조(유류분의 산정) 2항)

심지어 대명사가 한 문장 안에서 여러 번 사용되는 경우도 드물지 않게 관찰되는데, 이 경우 선행사를 특정하기가 훨씬 어려워서 가독성이 크게 떨어질 수 있다.

> (7) a. 제삼자에 대하여 타인에게 대리권을 수여함을 표시한 자는 <u>그 대리권</u>의 범위내에서 행한 <u>그 타인</u>과 <u>그 제삼자</u>간의 법률행위에 대하여 책임이 있다. 그러나 제삼자가 대리권없음을 알았거나 알 수 있었을 때에는 <u>그러하지</u> 아니하다. (민법 제125조)
> b. 대리인이 <u>그 권한</u>외의 법률행위를 한 경우에 제삼자가 <u>그 권한</u>이있다고 믿을 만한 정당한 이유가 있는 때에는 본인은 <u>그 행위</u>에대하여 책임이 있다. (민법 제126조(권한을 넘은 표현대리))

(7a)에 제시된 민법 제125조의 경우, "그 대리권", "그 타인", "그 제삼자" 등처럼 대용어가 필요 이상으로 연달아 사용되고 있어 자연스럽지 못할 뿐만 아니라, "그러하지"라는 술어 대용어는 문장의 경계를 넘어서 선행사를 찾아야 하는 상황이다.

한편, 다음에 제시된 (8)은 헌법에서 대명사 여러 개가 사용된 조항을 보여 주고 있는데, 여기 사용된 대명사 '그'는 각각 다른 문제점을 가지고 있다. 우선 "그 처분"과 "그 취득"에서 '그'는 꼼꼼하게 읽지 않으면 그 선행사를 특정하기 가 쉽지 않다.

> (8) 국회의원은 <u>그 지위</u>를 남용하여 국가 · 공공단체 또는 기업체와의 계약이
> 나 <u>그 처분</u>에 의하여 재산상의 권리 · 이익 또는 직위를 취득하거나 타인을
> 위하여 <u>그 취득</u>을 알선할 수 없다. (헌법 제46조 3항)

한편, "그 지위를"에서 '그'는 바로 앞에 나오는 '국회의원'을 지시하기 때문에 다음 절(3.1.3절)에서 살펴보게 될 경우들처럼 대명사 '그'가 꼭 필요하지는 않다.


## 3.1.3. 불필요한 대명사의 사용

법조문에는 대명사를 굳이 사용하지 않아도 되는 경우들이 있는데 아래 민법 제153조가 여기에 해당한다.

> (9) 기한의 이익은 <u>이</u>를 포기할 수 있다. 그러나 상대방의 이익을 해하지 못한
> 다. (민법 제153조(기한의 이익과 그 포기) 2항)

민법 제153조에서 대명사 '이를'은 바로 앞에 있는 '기한의 이익'을 지시하기

때문에 꼭 필요하지 않을 뿐만 아니라 오히려 '이를'이 다른 어떤 것을 지시할 지도 모른다는 오해를 불러일으킬 수도 있다. 그렇다면 여기에 불필요해 보이는 '이를'이 왜 사용되고 있을까? 이와 유사한 표현은 다음과 같은 일본의 헌법에서도 찾아 볼 수 있다.

> (10) 財産権は、これを侵してはならない。(憲法 第29条)

하시우치 타케시/홋타 슈고(2016: 16)에 의하면 일본 헌법 제29조는 "재산권은 이를 침해해서는 안 된다."로 번역할 수 있는데, 목적어에 해당하는 것('財産権')을 토픽으로 하고 그 목적어 명사구를 받는 지시사와 조사의 결합, 즉 これを('이를')를 삽입한 구문으로 분석 가능하다. 하시우치 타케시/홋타 슈고(2016: 59f.)는 영어 수동태 문장에 해당하는 일본의 법조항 17개 중 8개가 이러한 구조를 보인다고 한다. 일본어에서는 이와 같은 "..は、これを .." 구조가 자연스러운 구문이지만,[150] 한국어에서는 여기에 해당하는 "..는 이를 ..." 구조는 불필요한 '이를'을 포함한 부자연스러운 구문이다(구명철/정수정 2018: 6f.).

물론 다음에 제시된 우리나라 민법 제1113조의 경우에는 대명사구 '이를'이 빠지면 서술어 동사인 '산정하다'의 목적어가 누락된 것처럼 착각을 일으키기 때문에[151] 대명사의 사용이 불가피해 보인다.

> (11) 유류분은 피상속인의 상속개시시에 있어서 가진 재산의 가액에 증여재산의 가액을 가산하고 채무의 전액을 공제하여 이를 산정한다. (민법 제1113조(유류분의산정) 1항)

---

150  "..は、これを .." 구조에 대한 문법성 평가는 일본어 모국어화자인 고마츠 나나 교수(고려대)에 따른 것임.

151  이 경우 목적어 '이를'이 생략되면 토픽이 된 목적어와 동사 사이에 다른 요소가 많이 들어 있어서 구문을 제대로 파악하는 데 어려움을 일으킬 수 있다.

즉 민법 제1113조의 경우에는 서술어 동사인 '산정하다'의 목적어가 주제화되어 문두에 위치하고 그 사이에 다른 긴 문장성분이 들어 있어서 문두에 있는 목적어를 다시 지시해 주는 대명사 '이를'의 사용이 문장 구조를 명확하게 해 준다는 점에서 민법 제153조의 경우와는 다르다.

## 3.2. 의미 요소들의 중복

의미론적인 측면에서 보면 대명사의 의미, 즉 대명사의 지시관계를 파악하는 것도 문제이지만, 의미 요소들이 중복되는 경우도 문제가 된다. 특히 법률언어의 경우에는 필요한 내용만 간결하고 명확하게 제공하는 것이 정보 전달의 속도를 높이고 나아가 오해석의 가능성을 낮추기 때문이다. 예를 들어, 의미 요소의 중복 현상은 '방화' 관련 조항인 형법 제164조 이하에서 찾아볼 수 있다.

(12) a. 불을 놓아 사람이 주거로 사용하거나 사람이 현존하는 건조물, 기차, 전차, 자동차, 선박, 항공기 또는 지하채굴시설을 불태운 자는 무기 또는 3년 이상의 징역에 처한다. (형법 제164조(현주건조물등에의 방화) 1항)
　　b. 불을 놓아 공용(公用)으로 사용하거나 공익을 위해 사용하는 건조물, 기차, 전차, 자동차, 선박, 항공기 또는 지하채굴시설을 불태운 자는 무기 또는 3년 이상의 징역에 처한다. (형법 제165조(공용건조물 등에의 방화))
　　c. 불을 놓아 제164조와 제165조에 기재한 외의 건조물, 기차, 전차, 자동차, 선박, 항공기 또는 지하채굴시설을 불태운 자는 2년 이상의 유기징역에 처한다. (형법 제166조(일반건조물 등에의 방화) 1항)

국립국어원(2019)에 따르면, "불태우다"는 자동사 '불타다'의 사동사로서 "불

을 붙여서 타게 하다"라는 의미를 갖는다. 따라서 '방화'와 관련된 형법 제164
조 이하에서 "불을 놓아" 부분이 서술어 "불태우다"의 의미 내용 중 "불을 붙여
서"와 중복되어 잉여적인 정보가 된다.

이와 같은 잉여성은 '방화' 이외에도 '강도', '강간', '점유강취'와 관련된 다
음과 같은 형법 조항에서도 관찰된다.

> (13) a. 폭행 또는 협박으로 타인의 재물을 강취하거나 기타 재산상의 이익을
>    취득하거나 제삼자로 하여금 이를 취득하게 한 자는 3년 이상의 유기징
>    역에 처한다. (형법 제333조(강도))[152]
>    b. 폭행 또는 협박으로 사람을 강간한 자는 3년 이상의 유기징역에 처한다.
>    (형법 제297조(강간))
>    c. 폭행 또는 협박으로 타인의 점유에 속하는 자기의 물건을 강취한 자는
>    7년 이하의 징역 또는 10년 이하의 자격정지에 처한다. (제325조(점유강
>    취, 준점유강취) 1항)

'강도', '강간', '점유강취'가 성립하기 위해서는 폭행이나 협박과 같은 방법
이 동반될 수밖에 없기 때문에 이들의 내포 의미에 "폭행 또는 협박으로"가
포함된다고 보면 동일한 의미 요소가 중복된다고 볼 수 있다. 그런데, 이러한
정보의 잉여성이 관찰되는 형법 제333조의 '강도'의 경우와는 달리, 동일한
범죄에 해당하는 독일 형법 StGB §249("Wer mit Gewalt gegen eine Person oder
unter Anwendung von Drohungen mit gegenwärtiger Gefahr für Leib oder Leben eine
fremde bewegliche Sache einem anderen in der Absicht wegnimmt, [...]")에서는 의미

---

152 형법 제333조 '강도'의 경우, "폭행 또는 협박으로"가 전반부, 즉 "타인의 재물을 강취하거나"
에는 잉여적이지만, 후반부인 "기타 재산상의 이익을 취득하거나 제삼자로 하여금 이를 취득
하게 한"에는 필요한 정보이다. 따라서 여기서 논의되고 있는 의미 중복에 따른 정보의 잉여성
은 "타인의 재물을 강취하거나" 부분에만 해당한다. 이 조항에서 정보의 잉여성을 줄이기
위해서는 "폭행 또는 협박으로"가 후반부에만 적용되도록 "타인의 재물을 강취하거나 폭행
또는 협박으로 기타 재산상의 이익을 취득하거나 제삼자로 하여금 이를 취득하게 한 자는
3년 이상의 유기징역에 처한다."로 수정해 볼 수 있다.

요소들의 중복 없이 'Raub(강도)'이 정의되고 있는 점은 참고할 만하다. 우리나라 형법에서도 의미 중복이 일어나지 않는 경우를 찾아볼 수 있는데, '강요' 및 '추행'에 대한 다음과 같은 조항들에서는 의미 중복이 일어나지 않는다.

> (14) a. 폭행 또는 협박으로 사람의 권리행사를 방해하거나 의무없는 일을 하게
>      한 자는 5년 이하의 징역 또는 3천만원 이하의 벌금에 처한다. (형법
>      제324조(강요) 1항)
>    b. 폭행 또는 협박으로 사람에 대하여 추행을 한 자는 10년 이하의 징역
>      또는 1천500만원 이하의 벌금에 처한다. (형법 제298조(강제추행))

즉 (14a)과 (14b)에서는 '강요'와 '추행'에 대한 정의가 "폭행 또는 협박으로"를 포함하여 의미 요소들의 중복이 없이 정의되고 있다. 예를 들어, '강요'의 경우 형법 제324조에 정의된 그대로 방법("폭행 또는 협박으로"), 행위 대상("사람의 권리행사를", "의무없는 일을"), 행위("방해하다", "하게 하다")가 의미의 중복 없이 나열되고 있다.

## 3.3. 중의성

중의성은 단어나 구와 문장이 여러 개의 의미를 가지고 있거나 여러 개의 의미로 해석되는 경우를 말하는데,[153] 예를 들어 '배', '눈'은 단어 차원에서의 중의성, 즉 어휘적 중의성이 들어 있는 경우이다. 법률에서 이러한 단어 차원의 중의성을 보이는 대표적인 경우는 형법 제307조(명예훼손)에서 찾아볼 수 있다.

> (15) a. 공연히 사실을 적시하여 사람의 명예를 훼손한 자는 2년 이하의 징역이

---

153  중의성에 대한 자세한 논의는 이해윤(2023: 128ff.) 참조.

나 금고 또는 500만원 이하의 벌금에 처한다. (형법 제307조 1항)
b. 공연히 허위의 사실을 적시하여 사람의 명예를 훼손한 자는 5년 이하의
징역, 10년 이하의 자격정지 또는 1천만원 이하의 벌금에 처한다. [개정
1995.12.29.] (형법 제307조 3항)

즉 '명예훼손'을 정의하는 내용 중 '공연히'는 국립국어원(2019)에 따르면 일상적으로 많이 쓰는 "아무 까닭이나 실속이 없게"뿐만 아니라 "세상에서 다 알만큼 뚜렷하고 떳떳하게"라는 의미도 지니고 있다.[154] 그런데, '명예훼손'에서 '공연히'는 전파 가능성을 말하므로 후자의 의미로 쓰인 것이다. 예를 들어, 대법원에서는 건축주가 현장에서 일한 인부에게 "현장소장이 노임 일부를 수령한 후 유용하였다(당신에게 갈 임금을 현장소장이 편취하였다는 의미)."라고 문자 메시지를 보낸 것을 명예훼손에 의한 유죄로 인정하였는데, 이는 전파 가능성, 즉 '공연성'이 있어서이다(대법원 2021. 4. 8 선고 2020도18437 판결).

한편, 구나 문장 차원의 중의성은 지시체의 중의성으로 인해 유래된 경우와 구문의 중의성으로 인한 경우로 구분된다(이해윤 2023: 128ff.). 우선 지시체의 중의성이 나타나는 경우는 앞서 3.1.2절에서 살펴보았던 대명사의 중첩 관련 예시 조항을 다시 인용해 볼 수 있다.

(8) 국회의원은 <u>그 지위</u>를 남용하여 국가·공공단체 또는 기업체와의 계약이나
<u>그 처분</u>에 의하여 재산상의 권리·이익 또는 직위를 취득하거나 타인을
위하여 <u>그 취득</u>을 알선할 수 없다. (헌법 제46조 3항)

앞서 살펴본 것처럼, 대명사와 명사가 결합된 "그 처분" 및 "그 취득"의 '그'는 꼼꼼하게 읽지 않으면 그 지시체를 특정하기가 쉽지 않다. 다음에 제시된 헌법의 또 다른 조항에서도 대명사 '그'는 지시체의 중의성을 보인다.

---

154 '공연히'의 이 두 가지 의미는 한자어로는 각각 '空然히'와 '公然히'로 구분된다.

(16) 대통령이 궐위된 때 또는 대통령 당선자가 사망하거나 판결 기타의 사유로 그 자격을 상실한 때에는 60일 이내에 후임자를 선거한다. (헌법 제68조 2항)

(16)에 제시된 헌법 제68조 2항의 경우, "그 자격"에서 '그'는 두 개의 선행사 후보를 가지고 있어서 지시체의 중의성이 생긴다. 즉, '그'가 구조적으로는 '대통령'과 '대통령 당선자' 모두 지시할 수 있기 때문에 법률에 대한 지식이 부족하면 '대통령 당선자'가 지시체라는 사실을 파악하기 어려울 수도 있다. 이처럼 대명사의 중의성은 대부분 '그'의 경우에서 나타나고 '이'와 명사가 결합된 형태에서는 상대적으로 덜 나타난다. '이'는 앞서 3.1.1절에서 살펴본 것처럼 바로 앞에 나온 명사를 대신하기 때문에 중의성이 일어날 가능성이 낮기 때문이다.

이제 구문의 중의성에 대해 살펴보면, 구문의 중의성은 앞서 2.4절에서 통사 현상의 일환으로 살펴본 수식어-피수식어 구문에서 흔히 나타난다. 즉, 등위접속되어 나오는 두 개의 피수식어가 잘못 구성된 개정 전의 형법 제170조의 경우들이었다.

(17) 형법 제170조(실화)
　① 과실로 인하여 제164조 또는 제165조에 기재한 물건 또는 타인의 소유에 속하는 제166조에 기재한 물건을 소훼한 자는 1천500만원 이하의 벌금에 처한다.
　② 과실로 인하여 자기의 소유에 속하는 제166조 또는 제167조에 기재한 물건을 소훼하여 공공의 위험을 발생하게 한 자도 전항의 형과 같다.

형법 제170조 2항은 앞서 2.4절에서 살펴본 것처럼 "자기의 소유에 속하는"이 구조적으로 "제166조"뿐만 아니라 "(제166조 또는 제167조에 기재한) 물건"을 수식하는 것으로도 이해되는 통사적 중의성을 보이기 때문이다. 예를 들어,

"예지가 존경하는 A 선생님과 B 선생님은 친구 사이다."는 문장이 있을 때, "예지가 존경하는"이라는 수식어는 구조적으로 "A 선생님"만을 수식할 수도, "A 선생님"과 "B 선생님"을 모두 수식할 수도 있다. 이를 괄호 구조로 표시해 보면 다음과 같다.

    (18)  a. [[예지가 존경하는] [A 선생님과]] [B 선생님]
            b. [[예지가 존경하는] [A 선생님과 B 선생님]]

이처럼 "자기의 소유에 속하는"이라는 수식어는 구조적으로는 다음과 같이 "제166조"만을, 또는 "제166조 또는 제167조에 기재한 물건"까지를 수식할 수 있다.

    (19)  a. [[자기의 소유에 속하는] [제166조]] 또는 [제167조에 기재한 물건]
            b. [[자기의 소유에 속하는] [제166조 또는 제167조에 기재한 물건]]

그런데, "자기의 소유에 속하는"이라는 수식어는 의미상 "제166조"와 같은 '조항'은 수식할 수 없고 "물건"과 같은 구체물만을 수식할 수 있으므로 (19)의 두 가지 가능성 중 (19b)만 허용된다. 문제는 이미 2.4절에서 살펴본 것처럼 이 조항에서 "자기의 소유에 속하는"이 (19b)처럼 "제166조 또는 제167조에 기재한 물건"을 수식하는 것으로 이해되어야 한다면, "타인의 소유에 속하는 물건을" 소훼하여 공공의 위험을 발생하게 한 자는 배제되어 처벌 대상이 되지 못하는 의외의 결과를 낳게 된다. 따라서 이 조항이 의미적으로 적절한 표현이 되기 위해서는 적어도 "자기의 소유에 속하는 제166조의 물건 또는 제167조에 기재한 물건"으로 수정되어야 한다. 실제로 제170조 2항은 2020년 12월 8일자로 "과실로 자기 소유인 제166조의 물건 또는 제167조에 기재한 물건을 불태워 공공의 위험을 발생하게 한 자도 제1항의 형에 처한다."로 개정되었는데,

이 경우에도 여전히 다음과 같은 통사적 중의성은 남아있다.

(20) a. [[자기의 소유인] [제166조의 물건]] 또는 [제167조에 기재한 물건]
　　 b. [[자기의 소유인] [제166조의 물건 또는 제167조에 기재한 물건]]

물론 직관적으로 (20a)와 같은 구조로 이해할 가능성이 더 높기는 하지만 구조적으로는 (20b)를 배제할 수는 없다. 따라서 "자기의 소유인"이 "제166조의 물건"만을 수식하는 구조를 갖도록, 즉 구문의 중의성이 생기지 않도록 다음과 같이 수정하는 것을 고려해 볼 수 있다.

(21) 형법 제170조(실화)
　　② 과실로 제167조에 기재한 물건 또는 자기 소유인 제166조의 물건을 불태워 공공의 위험을 발생하게 한 자도 제1항의 형에 처한다.

이처럼 수식구문, 특히 피수식어 자리에 두 개 이상이 나오는 경우는 구문 차원의 중의성으로 인해 오해석을 일으키기 쉬우므로, 구 및 문장을 구성할 때 이런 점에 유의해야 한다.

# 제4장 법률언어와 텍스트 언어학

## 4.1. 테마와 레마

텍스트 언어학적인 연구도 법률언어의 분석에 유용하다. 우선 정보의 신구성
(新舊性)에 따라 문장의 구성요소들을 테마와 레마로 구분한 Heidolph et
al.(1984: 727)을 비롯한 독일어권의 연구들은 이러한 구분이 어순과 관련이 있
다고 하였다(Pittner/Berman 2004, Musan 2010). 즉, 문맥이나 상황을 통해서 주어
진 정보는 '테마(Thema)'라고 하고, 새로운 정보는 '레마(Rhema)'라고 부르면서
테마적인 구성요소가 레마적인 구성요소보다 선행한다는 것이다(Pittner/Berman
2004: 144). Musan(2010: 22f.)에 따르면, 독일어 문장의 중장에서는 일반적으로
"알려진 정보 > 알려지지 않은 정보"의 배열, 즉 "테마적인 요소 > 레마적인
요소"의 배열이 엄격하게 적용된다. 이러한 배열의 구체적인 예로서 Musan
(2010: 23)은 다음과 같은 세 가지 경우를 들고 있다.

(1) a. 대명사 > 비(非) 대명사
    b. 한정적 명사구 > 비한정적 명사구
    c. 강세가 없는 것 > 강세가 있는 것

이 중 "알려진 정보 > 알려지지 않은 정보" 배열과 관련된 예로서 "대명사 > 비(非) 대명사"의 경우를 중심으로 살펴보기로 한다. 독일어에서 간접목적어가 대명사이고 직접목적어가 명사인 경우에는 문법적으로도 간접목적어가 직접목적어에 선행하므로 대명사 간접목적어가 비(非) 대명사 직접목적어에 선행하는 것이 "알려진 정보 > 알려지지 않은 정보" 배열 규칙에 따른 것인지, "간접목적어 > 직접목적어"라는 문법적인 규칙에 따른 것인지 확인하기가 쉽지 않다. 오히려 직접목적어가 대명사인 경우에 이것이 명사 간접목적어를 선행한다면 문법규칙보다는 "알려진 정보 > 알려지지 않은 정보", 즉 "테마적인 요소 > 레마적인 요소" 배열을 따르는 것으로 파악할 수 있다. 앞서 2.3.1에서 살펴본 BGB §1366 (3)의 경우 대명사인 직접목적어가 간접목적어 명사구를 선행하는 대표적인 예에 해당한다.

> (2) [...] Ersetzt das Familiengericht die Genehmigung, so ist sein Beschluss nur wirksam, wenn der Ehegatte <u>ihn</u>(= seinen Beschluss) <u>dem Dritten</u> innerhalb der zweiwöchigen Frist mitteilt; andernfalls gilt die Genehmigung als verweigert. (BGB §1366 Genehmigung von Verträgen (3))

(2)에서 부문장인 wenn-절의 직접목적어는 인칭대명사 ihn이고 간접목적어는 dem Dritten인데, 대명사인 직접목적어가 간접목적어 명사구를 선행하고 있다. 특히 대명사 ihn이 내용상 선행하고 있는 주문장의 seinen Beschluss를 지시함으로써 문맥상으로도 "알려진 정보"임을 알 수 있다. 결국 부문장인 wenn-절이 문법적으로는 "직접목적어 > 간접목적어" 순이지만 "대명사 > 비(非) 대명사" 배열을 보임으로써 "알려진 정보 > 알려지지 않은 정보", 즉 "테마적인 요소 > 레마적인 요소" 배열을 따르고 있다.

한편, (2)에 제시된 BGB §1366 (3)의 wenn-절 부분을 한국어로 번역하면,

다음과 같다.

(2') 배우자가 2주 안에 그것을(그 결정을) 제삼자에게 알리면 [...]

물론 2.3.1절에서 살펴본 것처럼 "간접목적어 > 직접목적어" 배열을 지키는 "배우자가 2주 안에 제삼자에게 그것을(그 결정을) 알리면"도 가능은 하지만 "대명사 > 명사구" 배열을 보이는 (2')가 더 자연스럽다. 이는 한국어에서 명사구들 사이의 어순이 문법적으로뿐만 아니라, 독일어에서처럼 "알려진 정보 > 알려지지 않은 정보", 즉 "테마적인 요소 > 레마적인 요소"와 같은 정보의 가치에 따른 배열을 선호한다는 것을 의미한다.

"테마적인 요소 > 레마적인 요소"에 따른 구성요소들의 배열은 문장의 핵심적인 구성성분인 주어와 다른 보족어가 동사 뒤, 즉 중장에[155] 함께 나오는 다음과 같은 경우에서도 관찰할 수 있다(구명철 2016: 16).

(3) a. Mit dem Erlöschen der Stiftung fällt das Vermögen an die in der Verfassung bestimmten Personen. (BGB §88)

b. Die Mehrkosten für die Rückbeförderung sind von den Parteien je zur Hälfte zu tragen. Im Übrigen fallen die Mehrkosten dem Reisenden zur Last. (BGB §651j (2))

우선, (3a)에서 주어 "das Vermögen"이 부사적 보족어인 "an die in der Verfassung bestimmten Personen"과 함께 중장에 나오는데, "das Vermögen"

---

155  독일어에서는 "Ich habe ihm gesagt, dass ..."에서처럼 동사구를 구성하는 요소들이 비연속적으로 나오고 그 사이에 문장의 다른 구성요소들이 나올 수 있는데, 이처럼 동사구를 구성하는 요소들을 '문장괄호(Satzklammer)'라고 부른다. 여기서 동사가 위치할 수 있는 두 개의 문장괄호, 즉 habe와 gesagt의 위치를 기준으로 habe 왼쪽이 전장, gesagt의 오른쪽이 후장이다. 중장은 두 동사, 즉 habe와 gesagt의 사이의 위치를 말한다(Pittner/Berman 2004: 79, 구명철 2019: 5).

이 주어이기도 하지만 문맥을 통해 알려진 정보이기 때문에 선행하는 것으로 보인다. 즉, 아래 (4)가 보여 주는 것처럼 "(재단의) 재산"은 재단의 목적변경 등을 다룬 전조 §87 Zweckänderung; Aufhebung (2)에서 이미 언급된 표현이다.

> (4) Bei der Umwandlung des Zweckes soll der Wille des Stifters berücksichtigt werden, insbesondere soll dafür gesorgt werden, dass die Erträge des <u>Stiftungsvermögens</u> dem Personenkreis, dem sie zustatten kommen sollten, im Sinne des Stifters erhalten bleiben. [...] (§87 Zweckänderung; Aufhebung (2))

따라서 "(재단의) 재산"이 "헌법에서 규정하고 있는 사람"보다 더 알려진 정보로서 테마에 해당하여 정보구조 상으로도 주어인 das Vermögen이 "an die in der Verfassung bestimmten Personen" 보다 선행하는 것이 자연스럽게 된다.

(3b)의 두 번째 문장에서도 주어와 간접목적어에 해당하는 두 개의 명사구 "die Mehrkosten"과 "dem Reisenden"이 중장에 함께 나오는데, "die Mehrkosten"이 주어이기도 하지만 바로 앞 문장에서 언급되고 있어서 "dem Reisenden"보다 알려진 정보라는 테마로서의 특징을 더 잘 보인다. 따라서 "die Mehrkosten"이 "dem Reisenden"에 선행하여 테마-레마 배열을 적절히 보인다고 할 수 있다.

## 4.2. 토픽과 코멘트[156]

한국어의 경우 동사가 후치되기 때문에, 독일어에서처럼 중장에 출현하는 문장성분들의 테마-레마 배열보다는 '주제화(Topikalisierung)'에 따른 토픽의 기능이 더 중요하다. 따라서 한국어 텍스트에서 정보배열의 문제는 **토픽-코멘트 배열**의 관점에서 분석하는 것이 더 의미가 있다.

### 4.2.1. 토픽의 정의 및 유형론

#### 4.2.1.1. 토픽의 정의 및 특징

주제화에 의해 만들어지는 '토픽'에 대하여 보편적인 정의를 내리기는 쉽지 않지만, Li/Tompson(1976: 464)은 토픽을 "관심의 중심(the center of attention)"으로 정의 내리고 있으며, Bußmann-언어학사전(2002: 704)에서는 "문장에서 언급된 진술내용(Satzaussage; das, was darüber ausgesagt wird)"과 대비되는 "문장의 언급 대상(Satzgegenstand; das, worüber etwas ausgesagt wird)"을 토픽이라고 하였다(Musan 2010: 25f.). 한편, Pittner/Berman(2004: 142f.)은 토픽을 "문장의 정보가 저장되는 일종의 주소(eine Art Adresse, unter der die Information eines Satzes abgespeichert wird)"로 비유하기도 하였다. '토픽'에 대해 대체로 공통된 정의는 "(문장에서) 언급의 대상이 되는 것"이라고 할 수 있다(Kessel/Reiman 2012, 이현희 2012: 2.1절, 구명철(2017a: 203ff.).

그렇다면 이처럼 문장에서 언급의 대상이 되는 토픽은 어떤 특징을 가지고 있을까? 토픽의 특징은 '문두성(Vorfeldbesetzung)', '지시성(Referenzfähigkeit)', '주어짐성(Givenness)', '언급성(Aboutness)'과 같이 크게 4가지로 요약된다(이현

---

156  4.2절의 내용은 구명철(2017a)에서 유래한 것임.

희 2012: 2.1절). 문두성은 토픽의 형식적인 특징에 해당하고 지시성과 주어짐성은 토픽의 의미론적 조건을, 그리고 언급성은 토픽의 기능에 해당한다고 할 수 있다. 여기서는 토픽의 이 4가지 특징에 대해서 하나씩 살펴보기로 하겠다.

우선 문두성은 토픽이 문장의 "첫 번째 위치(sentence-initial position)", 즉 문두에 나온다는 것을 의미한다. Li/Tompson(1976: 465)은 자신들이 관찰대상으로 한 모든 언어에서 토픽이 문장의 첫 번째 위치를 차지한다고 하였고, Primus(1993: 881)도 화용적이고 인지적인 이유를 들어 아래와 같은 도식을 제시하면서 무표적인 경우 토픽이 "문장의 좌측 주변부에(at left periphery of the sentence)" 나온다고 하였다.

(5) [... $X_{TOP}$ ... $Y_{PRED}$ ...] (TOP for topic; PRED for predication)

이외에 Pittner/Berman(2004: 142)이나 Musan(2010: 32)도 토픽은 원칙적으로 '문두(am Satzanfang / am Anfang eines Satzes)'에 위치한다고 언급하고 있다.

토픽의 두 번째 특징인 지시성에 대해서는 Frey(2000)의 논의를 주목할 필요가 있다. Frey(2000: 141)에 따르면, keiner나 fast jeder와 같은 양화사는 문장의 '토픽 영역(Topikbereich)'에 나올 수 없다. 토픽 영역은 정동사(V2) 뒤, 문장부사('anscheinend', 'wahrscheinlich') 앞자리를 말하는데, 아래 예문에서처럼 지시성이 없는 양화사 keiner나 fast jeder가 토픽 영역에 나올 경우((6)) 토픽이 가능한 (7)에서와는 달리 비문법적이 되거나 어색한 문장이 된다는 것이다.

(6) a. ˙Während des Vortrags hat <u>keiner anscheinend</u> geschlagen.
   b. <sup>??</sup>Im Stadion hat <u>fast jeder wahrscheinlich</u> das Handspiel gesehen.

(7) Ich erzähl dir mal was von Otto.
   Nächstes Jahr wird <u>Otto wahrscheinlich</u> seine Kollegin heiraten.

Pittner/Berman(2004: 151)도 keiner와 같이 아무것도 지시하지 않는 요소는 중장에서 문장부사('wahrscheinlich') 앞에 나올 수도 없고 토픽이 될 수도 없다고 하였다.

(8)  a. Morgen ist wahrscheinlich keiner da.
  b. ??Morgen ist <u>keiner wahrscheinlich</u> da.

Musan(2010: 36f.) 역시 niemand와 같은 단어는 '색인정보(Karteikarteneintrag)'를 가질 수 있는 대상이 없기 때문에 토픽이 될 수 없다고 하였다.

(9)  a. *Ab September will <u>niemand</u> vielleicht Schneewittchen fest anstellen.
  b. Ab September will vielleicht <u>niemand</u> Schneewittchen fest anstellen.

Musan(2010: 36f.)이 제시한 예문 (9)에서도 지시성이 없는 niemand는 문장부사인 vielleicht의 앞자리, 즉 토픽 영역에 나오지 못한다. 주제격 조사 '-는'을 붙여서 토픽을 표시하는 한국어에서도 niemand에 해당하는 '아무도'와 jeder에 해당하는 '누구나'의 경우, 주제격조사 '는'과 결합할 수 없다.

(10)  a. 아무도 오지 않았다.
  b. *<u>아무도는</u> 오지 않았다.

(11)  a. (그것은) 누구나(가) 다 알고 있다.
  b. *<u>누구나는</u> 다 알고 있다.

(10)과 (11)에서 주제격조사가 붙지 않는 '아무도'와 '누구나'는 문법적인 반면((a)), 여기에 주제격조사 '-는'을 붙인 (b)는 비문법적이 된다. 독일어뿐만 아니라 한국어에서도 지시성이 토픽의 중요한 조건임을 알 수 있다.

토픽의 세 번째 특징인 '주어짐성'이란, 토픽이 "주어진 (또는 알려진) 정보 (given (or old) information)"여야 함을 말한다. 즉, 토픽은 발화시점에 화자가 청자의 의식 속에 들어 있을 것이라고 추측하는 지식이다(Chafe 1976: 30). 주어진 정보로서 토픽은 문법적으로는 '한정적(definite)'인데, 보통 정관사가 동반된 명사로 나오고 고유명사나 '총칭명사(generic noun)'도 여기에 해당한다. 그런데 Musan(2010: 29)은 토픽 영역에 알려지지 않은 것도 나올 수 있다고 하면서 아래와 같은 예를 제시한다.

(12) Was haben die Kunden gelesen? –
[TOPIK [UNBEK Eine Frau] hat] [UNBEK/KOMMENTAR eine Computerzeitschrift]
[BEK/TOPIK gelesen]

Musan(2010: 29)에 따르면, 부정관사가 붙어있는 eine Frau가 상대방의 발화인 "Was haben die Kunden gelesen?"에서 die Kunden을 통해 이미 한정되기 때문에 '알려진' 정보로 간주될 수 있고, 따라서 토픽 영역인 문두에 나올 수 있다.

마지막으로 '언급성'은 이미 살펴본 바와 같이 토픽의 '기능'에 해당한다. 즉, 토픽은 문장 또는 발화에서 화자가 언급하고자 하는 대상을 표시해주는 기능을 갖는다. "Ich sage dir über X, dass Y."이라는 Sgall(1973)의 제시문을 예로 들자면, 언급된 내용(Y)의 대상(X)이 바로 토픽이다(Bußmann 2002: 704). 이러한 맥락에서 토픽은 "화용론적 언급대상(pragmatic aboutness)"이라고 정의되기도 한다(Reinhart 1981, Primus 1993: 880, Pittner/Berman 2004: 142f.).

## 4.2.1.2. 토픽의 유형론

'토픽'은 언어의 유형에 따라 출현 가능성이 다르다. 이미 소개한 것처럼

Li/Tompson(1976: 459ff.)은 토픽이 분명하게 출현하는 언어와 그렇지 않은 언어를 구분하고, 이것들을 각각 '토픽-현저성 언어'와 '주어-현저성 언어'라고 불렀다. 토픽-현저성 언어는 '이중주어(double subject)', '동사 후치(V-final)', '토픽-평언문(topic-comment sentences)' 등의 특징을 보이는 반면, 주어-현저성 언어는 '수동변형', '비인칭 주어(dummy subject)'(예, it, there), 토픽 성분에 대한 제약 등을 보인다고 한다.

Li/Tompson(1976: 459ff.)에 따르면, 토픽-현저성 언어에는 중국어, '라후어(Lahu)' 등이 해당하고, 주어-현저성 언어로는 대부분의 인도-유럽어가 포함된다. 일부 언어는 토픽-현저성과 주어-현저성을 모두 보이는데 일본어가 여기에 해당하는 것으로 언급된다. 그리고 '타갈로그어(Tagalog)'나 '일로카노어(Illocano)'처럼 어떤 유형에도 속하지 않는 언어들이 있다. 이들의 주장을 그대로 받아들인다면, 인도-유럽어에 속하는 독일어는 주어-현저성 언어에 해당하고, 일본어와 유사한 특성을 보이는 한국어는 토픽-현저성과 주어-현저성이 혼재하는 언어로 간주할 수 있다.

## 4.2.2. 독일어와 한국어에서의 토픽

### 4.2.2.1. 독일어에서의 토픽

독일어에서 '토픽'의 정의에 부합하는 특징, 즉 문두성, 지시성, 주어짐성, 언급성을 만족시키는 전형적인 경우는 지시체가 있는 '전장(Vorfeld)' 표현이다. 예를 들어, 아래 (13)에서 전장에 나오는 das Haus와 Philip은 토픽인 반면, (14)의 hoffentlich와 es는 토픽이 될 수 없다.

(13) a. <u>Das Haus</u> hat vier Fenster. (Pittner/Berman 2004: 142)
    b. (Was ist mit Philip?) <u>Philip</u> traf Caroline gestern. (Bußmann 2002:

704)

(14) a. Hoffentlich kommt er morgen.
　　 b. Es bestanden große Bedenken gegen diesen Vorschlag.
　　 (Pittner/Berman 2004: 142)

독일어에서는 이외에도 '좌측이동(Linksversetzung)'((15)), '느슨한 토픽-좌측
이동(lose Topik-Linksversetzung)'((16)), '자유 토픽(freies Topik)'((17)), '분리문
(Spaltsatz)'((18)), '폐쇄문(Sperrsatz)'((19)) 등이 토픽으로 언급되고 있다(Musan
2010: 33f., Jacobs 2001).

(15) a. [TOPIK Miriam,] [KOMMENTAR die kommt heute wohl zu spät.]
　　 b. [TOPIK Meinen Onkel,] [KOMMENTAR den habe ich lange nicht gesehen.]

(16) [TOPIK Miriam,] [KOMMENTAR sie kommt heute wohl zu spät.]

(17) Was [TOPIK Miriam] betrifft, [KOMMENTAR so weiß ich nicht, warum sie heute
zu spät kommt.]

(18) Es war [TOPIK Miriam,] [KOMMENTAR die die Brausebonbons zubereiten
wollte.]

(19) [TOPIK Was Miriam zubereiten wollte,] [KOMMENTAR (das) waren Brausebonbons.]

이러한 구문들 또한 문두성, 지시성, 주어짐성, 언급성이라는 특성을 만족시
키는 것으로 볼 수 있고 독일어에서 토픽을 표현하는 구문으로 간주할 수 있다.
하지만 여기서는 특수한 형태 및 기능을 갖는 (15)-(19)는 제외하고 주제화를
통한 전장 구문((13))에 논의를 제한하기로 한다.

## 4.2.2.2. 한국어에서의 토픽

한국어에서 문두성, 지시성, 주어짐성, 언급성을 만족시키기 위해서는 문두에 나오는 표현에 '-는'이라는 소위 주제격조사를 붙인다. 최수형(1984: 238)은 "주제화된 요소는 {는}으로 표시되고, [...] 주제는 알려져 있거나 안다고 가정되어 있는 요소이며, 그 요소가 문두로 옮겨지지 않으면 대조의 의미를 갖게 된다"고 하였으며, 고영근/구본관(2008: 516)은 "'이/가'를 가질 때에 비해 '-은/는'을 가지면 '주제' 내지 '화제'의 의미가 강해진다"고 하면서 다음과 같은 예를 제시하였다.

> (20) a. <u>토끼가/토끼는</u> 앞발이 짧다.
>      b. <u>이 집안이/집안은</u> 아들이 귀하다.

외국에서 한국어를 연구하고 있는 학자들도 한국어 토픽에 대해 비슷한 언급을 하고 있다. Sohn(1999: 327)은 "Yongho ka/nun Minca lul/to manna-ss-ta"를 예로 제시하면서 '토픽성(topicality)'을 나타내는 요소로서 (n)un 'as for'을 들고 있고,[157] Yeon/Brown(2011: 123)은 '-은/는'의 기본적인 기능이 단어나 구를 주제화하는 것이라고 하였다.[158] 이들은 '주제격조사(topic particle)'를 추가함으로써 명사구를 주제화할 수 있는데, 주제격조사가 붙는 대부분의 구성성분이 문장의 주어이지만((21)), 직접목적어나 간접목적어, 나아가 유래를 나타내는 명사구 등에도 주제격조사가 붙을 수 있다고 하였다((22)).

> (21) <u>아이들은</u> 엄마한테 선물을 주었어요. (Topic = Subject)

---

157   Sohn (1999: 327): "a delimiter denoting topicality such as *(n)un* 'as for' [...]"
158   Yeon/Brown (2011: 123): "the underlying function of 은/는 to 'topicalize' the word or phrase to which it is attached"

(22) a. <u>선물은</u> 아이들이 엄마한테 주었어요. (Topic = Direct Object)
　　 b. <u>엄마에게는</u> 아이들이 선물을 주었어요. (Topic = Indirect Object)
　　 c. <u>엄마한테서는</u> 아이들이 선물을 받았어요. (Topic = Source)

이처럼 한국어에서는 주어뿐만 아니라 목적어, 부사어 등 다양한 문장성분에 주제격조사인 '-은/는'을 붙여서 문두에 위치시킴으로써 토픽으로 만들 수 있다.

### 4.2.3. 토픽과 수동의 유형론적인 관계

Li/Tompson(1976: 459ff.)은 언어를 몇 가지 기준에 따라 '토픽-현저성 언어(Topic-Prominent Language)'와 '주어-현저성 언어(Subject-Prominent Language)'로 구분하였는데, 이러한 두 가지 유형이 수동구문과 관련하여 다른 양상을 보인다고 하였다. 즉, 토픽-현저성 언어에서는 수동구문이 생산적이지 않은 반면, 주어-현저성 언어에서는 일반적으로 수동구문이 사용된다는 것이다. 언어유형론상 수동구문과 관련된 이러한 차이가 절대적이지는 않지만, 언어에 따라 주제화가 우선되는 경우와 수동변형이 우선되는 경우로 구분될 수 있음은 잘 알려져 있다.

독일어와 한국어의 토픽구문 및 수동구문에 관련된 유형론적인 차이는 법률언어에서도 찾아볼 수 있을 것이다. 즉, 독일의 법조문에서는 피행위자구의 주제화에 앞서 수동변형이 나타나는 것이 일반적이라면, 어순이 상대적으로 자유로운 한국어 법조문에서는 목적어 피행위자구를 그대로 문두에 위치시키는 토픽구문이 더 많이 나타날 것으로 예상된다. 여기서는 독일과 우리나라 법조항에서 피행위자구의 주제화 현상이 수동변형과 맞물려 어떤 양상과 전략상의 차이를 보이는지 살펴보고, 토픽구문에서 수동변형이 동반되는 것이 언어유형론적인 특성과 어떤 관련성이 있는지 검토해 볼 것이다.

여기서는 기본법과 헌법을 중심으로 한 독일과 우리나라 법조문에서 피행위
자 명사구가 토픽으로 실현되는 양상에 대해, 수동이 동반된 경우와 그렇지
않은 경우로 구분하여 비교하게 된다. 나아가 이러한 비교를 토대로 두 언어
사이에 관찰되는 차이를 언어유형론적인 관점에서 살펴보고 독일과 우리나라
법률에서의 토픽 및 수동구문의 사용전략을 파악해 볼 것이다.

### 4.2.3.1. 토픽과 수동

소위 토픽-현저성 언어에서는 주어-현저성 언어에서와는 달리 수동구문이
일반적이지 않은데, '라후어(Lahu)'나 '리수어(Lisu)'처럼 수동구문이 전혀 나오
지 않는 경우도 있고 만다린 중국어처럼 수동이 드물게만 사용되는 언어도
있다(Li/Tompson 1976: 461). 최수영(1984)과 같은 학자들은 한국어를 토픽-현저
성 언어로 분류했는데, 한국어에서는 일부 타동사에 '-이/히/리/기-'와 같은
접미사를 붙여서 피동사를 만들거나((23)), '-하다'류 타동사에서 '-하다'를 '-되
다'로 대체하는 어휘적 피동이 존재한다((24)).[159]

<blockquote>
(23) a. <u>경찰이/경찰은</u> 도둑을 잡았다.<br>
　　 b. <u>도둑이/도둑은</u> 경찰에 잡혔다.

(24) a. <u>이사회가/이사회는</u> 두 회사의 합병을 결정했다.<br>
　　 b. <u>두 회사의 합병이/합병은</u> 이사회에서 결정됐다.
</blockquote>

독일어에서는 잘 알려져 있듯이, 수동변형을 통해 목적어가 주어로 변할 뿐

---

159　'-하다'류 동사에서 '-하다'를 '-받다', '-당하다'로 대체하여 수동동사를 유도하는 경우(예,
　　 "..에게 ..을 부여하다" > "..가 ..을 부여받다"; "..에게서 ..을 박탈하다" > "..가 ..을 박탈당하다")
　　 는 간접목적어인 수혜자/피해자가 주어로 되는 수동구문에 해당한다. 여기서는 피행위자가
　　 토픽이 되는 경우로 논의를 제한하여 '-받다', '-당하다'-수동구문은 다루지 않기로 한다.

만 아니라, 이것이 보통 문두에 위치하기 때문에 결과적으로 토픽이 될 수 있다. 따라서 독일어에서는 목적어를 토픽으로 만들려면 수동이라는 "기발한 트릭(genialer Trick)"을 사용하기도 한다(Musan 2010: 32f.).

> (25) a. Der Rabe versprach dem Fuchs <u>den Käse</u>.
>      b. <u>Der Käse</u> wurde dem Fuchs (von dem Raben) versprochen. (Musan 2010: 32f.)

그런데, 독일어에서는 수동변형을 통하지 않고서도 (25')처럼 목적어, 즉 '피행위자(Patiens)' 명사구를 직접 문두에 위치시킴으로써 토픽으로 만들 수 있다.

> (25') <u>Den Käse</u> versprach der Rabe dem Fuchs.

수동변형을 통하지 않고 '피행위자' 명사구를 문두에 위치시켜 토픽으로 만드는 방법은 아래 (23')와 (24')처럼 한국어에서도 관찰된다.

> (23') <u>도둑은</u> 경찰이 잡았다.

> (24') <u>두 회사의 합병은</u> 이사회가 결정했다.

결국 독일어와 한국어 모두에서 수동구문과 토픽구문이 관찰되고 있고, '피행위자' 명사구가 수동을 통해서 토픽이 될 수 있을 뿐만 아니라 수동변형 없이 직접 문두에 위치하여 토픽이 될 수도 있다. 실제로 Skopeteas/Fanselow (2009)의 연구에 따르면, '주어진 피행위자(given patient)'를 '새로운 행위자(new agent)'와 대비시키기 위해 크게 두 가지 전략이 사용되는데, 하나는 수동구문이고 또 다른 하나는 '재구조화(reordering)', 즉 피행위자 명사구를 직접 문두로 보내는 토픽구문의 사용이다. Skopeteas/Fanselow(2009)가 연구대상으로 한

언어들에서는 대체로 이 두 전략 중 하나가 사용된다고 한다.

그렇다면 토픽과 관련된 언어유형론적 논의에서 서로 다른 언어군으로 분류되었던 독일어와 한국어에서 '피행위자' 명사구를 토픽으로 만드는 이 두 가지 방법 중 어떤 것이 더 선호될지는 매우 흥미로운 질문이 된다. 따라서 독일 기본법과 여기에 해당하는 우리나라 헌법을 대상으로 피행위자 명사구의 토픽 출현 양상을 조사하여, 수동을 통한 주제화와 수동변형 없는, 즉 단순 주제화를 비교함으로써 언어유형론적인 관점에서 그 차이를 분석해 보기로 한다.

### 4.2.3.2. 법조문에서 토픽구문과 수동구문의 사용실태

여기서는 독일 기본법과 여기에 해당하는 우리나라 헌법을 대상으로 하여 '주어진 피행위자' 명사구가 문장의 토픽이 되기 위해 수동변형이 일어나는지, 아니면 수동을 동반하지 않고 재구조화를 통해 단순히 토픽이 되는지로 구분하여 그 출현 양상을 살펴본다.

### 1) 독일 기본법에서 수동을 동반한 토픽과 단순 토픽

#### 가. 수동을 동반한 토픽

독일 기본법에서 '주어진 피행위자' 명사구가 수동변형을 통해 토픽이 되는 경우는 앞서 살펴본 것처럼 쉽게 찾아볼 수 있다.

(26) a. Die ungestörte Religionsausübung wird gewährleistet. (GG §4 (2))
   b. Der Bundespräsident wird ohne Aussprache von der Bundesversammlung gewählt. (GG §54 (1))

(27) a. Das Recht, zur Wahrung und Förderung der Arbeits- und Wirtschafts-bedingungen Vereinigungen zu bilden, ist für jedermann und für alle Berufe gewährleistet. (GG §9 (3))

b. Die Todesstrafe ist abgeschafft. (GG §102)

(28) Vorschulen bleiben aufgehoben. (GG §7 (6))

(29) Eine private Volksschule ist nur zuzulassen, wenn die Unterrichtsverwaltung ein besonderes pädagogisches Interesse anerkennt oder, [...]. (GG §7 (5))

(26)-(29)는 '주어진 피행위자' 명사구가 werden-수동, sein-수동, bleiben-수동 등을 통해 문두에 위치하여 각각 토픽이 되고 있음을 보여 주고 있다. (28)에서 Vorschulen에는 정관사가 붙어있지 않아서 주어진 피행위자로 볼 수 있는지에 대해서 논란의 여지가 있을 수 있지만, Vorschulen은 독일의 역사 속에 존재했던 특정 교육기관의 유형으로서 세계지식에 해당되므로 주어진 정보로 간주할 수 있다. (29)의 eine private Volksschule도 임의의 어떤 private Volksschule가 아니라 (28)의 Vorschulen처럼 교육기관의 유형을 의미하므로 독일사람들의 세계지식에 포함될 수 있는 '주어진 것'으로서 파악 가능하다.

문제가 되는 경우는 오히려 아래와 같이 niemand가 피행위자 명사구로 출현하는 경우이다.

(30) a. Niemand darf wegen seiner Behinderung benachteiligt werden. (GG §3 (3))
　　 b. Niemand darf gegen sein Gewissen zum Kriegsdienst mit der Waffe gezwungen werden. (GG §4 (3))
　　 c. Niemand darf gehindert werden, das Amt eines Abgeordneten zu übernehmen und auszuüben. (GG §48 (2))

(30)의 문장들은 피행위자인 niemand가 수동의 주어로서 문두에 나오는 것을 보여 주고 있다. 그런데, 앞서 살펴본 바와 같이 niemand와 같이 지시체를 갖지 못하는 대명사는 토픽의 조건을 충족시키지 못하므로 (30)의

niemand는 토픽으로서 간주할 수 없다.

결국 지시체를 갖지 못하는 niemand를 제외한 피행위자 명사구가 수동변형을 통해서 토픽이 되는 경우(이하 '수동주어 토픽')를 독일 헌법에서 조사해 본 결과, werden-수동 103번을 비롯하여, sein-수동 11번, bleiben-수동 1번, sein zu-수동 61번 등 총 176개의 수동주어 토픽을 관찰할 수 있었다.

### 나. 단순 토픽

'주어진 피행위자' 명사구가 수동변형을 통하지 않고 직접 토픽이 되는 경우, 즉 단순 토픽의 경우도 독일 기본법에서 아래와 같이 드물지 않게 관찰된다.

(31) a. Das Nähere regelt ein Bundesgesetz. (GG §4 (3))

  b. Das Nähere regeln Bundesgesetze. (GG §21 (3))

  c. Das Nähere regelt das Gesetz. (GG §91a (3))

(32) a. Das Nähere bestimmt ein Bundesgesetz. (GG §38 (3))

  b. Das Nähere bestimmt ein Bundesgesetz, das der Zustimmung des Bundesrates bedarf. (GG §106 (5))

  c. Das Nähere bestimmt das Bundesgesetz nach Satz 3. (GG §106 (3))

(33) a. Die notwendigen Ausgaben einschließlich der Verwaltungsausgaben trägt der Bund, soweit [...]. (GG §91e (2))

  b. Sanktionsmaßnamen der Europäischen Gemeinschaft [...] tragen Bund und Länder im Verhältnis 65 zu 35. (GG §109 (5))

  c. Gesetze nach Absatz 1 führt der Bund aus. (GG §143a (2))

위에 제시된 예들은 모두 피행위자 명사구가 목적어로서 그대로 문두에 나와 있는 경우이다. 이처럼 문두에 나온 목적어 명사구는 정관사를 동반하거나

(das Nähere; die notwendigen Ausgaben einschließlich der Verwaltungsausgaben) 맥락

상 알려진 것으로서(Sanktionsmaßnamen der Europäischen Gemeinschaft; Gesetze nach Absatz 1) 토픽의 조건에 부합하는 것들이다.

또한 여기서 특징적인 점은 피행위자인 목적어 토픽이 주로 regeln(34번)과 bestimmen(7번) 등 '규정' 및 '결정'과 관련된 일부 동사에 집중해서 나온다는 것이다. 이외에도 tragen(3번) ausführen/entscheiden/fassen/...(각 1번)과 같은 동사에서 관찰되는데, 수동에 의하지 않고 목적어를 그대로 토픽으로 만드는 경우는 대체로 '규정', '결정', '실행', '파악' 등을 의미하는 특정 동사에 제한된다고 할 수 있다.

그런데, 이러한 동사들에서도 아래와 같이 피행위자 명사구가 수동변형을 통해 토픽으로 실현되기도 한다.

> (34) a. Das Nähere wird durch Bundesgesetz geregelt. (GG §87 (3))
> b. Das Nähere wird durch Bundesgesetz, das der Zustimmung des Bundesrates bedarf, bestimmt. (GG §106 (5))

(34)는 regeln, bestimmen 동사에서 피행위자 명사구가 수동변형을 거쳐 토픽이 된 경우로서 각각 단순 토픽을 보이는 (31)과 (32)의 변이형으로 볼 수 있다.[160] 그런데, 수동을 통한 피행위자 명사구의 토픽은 행위자 명사구의 생략가능성 때문에 법률언어에서 단순 토픽의 경우보다 더 유용한 기제가 될 것으로 추측된다.

실제로 독일 헌법을 대상으로 조사한 결과에 따르면, 수동을 통한 피행위자 명사구의 토픽(176번)이 직접목적어의 단순 토픽(49번)보다 약 3.5배 정도 자주

---

160  그렇다면 피행위자 명사구가 수동을 통해 (주어로서) 토픽이 된 경우와 목적어로서 단순 토픽이 된 경우의 차이는 무엇일까? 수동의 경우에는 능동동사의 행위자가 실현될 수도, 실현되지 않을 수도 있는 두 가지 가능성을 모두 열어놓고 있는 반면, 피행위자 명사구가 목적어로서 단순 토픽이 된 경우에는 행위자 명사구가 독일어의 통사적 특성상 주어로서 문장에 반드시 출현해야 한다는 차이를 보인다. 따라서 행위자가 맥락상 중요한 정보일 경우에는 단순 토픽을 사용할 가능성이 높다고 하겠다.

나오는 것으로 파악되었다. 독일 기본법을 대상으로 한 이러한 결과는 언어유형론적인 관점에서 '주어진 피행위자'의 출현방법으로서 수동변형과 재구조화 방식을 비교한 Skopeteas/Fanselow(2009)의 결과와 일부 일치한다. Skopeteas/Fanselow(2009: 321)에 따르면, 독일어에서 '주어진 행위자'가 나오는 경우 ((35a))와는 달리, '주어진 피행위자'가 나올 경우에는 아래와 같이 주로 수동구문을 사용한다는 것이다((35b)).

    (35) a. [A boy stands on a carpet ...]
         .. dieser Junge schubst eine Sektflasche um ...
       b. [A girl is running ...]
         .. das Mädchen wird von einem gegriffen und umgeschmissen ...
       (Skopeteas/Fanselow 2009: 321)

'주어진 피행위자'의 출현방법에 대한 여기서의 분석이 Skopeteas/Fanselow(2009)의 독일어 분석결과와 다른 점은, 독일어에서 '주어진 피행위자'가 나올 경우 – 이미 언급한 것처럼 – 수동을 통한 피행위자 명사구의 토픽(176번) 이외에도 빈도는 상대적으로 낮지만 재구조화를 통한 직접목적어의 단순 토픽(49번)이 나타난다는 것이다. 결국 대부분의 인도-유럽어가 주어-현저성 언어로 분류될 수 있고, 이에 따라 독일어가 주어-현저성 언어에 포함될 것이라는 Li/Tompson(1976) 식의 언어유형론적인 가설과 이를 뒷받침하는 Skopeteas/Fanselow(2009)의 주장은 부분적으로 수정되어야 하고, 독일어를 단순히 '주어-현저성 언어'로보다는 '주어-선호 언어'로 재분류해야 할 필요성이 제기된다.

## 2) 우리나라 헌법에서 수동을 동반한 토픽과 단순 토픽

### 가. 수동을 동반한 토픽

우리나라 법률에서 '주어진 피행위자' 명사구가 수동을 통해 토픽이 되는 경우는 대체로 2장(2.1.2절)에서 살펴본 '-되다'-피동에 의한 경우이다.[161]

> (36) a. 모든 국민의 재산권은 보장된다. (헌법 제23조 1항)
> b. 헌법개정은 국회재적의원 과반수 또는 대통령의 발의로 제안된다. (헌법 제128조 1항)

(36)은 타동사 '보장하다'와 '제안하다'의 피행위자(대상) 목적어가 각각 '되다'-수동을 통해 주어가 된 뒤 주제격조사 '-은/는'이 붙어 토픽이 됨을 보여주고 있다("모든 국민의 재산권은", "헌법개정은"). '국민의 재산권'이나 '헌법개정'은 헌법의 속성상 '전제된 정보'로서 새로운 정보가 아니라 주어진 정보에 해당한다.

이처럼 피행위자(대상)가 수동을 통해 주어가 되고 이것이 다시 토픽이 되는 경우는, 이미 수동에 대해 논의한 2장에서 언급한 것처럼 대체로 행위자가 명시적이지 않아 수동구문의 유도가 불가피한 경우들이다. 아래 (37)은 이미 문맥을 통해 행위자를 확인할 수 있는 경우이고, (38)은 맥락을 통해서 행위자를 '국가'로 유추 가능한 경우들이다. 한편 (39)는 행위자를 명확하게 규정할 수 없는 경우로서, (37)-(39)에 제시된 세 경우 모두 행위자가 명시적이지 않아 통사적으로 수동변형을 통해 피행위자를 주어로 삼을 수밖에 없다. 결국 이렇게 주어가 된 피행위자(대상)가 문두에서 주제격조사 '-는'과 결합하여 토픽이 된 것이다.

---

161  (23)에서처럼 '-이/히/리/기-'와 같은 수동접미사가 붙어서 피동사가 되는 경우는 헌법에서 관찰되지 않는다.

(37) a. 헌법개정은 국회재적의원 과반수 또는 대통령의 발의로 제안된다. (헌
　　　　법 제128조 1항)
　　 b. 국군은 국가의 안전보장과 국토방위의 신성한 의무를 수행함을 사명으
　　　　로 하며, 그 정치적 중립성은 준수된다. (헌법 제5조 2항)

(38) a. 모든 국민의 재산권은 보장된다. (헌법 제23조 1항)
　　 b. 국민의 자유와 권리는 헌법에 열거되지 아니한 이유로 경시되지 아니한
　　　　다. (헌법 제37조 1항)

(39) 국교는 인정되지 아니하며, 종교와 정치는 분리된다. (헌법 제20조 2항)

　이처럼 수동을 통해 피행위자(대상)가 토픽이 되는 경우는 드물게만 관찰된
다. 앞서 살펴본 것처럼 헌법 전 조항을 걸쳐 '보장되다/인정되다/확정되다/파
면되다/집회되다/임명되다' 등 수동 동사가 사용되어 피행위자(대상)가 토픽으
로 나오는 경우는 전체적으로 약 30개 정도밖에 안 된다.

## 나. 단순 토픽

　우리나라 헌법에서 피행위자(대상) 명사구가 수동을 거치지 않고 직접 토픽
이 되는 단순 토픽은 빈도 높게 관찰된다.[162]

(40) a. 대한민국의 영토는 한반도와 그 부속도서로 한다. (헌법 제3조)
　　 b. 저작자 · 발명가 · 과학기술자와 예술가의 권리는 법률로써 보호한다.
　　　　(헌법 제22조 2항)
　　 c. 의무교육은 무상으로 한다. (헌법 제31조 3항)
　　 d. 근로조건의 기준은 인간의 존엄성을 보장하도록 법률로 정한다. (헌법
　　　　제32조 3항)

---

162　헌법 제111조 3항("제2항의 재판관중 3인은 국회에서 선출하는 자를, 3인은 대법원장이 지명하
　　 는 자를 임명한다.")과 같은 경우, 피행위자(대상) 명사구가 문두에 나오고 '-은/는'이 붙어있
　　 지만 토픽으로 보기 어렵고, 대조구문에 해당한다(대조격 및 대조구문에 대해서는 Yeon/
　　 Brown 2011: 126f. 참조).

e. 국회의 회의는 공개한다. (헌법 제50조 1항)

(40)에서 피행위자(대상) 명사구들은 동사의 목적어인데 주제격조사를 동반하여 문두에서 토픽이 된 경우이다. 예를 들어 (40a)에서 '대한민국의 영토'는 '(그 부속도서로) 한다'의 목적어이고, (40b)에서 '저작자 · 발명가 · 과학기술자와 예술가의 권리'는 '(법률로써) 보호한다'의 목적어이다. 이러한 사실은 '대한민국의 영토는'과 '저작자 · 발명가 · 과학기술자와 예술가의 권리는'에 주제격조사('는') 대신 목적격조사('를')을 붙여봄으로써 확인할 수 있다("대한민국의 영토를 … (그 부속도서로) 한다"; "저작자 · 발명가 · 과학기술자와 예술가의 권리를 (법률로써) 보호한다").

이처럼 헌법에서 단순 토픽이 나오는 경우는 총 75회로서, '정하다'(27번), '하다'(15번), '임명하다'(10번)처럼 특정 동사를 중심으로 빈도 높게 나올 뿐만 아니라, '구성하다'(5번), '공개하다'(3번), '실시하다'(2번), '보호하다/적합하다/청구하다/제한하다/공포하다/선출하다/ …'(1번) 등과 같이 다양한 동사에서 나타난다.

결국 우리나라 헌법에서 '주어진 피행위자' 명사구를 대상으로 하여 수동을 동반한 토픽과 단순 토픽의 출현 관계를 비교해 보면, 수동을 통한 토픽(31번)보다 단순 토픽(75번)이 약 2.5배 정도 자주 나타나는 것을 알 수 있다.

### 4.2.3.3. 독일과 우리나라 법조문에서의 토픽 및 수동의 사용 비교

지금까지 독일과 우리나라 법률, 특히 기본법과 헌법의 법조항을 대상으로 하여 그 구문상의 특성을 토픽구문에 집중하여 살펴보았다. 피행위자 및 대상이 '주어진 정보'인 경우, 즉 '주어진 피행위자'를 주제화하여 토픽으로 만들 수 있는 방법은 두 가지가 있는데, 우선 수동변형을 통해 피행위자를 주어로 변화시킨 뒤 토픽으로 만드는 방법과 목적어를 직접 주제화하여 토픽으로 만드는 방법이다.

그런데, '주어진 피행위자'를 주제화하여 토픽으로 만드는 이 두 가지 방법
이 독일어와 한국어에서 어떻게 나타나는지 독일 기본법과 우리나라 헌법의
법조항 전체를 대상으로 비교해 보면, '주어진 피행위자'가 주제화될 경우 수동
을 동반한 토픽과 단순 토픽의 사용양상이 아래 표와 같이 눈에 띄는 차이를
보인다.

**<표 2-2> 독일 기본법과 한국 헌법에서 피행위자 토픽의 출현 양상**

|  | 독일 기본법 | 한국 헌법 |
|---|---|---|
| 수동 동반 토픽 | 176 (78.2%) | 31 (29.2%) |
| 단순 토픽 | 49 (21.8%) | 75 (70.8%) |
| 피행위자 토픽 전체 | 225 (100%) | 106 (100%) |

독일 기본법에서는 '주어진 피행위자'가 나올 경우 수동을 동반한 토픽과
직접목적어의 단순 토픽이 약 3.5:1의 비율(176:49)로 나타남을 확인할 수 있다.
이는 독일어가 언어유형론상 주어-현저성 언어보다는 주어-선호 언어(Subjekt-
bevorzugte Sprache)로 분류될 수 있음을 의미한다.

한편, 우리나라 헌법에서는 '주어진 피행위자'의 단순 토픽이 수동을 통한
토픽보다 약 2.5배(31:75) 높게 나타남을 볼 수 있다. 이러한 결과는 한국어가
일본어와 마찬가지로 주어-현저성 언어 및 토픽-현저성 언어의 특징을 모두
보이는 언어라는 언어유형론적인 가정과 일치는 한다. 하지만 한국어에서 이
러한 두 가지 특징이 단순히 혼재되어 나오지 않고, 재구조화를 통한 단순 토픽
이 수동을 동반한 토픽보다 3배 가까이 나타난다는 결과를 고려하면, 한국어를
토픽-선호 언어(Topik-bevorzugte Sprache)로 새롭게 분류하고 여기에 알맞게 법
조문을 구성하는 것이 바람직하다고 하겠다.

결국 독일 기본법과 우리나라 헌법을 대상으로 한 분석 결과, 언어를 크게 주어-현저성 언어와 토픽-현저성 언어 그리고 이 두 가지가 혼재하는 언어로 구분하는 방식을 수정, 보완하여 '주어-선호' 언어와 '토픽-선호' 언어를 추가할 수 있으며, 이에 따라 독일어는 주어-선호 언어로, 한국어는 토픽-선호 언어로 분류할 수 있겠다. 물론 향후 법률 텍스트 전반, 나아가 일반 텍스트를 대상으로 한 연구를 통해서 유형론적인 타당성을 더욱 높여 나가야 할 것이다.

# 제5장 종합: 법률언어의 가독성 향상 방안

## 5.1. 가독성 이론

제1부(3.1절)에서 살펴본 것처럼 법률에서 실제 관찰할 수 있는 문제점을 개선하고 가독성 저해의 원인을 제거하기 위해서는 다음과 같은 법률언어의 가독성 향상 원리(3K$_R$)를 지키는 것이 중요하다(구명철/정수정 2018: 8).

(1)  a. Korrektheit(정확성): 법률에서는 조항 하나하나가 개인의 운명과 재산을 좌우하는 중대한 의미를 갖는 만큼, 어법상의 오류가 없이 정확해야 한다.
   b. Klarheit(명확성): 불명확한 표현은 해당 법조항에 대한 잘못된 해석을 낳을 수 있으므로 명확해야 한다.
   c. Konsistenz(일관성): 법률은 전체로서 하나의 완성된 텍스트이므로 일관성 있는 표현을 사용해야 한다.

우리나라 법률에는 오류, 즉 정확성이 결여된 표현이 적지 않게 들어 있다. 예를 들어, 형법 제98조("적국을 위하여 간첩하거나 적국의 간첩을 방조한 자는 사형, 무기 또는 7년 이상의 징역에 처한다.")에서 '간첩하다'의 경우 '간첩을 하다'가 불가능하므로 어법상 잘못된 표현이다. 조어규칙을 어긴 또 다른 경우가 있는데, 민법 제20조("국내에 주소없는 자에 대하여는 국내에 있는 거소를 주소로 본다.")에서 '주소없는'은 '주소'와 '없다'가 잘못 결합된 표현이다(구명철/정수정 2018: 16). '없다'에는 '맛', '멋', '재미'와 같은 추상명사가 결합할 수 있기 때문이다.

심지어 모든 법률, 명령 및 규칙 등의 근간이 되는 최고규범성을 갖는 헌법에서도 정확성이 문제 되는 경우가 발견된다. 헌법 제47조 1항("국회의 정기회는 법률이 정하는 바에 의하여 매년 1회 집회되며, 국회의 임시회는 대통령 또는 국회재적의원 4분의 1 이상의 요구에 의하여 집회된다.")에는 "여러 사람이 어떤 목적을 위하여 일시적으로 모이다"라는 뜻의 자동사 '집회하다'의 잘못된 파생 형태 '집회되다'가 사용되고 있다. 헌법은 내용뿐만 아니라 형식에 있어서도 하위법의 모범이 되고 국민들에게는 삶의 지침이 되어야 하는 만큼, 오류 없는 '정확'한 표현이 사용되어야 할 것이다.

한편, 민법 제122조("법정대리인은 그 책임으로 복대리인을 선임할 수 있다. 그러나 부득이한 사유로 인한 때에는 [ Ø ] 전조제1항에 정한 책임만이 있다.")와 민법 제147조 3항("당사자가 조건성취의 효력을 그 성취전에 소급하게 할 의사를 표시한 때에는 [ Ø ] 그 의사에 의한다.")은 생략된 주어가 무엇인지 '명확'하지 않다. 일반인도 개인 소송과 같은 법률행위를 할 수 있는 시대에는 법률이 누구나 이해할 수 있어야 한다. 따라서 이런 경우 생략된 주어를 복원하여 제대로 이해하는 데 어려움이 없어야 할 것이다.

법률은 정확하고 명확해야 할 뿐만 아니라, 국민의 삶 특히 언어 행위와 직결되는 만큼, '일관성'도 있어야 한다. 그런데, 민법 제127조("대리권은 다음 각호의 어느 하나에 해당하는 사유가 있으면 소멸된다.")에는 '소멸한다'는 자동사가 분명한 이유 없이 '소멸된다'로 쓰였을 뿐만 아니라, 뒤따르는 조항인 민법 제128조("법률행위에 의하여 수여된 대리권은 전조의 경우 외에 그 원인된 법률관계의 종료에 의하여 소멸한다.")와의 일관성도 결여되어 있다.

이외에도 유사 표현의 혼용('업무를 수행하는 사람/자', '용어의 정의는/뜻은'), 능·피동 표현의 혼용('필요하다고 인정하는/인정되는', '용도로 쓰는/쓰이는')도 일관성이 결여된 경우에 해당한다. 그런데, 법률에서 이러한 3K$_R$, 즉 '정확성', '명확성, 일관성'이 제대로 지켜지지 않을 경우 다양한 정도로 가독성이 저해된다. 따라서 여기서는 언어학 각 하위분야와 관련된 지금까지의 이론적인 논의를 가독성 향상이라는 관점에서 재조명해 보기로 한다.

## 5.2. 어휘론적 관점에서의 가독성 향상 방안

### 5.2.1. 법률언어의 가독성 향상을 위한 어휘론적 기초 작업[163]

가독성의 관점에서 어휘론적인 문제점을 파악하는 데에는 기술문서의 번역 수월성 및 가독성 향상을 위한 통제언어 이론의 논의가 도움이 된다. 통제언어 이론의 기술문서에 대한 논의에서 대용어의 사용 자제, 一語一意, 잉여적 표현의 삭제 등은 법률언어에도 수용할 수 있지만, 접속 관계를 등위접속으로 제한하거나 품사의 종류 및 형태를 제한하는 것은 기술문서보다 상대적으로 더 복잡한 내용을 기술해야 하는 법률언어에는 해당되지 않는다.

나아가 법률에서 3K$_R$이 지켜지지 않을 경우 가독성이 저해됨을 확인했었는데, 특히 정확성이 어겨질 경우에는 가독성의 문제가 더욱 심각하게 나타난다. 예를 들어, 법률에서 정확성이 문제되는 대표적인 경우, 즉 '-하다'와 '-되다' 그리고 '-있다'와 '-없다'의 사용을 중심으로 살펴보면, '-하다'와 '-되다'의 사용에서 가독성이 저해되는 경우로는 '-하다'의 사용 오류('간첩하다', '해태하다'), 수동형 '-되다' 대신 타동사 '-하다'의 사용('완성하다', '성취하다') 그리고 '-되다'

---

163  5.2.1절은 구명철/정수정(2018: 20f.)의 '5장. 맺음말'을 수정하여 가져온 것임.

의 잘못된 사용('집회되다', '근거되다') 등이 있다. '-있다/-없다'의 사용에서 가독성을 저해하는 경우는 주로 [명사 + '-있다/-없다'] 조어에 대한 제약, 즉 명사의 의미적 '추상성'을 어기는 것들이다('추인있다', '주소없다').

한편, 법률코퍼스에서의 검색작업을 통해 법률코퍼스에서 '-하다'와 '-되다' 표현의 사용을 비교해 본 결과, 이 둘이 비슷한 빈도로 나오는 경우는 '되다'를 '하다' 동사의 피동 대응형으로 볼 수 있다. 이때 주어가 (행위)주체이거나 행위 중심 기술일 경우에는 능동동사가 사용되고('발견하다', '보장하다'), 주어가 행위의 대상이 되는 경우, 즉 사건 자체 또는 피해자가 중심에 오는 경우에는 수동형이 사용됨을 확인할 수 있다('발견되다', '보장되다'). 그러나 '-되다' 동사를 '-하다' 동사의 단순한 피동 대응형으로 간주하기 어려운 경우도 있다. 즉, '-되다' 동사가 '-하다'보다 더 빈도 높게 사용된 경우와 자동사 '-하다'에서 유래한 경우인데, 후자의 경우 '-하다'가 자동사이므로 '-되다' 동사를 그 피동형으로 볼 수 없고, 전자의 경우에도 '-되다' 동사를 타동사 '-하다'의 단순한 피동 파생형으로 보기는 곤란하다. 이 경우 오히려 '-되다' 동사가 그 의미나 높은 사용 빈도로 인해 어휘화된 것으로 간주할 수 있다.

다음으로 '-있다/-없다'와 결합하는 명사는 공통적으로 추상적인 의미를 갖는데, 구체 명사가 포함된 '상대방있다', '상속인없다'의 경우 [명사 + '..가 있다/없다']에서 [명사 + '-있다/-없다']로 파생된 것으로 보기에는 문제가 있다. 따라서 올바른 언어 사용을 통해 정확성을 높이고 가독성을 향상시키기 위해서는 '상대방있다', '상속인없다'는 각각 '상대방(이) 있다', '상속인(이) 없다'로 분리하여 써야 한다. 이처럼 명사와 '-하다/-되다', '-있다/-없다' 결합형의 문제점을 파악하고 그 개선 방안을 살펴보는 것은 법률 문서의 가독성 향상을 위한 어휘론적인 기초작업으로서의 의미가 있다.

## 5.2.2. 행위 개념의 정의방식[164]

제2부(1.1.2절)에서 법 개념이 술어-논항의 구조적인 관점에서 어떻게 정의되고 있는지를 살펴보았는데, 이러한 작업을 통해 독일의 법 조항에서는 법 개념을 정의할 때 주로 술어-논항 구조를 제시하고 필요에 따라 원인 및 방법 등을 추가하여 합성하는 구조로 실현되고 있음을 확인하였다(예, StGB §222 Fahrlässige Tötung: Wer durch Fahrlässigkeit den Tod eines Menschen verursacht).

우리나라 법조항에서도 이와 같은 합성적 구조를 보이는 경우가 없지는 않지만(형법 제267조(과실치사): 과실로 인하여 사람을 사망에 이르게 한 자는), 부사역이 술어에 포함되는 통합적 구조를 보이는 경우가 적지 않게 나타난다(예, 형법 제329조(절도): 타인의 재물을 절취한 자는; 형법 제250조(살인): ① 사람을 살해한 자는). 심지어 '강도'의 정의에서처럼 통합적 구조에 합성이 동반되는 구조를 보이는 경우도 발견된다(예, 형법 제333조(강도): 폭행 또는 협박으로 타인의 재물을 강취하거나 ...).

그런데, '절도'처럼 통합적 구조를 통해 법 개념을 정의하는 경우에는 법조항 자체로 법 개념의 명확한 의미 파악이 쉽지 않고 필요에 따라 해당 어휘를 해체하여 의미를 파악해야 하는 문제점을 내포하고 있다. 또한 '강도'가 보이는 합성적 통합 구조는 양태 의미가 술어와 부사어에 이중으로 반영되는 잉여적 특성을 보이기 때문에, 개념을 명확하고 경제적으로 정의해야 하는 법 개념의 정의방식에는 적합하지 않다. 나아가 '절도'와 '강도'는 "타인의 재물에 대한 권리를 침해한다"는 범죄행위 상의 공통점을 지니고 있는데, 이러한 관계가 명확하게 드러나지 않고 있다.[165] 이러한 문제점은 절도의 경우에는 통합적 정

---

164  5.2.2절의 초반부 내용은 구명철(2016: 42f.)에 기초함.

165  독일의 형법에서는 Diebstahl(절도)과 Raub(강도) 관련 조항이 "Wer [...] eine fremde bewegliche Sache einem anderen in der Absicht wegnimmt"라는 공통된 내용을 포함하고 Raub(강도)의 경우에만 "mit Gewalt gegen eine Person oder unter Anwendung von Drohungen mit gegenwärtiger Gefahr für Leib oder Leben"이라는 부사어를 통해 구분하고 있는 점이 비교된다.

의방식을, 강도의 경우에는 합성적 통합 구조를 보임으로써 이 둘 다 통합적 정의방식을 기초로 하기 때문이다. 즉, 방법 및 양태 등 핵심적인 부사적 의미가 하나의 술어('절취', '강취')에 통합됨으로써 의미를 해체하고 분석하여 비교하기가 어렵게 된다. 결과적으로 통합 및 합성적 통합구조를 보이는 형법 조항들은 서로 밀접한 관련성이 있는 두 범죄행위를 일관성 있고 체계적으로 분석 및 비교하는 데 어려움을 일으킨다고 하겠다.

반면, '과실치사'를 정의하고 있는 형법 제267조에서 관찰할 수 있는 합성적 정의방식은 해당 법 개념의 의미자질을 최대한 명시적으로 제공함으로써 명확성을 필수요건으로 하는 법률의 특성을 잘 반영한다. 또한 합성적 정의방식은 법 개념을 구성하는 모든 요소들을 나열해 주기 때문에[166] '절도', '강도' 또는 '살인', '과실치사' 등과 같은 유사 법 개념들의 관계를 파악하는 데에도 유용한 것으로 보인다.

결국 기본 술어에 양태 의미 등을 명시적으로 함께 제시하는 합성적 구조가 법 개념의 정의를 위해 가장 적합한 방식으로 평가할 수 있다. 따라서 법률을 개정 및 보완하는 경우, 특히 법 개념의 정의와 관련된 조항의 경우에는 명확성과 가독성을 높이기 위해서 합성적 정의방식에 기초할 것을 제안할 수 있겠다.

## 5.3. 형태·통사론적 관점에서의 가독성 향상 방안

### 5.3.1. 주어 생략: 생략된 주어의 복원 가능성과 가독성 향상을 위한 제안[167]

수동태가 발달한 독일어와 같은 유럽어에서와는 달리, 주어 생략이 한국어

---

166  예를 들어 앞서 언급한 형법 제267조 '과실치사'의 경우 '과실로 인하여', '사람을', '사망에 이르게 한' 등 '과실치사'라는 개념을 이루는 요소들이 나열되어 있다.
167  구명철(2018: 39ff.)의 '맺음말'에서 일부 수정하여 가져옴.

에서는 피행위자를 주제화하는 일반적인 현상이고, 생략된 주어를 찾아가는 데에는 "복원 가능성" 및 "확인성" 등 나름대로의 원칙이 적용된다. 행위자를 전면에 드러내기 어려운 법조문에서도 행위자인 주어를 생략하기는 어렵다.

그런데 주어 생략은 정보를 명시적으로 제공하지 않는 특성 때문에, 복원 가능성 및 확인성에 기초하지 않고 무분별하게 일어나면 법조문의 가독성은 악화될 수밖에 없다. 앞서 법조문에서 생략된 주어의 선행사에 따라 크게 '언어 외적 선행사', '문장 외부 선행사', '문장 내부 선행사'로 구분하고 그 복원 가능성('복원율')을 조사해 보았는데, 분석 결과 생략된 주어의 선행사가 언어 외적으로 결정되는 경우에는 그것이 일반적인 사람('누구나', '모든 사람' 등)이든, 국가 및 국가 기관('국회', '법원')이든 관계없이 – 단순한 문장으로 구성되어 있고 생략된 주어를 복원하는 데 실마리를 제공하는 키워드가 들어 있는 헌법 제109조를 제외하고는 – 세계지식이나 법률지식을 동원하여 생략된 주어를 유추해야 한다. 따라서 선행사가 언어 외적으로 결정되는 경우에는 생략된 주어에 대한 복원율이 평균적으로 낮아지고, 그만큼 가독성을 저해할 가능성이 높으므로 주어를 구체적으로 제시하는 것이 바람직하다.

선행사가 해당 문장 바깥에 있는 경우는 생략된 주어가 앞 문장의 구성성분 및 앞 문장 전체를 받거나, 법조문의 특성상 전항(前項)이나 전조(前條)의 구성성분을 받는 경우로 구분할 수 있었다. 생략된 주어가 앞 문장의 구성성분을 받는 경우(예, 민법 제122조)를 대상으로 조사한 결과 복원율이 예상보다는 낮게(정답률 약 50%) 나왔는데, 이는 주변적인 요소(두 개의 선행사 후보, 내용상의 문제 등)와 관련이 있는 것으로 보이고 이러한 요인을 배제하면 더 높은 복원율을 기대해 볼 수 있다.

앞 문장 전체를 선행사로 하는 경우(예, 헌법 제53조, 정답률 약 25%)는 법률지식 및 내용에 대한 이해가 전제되기 때문에 가독성을 떨어뜨리는 요인이 된다. 선행사가 전항(前項)이나 전조(前條)의 구성성분인 경우에는 명확한 구조적 특징으로 인해 생략된 주어의 선행사를 찾기가 쉬울 것으로 예상되었고 실제 평균 복원율도 각각 80%와 60% 대로 파악되었다. 한편, 법조문만의 특수한 경우로서 조항의 제목이 생략된 주어로 간주될 수 있는데, 선행사가 문장 단위를 넘어서기 때문에 문장 내에 선행사가 나올 때보다는 생략된 주어의 복원이 상대적으로 어려운 것으로 파악되었다(정답률 56%와 38%).

마지막으로 생략된 주어의 선행사가 문장 내에 있는 경우로서, 대부분 복합문에 해당한다. 복합문에서는 보문이 주문장을 앞서게 되고 두 문장의 주어가 동일할 때 주문장의 주어가 생략될 가능성이 높다. 이는 한국어의 일반적인 특성인 만큼, 생략된 주어를 파악하기가 어렵지 않을 것으로 예상되고, 실제 예(헌법 제67조, 민법 제5조)에서 생략된 주어의 복원 가능성이 매우 높게 나왔다(정답률 88%와 94%). 생략된 주어의 선행사가 동일문의 다른 성분이거나 이것들을 토대로 재구성해야 하는 경우도 있는데(민법 제147조 3항), 법률지식 및 내용에 대한 이해가 전제되므로 가독성은 악화될 수밖에 없다(정답률 31%).

따라서 이러한 가독성 악화의 요인들을 참고하여 그 향상 방안을 제시해 보면, 주어 생략과 관련해서 가독성을 향상시키기 위해서는 지금까지 파악된 '법률지식의 전제', '문장 경계', '구조 변형' 등 가독성의 저해요인들을 최소화할 필요가 있다. 특히 가독성에 크게 영향을 미치는 것으로 보이는 '법률지식의 전제'는 비전문가에게는 가독성 악화의 가장 큰 요인으로 파악되는 만큼, '법률지식'이 전제되는 경우(예, 일반적인 사람, 국가 및 국가 기관, 앞 문장 전체를 받는 경우 등)에는 주어 생략을 최대한 피하는 것이 바람직하다.

한편, 문장 경계와 관련해서, 동일 문장의 주어가 선행사인 경우는 복원 가능성이 높으므로 법조문의 효율적인 구성을 위해서 주어를 굳이 제시할 필요는 없다. 그러나 문장과 조(條)를 넘어서면 생략된 주어에 대한 선행사의 후보가 많아짐으로써 그 복원 가능성이 낮아지므로 이것들을 넘어서는 주어 생략은 피하는 것이 좋다. 나아가 '법률지식의 전제'와 '구조 변형' 등 저해요인들이 복합적으로 작용하면(예, 민법 제147조 3항) 가독성이 그만큼 악화되는 만큼, 가독성 저해 요인들을 최소화할 필요성이 제기된다.

## 5.3.2. 어순과 가독성

일반적으로 한국어에서 목적어 명사구 두 개, 즉 직접목적어와 간접목적어가 나오면 "간접목적어 > 직접목적어 > 동사" 순으로 배열될 것이라고 기대하기 쉽다. 그런데, 구명철(2021)의 법률코퍼스 분석에 따르면 [간접목적어 + 직접목적어 + 동사]보다 [직접목적어 + 간접목적어 + 동사] 어순이 훨씬 빈도 높게 나오고 있음이 확인된다. 이러한 특징은 목적어 명사구들을 배열할 때 한국어에서는 독일어와 달리 문법적인 요인보다는 지시관계, 개념의 관계성 등의 요인이 더 크게 작용하기 때문인 것으로 보인다. 따라서 한국어에서는, 특히 텍스트의 특성상 명확성이 요구되는 법조문에서는 지시관계나 정보의 가치, 나아가 목적어의 길이에 따라 직접목적어와 간접목적어의 배열을 달리하는 것이 필요하다.

우선, 표현의 명확성을 요구하는 법조문에서는 직접목적어가 대명사를 포함하거나 관계 명사인 경우에는 그것이 지시하거나 관계 맺는 선행 표현과의 원활한 연결을 위해서 직접목적어가 간접목적어를 선행하는 [직접목적어 + 간접목적어 + 동사]의 어순이 선호되고, 이렇게 할 경우 가독성을 높이는 데 도움이 된다. 예를 들어, 공중위생관리법 제9조 2항("제1항의 경우에 관계공무원은 그 권한을 표시하는 증표를 지녀야 하며, 관계인에게 이를 내보여야 한다.")의 경우 직접목적어 "이를"이 앞에 나오는 명사구("그 권한을 표시하는 증표를")를 지시하므로 간접목적어("관계인에게")보다 선행하여 지시관계를 명확하게 해줌으로써 가독성을 높일 수 있다. 실제로 유사한 구문을 보이는 주민등록법 제20조 8항("관계 공무원은 제1항에 따른 조사를 할 때에, 그 권한을 나타내는 증표를 지니고 이를 관계인에게 내보여야 한다.")을 비롯한 많은 조항들에서 직접목적어 "이를"이 간접목적어("관계인

에게")보다 선행하는 것을 볼 수 있다. 따라서 공중위생관리법 제9조(보고 및 출입
·검사) 2항에서도 직접목적어가 대명사인 점을 고려하여 "간접목적어 > 직접
목적어" 대신 "직접목적어 > 간접목적어"로 배열하면 가독성이 높아지고 유사
구문을 일관성 있게 사용할 수 있게 된다.

한편, 산림보호법 제8조 3항("산림청장 또는 시·도지사는 제2항에 따른 이의신청을
받은 날부터 20일 이내에 그 이의신청에 대하여 결정을 하고 지체 없이 그 결과를 신청인에게
알려야 한다.")처럼 직접목적어가 관계 명사인 경우에도 그것이 관계 맺는 선행
표현과의 원활한 연결을 위해서 직접목적어가 간접목적어를 선행하는 [직접목
적어 + 간접목적어 + 동사]의 어순이 가독성을 높이는 데 도움이 된다.

마지막으로 직접목적어가 간접목적어보다 긴 민법 제443조와 같은 경우("전
조의 규정에 의하여 주채무자가 보증인에게 배상하는 경우에 주채무자는 [자기를 면책하게
하거나 자기에게 담보를 제공할 것을](DO) 보증인에게(IO) 청구할 수 있고 또는 배상할 금액
을 공탁하거나 담보를 제공하거나 보증인을 면책하게 함으로써 그 배상의무를 면할 수 있다.")
에도 동사 후치 어순을 보이는 한국어에서는 긴 목적어가 짧은 목적어에 선행
하는 경향이 있다는 최혜원(2007)의 주장을 고려하여 직접목적어를 간접목적
어에 선행하는 어순으로 구성하는 것이 좋다.

물론 한국어에서도 간접목적어가 직접목적어에 선행하는 "간접목적어 > 직
접목적어" 배열이 요구되는 경우도 있다. 동사와 직접목적어의 연어값이 상대
적으로 높은 긴밀한 관계를 보이거나, 직접목적어가 서술성 명사로서 경동사
'하다'와 결합된 경우들이다.[168] 우선, 동사와 직접목적어가 긴밀한 관계를 보
이는 경우는 민법 제436조의2 4항("채권자가 제1항부터 제3항까지의 규정에 따른 의무
를 위반하여 보증인에게 손해를 입힌 경우에는 법원은 그 내용과 정도 등을 고려하여 [...].")에
서처럼 직접목적어가 특정한 동사와 결합되어 나오는 경우이다. 예를 들어,
"손해를 입히다", "(위)해를 끼치다", "불이익을 주다" 등처럼 동사와 직접목적

---

168  이에 대해 아래의 내용과 관련된 자세한 논의는 구명철(2021: 12f.) 참조.

어가 연어를 구성하는 경우들이다.

또한, 직접목적어가 서술성 명사(예, '질문', '기피신청', '신고', '등록')로서 경동사 '하다'와 결합된 경우에도 이것이 동사와 연달아 나오는 [간접목적어 + 직접목적어 + 동사] 구문이 선호된다(구명철 2021: 12). 예를 들어, 건설기계관리법 제61조 1항("[...], 필요하면 소속 공무원에게 운수사업자의 사업장에 출입하여 장부 · 서류, 그 밖의 물건을 검사하거나 관계인에게 질문을 하게 할 수 있다.")에서 "질문을 하다"가 연달아 나오는 것을 볼 수 있는데, 간접목적어와 직접목적어의 위치를 바꾸면 "질문을 관계인에게 하다"처럼 어색하거나 자연스럽지 않은 문장이 유도된다. 따라서 연어나 "서술형 명사 + 하다"처럼 직접목적어와 동사의 긴밀도가 높은 표현이 사용되는 경우에는 직접목적어를 동사에 가깝게 배열하는 [간접목적어 + 직접목적어 + 동사] 구문을 사용하는 것이 정확성과 명확성을 높여 가독성을 개선할 수 있다. 결국, 법조문에서는 위에서 언급한 것처럼 한편으로는 지시관계나 개념의 관계성, 목적어의 길이 등에 따라, 또 다른 한편으로는 동사와 (직접)목적어의 긴밀도에 따라[169] 각각 "직접목적어 > 간접목적어"나 "간접목적어 > 직접목적어"로 적절히 배열할 필요가 있다.

### 5.3.3. 수식어와 피수식어의 어순

수식어와 피수식어가 여러 개 중첩되어 나오면 수식어가 어떤 피수식어와 관련되는지 파악하기가 쉽지 않다. 예를 들어, 형법 제12조("저항할 수 없는 폭력이나 자기 또는 친족의 생명, 신체에 대한 위해를 방어할 방법이 없는 협박에 의하여 강요된

---

169  여기서 흥미로운 점은 [간접목적어 + 직접목적어 + 동사]의 경우에는 직접목적어와 동사의 긴밀도가 어순에 영향을 미치는 반면, [직접목적어 + 간접목적어 + 동사]의 경우에는 앞서 살펴본 것처럼 간접목적어와 동사의 긴밀도가 아니라 지시관계나 길이 등 직접목적어 명사구의 특성이 중요한 요인이 된다는 것이다. 이는 다른 한편으로는 간접목적어가 직접목적어와 달리 동사와 긴밀한 관계를 형성하지 않는다는 구문 형성의 일반적인 원칙과도 관련된다.

행위는 벌하지 아니한다.")에는 수식어("저항할 수 없는", "방어할", "방법이 없는", "협박에 의하여 강요된")와 여기에 관련된 피수식어가 다수 들어 있어서 수식어와 피수식어의 통사적 대응관계를 파악하기가 매우 어려워 보인다. 이런 경우는 통사적 구조와 의미적인 관계를 파악해 보는 것이 중요하다. 여기서 수식어 "저항할 수 없는", "방어할", "방법이 없는", "협박에 의하여 강요된"은 피수식어가 여러 개 있는 경우는 아니다. 자세히 살펴보면 이것들은 각각 바로 뒤에 위치하는 명사들, 즉 '폭력', '방법', '협박', '행위'를 수식한다. 이러한 수식관계는 이들의 조합, 즉 "저항할 수 없는 폭력", "방어할 방법", "(방어할) 방법이 없는 협박", "강요된 행위"의 의미적 결합 가능성을 통해서 확인할 수 있다. 결국, 형법 제12조가 수식관계로 인해 이해하기 어려워 보이는 이유는 한 문장 안에 수식관계가 여러 개 잇달아 나오는 문장 구성 때문이다.

착시효과로 인해 수식관계가 복잡하게 보이는 형법 제12조와 달리, 수식어 하나에 피수식어가 여러 개 있는 경우에는 피수식어를 선택할 때 앞서 살펴본 것처럼 거리에 따른 최신효과보다는 통사적으로 술어에 더 밀접해야 한다는 술어근접성 원리가 적용되는 경향이 있다. 다만, 안긴 구문이 들어 있어서 술어근접성 원리만으로 설명이 안 되는 헌법 제33조 3항("법률이 정하는 주요방위산업체에 종사하는 근로자의 단체행동권은 법률이 정하는 바에 의하여 이를 제한하거나 인정하지 아니할 수 있다.")의 경우는 최신효과가 추가 기준으로 활용될 수 있다. 즉, "법률이 정하는 주요방위산업체에 종사하는 근로자의 단체행동권은"은 "[[[[법률이 정하는] 주요방위산업체에 종사하는] 근로자의] 단체행동권은]"처럼 안긴 구문이 반복되는 구조를 보이는데, 이 경우 "법률이 정하는"이 술어근접성 원리에 따라 "단체행동권"을 수식하는 것이 아니라 최신효과에 따라 "주요방위산업체"를 수식한다.

한편, 피수식어가 병렬적으로 나오는 형법 2조("본법은 대한민국영역내에서 죄를 범한 내국인과 외국인에게 적용한다.")는 다른 제약이 없다면 등위접속된 구성요소들("내국인과 외국인에게")이 동등하게 "대한민국영역내에서 죄를 범한"의 피수식어로 간주될 수 있다. 따라서 수식관계의 어순 및 그 구성에 술어근접성 원리를 기초로 하고 방금 언급한 추가 요인들을 적절히 고려하면 가독성을 향상시키는 데 도움이 될 것이다.

## 5.4. 의미론적 관점에서의 가독성 향상 방안

대명사와 같은 대용어가 나오는 경우에는 지시관계를 제대로 파악하는 것이 내용을 올바르게 이해하는 데 중요하다. 게다가 대명사가 한 문장에 두 개 이상 나오면 이들의 지시관계를 파악하는 데 어려움이 배가해서 명확성이 요구되는 법조문에서는 그 사용에 신중을 기해야 한다.

특히 한국어 대명사는 문법적인 정보를 별로 지니지 않기 때문에 그 선행사를 특정하기 어려운 경우가 많다. 예를 들어, 앞서 살펴본 민법 제1113조 2항("조건부의 권리 또는 존속기간이 불확정한 권리는 가정법원이 선임한 감정인의 평가에 의하여 그 가격을 정한다.")에서 대용어 '그' 때문에 "그 가격"이 무엇의 가격인지 파악하기 쉽지 않고, 이와 같은 불명확성(Unklarheit)으로 인해 가독성이 저해되고 있다(구명철/정수정 2018: 6). 특히 대용어가 한 문장 안에서 여러 번 사용되는 민법 제125조("제삼자에 대하여 타인에게 대리권을 수여함을 표시한 자는 그 대리권의 범위내에서 행한 그 타인과 그 제삼자간의 법률행위에 대하여 책임이 있다. 그러나 제삼자가 대리권없음을 알았거나 알 수 있었을 때에는 그러하지 아니하다.")와 같은 경우에는 선행사를 특정하기가 훨씬 어려워서 가독성이 크게 떨어질 수 있다. 즉, "그 대리권", "그 타인", "그 제삼자" 등처럼 대용어가 필요 이상으로 연달아 사용되고 있어 자연스럽지 못할 뿐만 아니라, "그러하지"라는 술어 대용어는 문장의 경계를 넘어서 선행사를 찾아야 하는 상황이다. 따라서 이러한 대명사 및 술어 대용어의 사용을 최대로 자제하는 것이 가독성을 향상시키는 데 도움이 된다.

한편, "나는 새를 바라보고 있다."처럼 이중적인 구조를 보이는 경우는 이중 의미로 해석될 수 있기 때문에 중의성 해소를 위한 구성이 필요하다. 구문의 중의성은 특히 앞서 통사 현상의 일환으로 살펴본 수식어-피수식어 구문에서 흔히 나타난다. 등위접속되어 나오는 두 개의 피수식어가 잘못 구성되어 문제가 생기는 경우들이다. 예를 들어, 앞서 살펴본 것처럼 수식어와 피수식어의 관계 및 위치와 관련된 개정 전의 형법 제170조의 2항("과실로 인하여 자기의 소유에 속하는 제166조 또는 제167조에 기재한 물건을 소훼하여 공공의 위험을 발생하게 한 자도 전항의 형과 같다.")는 언어학적으로 뿐만 아니라(김기영 2007), 법조계에서도 적지 않은 논란이 있었다. 앞서 살펴본 것처럼, 형법 제170조 2항에서 "자기의 소유에 속하는 제166조 또는 제167조에 기재한 물건을" 부분에서 "자기의 소유에 속하는"은 "제166조"가 아니라 "(제166조 또는 제167조에 기재한) 물건"을 수식한다. 그런데, 이렇게 해석할 경우 – 타인의 소유에 속하는 제166조에 기재한 물건을 소훼한 자에 대해서는 제170조 1항에 규정되어 있는 반면 – "타인의 소유에 속하는 물건을" 소훼하여 공공의 위험을 발생하게 한 자는 배제되는 예기치 않은 결과를 낳기 때문이다. 이처럼 수식구문은 오해석을 야기하거나 중의성을 일으키기 쉬우므로, 가독성에 문제가 될 수 있는 가능성을 최대한 배제하여 수식구문을 구성해야 한다.


## 5.5. 텍스트 언어학적 관점에서의 가독성 향상 방안

피행위자 및 대상이 '주어진 정보'인 경우, 즉 '주어진 피행위자'를 문장의 주제인 토픽으로 만들 수 있는 방법은 두 가지가 있는데, 우선 수동변형을 통해 피행위자를 주어로 변화시킨 뒤 토픽으로 만드는 방법과 직접목적어를 직접 주제화하는 방법이다. 이미 살펴본 것처럼, 언어유형론적인 관점에서 주어-선호 언어로 분류될 수 있는 독일어에서는 '주어진 피행위자'가 나올 경우 수동 변형을 통해 '피행위자'를 주어, 나아가 토픽 자리에 위치시키는 반면, 토픽-선호적 특성을 보이는 한국어에서는 '주어진 피행위자'가 직접목적어로서 그대로 토픽이 되는 경향이 강하다(구명철 2017a).

언어유형론상의 이러한 차이는 앞서 살펴본 것처럼 독일 기본법과 우리나라 헌법의 법조항 전체를 대상으로 한 조사를 통해서도 확인된다. 즉, '주어진 피행위자'가 나올 경우 수동문으로 변형이 직접목적어의 단순 토픽보다 현저히 우세하게 나오는 독일 기본법에서와 달리, 우리나라 헌법에서는 헌법 제3조("대한민국의 영토는 한반도와 그 부속도서로 한다.")나 헌법 제31조 3항("의무교육은 무상으로 한다.")에서처럼 '주어진 피행위자'(직접목적어)의 주제화가 주된 전략으로 사용됨을 확인할 수 있다.

물론, 문맥을 통해 행위자를 알 수 있는 헌법 제128조 1항("헌법개정은 국회재적 의원 과반수 또는 대통령의 발의로 제안된다.")의 경우나, 헌법 제23조 1항("모든 국민의 재산권은 보장된다.")처럼 행위자를 '국가'나 '일반적인 사람'으로 유추할 수 있는 경우, 즉 행위자를 명시적으로 나타낼 필요가 없을 때에는 피동 동사('제안된다', '보장된다')가 사용되기도 한다. 이런 경우는 '보장되다/인정되다/확정되다/파면되다'처럼 '-되다' 형식의 피동 동사가 소위 '어휘화' 된 동사로서 '-하다' 형식의 농동동사보다 더 빈도 높게 사용되는 경향을 보인다.

결과적으로 한국어에서는 행위자를 명시적으로 나타낼 필요가 없고 이에 따라 피동 동사가 어휘화된 경우를 제외하고는, 피행위자가 문맥 및 맥락에서 주어진 경우 피행위자 표현, 즉 직접목적어를 주제화 시키는 전략을 사용하는 것이 좋다. 즉, '주어진 피행위자'를 토픽으로 만들어서 문두에 위치시키면 이 피행위자 표현이 앞 문장, 전항, 전조 등에 들어 있는 선행하는 표현과 관계 맺기가 용이해서 가독성을 높일 수 있기 때문이다.

제3부

코퍼스를 활용한 법률언어의 분석

# 제1장 어휘목록: 어휘별, 품사별 목록

## 1.1. 어휘별 목록

제1부(제3장) 코퍼스 활용 분석방법에서 소개한 CWB를 이용하면 법률을 구성하는 어휘와 그 빈도를 추출하여 어휘목록을 작성할 수 있다. 예를 들어, 독일과 한국의 기본 3법 전체(기본법/헌법, 형법, 민법)를 대상으로 구축한 코퍼스(D-GESETZ와 K-GESETZ)에서[170] 어휘별 목록을 추출하는 CQP 검색식을 제시하면 다음과 같다.[171]

(1) a. D-GESETZ;
   T=[word=".*" & pos!="$.*|XY|TRUNC|SGML"]; count by lemma > "freqLexem-dt(all).txt";
   b. K-GESETZ;
   T=[word=".*" & pos!="JK.*|E.*|S.*|MM|JX|JC| XP|XS"]; count by word > "freqLexem-kr(all).txt";

---

170 한국의 기본 3법 코퍼스는 헌법, 형법, 민법(2017년 3월 기준)을 대상으로 이민행(2015)을 참고하여 구축하였음.
171 독일어와 한국어 태그셋에 대해서는 '부록' 참고.

　　(1a)는 독일어 기본 3법 코퍼스(D-GESETZ)에서 비(非)어휘, 합성어의 선두 부분, SGML 마크업 부분 등을 제외하고(pos!="$.*|XY|TRUNC|SGML") 나머지 모든 어휘들을 빈도와 함께 "freqLexem-dt(all).txt"라는 파일에 저장하라는 명령이다. 그리고 (1b)는 한국 기본 3법 코퍼스(K-GESETZ)에 대하여 격조사, 어미, 기호, 관형사, 접사 등은 제외하고(pos!="JK.*| E.*|S.*|MM|JX|JC|XP|XS") 나머지 명사, 동사, 부사 등 주요 품사에 해당하는 어휘들을 모두 추출하여 그 빈도와 함께 "freqLexem-kr(all).txt"라는 파일에 저장하라는 명령이다. (1)에 제시된 검색식을 통해 얻어진 독일과 한국의 기본 3법 전체의 어휘별 목록은 아래 <표 3-1> 및 <표 3-2>와 같다.

<표 3-1> 독일 기본 3법(전체)에서
상위빈도 어휘의 빈도와 빈도등급

| 어휘<br>(독일어) | 빈도 | 빈도<br>등급[172] |
|---|---|---|
| die | 40,897 | 1 |
| eine | 9,539 | 3 |
| sein | 6,950 | 3 |
| oder | 6,476 | 3 |
| zu | 5,811 | 3 |
| in | 4,671 | 4 |
| und | 3,867 | 4 |
| werden | 3,808 | 4 |
| von | 3,007 | 4 |
| nicht | 2,775 | 4 |
| können | 2,253 | 5 |
| Absatz | 2,230 | 5 |
| wenn | 2,209 | 5 |
| nach | 2,187 | 5 |
| auf | 2,185 | 5 |
| für | 2,157 | 5 |
| mit | 2,122 | 5 |

<표 3-2> 한국 기본 3법(전체)에서
상위빈도 어휘의 빈도와 빈도등급

| 어휘[173]<br>(한국어) | 빈도[174] | 빈도<br>등급 |
|---|---|---|
| 있다 | 1,345 | 1 |
| 또는 | 1,245 | 1 |
| 하다 | 1,186 | 1 |
| 때 | 1,108 | 1 |
| 자 | 923 | 1 |
| 수 | 897 | 1 |
| 경우 | 736 | 1 |
| 아니하다 | 557 | 2 |
| 의하다 | 552 | 2 |
| 이 | 523 | 2 |
| 년 | 517 | 2 |
| 대하다 | 461 | 2 |
| 규정 | 451 | 2 |
| 이하 | 396 | 2 |
| 관하다 | 380 | 2 |
| 없다 | 344 | 2 |
| 받다 | 339 | 2 |

| 어휘<br>(독일어) | 빈도 | 빈도<br>등급 | 어휘<br>(한국어) | 빈도 | 빈도<br>등급 |
|---|---|---|---|---|---|
| so | 1,934 | 5 | 징역 | 327 | 3 |
| haben | 1,910 | 5 | 처하다 | 320 | 3 |
| er | 1,791 | 5 | 기간 | 310 | 3 |
| durch | 1,665 | 5 | 재산 | 307 | 3 |
| andere | 1,383 | 5 | 행위 | 289 | 3 |
| bei | 1,306 | 5 | 정하다 | 279 | 3 |
| bis | 1,306 | 5 | 전항 | 270 | 3 |
| dies | 1,222 | 6 | 법률 | 269 | 3 |
| an | 1,156 | 6 | 못하다 | 260 | 3 |
| dass | 1,133 | 6 | 죄 | 255 | 3 |
| als | 1,078 | 6 | 법원 | 253 | 3 |
| sich | 1,060 | 6 | 후견인 | 251 | 3 |
| Jahr | 1,000 | 6 | 권리 | 247 | 3 |

<표 3-1>과 <표 3-2>에 제시된 어휘별 목록을 살펴보면, 독일과 한국의 두 목록 모두 법률과 관련이 없는 어휘들이 많이 들어 있음을 알 수 있다. 특히 상위빈도 10까지의 어휘들은 모두 법률과 관련 없는 단어들이다. 독일어의 경우, 관사(die, eine), 전치사 및 접속사(oder, zu, in, und), 연결동사(sein, werden) 등이 상위권 어휘로 나오고 있고, 한국어의 경우에는 존재동사('있다'), 경동사('하다'), 보조동사('아니하다')와 의존명사('때', '자', '수', '년')가 주류를 이루고 있다. 즉, 독일과 한국의 기본 3법 전체에 대한 어휘별 목록을 빈도로만 보면 일반 언어 사용에서와 별 차이를 보이지 않는다.

그렇다면, 기본법 및 헌법, 형법, 민법 등 각 법률을 대상으로 한 별도의 어휘

---

172  '빈도등급'에 대해서는 제1부 3.2.2절 참고.
173  검색된 어휘 중에서 '제', '조', '항' 등과 같은 법조항의 형식적 구성 표현은 제외하였음.
174  여기서 (절대)빈도는 해당 코퍼스에서 검색되는 특정 어휘의 활용 및 변화형을 모두 포함한 숫자임.

별 목록은 각 법률의 특성을 좀 더 잘 보여줄 수 있을까? 각 법률의 어휘목록을 추출해서 살펴보면 이러한 특성을 관찰할 수 있을 것이다. 예를 들어, 독일의 기본법을 비롯한 형법 및 민법의 어휘목록을 추출하기 위해서는 기본 3법 전체에 대한 검색식을 다음과 같이 확장, 보완하면 된다.

> (2)  a.  D-GESETZ;
>         T=[word=".*" & pos!="$.*|XY|TRUNC|SGML"]:: match.text_id="gg";
>         count by lemma > "freqLexem-dt(gg).txt";
>       b.  D-GESETZ;
>         T=[word=".*" & pos!="$.*|XY|TRUNC|SGML"]:: match.text_id="str";
>         count by lemma > "freqLexem-dt(str).txt";
>       c.  D-GESETZ;
>         T=[word=".*" & pos!="$.*|XY|TRUNC|SGML"]:: match.text_id="bgb";
>         count by lemma > "freqLexem-dt(bgb).txt";

(2a)는 독일의 기본 3법 코퍼스(D-GESETZ)를 대상으로 하여, "gg"라는[175] id 를 갖는 텍스트, 즉 기본법에서 불필요한 품사를 제외한 모든 어휘들을 그 빈도에 따라 검색해서 "freqLexem-dt(gg).txt"라는 파일로 저장하라는 명령이다. 그리고 (2b)와 (2c)는 각각 형법(match.text_id="str")과 민법(match.text_id="bgb") 에서의 어휘별 목록을 추출하는 검색식이다. 이렇게 해서 얻어진 독일의 기본법, 형법, 민법에서의 상위빈도 어휘 30개를 절대빈도와 함께 각각 제시하면 다음과 같다.[176]

---

175  text_id의 값(gg/vfg, str, bgb)은 임의로 정해진 것으로 각각 기본법(gg)과 헌법(vfg), 형법 (str), 민법(bgb)을 의미한다.

176  검색을 통해서 얻어진 목록에서 법률명(GG, StGB 등), 조항(Art, Artikel, Absatz, Vorschrift) 등의 메타 어휘는 제외하였음.

| &lt;표 3-3&gt; 독일 기본법의 상위빈도 어휘 | | &lt;표 3-4&gt; 독일 형법의 상위빈도 어휘 | | &lt;표 3-5&gt; 독일 민법의 상위빈도 어휘 | |
|---|---|---|---|---|---|
| 어휘(기본법) | 빈도 | 어휘(형법) | 빈도 | 어휘(민법) | 빈도 |
| die | 3577 | die | 6929 | die | 30391 |
| und | 663 | oder | 3081 | eine | 6258 |
| eine | 463 | eine | 2818 | sein | 5101 |
| in | 458 | zu | 1577 | zu | 3816 |
| zu | 418 | in | 1456 | oder | 3097 |
| sein | 417 | sein | 1432 | in | 2757 |
| werden | 348 | werden | 1058 | werden | 2402 |
| von | 303 | mit | 997 | und | 2295 |
| oder | 298 | und | 909 | nicht | 2142 |
| Land | 290 | von | 875 | von | 1829 |
| können | 210 | Jahr | 783 | können | 1794 |
| auf | 198 | bis | 720 | wenn | 1707 |
| Bund | 194 | Freiheitsstrafe | 708 | auf | 1605 |
| durch | 189 | Tat | 517 | so | 1596 |
| für | 181 | nicht | 495 | für | 1595 |
| nach | 177 | bestrafen | 485 | haben | 1563 |
| dies | 156 | wer | 483 | nach | 1538 |
| mit | 152 | nach | 472 | er | 1432 |
| Bundesrat | 151 | wenn | 430 | durch | 1159 |
| Bundestag | 148 | andere | 421 | bei | 998 |
| nicht | 138 | auf | 382 | mit | 973 |
| Gesetz | 131 | für | 381 | andere | 892 |
| Bundesgesetz | 126 | sich | 343 | dass | 874 |
| Zustimmung | 111 | Fall | 339 | an | 837 |
| haben | 105 | Geldstrafe | 328 | dies | 809 |
| ihr | 101 | durch | 317 | als | 785 |
| bei | 91 | Täter | 316 | Ehegatte | 730 |
| Recht | 89 | er | 297 | gelten | 725 |
| soweit | 89 | Strafe | 290 | über | 721 |
| Bundesregierung | 83 | so | 277 | sich | 665 |

그런데, 앞서 제1부 3.2.2절에서 살펴본 것처럼 특정 분야 및 법률에서 상위 빈도를 보이는 어휘들이 반드시 해당 분야를 대표할 수는 없다. 예를 들어, 각 법률에서 절대빈도 상위 10위에 들어 있는 어휘들을 중심으로 살펴보면, 독일 기본법에 해당하는 <표 3-3>의 경우 "die, und, eine, in, zu, sein, werden, von, oder, Land" 중 'Land'를 제외하고는 모두 관사, 전치사, 접속사, 조동사 등과 같은 문법적 어휘로서 기본법의 특징을 반영한다고 볼 수 없다. 상위빈도 30개로 확대할 때에도 'Land', 'Bund', 'Bundesrat', 'Bundestag', 'Gesetz', 'Bundesgesetz', 'Zustimmung', 'Recht', 'Bundesregierung' 등만이 연방제, 법치주의 등 독일의 기본법상의 특징을 보여 주고 있다. 한편, <표 3-4>는 형법의 상위빈도 어휘목록인데, 기본법에서처럼 절대빈도 상위 10위권에 있는 "die, oder, eine, zu, in, sein, werden, mit, und, von"은 모두 문법적 어휘에 해당한다. <표 3-4>의 나머지 어휘들 중에도 "Jahr, Freiheitsstrafe, Tat, bestrafen, Geldstrafe, Täter, Strafe" 등만이 형사상의 특징을 보여 주는 어휘로 간주될 수 있다.[177] 민법의 경우, <표 3-5>에서 상위 10개뿐만 아니라 전체로 확대했을 때에도 "die, eine, sein, zu, oder, in, werden, und, nicht, von, können, wenn, auf, so, für, haben, nach, er, durch, bei, mit, andere, dass, an, dies, als, Ehegatte, gelten, über, sich" 중 '배우자'를 의미하는 'Ehegatte'를 제외하고는 어떤 것도 명확히 민사상의 개념이라고 보기 어렵다. 이처럼 어휘목록상의 절대빈도를 해당 분야의 대표적인 개념을 추출하는 데

---

177  이 중 'Jahr'는 "Das Höchstmaß der zeitigen Freiheitsstrafe ist fünfzehn Jahre, ihr Mindestmaß ein Monat."(StGB §38 Dauer der Freiheitsstrafe (2))에서처럼 '형벌(유기징역)' 의 내용에 포함되는 어휘로서 형법에서 빈도 높게 출현한다. 또한 'wer'는 "Wer mit Gewalt gegen eine Person oder unter Anwendung von Drohungen mit gegenwärtiger Gefahr für Leib oder Leben eine fremde bewegliche Sache einem anderen in der Absicht wegnimmt, die Sache sich oder einem Dritten rechtswidrig zuzueignen, wird mit Freiheitsstrafe nicht unter einem Jahr bestraft."(StGB §242 Raub (1))에서처럼 범죄(자)를 정의하는 데에 사용되는 표현으로서 형법에서 상위빈도 어휘로 나온다.

활용하기에는 어려움이 있다. 특정 분야의 전문어를 추출하는 방법으로는 오히려 앞서 제1부 3.2.2절에서 소개한 상대빈도비율(RFR)을 활용할 수 있다. 상대빈도비율은 주제어(KeyWords)를 검색할 때 사용할 수 있는 공식으로서 여기에 다시 제시하면 다음과 같다.[178]

$$(3) \quad \frac{(특정\ 어휘의\ 빈도수/해당\ 분야\ 어휘의\ 빈도수\ 합)*100}{(모집단에서\ 특정\ 어휘의\ 빈도수/모집단\ 어휘의\ 빈도수\ 합)*100}$$

이제 (3)에 제시된 공식을 활용하여 기본법, 형법, 민법의 사용 어휘에 대한 상대빈도비율을 계산할 수 있다. 우선, 기본법에서 사용 어휘들의 상대빈도비율을 구한 뒤, 상대빈도비율 상에서 상위권 30개를 골라서 제시해 보면 다음과 같다.[179]

<표 3-6> 독일 기본법의 상대빈도비율 상위권 어휘

| 어휘 | 빈도 (전체) | 상대빈도 (전체) | 빈도 (기본법) | 상대빈도 (기본법) | 상대빈도 비율 |
|---|---|---|---|---|---|
| Bundesgesetz | 126 | 0.048 | 126 | 0.58 | 12.14 |
| Verteidigungsfall | 35 | 0.013 | 35 | 0.161 | 12.14 |
| Bundeskanzler | 28 | 0.011 | 28 | 0.129 | 12.14 |
| Aufkommen | 24 | 0.009 | 24 | 0.11 | 12.14 |
| Bundesminister | 19 | 0.007 | 19 | 0.087 | 12.14 |
| Bundesrecht | 18 | 0.007 | 18 | 0.083 | 12.14 |

---

178　여기서는 기본법, 형법, 민법 등 기본 3법을 분석의 대상으로 하는 만큼, 모집단은 기본 3법 전체가 되고 해당 분야는 기본법, 형법, 민법이 된다.

179　기본 3법의 규모 및 특성으로 인해 특정 법률에서만 배타적으로 출현하는 어휘들이 상당수 있다. 이 경우 특정 법률에서만 출현하는 어휘들의 상대빈도비율은 모두 동일하게 된다. 따라서 이하의 어휘목록 표에서는 상대빈도비율이 최대치로서 동일할 경우 그 절대빈도를 참고하여 상위 10개만 제시하고 나머지 20개는 상대빈도비율의 순서에 따라 제시한다. 후자는 상대빈도비율이 최고치는 아니더라도 해당 법률에서만 출현하지는 않기 때문에 그 값이 높은 경우 상대적인 대표성을 띤다고 볼 수 있다.

| 어휘 | 빈도<br>(전체) | 상대빈도<br>(전체) | 빈도<br>(기본법) | 상대빈도<br>(기본법) | 상대빈도<br>비율 |
|---|---|---|---|---|---|
| Streitkraft | 18 | 0.007 | 18 | 0.083 | 12.14 |
| Grundrecht | 14 | 0.005 | 14 | 0.064 | 12.14 |
| Haushaltsplan | 11 | 0.004 | 11 | 0.051 | 12.14 |
| Gesetzesvorlage | 9 | 0.003 | 9 | 0.041 | 12.14 |
| Volksentscheid | 9 | 0.003 | 9 | 0.041 | 12.14 |
| Bundestag | 152 | 0.058 | 148 | 0.681 | 11.83 |
| Gemeindeverband | 29 | 0.011 | 28 | 0.129 | 11.73 |
| Bundesrat | 159 | 0.06 | 151 | 0.695 | 11.53 |
| Grundgesetz | 76 | 0.029 | 72 | 0.331 | 11.51 |
| Gesetzgebung | 35 | 0.013 | 33 | 0.152 | 11.45 |
| Steuer | 17 | 0.006 | 16 | 0.074 | 11.43 |
| Abgeordnete | 14 | 0.005 | 13 | 0.06 | 11.28 |
| Nähere | 50 | 0.019 | 46 | 0.212 | 11.17 |
| Fassung | 11 | 0.004 | 10 | 0.046 | 11.04 |
| Umsatzsteuer | 10 | 0.004 | 9 | 0.041 | 10.93 |
| Inkrafttreten | 9 | 0.003 | 8 | 0.037 | 10.8 |
| Million | 9 | 0.003 | 8 | 0.037 | 10.8 |
| Rechtsweg | 9 | 0.003 | 8 | 0.037 | 10.8 |
| Reich | 9 | 0.003 | 8 | 0.037 | 10.8 |
| fassen | 9 | 0.003 | 8 | 0.037 | 10.8 |
| auswärtig | 9 | 0.003 | 8 | 0.037 | 10.8 |
| Bundespräsident | 41 | 0.016 | 36 | 0.166 | 10.66 |
| kraft | 24 | 0.009 | 21 | 0.097 | 10.63 |
| Bundesregierung | 95 | 0.036 | 83 | 0.382 | 10.61 |

<표 3-6>에서 예를 들어 'Bundestag'이라는 어휘의 상대빈도비율을 구한다고 할 때, 분모는 "모집단에서 특정 어휘의 빈도수/모집단 어휘의 빈도수 합"이므로 "(152/263963)*100=0.057584"이 되고, 분자는 "특정 어휘의 빈도수/해당 분야 어휘의 빈도수 합"이므로 "(148/21735)*100=0.680929"로서 전체 값은 "0.680929/0.057584= 11.83"이 된다. 즉, 기본법에서 'Bundestag'의 상

대빈도비율은 11.83으로 기본 3법 전체에서 출현하는 'Bundestag'의 비율보다 기본법에서 사용되는 비율이 약 11.8배 정도 높아서, 'Bundestag'이라는 어휘가 다른 법률에서보다 기본법에서 상대적으로 매우 자주 사용되는 어휘, 즉 기본법의 특성을 잘 보여 주는 주제어 중의 하나로 간주될 수 있다. 이처럼 <표 3-6>에 제시된 "Bundesgesetz, Verteidigungsfall, Bundeskanzler, Aufkommen, Bundesminister, Bundesrecht, Streitkraft, Grundrecht, Haushaltsplan, Gesetzesvorlage, Volksentscheid, Bundestag, Gemeindeverband, Bundesrat, Grundgesetz, Gesetzgebung, Steuer, Abgeordnete, Nähere, Fassung, Umsatzsteuer, Inkrafttreten, Million, Rechtsweg, Reich, fassen, auswärtig, Bundespräsident, kraft, Bundesregierung"[180] 등은 절대빈도에 기반한 어휘목록에서와는 달리 'Aufkommen', 'Nähere',[181] 'Million'과 같은 몇 개의 어휘를 제외하고는 '연방제'에 기초한 국가의 특성(Bundesgesetz, Bundeskanzler, Bundesminister, Bundesrecht, Bundestag, Bundesrat, Bundespräsident, Bundesregierung; Grundrecht, Haushaltsplan, Gesetzesvorlage, Volksentscheid, Gemeindeverband, Grundgesetz, Gesetzgebung, Steuer, Abgeordnete, Fassung,

---

180 기본법에서 상대빈도비율이 높은 이 어휘들 중 대부분이 명사라는 점은 흥미롭다. 이러한 현상은 아래 제시하는 형법과 민법의 어휘목록 표에서도 관찰할 수 있는데, 명사가 개념을 나타내는 품사로서 해당 분야의 특성을 보여 주기에 적합하다는 것과 관련이 있는 것으로 보인다.

181 'Nähere'도 "Die Hauptstadt der Bundesrepublik Deutschland ist Berlin. Die Repräsentation des Gesamtstaates in der Hauptstadt ist Aufgabe des Bundes. Das Nähere wird durch Bundesgesetz geregelt."(GG Art 22 (1))에서처럼 "[…] (기타) 자세한 사항은 연방법에 의해 규정된다."고 함으로써 연방법의 상위법으로서 기본법의 특성을 반영하고 있다. 'Stellungnahme' 의 경우 "Die Bundesregierung berücksichtigt die Stellungnahmen des Bundestages bei den Verhandlungen."(GG Art 23 (3))과 "Soweit in einem Bereich ausschließlicher Zuständigkeiten des Bundes Interessen der Länder berührt sind oder soweit im übrigen der Bund das Recht zur Gesetzgebung hat, berücksichtigt die Bundesregierung die Stellungnahme des Bundesrates."(GG Art 23 (5))에서처럼 연방정부(Bundesregierung)와 연방의회(Bundestag, Bundesrat)의 관계를 규정함으로써 독일의 최상위법으로서 기본법의 특성을 보여 준다.

Umsatzsteuer, Inkrafttreten, Rechtsweg, Reich), 즉 독일 기본법상의 특성을 보여주고 있다. 따라서 상대빈도비율이 특정 분야의 주제어를 추출하는 데 매우 적합하고 유용한 방법임을 알 수 있다.

상대빈도비율에 의한 주제어 검색은 독일 형법을 분석 대상으로 했을 때에도 분명히 드러난다.

<표 3-7> 독일 형법의 상대빈도비율 상위권 어휘

| 어휘 | 빈도 (전체) | 상대빈도 (전체) | 빈도 (형법) | 상대빈도 (형법) | 상대빈도 비율 |
|---|---|---|---|---|---|
| Amtsträger | 72 | 0.027 | 72 | 0.114 | 4.166 |
| Vollstreckung | 42 | 0.016 | 42 | 0.066 | 4.166 |
| Verfall | 39 | 0.015 | 39 | 0.062 | 4.166 |
| Bande | 35 | 0.013 | 35 | 0.055 | 4.166 |
| verwahren | 24 | 0.009 | 24 | 0.038 | 4.166 |
| schädigen | 24 | 0.009 | 24 | 0.038 | 4.166 |
| Mindestmaß | 21 | 0.008 | 21 | 0.033 | 4.166 |
| Tagessatz | 21 | 0.008 | 21 | 0.033 | 4.166 |
| Verbreiten | 21 | 0.008 | 21 | 0.033 | 4.166 |
| Staatsgeheimnis | 18 | 0.007 | 18 | 0.028 | 4.166 |
| Freiheitsstrafe | 709 | 0.269 | 708 | 1.117 | 4.16 |
| Geldstrafe | 329 | 0.125 | 328 | 0.518 | 4.153 |
| bestrafen | 487 | 0.184 | 485 | 0.765 | 4.149 |
| Täter | 319 | 0.121 | 316 | 0.499 | 4.127 |
| strafbar | 139 | 0.053 | 137 | 0.216 | 4.106 |
| Tat | 526 | 0.199 | 517 | 0.816 | 4.095 |
| rechtswidrig | 101 | 0.038 | 99 | 0.156 | 4.083 |
| bedrohen | 46 | 0.017 | 45 | 0.071 | 4.075 |
| Versuch | 131 | 0.05 | 128 | 0.202 | 4.071 |
| gewerbsmäßig | 40 | 0.015 | 39 | 0.062 | 4.062 |
| mildern | 38 | 0.014 | 37 | 0.058 | 4.056 |
| Bewährung | 31 | 0.012 | 30 | 0.047 | 4.032 |
| begehen | 175 | 0.066 | 169 | 0.267 | 4.023 |

| 어휘 | 빈도 (전체) | 상대빈도 (전체) | 빈도 (형법) | 상대빈도 (형법) | 상대빈도 비율 |
|---|---|---|---|---|---|
| Straftat | 183 | 0.069 | 176 | 0.278 | 4.007 |
| wissentlich | 23 | 0.009 | 22 | 0.035 | 3.985 |
| gefährlich | 23 | 0.009 | 22 | 0.035 | 3.985 |
| Opfer | 42 | 0.016 | 40 | 0.063 | 3.968 |
| namentlich | 21 | 0.008 | 20 | 0.032 | 3.968 |
| Beleidigung | 19 | 0.007 | 18 | 0.028 | 3.947 |
| wenigstens | 18 | 0.007 | 17 | 0.027 | 3.935 |

<표 3-7>에서 형법에서만 배타적으로 출현하는 "Amtsträger, Vollstreckung, Verfall, Bande, verwahren, schädigen, Mindestmaß, Tagessatz, Verbreiten, Staatsgeheimnis"뿐만 아니라, 상대빈도비율이 다른 법률에서보다 높게 나오는 "Freiheitsstrafe, Geldstrafe, bestrafen, Täter, strafbar, Tat, rechtswidrig, bedrohen, Versuch, gewerbsmäßig, mildern, Bewährung, begehen, Straftat, wissentlich, gefährlich, Opfer, namentlich, Beleidigung, wenigstens"[182] 중 대부분이 형벌(Freiheitsstrafe, Geldstrafe, bestrafen, strafbar), 범죄 행위(Tat, rechtswidrig, bedrohen, Versuch, begehen, Straftat, wissentlich, gefährlich, Beleidigung) 등과 관련되어 있어 그 의미상 형사 분야의 개념임을 의심할 여지가 없다. 물론 mildern, Bewährung, wissentlich 등처럼 내용상 형법의 핵심어로 간주할 수 있는지 의문이 드는 어휘들도 있지만, 이것들도 다음 법조항들이 보여 주는 것처럼 형법에서 고유한 용법이 있음을 알 수 있다(구명철/권민재 2021: 16).

---

182  형법에서도 상대빈도비율이 높은 어휘들 중에서 과반수 이상이 명사이기는 하지만 기본법이나 민법에서보다는 그 비율이 상대적으로 낮은 편이다. 형법의 경우 형사상의 개념을 나타내는 품사로서 명사뿐만 아니라, '범죄'와 형(벌), 즉 행위를 나타내는 동사(verwahren, schädigen, bestrafen, bedrohen, mildern, begehen)나 여기서 파생된 명사 및 형용사(Verbreiten, strafbar), 동사를 수식하는 부사어(rechtswidrig, gewerbsmäßig, wissentlich, gefährlich, wenigstens 등)도 많이 쓰이기 때문이다.

(4) a. mildern: Das Gericht kann die Strafe nach seinem Ermessen <u>mildern</u>
   [...] (StGB §89a Vorbereitung einer schweren staatsgefährdenden
   Gewalttat (7))

   b. Bewährung: (1) Das Gericht setzt die Vollstreckung des Restes einer
   zeitigen Freiheitsstrafe zur <u>Bewährung</u> aus, wenn [...] (StGB §57
   Aussetzung des Strafrestes bei zeitiger Freiheitsstrafe)

   c. wissentlich: Wer eine Bestattungsfeier absichtlich oder <u>wissentlich</u>
   stört, wird mit Freiheitsstrafe bis zu drei Jahren oder mit Geldstrafe
   bestraft. (StGB §167a)

따라서 형법의 경우에도 상대빈도비율을 활용하면 형사상의 특성을 잘 반영
하는 주제어, 즉 형사상의 전문어휘를 추출하는 데 도움을 받을 수 있다.
이제 민법을 대상으로 하여 상대빈도비율 상위 어휘들을 추출하여 보기로
한다.

<표 3-8> 독일 민법의 상대빈도비율 상위권 어휘

| 어휘 | 빈도 (전체) | 상대빈도 (전체) | 빈도 (민법) | 상대빈도 (민법) | 상대빈도 비율 |
|---|---|---|---|---|---|
| Grundschuld | 44 | 0.017 | 44 | 0.025 | 1.507 |
| Einrede | 22 | 0.008 | 22 | 0.013 | 1.507 |
| Finanzierungshilfe | 22 | 0.008 | 22 | 0.013 | 1.507 |
| Kauf | 22 | 0.008 | 22 | 0.013 | 1.507 |
| Reise | 22 | 0.008 | 22 | 0.013 | 1.507 |
| Zeitabschnitt | 22 | 0.008 | 22 | 0.013 | 1.507 |
| geschieden | 22 | 0.008 | 22 | 0.013 | 1.507 |
| hinweisen | 22 | 0.008 | 22 | 0.013 | 1.507 |
| zurückgeben | 22 | 0.008 | 22 | 0.013 | 1.507 |
| Ausspruch | 11 | 0.004 | 11 | 0.006 | 1.507 |
| Grundstück | 370 | 0.14 | 369 | 0.211 | 1.503 |
| Erbe | 234 | 0.089 | 233 | 0.133 | 1.501 |
| Rechtsgeschäft | 154 | 0.058 | 153 | 0.087 | 1.498 |

| 어휘 | 빈도 (전체) | 상대빈도 (전체) | 빈도 (민법) | 상대빈도 (민법) | 상대빈도 비율 |
|---|---|---|---|---|---|
| Gläubiger | 462 | 0.175 | 459 | 0.262 | 1.498 |
| Zweifel | 135 | 0.051 | 134 | 0.077 | 1.496 |
| vereinbaren | 123 | 0.047 | 122 | 0.07 | 1.495 |
| Gleiche | 121 | 0.046 | 120 | 0.069 | 1.495 |
| haften | 114 | 0.043 | 113 | 0.065 | 1.494 |
| Eigentümer | 328 | 0.124 | 325 | 0.186 | 1.494 |
| Nachlass | 106 | 0.04 | 105 | 0.06 | 1.493 |
| Betreuer | 99 | 0.038 | 98 | 0.056 | 1.492 |
| Ersatz | 166 | 0.063 | 164 | 0.094 | 1.489 |
| Ehegatte | 739 | 0.28 | 730 | 0.417 | 1.489 |
| Kündigung | 161 | 0.061 | 159 | 0.091 | 1.489 |
| unwirksam | 148 | 0.056 | 146 | 0.083 | 1.487 |
| Schadensersatz | 74 | 0.028 | 73 | 0.042 | 1.487 |
| vereinbart | 73 | 0.028 | 72 | 0.041 | 1.487 |
| Verkauf | 70 | 0.027 | 69 | 0.039 | 1.486 |
| Vormund | 208 | 0.079 | 205 | 0.117 | 1.486 |
| Bestellung | 67 | 0.025 | 66 | 0.038 | 1.485 |

<표 3-8>에서도 "Grundschuld, Einrede, Finanzierungshilfe, Kauf, Reise, Zeitabschnitt, geschieden, hinweisen, zurückgeben, Ausspruch"은 민법에서만 배타적으로 관찰되는 대표적인 어휘 10개로서 대부분 민사 분야의 개념임을 보여 주고 있고, 그 외에 민법에서의 상대빈도비율이 상대적으로 매우 높은 "Grundstück, Erbe, Rechtsgeschäft, Gläubiger, Zweifel, vereinbaren, Gleiche, haften, Eigentümer, Nachlass, Betreuer, Ersatz, Ehegatte, Kündigung, unwirksam, Schadensersatz, vereinbart, Verkauf, Vormund, Bestellung" 등도 친족 및 상속(Erbe, Nachlass, Betreuer, Ehegatte, Vormund), 계약과 매매 및 임대(vereinbaren, Kündigung, Verkauf, Bestellung), 물권 및 채권(Grundstück, Gläubiger, Eigentümer) 등 민사 분야나 이와 관련된 영역에서 주로

사용되는 어휘들로서 민사 분야의 주제어 및 전문어휘로 간주하는 데 어려움이 없다. 이처럼 특정 어휘의 모집단에서의 비율과 해당 분야에서의 비율을 비교함으로써 얻어지는 상대빈도비율은 각 법률 및 해당 분야의 주제어, 즉 전문어휘를 추출하는 데 매우 적합하고 유용한 방법임을 알 수 있다.

이제 한국의 기본 3법인 헌법, 형법, 민법의 어휘목록을 각각 추출하는 방법에 대해서 살펴보기로 하자. 아래 (4)에 제시된 검색식은 한국의 기본 3법(K-GESETZ) 전체를 대상으로 한 검색식 (1b)를 확장하여, 헌법(match.text_id="vfg"), 형법(match.text_id="str"), 민법(match.text_id="bgb")의 어휘별 목록을 각각 추출하라는 명령이다.

(4) a. K-GESETZ;
   T=[word=".*" & pos!="JK.*|E.*|S.*|MM|JX|JC| XP|XS"]:: match.text_id="vfg";
   count by word > "freqLexem-kr(vfg).txt";

b. K-GESETZ;
   T=[word=".*" & pos!="JK.*|E.*|S.*|MM|JX|JC| XP|XS"]::match.text_id="str";
   count by word > "freqLexem-kr(str).txt";

c. K-GESETZ;
   T=[word=".*" & pos!="JK.*|E.*|S.*|MM|JX|JC| XP|XS"]::match.text_id="bgb";
   count by word > "freqLexem-kr(bgb).txt";

(4)를 통해서 얻어진 한국의 헌법, 형법, 민법에서의 상위빈도 어휘 30개를 그 절대빈도와 함께 제시해 보면 다음과 같다.[183]

---

183  검색을 통해서 얻어진 목록에서 법률명('형법', '민법'), 조항('제', '조', '항') 등의 메타 어휘는 제외하였으며, 편의상 빈도등급은 생략함.

| \<표 3-9\> 한국 헌법의 상위빈도 어휘 | |
|---|---|
| 어휘(헌법) | 빈도 |
| 법률 | 119 |
| 하다 | 108 |
| 있다 | 100 |
| 정하다 | 89 |
| 수 | 88 |
| 대통령 | 84 |
| 의하다 | 83 |
| 국가 | 71 |
| 국회 | 70 |
| 또는 | 70 |
| 국민 | 60 |
| 때 | 55 |
| 관하다 | 54 |
| 아니하다 | 53 |
| 받 | 42 |
| 이 | 42 |
| 바 | 37 |
| 위하다 | 33 |
| 가지 | 32 |
| 없다 | 30 |
| 기타 | 26 |
| 및 | 25 |
| 필요하다 | 25 |
| 사항 | 23 |
| 의원 | 22 |
| 항 | 22 |
| 권리 | 21 |
| 자유 | 21 |
| 일 | 20 |
| 국무총리 | 19 |

| \<표 3-10\> 한국 형법의 상위빈도 어휘 | |
|---|---|
| 어휘(형법) | 빈도 |
| 또는 | 642 |
| 이하 | 388 |
| 년 | 387 |
| 징역 | 327 |
| 자 | 324 |
| 처하다 | 317 |
| 죄 | 251 |
| 때 | 215 |
| 하다 | 200 |
| 형 | 181 |
| 벌금 | 156 |
| 원 | 140 |
| 이상 | 140 |
| 범하다 | 124 |
| 있다 | 121 |
| 사람 | 118 |
| 등 | 88 |
| 만 | 82 |
| 자격 | 79 |
| 금고 | 77 |
| 목적 | 74 |
| 무기 | 73 |
| 수 | 73 |
| 전항 | 73 |
| 대하다 | 72 |
| 미수범 | 66 |
| 아니하다 | 66 |
| 정지 | 66 |
| 기타 | 64 |
| 행위 | 64 |

| \<표 3-11\> 한국 민법의 상위빈도 어휘 | |
|---|---|
| 어휘 (민법) | 빈도 |
| 있다 | 1124 |
| 하다 | 878 |
| 때 | 838 |
| 수 | 736 |
| 경우 | 667 |
| 자 | 585 |
| 또는 | 533 |
| 이 | 445 |
| 아니하다 | 438 |
| 규정 | 423 |
| 의하다 | 407 |
| 대하다 | 370 |
| 없다 | 287 |
| 재산 | 285 |
| 관하 | 270 |
| 기간 | 267 |
| 후견인 | 251 |
| 못하다 | 249 |
| 받다 | 238 |
| 법원 | 238 |
| 행위 | 216 |
| 채무자 | 210 |
| 효력 | 210 |
| 권리 | 209 |
| 채권 | 207 |
| 청구하다 | 206 |
| 법 | 204 |
| 것 | 201 |
| 채무 | 201 |
| 전항 | 197 |

그런데, 앞서 독일 각 법률의 어휘목록 추출 과정에서 언급한 것처럼 특정 분야 및 법률에서 상위빈도를 보이는 어휘들이 반드시 해당 분야를 대표할 수는 없다. 예를 들어, 헌법의 어휘목록 <표 3-9>에서 절대빈도 상위 10위에 들어 있는 "법률, 하다, 있다, 정하다, 수, 대통령, 의하다, 국가, 국회, 또는"에서 '대통령', '국가', '국회'를 제외하고 나머지 어휘들은 헌법의 특징을 반영한다고 볼 수 없다. 형법의 경우에도 절대빈도 상위 10에 "또는, 이하, 년, 징역, 자, 처하다, 죄, 때, 하다, 형"이 들어 있는데, 이 중 '징역', '처하다', '죄', '형' 정도가 형사상의 개념으로 직접 관련이 있을 정도이다. 민법에서는 심지어 "있다, 하다, 때, 수, 경우, 자, 또는, 이, 아니하다, 규정" 중 어느 것도 민사상의 개념을 나타낸다고 보기 어렵다.

이처럼 절대빈도를 포함한 우리나라 기본 3법의 어휘목록도 헌법, 형법, 민법 각 분야의 대표적인 개념을 추출하는 데 활용하기에는 부족함이 있다. 따라서 독일의 기본 3법에 대한 논의에서처럼 특정 분야의 전문어를 추출하는 데에 상대빈도비율을 계산하여 활용할 필요가 있다. 먼저 헌법의 어휘목록에서 상대빈도비율을 계산하여 그 상위 30개를 골라서 제시해 보면 다음과 같다.[184]

<표 3-12> 한국 헌법의 상대빈도비율 상위권 어휘

| 어휘 | 빈도<br>(전체) | 상대빈도<br>(전체) | 빈도<br>(헌법) | 상대빈도<br>(헌법) | 상대빈도<br>비율 |
|---|---|---|---|---|---|
| 대통령 | 84 | 0.141 | 84 | 1.759 | 12.45 |
| 의원 | 22 | 0.037 | 22 | 0.461 | 12.45 |
| 임기 | 18 | 0.03 | 18 | 0.377 | 12.45 |
| 법관 | 15 | 0.025 | 15 | 0.314 | 12.45 |

---

184 독일의 기본 3법에서처럼 한국의 기본 3법에서도 특정 법률에서만 배타적으로 출현하는 어휘들이 상당수 있다. 따라서 이하의 어휘목록에서는 특정 법률에서만 출현하여 상대빈도비율이 최대치로 나오는 어휘들의 경우 그 절대빈도를 참고하여 상위 10개만 제시하고 나머지 20개는 상대빈도비율의 순서에 따라 제시한다.

| 어휘 | 빈도<br>(전체) | 상대빈도<br>(전체) | 빈도<br>(헌법) | 상대빈도<br>(헌법) | 상대빈도<br>비율 |
|---|---|---|---|---|---|
| 노력하다 | 13 | 0.022 | 13 | 0.272 | 12.45 |
| 임명하다 | 13 | 0.022 | 13 | 0.272 | 12.45 |
| 정책 | 13 | 0.022 | 13 | 0.272 | 12.45 |
| 국무위원 | 12 | 0.02 | 12 | 0.251 | 12.45 |
| 위원 | 12 | 0.02 | 12 | 0.251 | 12.45 |
| 조약 | 12 | 0.02 | 12 | 0.251 | 12.45 |
| 국회 | 73 | 0.123 | 70 | 1.466 | 11.93 |
| 조직 | 18 | 0.03 | 17 | 0.356 | 11.75 |
| 정당 | 15 | 0.025 | 14 | 0.293 | 11.62 |
| 국민 | 65 | 0.109 | 60 | 1.257 | 11.49 |
| 자문 | 13 | 0.022 | 12 | 0.251 | 11.49 |
| 정부 | 21 | 0.035 | 19 | 0.398 | 11.26 |
| 국가 | 79 | 0.133 | 71 | 1.487 | 11.18 |
| 회의 | 18 | 0.03 | 16 | 0.335 | 11.06 |
| 대법원 | 9 | 0.015 | 8 | 0.168 | 11.06 |
| 최초 | 8 | 0.013 | 7 | 0.147 | 10.89 |
| 소추 | 7 | 0.012 | 6 | 0.126 | 10.67 |
| 찬성 | 14 | 0.024 | 12 | 0.251 | 10.67 |
| 의장 | 7 | 0.012 | 6 | 0.126 | 10.67 |
| 경제 | 19 | 0.032 | 16 | 0.335 | 10.48 |
| 행정 | 12 | 0.02 | 10 | 0.209 | 10.37 |
| 감사원 | 6 | 0.01 | 5 | 0.105 | 10.37 |
| 의결하다 | 6 | 0.01 | 5 | 0.105 | 10.37 |
| 선거 | 22 | 0.037 | 18 | 0.377 | 10.18 |
| 근로 | 11 | 0.019 | 9 | 0.188 | 10.18 |
| 자유 | 26 | 0.044 | 21 | 0.44 | 10.05 |

&lt;표 3-12&gt;에 제시된 "대통령, 의원, 임기, 법관, 노력하다, 임명하다, 정책, 국무위원, 위원, 조약, 국회, 조직, 정당, 국민, 자문"[185] 등은 '노력하다'와[186] 같

---

185 헌법에서도 기본법을 비롯한 독일의 법률들에서처럼 상대빈도비율이 높은 어휘들, 즉 주제어들 중 대분분이 명사임을 볼 수 있다. 이러한 현상은 아래 제시하는 형법과 민법의 어휘목록

은 한두 어휘를 제외하고는 헌법상의 개념임을 분명히 보여 주고 있다. 이처럼 헌법의 경우에도 상대빈도비율을 활용하면 헌법상의 특성을 잘 반영하는 어휘, 즉 주제어를 추출하는 데 도움을 받을 수 있다.

이제 상대빈도비율을 활용하여 형법의 주제어를 추출해 보기로 한다. 아래 표는 형사상의 상대빈도비율 상위권 어휘 30개를 보여 주고 있다.

<표 3-13> 한국 형법의 상대빈도비율 상위권 어휘

| 어휘 | 빈도<br>(전체) | 상대빈도<br>(전체) | 빈도<br>(형법) | 상대빈도<br>(형법) | 상대빈도<br>비율 |
|---|---|---|---|---|---|
| 징역 | 327 | 0.55 | 327 | 2.564 | 4.659 |
| 벌금 | 156 | 0.263 | 156 | 1.223 | 4.659 |
| 무기 | 73 | 0.123 | 73 | 0.572 | 4.659 |
| 미수범 | 66 | 0.111 | 66 | 0.517 | 4.659 |
| 예비 | 30 | 0.05 | 30 | 0.235 | 4.659 |
| 기록 | 26 | 0.044 | 26 | 0.204 | 4.659 |
| 유예 | 26 | 0.044 | 26 | 0.204 | 4.659 |
| 재물 | 25 | 0.042 | 25 | 0.196 | 4.659 |
| 병과하다 | 23 | 0.039 | 23 | 0.18 | 4.659 |
| 감경 | 21 | 0.035 | 21 | 0.165 | 4.659 |
| 처하다 | 320 | 0.538 | 317 | 2.485 | 4.615 |
| 원 | 142 | 0.239 | 140 | 1.098 | 4.593 |
| 죄 | 255 | 0.429 | 251 | 1.968 | 4.586 |
| 범하다 | 126 | 0.212 | 124 | 0.972 | 4.585 |
| 처벌하다 | 57 | 0.096 | 56 | 0.439 | 4.577 |
| 이하 | 396 | 0.666 | 388 | 3.042 | 4.565 |

표에서도 관찰할 수 있다.

186 '노력하다'도 헌법에서는 중요 개념인 '국가'('대한민국' 포함)의 역할을 규정하는 술어로서 자주 사용되기 때문에 상대빈도비율이 높게 나온다. 즉, '노력하다'가 헌법상의 개념인 '국가'와 함께 "국가는[대한민국은] … 노력하여야 한다"와 같이 하나의 단위를 이룸으로써 고유한 표현으로 간주될 수 있다(예, "국가는 전통문화의 계승·발전과 민족문화의 창달에 노력하여야 한다."(헌법 제9조); "대한민국은 국제평화의 유지에 노력하고 침략적 전쟁을 부인한다."(헌법 제5조 1항)).

| 어휘 | 빈도<br>(전체) | 상대빈도<br>(전체) | 빈도<br>(형법) | 상대빈도<br>(형법) | 상대빈도<br>비율 |
|---|---|---|---|---|---|
| 위조 | 33 | 0.056 | 32 | 0.251 | 4.518 |
| 상해 | 32 | 0.054 | 31 | 0.243 | 4.513 |
| 형 | 187 | 0.315 | 181 | 1.419 | 4.509 |
| 사형 | 30 | 0.05 | 29 | 0.227 | 4.504 |
| 유기 | 58 | 0.098 | 56 | 0.439 | 4.498 |
| 금고 | 80 | 0.135 | 77 | 0.604 | 4.484 |
| 폭행 | 26 | 0.044 | 25 | 0.196 | 4.48 |
| 협박 | 20 | 0.034 | 19 | 0.149 | 4.426 |
| 전자 | 15 | 0.025 | 14 | 0.11 | 4.348 |
| 가중하다 | 14 | 0.024 | 13 | 0.102 | 4.326 |
| 관찰 | 14 | 0.024 | 13 | 0.102 | 4.326 |
| 중하다 | 14 | 0.024 | 13 | 0.102 | 4.326 |
| 과료 | 27 | 0.045 | 25 | 0.196 | 4.314 |
| 형기 | 13 | 0.022 | 2 | 0.094 | 4.301 |

<표 3-13>에서 "징역, 벌금, 무기, 미수범, 예비, 기록, 유예, 재물, 병과하다, 감경, 건조물" 등 형법에서만 관찰되는 대표적인 어휘 10개 중 대부분이 형사 분야의 개념임에 대해 의심할 여지가 없고, 상대빈도비율이 매우 높은 "처하다, 원, 죄, 범하다, 처벌하다, 이하, 위조, 상해, 형, 사형, 유기, 금고, 폭행, 협박, 전자, 가중하다, 관찰, 중하다, 과료, 형기"[187] 중 대부분도 형사 분야 및 이와 관련된 영역에서 많이 사용되는 개념이므로 이 분야의 주제어로 간주하는 데 문제가 없다. 다만, '예비', '원', '이하', '전자'는 형사 분야에서 주제어로 간주하기에 문제가 있을 수도 있지만, 이들은 다음과 같이 많은 형법 조항에서 범죄

---

187　우리나라 형법에서도 상대빈도비율이 높은 어휘들 중 대부분이 명사이기는 하지만 동사(병과하다, 처하다, 범하다, 처벌하다, 가중하다, 중하다) 및 이와 관련된 어휘, 예를 들어 행위 명사(위조, 상해, 유기, 폭행, 협박, 관찰)들이 헌법이나 민법에서보다 상대적으로 많이 출현한다. 동사의 개수만 비교해도 형법에서는 6개, 헌법 및 민법은 각각 3개씩으로 나와서 눈에 띄는 차이를 보인다.

행위, 형(벌) 등의 내용에 포함되기 때문에 형법에서의 고유한 쓰임이 있다고
하겠다.

(5) a. 예비: 범죄의 음모 또는 <u>예비</u>행위가 실행의 착수에 이르지 아니한 때에
     는 법률에 특별한 규정이 없는한 벌하지 아니한다. (형법 제28조(음모,
     예비))
   b. 원: 업무상과실 또는 중대한 과실로 인하여 제170조의 죄를 범한 자는
     3년 이하의 금고 또는 2천만<u>원</u> 이하의 벌금에 처한다."(형법 제171조))
   c. 이하: 직무를 집행하는 공무원에 대하여 폭행 또는 협박한 자는 5년
     <u>이하</u>의 징역 또는 1천만원 <u>이하</u>의 벌금에 처한다. (형법 제136조 1항)
   d. 전자: 공무원이 그 직무에 관하여 봉함 기타 비밀장치한 문서, 도화
     또는 <u>전자기록등</u>[188] 특수매체기록을 기술적 수단을 이용하여 그 내용
     을 알아낸 자도 제1항의 형과 같다. [신설 1995.12.29] (형법 제140조(공
     무상비밀표시무효) 3항)

따라서 한국 형법의 경우에도 상대빈도비율을 활용하면 형사상의 특성을
잘 반영하는 주제어, 즉 형사상의 전문어휘를 추출하는 데 도움이 된다고 하겠
다.
  이제 민법을 대상으로 하여 상대빈도비율 상위 어휘들을 추출하여 보기로
한다.

<표 3-14> 한국 민법의 상대빈도비율 상위권 어휘

| 어휘 | 빈도<br>(전체) | 상대빈도<br>(전체) | 빈도<br>(민법) | 상대빈도<br>(민법) | 상대빈도<br>비율 |
|---|---|---|---|---|---|
| 채무자 | 210 | 0.353 | 210 | 0.501 | 1.418 |
| 채권 | 207 | 0.348 | 207 | 0.494 | 1.418 |

---

188  '전자'라는 명사는 (5d)의 형법 제140조(공무상비밀표시무효) 3항, 특히 "[신설 1995.12.29.]"
    이 보여 주듯이 컴퓨터의 발전으로 전기·전자 데이터와 관련된 사건이 새로운 범죄로 대두됨
    에 따라 이와 관련된 조항이 신설되면서 빈도 높은 어휘에 포함된 것이다.

| 어휘 | 빈도<br>(전체) | 상대빈도<br>(전체) | 빈도<br>(민법) | 상대빈도<br>(민법) | 상대빈도<br>비율 |
|---|---|---|---|---|---|
| 변제 | 173 | 0.291 | 173 | 0.413 | 1.418 |
| 상속 | 173 | 0.291 | 173 | 0.413 | 1.418 |
| 성년 | 149 | 0.251 | 149 | 0.356 | 1.418 |
| 당사자 | 145 | 0.244 | 145 | 0.346 | 1.418 |
| 가정 | 130 | 0.219 | 130 | 0.31 | 1.418 |
| 상대방 | 111 | 0.187 | 111 | 0.265 | 1.418 |
| 입양 | 104 | 0.175 | 104 | 0.248 | 1.418 |
| 전세권 | 96 | 0.162 | 96 | 0.229 | 1.418 |
| 채권자 | 186 | 0.313 | 185 | 0.442 | 1.411 |
| 청구 | 159 | 0.268 | 158 | 0.377 | 1.41 |
| 토지 | 92 | 0.155 | 91 | 0.217 | 1.403 |
| 혼인 | 88 | 0.148 | 87 | 0.208 | 1.402 |
| 목적물 | 52 | 0.088 | 51 | 0.122 | 1.391 |
| 부분 | 48 | 0.081 | 47 | 0.112 | 1.389 |
| 법인 | 92 | 0.155 | 90 | 0.215 | 1.388 |
| 소멸 | 92 | 0.155 | 90 | 0.215 | 1.388 |
| 반환 | 46 | 0.077 | 45 | 0.107 | 1.388 |
| 이사 | 46 | 0.077 | 45 | 0.107 | 1.388 |
| 청구권 | 88 | 0.148 | 86 | 0.205 | 1.386 |
| 임대차 | 44 | 0.074 | 43 | 0.103 | 1.386 |
| 혈족 | 42 | 0.071 | 41 | 0.098 | 1.385 |
| 관리인 | 40 | 0.067 | 39 | 0.093 | 1.383 |
| 표시 | 77 | 0.13 | 75 | 0.179 | 1.382 |
| 피 | 77 | 0.13 | 75 | 0.179 | 1.382 |
| 취소 | 114 | 0.192 | 111 | 0.265 | 1.381 |
| 사망하다 | 36 | 0.061 | 35 | 0.084 | 1.379 |
| 청구하다 | 212 | 0.357 | 206 | 0.492 | 1.378 |
| 부담하다 | 33 | 0.056 | 32 | 0.076 | 1.375 |

<표 3-14>에서도 "채무자, 채권, 변제, 상속, 성년, 당사자, 가정, 상대방, 입양, 전세권"은 민법에서만 관찰되는 어휘 중 대표적인 10개로서 민사 분야의

개념임을 분명히 보여 주고 있고, 그 외에 다른 분야에서는 드물게만 출현해서 민법에서의 상대빈도비율이 상대적으로 매우 높은 "채권자, 청구, 토지, 혼인, 목적물, 부분, 법인, 소멸, 반환, 이사, 청구권, 임대차, 혈족, 관리인, 표시, 피,[189] 취소, 사망하다, 청구하다, 부담하다" 등도 민사 분야나 이와 관련된 영역에서 주로 사용되는 어휘들로서 민사 분야의 전문어휘로 간주하는 데 어려움이 없다고 하겠다.

이처럼 독일과 한국의 기본 3법을 대상으로 어휘목록을 추출한 뒤 그 구성 어휘들의 모집단에서의 비율과 해당 분야에서의 비율을 비교해서 얻어지는 상대빈도비율을 참고하면 각 법률의 주제어, 즉 전문어휘를 추출하는 데 유용하게 활용할 수 있음을 알 수 있다.

## 1.2. 품사별 목록

CWB를 이용하면 법률을 구성하는 어휘들을 명사, 동사, 형용사 등 품사별로 구분하여 목록을 작성할 수 있다.

### 1.2.1. 명사 목록

우선, 독일과 한국의 기본 3법 전체(기본법/헌법, 형법, 민법)를 대상으로 명사 어휘목록을 추출하는 CQP 검색식을 제시하면 다음과 같다.

---

189 '피'는 민법에서 "성년후견인, 한정후견인, 특정후견인, 임의후견인" 등의 상대 개념인 "피성년후견인, 피한정후견인, 피특정후견인, 피임의후견인" 등을 표현하는 데 사용되는 접두사로서 사람 및 법인 간의 관계를 주요 내용으로 하는 민법의 특수성을 반영하는 어휘로서 간주될 수 있다.

(6) a. D-GESETZ;

T=[pos="NN.*"]; count by lemma > "freqNN-dt(all).txt";

b. K-GESETZ;

T=[pos="NNG.*"]; count by word > "freqNNG-kr(all).txt";

(6a)의 검색식(T=[pos="NN.*"]; count by lemma > "freqNN-dt(all).txt";)은 독일 기본 3법 코퍼스(D-GESETZ)에서 품사가 명사("NN.*")인 모든 단어들을 검색해서 어휘별 빈도에 따라 "freqNN-dt(all).txt"라는 파일에 저장하라는 명령어이다. 한편, (6b)의 검색식(T=[pos="NNG.*"]; count by word > "freqNNG-kr(all).txt";)은 한국 기본 3법 코퍼스(K-GESETZ)에서 품사가 명사("NNG.*")인 단어들을 검색해서 어휘별 빈도에 따라 "freqNNG-kr(all).txt"에 저장하라는 의미이다. 이렇게 해서 독일과 한국의 기본 3법을 대상으로 하여 얻어진 상위빈도 명사 30개의 목록은 다음과 같다.

<표 3-15> 독일 기본 3법(전체)에서의 상위빈도 명사

| 명사 (독일어) | 빈도 |
|---|---|
| Jahr | 1000 |
| Vorschrift | 787 |
| Ehegatte | 739 |
| Freiheitsstrafe | 709 |
| Sache | 647 |
| Recht | 605 |
| Kind | 538 |
| Person | 530 |
| Tat | 526 |
| Vertrag | 521 |
| Gläubiger | 462 |
| Fall | 458 |

<표 3-16> 한국 기본 3법(전체)에서의 상위빈도 명사

| 명사 (한국어) | 빈도 |
|---|---|
| 때 | 1108 |
| 경우 | 736 |
| 규정 | 451 |
| 이하 | 396 |
| 징역 | 327 |
| 기간 | 310 |
| 재산 | 307 |
| 행위 | 289 |
| 전항 | 270 |
| 법률 | 269 |
| 죄 | 255 |
| 법원 | 253 |

| 명사<br>(독일어) | 빈도 | 명사<br>(한국어) | 빈도 |
|---|---|---|---|
| Anwendung | 426 | 후견인 | 251 |
| Zeit | 403 | 권리 | 247 |
| Anspruch | 400 | 목적 | 226 |
| Monat | 397 | 기타 | 224 |
| Dritte | 397 | 효력 | 222 |
| Leistung | 393 | 법 | 210 |
| Grund | 374 | 채무자 | 210 |
| Grundstück | 370 | 채권 | 207 |
| Gegenstand | 354 | 채무 | 202 |
| Land | 354 | 이상 | 194 |
| Frist | 332 | 형 | 187 |
| Geldstrafe | 329 | 채권자 | 186 |
| Eigentümer | 328 | 후견 | 183 |
| Täter | 319 | 계약 | 180 |
| Strafe | 310 | 변제 | 173 |
| Gesetz | 305 | 상속 | 173 |
| Antrag | 303 | 사람 | 165 |
| Gericht | 297 | 전 | 161 |

<표 3-15>와 <표 3-16>에 제시된 명사 어휘목록을 살펴보면, 일관된 특징을 찾아보기가 어렵다. 따라서 기본 3법을 구성하는 각 법률의 특성을 좀 더 잘 파악할 수 있도록 기본법 및 헌법, 형법, 민법을 대상으로 별도의 명사 어휘목록을 추출해 보기로 한다. 이를 위해서는 기본 3법 전체에 대한 검색식을 다음과 같이 확장, 보완할 필요가 있다.

(7) a. D-GESETZ;

T=[pos="NN.*"]::match.text_id="gg"; count by lemma > "freqNN-dt(gg).txt";

T=[pos="NN.*"]::match.text_id="str"; count by lemma > "freqNN-dt(str).txt";

T=[pos="NN.*"]::match.text_id="bgb"; count by lemma > "freqNN-dt(bgb).txt";

b. K-GESETZ;

T=[pos="NNG.*"]::match.text_id="vfg"; count by word > "freqNNG-kr(vfg).txt";
T=[pos="NNG.*"]::match.text_id="str"; count by word > "freqNNG-kr(str).txt";
T=[pos="NNG.*"]::match.text_id="bgb"; count by word > "freqNNG-kr(bgb).txt";

(7a)는 독일의 기본법, 형법, 민법을 각각 대상으로 하여(match.text_id="..."),
품사가 명사("NN.*")인 모든 단어들을 어휘별 빈도와 함께 "freqNN-dt(...).txt"
에 저장하라는 의미이다. 즉, 첫 번째 검색식은 match.text_id의 값이 "gg"이
므로 기본법을 대상으로 명령을 수행하라는 것이고, 두 번째와 세 번째 검색식
은 각각 형법과 민법을 대상으로 한다는 것이다. 이렇게 해서 얻어진 독일 기본
법, 형법, 민법의 명사 목록에 상대빈도비율을 계산하여 제시한 뒤, 각각의 특
성에 대해 살펴보기로 한다. 우선 기본법의 명사 어휘목록은 다음과 같다.

<표 3-17> 독일 기본법에서의 상대빈도비율 상위권 명사

| 명사 | 빈도 (전체) | 상대빈도 (전체) | 빈도 (기본법) | 상대빈도 (기본법) | 상대빈도 비율 |
|---|---|---|---|---|---|
| Bundesgesetz | 126 | 0.048 | 126 | 0.58 | 12.14 |
| Verteidigungsfall | 35 | 0.013 | 35 | 0.161 | 12.14 |
| Bundeskanzler | 28 | 0.011 | 28 | 0.129 | 12.14 |
| Aufkommen | 24 | 0.009 | 24 | 0.11 | 12.14 |
| Bundesminister | 19 | 0.007 | 19 | 0.087 | 12.14 |
| Bundesrecht | 18 | 0.007 | 18 | 0.083 | 12.14 |
| Streitkraft | 18 | 0.007 | 18 | 0.083 | 12.14 |
| Grundrecht | 14 | 0.005 | 14 | 0.064 | 12.14 |
| Bundesgrenzschutz | 10 | 0.004 | 10 | 0.046 | 12.14 |
| Einwohner | 10 | 0.004 | 10 | 0.046 | 12.14 |
| Bundestag | 152 | 0.058 | 148 | 0.681 | 11.83 |
| Gemeindeverband | 29 | 0.011 | 28 | 0.129 | 11.73 |
| Bundesrat | 159 | 0.06 | 151 | 0.695 | 11.53 |
| Grundgesetz | 76 | 0.029 | 72 | 0.331 | 11.51 |
| Gesetzgebung | 35 | 0.013 | 33 | 0.152 | 11.45 |

| 명사 | 빈도 (전체) | 상대빈도 (전체) | 빈도 (기본법) | 상대빈도 (기본법) | 상대빈도 비율 |
|---|---|---|---|---|---|
| Steuer | 17 | 0.006 | 16 | 0.074 | 11.43 |
| Abgeordnete | 14 | 0.005 | 13 | 0.06 | 11.28 |
| Nähere | 50 | 0.019 | 46 | 0.212 | 11.17 |
| Fassung | 11 | 0.004 | 10 | 0.046 | 11.04 |
| Umsatzsteuer | 10 | 0.004 | 9 | 0.041 | 10.93 |
| Inkrafttreten | 9 | 0.003 | 8 | 0.037 | 10.8 |
| Million | 9 | 0.003 | 8 | 0.037 | 10.8 |
| Rechtsweg | 9 | 0.003 | 8 | 0.037 | 10.8 |
| Bundespräsident | 41 | 0.016 | 36 | 0.166 | 10.66 |
| Bundesregierung | 95 | 0.036 | 83 | 0.382 | 10.61 |
| Rechtsstellung | 7 | 0.003 | 6 | 0.028 | 10.41 |
| Verwaltungsverfahren | 7 | 0.003 | 6 | 0.028 | 10.41 |
| Staatsangehörigkeit | 7 | 0.003 | 6 | 0.028 | 10.41 |
| Drittel | 20 | 0.008 | 17 | 0.078 | 10.32 |
| Bund | 229 | 0.087 | 194 | 0.893 | 10.29 |

<표 3-17>에 제시된 명사들은 – 전체 어휘목록과 관련해서 언급한 것처럼 – 'Aufkommen', 'Nähere', 'Million' 등 몇 개의 어휘를 제외하고는 '연방제'(Bundesgesetz, Bundeskanzler, Bundesminister, Bundesrecht, Bundesgrenzschutz, Bundestag, Bundesrat, Bundespräsident, Bundesregierung, Bund)와 (독일이라는) '국가'의 기본적인 특성(Grundrecht, Einwohner, Haushaltsplan, Volksentscheid, Gemeindeverband, Steuer, Abgeordnete, Fassung, Umsatzsteuer, Inkrafttreten, Rechtsweg, Rechtsstellung, Verwaltungsverfahren, Staatsangehörigkeit) 그리고 의회와 관련된 사항(Gesetzesvorlage, Gesetzgebung, Abgeordnete, Inkrafttreten)을 포함하고 있다. 따라서 상대빈도비율을 반영한 명사의 어휘목록이 기본법이라는 분야의 주제어를 추출하는 데 유용함을 확인할 수 있다.

다음으로 독일 형법에서 사용된 명사의 어휘목록을 상대빈도비율과 함께 제시하면 다음과 같다.

<표 3-18> 독일 형법에서의 상대빈도비율 상위권 명사

| 명사 | 빈도 (전체) | 상대빈도 (전체) | 빈도 (형법) | 상대빈도 (형법) | 상대빈도 비율 |
|---|---|---|---|---|---|
| Führungsaufsicht | 74 | 0.028 | 74 | 0.117 | 4.166 |
| Amtsträger | 72 | 0.027 | 72 | 0.114 | 4.166 |
| Vollstreckung | 42 | 0.016 | 42 | 0.066 | 4.166 |
| Verfall | 39 | 0.015 | 39 | 0.062 | 4.166 |
| Bande | 35 | 0.013 | 35 | 0.055 | 4.166 |
| Verurteilte | 34 | 0.013 | 34 | 0.054 | 4.166 |
| Gesundheitsschädigung | 32 | 0.012 | 32 | 0.051 | 4.166 |
| Aussetzung | 30 | 0.011 | 30 | 0.047 | 4.166 |
| Sicherungsverwahrung | 26 | 0.01 | 26 | 0.041 | 4.166 |
| Bewährungszeit | 26 | 0.01 | 26 | 0.041 | 4.166 |
| Freiheitsstrafe | 709 | 0.269 | 708 | 1.117 | 4.16 |
| Geldstrafe | 329 | 0.125 | 328 | 0.518 | 4.153 |
| Täter | 319 | 0.121 | 316 | 0.499 | 4.127 |
| Tat | 526 | 0.199 | 517 | 0.816 | 4.095 |
| Versuch | 131 | 0.05 | 128 | 0.202 | 4.071 |
| Bewährung | 31 | 0.012 | 30 | 0.047 | 4.032 |
| Straftat | 183 | 0.069 | 176 | 0.278 | 4.007 |
| Opfer | 42 | 0.016 | 40 | 0.063 | 3.968 |
| Beleidigung | 19 | 0.007 | 18 | 0.028 | 3.947 |
| Pflanze | 17 | 0.006 | 16 | 0.025 | 3.921 |
| Begehung | 84 | 0.032 | 79 | 0.125 | 3.918 |
| Strafprozessordnung | 16 | 0.006 | 15 | 0.024 | 3.906 |
| Strafe | 310 | 0.117 | 290 | 0.458 | 3.897 |
| Organisation | 15 | 0.006 | 14 | 0.022 | 3.888 |
| Entziehungsanstalt | 15 | 0.006 | 14 | 0.022 | 3.888 |
| Strafverfolgung | 13 | 0.005 | 12 | 0.019 | 3.845 |
| Schrift | 74 | 0.028 | 68 | 0.107 | 3.828 |
| Straßenverkehr | 12 | 0.005 | 11 | 0.017 | 3.819 |
| Teilnehmer | 34 | 0.013 | 31 | 0.049 | 3.798 |
| Strafrecht | 11 | 0.004 | 10 | 0.016 | 3.787 |

  형법에서 높은 상대빈도비율을 보이는 명사들을 모아 놓은 <표 3-18>의 어휘들
중 대부분이 형벌(Sicherungsverwahrung, Freiheitsstrafe, Geldstrafe, Strafprozessordnung,
Strafe, Strafverfolgung), 범죄 행위(자)(Bande, Aussetzung, Täter, Tat, Versuch, Straftat,
Beleidigung, Begehung) 및 피해(자)(Gesundheitsschädigung, Opfer) 등과 관련되어
있어 명확히 형사 분야의 개념임을 보여 주고 있다.
  마지막으로 독일 민법에서 사용된 명사의 어휘목록을 상대빈도비율과 함께
제시하면 다음과 같다.

<표 3-19> 독일 민법에서의 상대빈도비율 상위권 명사

| 명사 | 빈도 (전체) | 상대빈도 (전체) | 빈도 (민법) | 상대빈도 (민법) | 상대빈도 비율 |
|---|---|---|---|---|---|
| Familiengericht | 230 | 0.087 | 230 | 0.131 | 1.507 |
| Kosten | 170 | 0.064 | 170 | 0.097 | 1.507 |
| Hypothek | 150 | 0.057 | 150 | 0.086 | 1.507 |
| Mietverhältnis | 123 | 0.047 | 123 | 0.07 | 1.507 |
| Untertitel | 108 | 0.041 | 108 | 0.062 | 1.507 |
| Darlehensgeber | 107 | 0.041 | 107 | 0.061 | 1.507 |
| Haftung | 106 | 0.04 | 106 | 0.061 | 1.507 |
| Miete | 100 | 0.038 | 100 | 0.057 | 1.507 |
| Pfandrecht | 94 | 0.036 | 94 | 0.054 | 1.507 |
| Käufer | 89 | 0.034 | 89 | 0.051 | 1.507 |
| Grundstück | 370 | 0.14 | 369 | 0.211 | 1.503 |
| Erbe | 234 | 0.089 | 233 | 0.133 | 1.501 |
| Rechtsgeschäft | 154 | 0.058 | 153 | 0.087 | 1.498 |
| Gläubiger | 462 | 0.175 | 459 | 0.262 | 1.498 |
| Zweifel | 135 | 0.051 | 134 | 0.077 | 1.496 |
| Gleiche | 121 | 0.046 | 120 | 0.069 | 1.495 |
| Eigentümer | 328 | 0.124 | 325 | 0.186 | 1.494 |
| Nachlass | 106 | 0.04 | 105 | 0.06 | 1.493 |
| Betreuer | 99 | 0.038 | 98 | 0.056 | 1.492 |
| Ersatz | 166 | 0.063 | 164 | 0.094 | 1.489 |

| 명사 | 빈도<br>(전체) | 상대빈도<br>(전체) | 빈도<br>(민법) | 상대빈도<br>(민법) | 상대빈도<br>비율 |
|---|---|---|---|---|---|
| Ehegatte | 739 | 0.28 | 730 | 0.417 | 1.489 |
| Kündigung | 161 | 0.061 | 159 | 0.091 | 1.489 |
| Schadensersatz | 74 | 0.028 | 73 | 0.042 | 1.487 |
| Verkauf | 70 | 0.027 | 69 | 0.039 | 1.486 |
| Vormund | 208 | 0.079 | 205 | 0.117 | 1.486 |
| Bestellung | 67 | 0.025 | 66 | 0.038 | 1.485 |
| Elternteil | 133 | 0.05 | 131 | 0.075 | 1.485 |
| Gesetzbuch | 60 | 0.023 | 59 | 0.034 | 1.482 |
| Unterhalt | 117 | 0.044 | 115 | 0.066 | 1.482 |
| Mutter | 57 | 0.022 | 56 | 0.032 | 1.481 |

민법에서 높은 상대빈도비율을 보이는 <표 3-19>의 명사들은 대부분 친족 및 상속(Erbe, Nachlass, Betreuer, Ehegatte, Vormund, Elternteil, Mutter), 계약과 매매 및 임대(Mietverhältnis, Miete, Käufer, Kündigung, Verkauf, Bestellung), 물권 및 채권(Darlehensgeber, Grundstück, Gläubiger, Eigentümer) 등 민사 분야나 이와 관련된 영역에서 주로 사용되는 명사들로서 민사 분야의 주제어 및 전문어휘로 간주하기에 충분하다. 이처럼 각 법률에서 높은 상대빈도비율을 보이는 명사들은 특히 해당 분야의 주제어 및 전문어휘로서 간주하기에 적합한 어휘들임을 알 수 있다.

이제 우리나라 헌법, 형법, 민법의 명사 어휘목록 추출에 대해서 살펴보기로 하자. 앞서 제시된 (7b)에서 첫 번째 검색식(T=[pos="NNG.*"]:: match.text_id="vfg"; count by word > "freqNNG-kr(vfg).txt";)은 해당 코퍼스(K-GESETZ)에서 헌법을 대상으로 하여(match.text_id="vfg") 품사가 명사("NNG.*")인 모든 단어들을 어휘별 빈도와 함께 "freqNNG-kr(vfg).txt"에 저장하라는 의미이고, 두 번째와 세 번째 검색식은 동일한 작업을 형법과 민법을 대상으로 수행하라는 것이다. 이렇게 해서 우리나라 헌법, 형법, 민법의 명사 어휘목록을 추출할 수 있는데,

우선 헌법에서의 명사 어휘목록은 다음과 같다.

<표 3-20> 한국 헌법에서의 상대빈도비율 상위권 명사

| 명사 | 빈도<br>(전체) | 상대빈도<br>(전체) | 빈도<br>(헌법) | 상대빈도<br>(헌법) | 상대빈도<br>비율 |
|---|---|---|---|---|---|
| 대통령 | 84 | 0.141 | 84 | 1.759 | 12.45 |
| 의원 | 22 | 0.037 | 22 | 0.461 | 12.45 |
| 임기 | 18 | 0.03 | 18 | 0.377 | 12.45 |
| 법관 | 15 | 0.025 | 15 | 0.314 | 12.45 |
| 정책 | 13 | 0.022 | 13 | 0.272 | 12.45 |
| 국무위원 | 12 | 0.02 | 12 | 0.251 | 12.45 |
| 위원 | 12 | 0.02 | 12 | 0.251 | 12.45 |
| 조약 | 12 | 0.02 | 12 | 0.251 | 12.45 |
| 집회 | 12 | 0.02 | 12 | 0.251 | 12.45 |
| 탄핵 | 11 | 0.019 | 11 | 0.23 | 12.45 |
| 국회 | 73 | 0.123 | 70 | 1.466 | 11.93 |
| 조직 | 18 | 0.03 | 17 | 0.356 | 11.75 |
| 정당 | 15 | 0.025 | 14 | 0.293 | 11.62 |
| 국민 | 65 | 0.109 | 60 | 1.257 | 11.49 |
| 자문 | 13 | 0.022 | 12 | 0.251 | 11.49 |
| 헌법 | 69 | 0.116 | 63 | 1.319 | 11.36 |
| 정부 | 21 | 0.035 | 19 | 0.398 | 11.26 |
| 국가 | 79 | 0.133 | 71 | 1.487 | 11.18 |
| 회의 | 18 | 0.03 | 16 | 0.335 | 11.06 |
| 대법원 | 9 | 0.015 | 8 | 0.168 | 11.06 |
| 최초 | 8 | 0.013 | 7 | 0.147 | 10.89 |
| 안 | 15 | 0.025 | 13 | 0.272 | 10.79 |
| 찬성 | 14 | 0.024 | 12 | 0.251 | 10.67 |
| 소추 | 7 | 0.012 | 6 | 0.126 | 10.67 |
| 위원회 | 7 | 0.012 | 6 | 0.126 | 10.67 |
| 의장 | 7 | 0.012 | 6 | 0.126 | 10.67 |
| 경제 | 19 | 0.032 | 16 | 0.335 | 10.48 |
| 행정 | 12 | 0.02 | 10 | 0.209 | 10.37 |
| 감사원 | 6 | 0.01 | 5 | 0.105 | 10.37 |
| 선거 | 22 | 0.037 | 18 | 0.377 | 10.18 |

상대빈도비율을 고려한 헌법의 명사 어휘목록 <표 3-20>에서 "대통령, 정책, 국무위원, 탄핵, 조직, 정부, 소추, 경제, 행정"은 정부, "의원, 국회, 정당, 안, 찬성, 위원회, 의장" 등은 국회 및 정당, "법관, 대법원"은 법원과 관련된 개념으로서 3권 분립을 기초로 하는 대한민국의 특성을 잘 보여 주고 있다. 이처럼 우리나라 헌법의 경우에도 명사 어휘목록이 헌법의 특성을 특히 잘 반영해 주고 있음을 알 수 있다.

한편, 형법에서 상대빈도비율을 고려한 고빈도 명사 어휘목록은 다음과 같다.

<표 3-21> 한국 형법에서의 상대빈도비율 상위권 명사

| 명사 | 빈도 (전체) | 상대빈도 (전체) | 빈도 (형법) | 상대빈도 (형법) | 상대빈도 비율 |
|------|------|------|------|------|------|
| 구류 | 17 | 0.029 | 17 | 0.133 | 4.659 |
| 도화 | 17 | 0.029 | 17 | 0.133 | 4.659 |
| 위력 | 17 | 0.029 | 17 | 0.133 | 4.659 |
| 징역 | 327 | 0.55 | 327 | 2.564 | 4.659 |
| 벌금 | 156 | 0.263 | 156 | 1.223 | 4.659 |
| 무기 | 73 | 0.123 | 73 | 0.572 | 4.659 |
| 미수범 | 66 | 0.111 | 66 | 0.517 | 4.659 |
| 예비 | 30 | 0.05 | 30 | 0.235 | 4.659 |
| 기록 | 26 | 0.044 | 26 | 0.204 | 4.659 |
| 유예 | 26 | 0.044 | 26 | 0.204 | 4.659 |
| 이하 | 396 | 0.666 | 388 | 3.042 | 4.565 |
| 위조 | 33 | 0.056 | 32 | 0.251 | 4.518 |
| 형 | 187 | 0.315 | 181 | 1.419 | 4.509 |
| 사형 | 30 | 0.05 | 29 | 0.227 | 4.504 |
| 유기 | 58 | 0.098 | 56 | 0.439 | 4.498 |
| 금고 | 80 | 0.135 | 77 | 0.604 | 4.484 |
| 폭행 | 26 | 0.044 | 25 | 0.196 | 4.48 |
| 협박 | 20 | 0.034 | 19 | 0.149 | 4.426 |
| 전자 | 15 | 0.025 | 14 | 0.11 | 4.348 |
| 관찰 | 14 | 0.024 | 13 | 0.102 | 4.326 |

| 명사 | 빈도<br>(전체) | 상대빈도<br>(전체) | 빈도<br>(형법) | 상대빈도<br>(형법) | 상대빈도<br>비율 |
|---|---|---|---|---|---|
| 과료 | 27 | 0.045 | 25 | 0.196 | 4.314 |
| 공무소 | 12 | 0.02 | 11 | 0.086 | 4.271 |
| 형기 | 12 | 0.02 | 11 | 0.086 | 4.271 |
| 허위 | 23 | 0.039 | 21 | 0.165 | 4.254 |
| 선박 | 22 | 0.037 | 20 | 0.157 | 4.235 |
| 예외 | 10 | 0.017 | 9 | 0.071 | 4.193 |
| 간음 | 9 | 0.015 | 8 | 0.063 | 4.141 |
| 교사 | 9 | 0.015 | 8 | 0.063 | 4.141 |
| 일수 | 17 | 0.029 | 15 | 0.118 | 4.111 |
| 항공기 | 17 | 0.029 | 15 | 0.118 | 4.111 |

　　<표 3-21>에서 형법에서만 배타적으로 출현하는 "구류, 도화, 위력, 징역, 벌금, 무기, 미수범, 예비, 기록, 유예"뿐만 아니라, 상대빈도비율이 다른 법률에서보다 높게 나오는 나머지 명사들도, 형벌(이하, 형, 사형, 유기, 금고, (보호)관찰, 과료, 형기), 범죄 행위(위조, 폭행, 협박, 허위, 간음, 교사) 등과 관련되어 있어 의미상 형사 분야의 개념임을 의심할 여지가 없다.

　　마지막으로 민법에서 상대빈도비율을 고려한 고빈도 명사 어휘목록은 다음과 같다.

<표 3-22> 한국 민법에서의 상대빈도비율 상위권 명사

| 명사 | 빈도<br>(전체) | 상대빈도<br>(전체) | 빈도<br>(민법) | 상대빈도<br>(민법) | 상대빈도<br>비율 |
|---|---|---|---|---|---|
| 채무자 | 210 | 0.353 | 210 | 0.501 | 1.418 |
| 채권 | 207 | 0.348 | 207 | 0.494 | 1.418 |
| 후견 | 183 | 0.308 | 183 | 0.437 | 1.418 |
| 변제 | 173 | 0.291 | 173 | 0.413 | 1.418 |
| 상속 | 173 | 0.291 | 173 | 0.413 | 1.418 |
| 성년 | 149 | 0.251 | 149 | 0.356 | 1.418 |

| 명사 | 빈도 (전체) | 상대빈도 (전체) | 빈도 (민법) | 상대빈도 (민법) | 상대빈도 비율 |
|------|------|------|------|------|------|
| 당사자 | 145 | 0.244 | 145 | 0.346 | 1.418 |
| 가정 | 130 | 0.219 | 130 | 0.31 | 1.418 |
| 상속인 | 126 | 0.212 | 126 | 0.301 | 1.418 |
| 상대방 | 111 | 0.187 | 111 | 0.265 | 1.418 |
| 채무 | 202 | 0.34 | 201 | 0.48 | 1.411 |
| 채권자 | 186 | 0.313 | 185 | 0.442 | 1.411 |
| 청구 | 151 | 0.254 | 150 | 0.358 | 1.409 |
| 토지 | 92 | 0.155 | 91 | 0.217 | 1.403 |
| 혼인 | 88 | 0.148 | 87 | 0.208 | 1.402 |
| 목적물 | 52 | 0.088 | 51 | 0.122 | 1.391 |
| 부분 | 48 | 0.081 | 47 | 0.112 | 1.389 |
| 법인 | 92 | 0.155 | 90 | 0.215 | 1.388 |
| 소멸 | 92 | 0.155 | 90 | 0.215 | 1.388 |
| 반환 | 46 | 0.077 | 45 | 0.107 | 1.388 |
| 이사 | 46 | 0.077 | 45 | 0.107 | 1.388 |
| 청구권 | 88 | 0.148 | 86 | 0.205 | 1.386 |
| 임대차 | 44 | 0.074 | 43 | 0.103 | 1.386 |
| 혈족 | 42 | 0.071 | 41 | 0.098 | 1.385 |
| 관리인 | 40 | 0.067 | 39 | 0.093 | 1.383 |
| 표시 | 77 | 0.13 | 75 | 0.179 | 1.382 |
| 취소 | 114 | 0.192 | 111 | 0.265 | 1.381 |
| 부 | 36 | 0.061 | 35 | 0.084 | 1.379 |
| 구법 | 35 | 0.059 | 34 | 0.081 | 1.378 |
| 종료 | 31 | 0.052 | 30 | 0.072 | 1.373 |

<표 3-22>에 제시된 명사들은 대부분 물권 및 채권(채무자, 채권, 변제, 채무, 채권자, 청구, 토지, 목적물, 청구권), 친족 및 상속(후견, 상속, 성년, 가정, 상속인, 혼인, 혈족, 부), 계약과 매매 및 임대(당사자, 상대방, 임대차) 등 민사 분야나 이와 관련된 영역에서 주로 사용되는 어휘들로서 민법의 주제어 및 전문어휘로 간주하는 데 문제가 없다. 이처럼 한국의 기본 3법의 경우에도 상대빈도비율이 높은 명

사 어휘들이 각 법률 분야의 주제어 및 전문어휘로서 간주될 수 있음을 알
수 있다.

상대빈도비율 상위권 어휘, 특히 명사에 대한 분석 결과는 독일과 우리나라
유사법의 비교도 가능하게 한다. 하나의 예로서 앞서 살펴본 독일의 기본법과
대한민국 헌법에서 출현하는 상대빈도비율 상위권 명사 목록을 동시에 비교해
보기로 한다.

<표 3-23> 독일 기본법에서의
상대빈도비율 상위권 명사

| 명사<br>(독일어) | 빈도<br>(기본법) | 상대빈도<br>비율 |
|---|---|---|
| Bundesgesetz | 126 | 12.14 |
| Verteidigungsfall | 35 | 12.14 |
| Bundeskanzler | 28 | 12.14 |
| Aufkommen | 24 | 12.14 |
| Bundesminister | 19 | 12.14 |
| Bundesrecht | 18 | 12.14 |
| Streitkraft | 18 | 12.14 |
| Grundrecht | 14 | 12.14 |
| Bundesgrenzschutz | 10 | 12.14 |
| Einwohner | 10 | 12.14 |
| Bundestag | 148 | 11.83 |
| Gemeindeverband | 28 | 11.73 |
| Bundesrat | 151 | 11.53 |
| Grundgesetz | 72 | 11.51 |
| Gesetzgebung | 33 | 11.45 |
| Steuer | 16 | 11.43 |
| Abgeordnete | 13 | 11.28 |
| Nähere | 46 | 11.17 |
| Fassung | 10 | 11.04 |
| Umsatzsteuer | 9 | 10.93 |
| Inkrafttreten | 8 | 10.8 |

<표 3-24> 한국 헌법에서의
상대빈도비율 상위권 명사

| 명사<br>(한국어) | 빈도<br>(헌법) | 상대빈도<br>비율 |
|---|---|---|
| 대통령 | 84 | 12.45 |
| 의원 | 22 | 12.45 |
| 임기 | 18 | 12.45 |
| 법관 | 15 | 12.45 |
| 정책 | 13 | 12.45 |
| 국무위원 | 12 | 12.45 |
| 위원 | 12 | 12.45 |
| 조약 | 12 | 12.45 |
| 집회 | 12 | 12.45 |
| 탄핵 | 11 | 12.45 |
| 국회 | 70 | 11.93 |
| 조직 | 17 | 11.75 |
| 정당 | 14 | 11.62 |
| 국민 | 60 | 11.49 |
| 자문 | 12 | 11.49 |
| 헌법 | 63 | 11.36 |
| 정부 | 19 | 11.26 |
| 국가 | 71 | 11.18 |
| 회의 | 16 | 11.06 |
| 대법원 | 8 | 11.06 |
| 최초 | 7 | 10.89 |

| 명사<br>(독일어) | 빈도<br>(기본법) | 상대빈도<br>비율 | 명사<br>(한국어) | 빈도<br>(헌법) | 상대빈도<br>비율 |
|---|---|---|---|---|---|
| Million | 8 | 10.8 | 안 | 13 | 10.79 |
| Rechtsweg | 8 | 10.8 | 찬성 | 12 | 10.67 |
| Bundespräsident | 36 | 10.66 | 소추 | 6 | 10.67 |
| Bundesregierung | 83 | 10.61 | 위원회 | 6 | 10.67 |
| Rechtsstellung | 6 | 10.41 | 의장 | 6 | 10.67 |
| Verwaltungsverfahren | 6 | 10.41 | 경제 | 16 | 10.48 |
| Staatsangehörigkeit | 6 | 10.41 | 행정 | 10 | 10.37 |
| Drittel | 17 | 10.32 | 감사원 | 5 | 10.37 |
| Bund | 194 | 10.29 | 선거 | 18 | 10.18 |

독일의 기본법과 대한민국 헌법에서 상대빈도비율 상위권 명사를 비교한 <표 3-23>과 <표 3-24>를 살펴보면, 독일의 경우 연방제가 기본법에서 중요한 위치를 차지하고 있는 반면(Bundesgesetz, Bundeskanzler, Bundesminister, Bundesrecht, Bundesgrenzschutz, Bundestag, Bundesrat, Bundespräsident, Bundesregierung, Bund), 한국의 경우 – 비록 정치적으로는 지방자치제를 강조하고 있음에도 불구하고 – 법률상으로는 이미 살펴본 것처럼 정부("대통령, 국무위원, 정부, 국가, 행정"), 국회와 법원("의원, 법관, 국회, 회의, 안, 찬성, 위원회, 의장")[190] 등 행정부를 중심으로 한 3권 분립이 헌법에서 중요한 개념임을 알 수 있다.

## 1.2.2. 동사 목록

독일과 한국의 기본 3법 전체를 대상으로 하여 동사의 어휘목록을 추출하는 CQP 검색식은 다음과 같다.

---

190 물론 명사들의 이러한 분류가 배타적인 것은 아니다. 예를 들어, 국회와 관련된 대표적인 명사로 제시된 '의장'의 경우, 헌법 제88조 3항("대통령은 국무회의의 의장이 되고, 국무총리 는 부의장이 된다.")에서는 '의장'이 정부와 관련된 개념으로 사용되고 있다.

(8)  a.  D-GESETZ;
        T=[pos="VV.*"]; count by lemma > "freqVV-dt(all).txt";
    b.  K-GESETZ;
        T=[pos="VV.*"]; count by word > "freqVV-kr(all).txt";

(8a)와 (8b)의 검색식은 독일과 한국의 기본 3법 코퍼스, 즉 D-GESETZ와 K-GESETZ에서 품사가 동사("VV.*")인 모든 단어들을 검색해서 그 빈도에 따라 각각 "freqVV-dt(all).txt"와 "freqVV-kr(all).txt"라는 파일에 저장하라는 명령어이다. 이렇게 해서 얻어진 독일과 한국의 기본 3법 전체에서 상위빈도를 보이는 동사들은 다음과 같다.

<표 3-25> 독일 기본 3법(전체)에서의 상위빈도 동사

| 동사 (독일어) | 절대빈도 |
|---|---|
| gelten | 966 |
| bestrafen | 487 |
| verlangen | 459 |
| bestimmen | 436 |
| finden | 388 |
| verpflichten | 383 |
| stehen | 320 |
| erfolgen | 310 |
| machen | 299 |
| ausschließen | 229 |
| anwenden | 224 |
| bestehen | 216 |
| bedürfen | 210 |
| berechtigen | 201 |
| treten | 199 |
| begehen | 175 |
| lassen | 167 |

<표 3-26> 한국 기본 3법(전체)에서의 상위빈도 동사

| 동사 (한국어) | 절대빈도 |
|---|---|
| 하다 | 636 |
| 의하다 | 552 |
| 대하다 | 461 |
| 관하다 | 380 |
| 받다 | 335 |
| 처하다 | 320 |
| 정하다 | 279 |
| 인하다 | 233 |
| 청구하다 | 212 |
| 되다 | 176 |
| 준용하다 | 170 |
| 위하다 | 142 |
| 알다 | 137 |
| 범하다 | 126 |
| 따르다 | 115 |
| 행사하다 | 92 |
| 보다 | 90 |

| 동사<br>(독일어) | 절대빈도 |
| --- | --- |
| annehmen | 166 |
| bleiben | 151 |
| leisten | 146 |
| anordnen | 141 |
| erlangen | 138 |
| erklären | 138 |
| handeln | 129 |
| vornehmen | 128 |
| führen | 128 |
| erlöschen | 125 |
| erteilen | 124 |
| vereinbaren | 123 |
| aufheben | 122 |

| 동사<br>(한국어) | 절대빈도 |
| --- | --- |
| 취득하다 | 80 |
| 생기다 | 80 |
| 적용하다 | 65 |
| 이르다 | 62 |
| 소멸하다 | 60 |
| 처벌하다 | 57 |
| 선임하다 | 54 |
| 대항하다 | 51 |
| 얻다 | 51 |
| 위반하다 | 50 |
| 변제하다 | 46 |
| 경과하다 | 45 |
| 취소하다 | 42 |

<표 3-25>와 <표 3-26>에 제시된 동사 어휘목록을 살펴보면, 독일과 한국의 기본 3법 모두에서 특정 분야에 국한되지 않는 동사, 특히 기능동사나 경동사들이 빈도 높게 관찰됨을 알 수 있다. 독일의 경우 "gelten, bestimmen, finden, stehen, erfolgen, machen, anwenden, bestehen, treten, bleiben, leisten" 등이 여기에 해당하고, 한국의 경우 "하다, 의하다, 대하다, 관하다, 받다, 정하다, 인하다, 되다, 위하다, 따르다, 보다, 적용하다, 이르다" 등이 여기에 해당한다.

따라서 기본 3법 각 법률의 특성을 좀 더 잘 파악할 수 있기 위해서는 기본법 및 헌법, 형법, 민법을 각각 대상으로 하여 별도의 동사 어휘목록을 추출해 볼 필요가 있다. 각 법률별로 동사 어휘목록을 추출하기 위해서는 앞서 명사 어휘목록에서처럼 기본 3법 전체에 대한 검색식에 다음과 같이 match.text_id ="..."라는 명령어를 추가하여 보완하면 된다.

(9) a. D-GESETZ;

   T=[pos="VV.*"]::match.text_id="gg"; count by lemma > "freqVV-dt(gg).txt";

   T=[pos="VV.*"]::match.text_id="str"; count by lemma > "freqVV-dt(str).txt";

   T=[pos="VV.*"]::match.text_id="bgb"; count by lemma > "freqVV-dt(bgb).txt";

 b. K-GESETZ;

   T=[pos="VV.*"]::match.text_id="vfg"; count by word > "freqVV-kr(vfg).txt";

   T=[pos="VV.*"]::match.text_id="str"; count by word > "freqVV-kr(str).txt";

   T=[pos="VV.*"]::match.text_id="bgb"; count by word > "freqVV-kr(bgb).txt";

(9a)와 (9b)는 독일과 한국의 기본법 및 헌법, 형법, 민법을 각각 대상으로
하여 품사가 동사인 단어들을 어휘별 빈도와 함께 저장하라는 의미이다. 우선
이렇게 해서 얻어진 독일 기본 3법의 동사 목록에 상대빈도비율을 계산한 뒤
각각의 특성에 대해 살펴보기로 한다. 기본법의 동사 어휘목록은 다음과 같다.

<표 3-27> 독일 기본법에서의 상대빈도비율 상위권 동사

| 명사 | 빈도 (전체) | 상대빈도 (전체) | 빈도 (기본법) | 상대빈도 (기본법) | 상대빈도 비율 |
|---|---|---|---|---|---|
| zuleiten | 7 | 0.003 | 7 | 0.032 | 12.14 |
| entsenden | 5 | 0.002 | 5 | 0.023 | 12.14 |
| verleihen | 5 | 0.002 | 5 | 0.023 | 12.14 |
| einberufen | 4 | 0.002 | 4 | 0.018 | 12.14 |
| fortgelten | 4 | 0.002 | 4 | 0.018 | 12.14 |
| erachten | 3 | 0.001 | 3 | 0.014 | 12.14 |
| weiterleiten | 3 | 0.001 | 3 | 0.014 | 12.14 |
| abstimmen | 2 | 0.0008 | 2 | 0.009 | 12.14 |
| ausfertigen | 2 | 0.0008 | 2 | 0.009 | 12.14 |
| verhandeln | 2 | 0.0008 | 2 | 0.009 | 12.14 |
| fassen | 9 | 0.003 | 8 | 0.037 | 10.8 |
| wahren | 6 | 0.002 | 5 | 0.023 | 10.12 |
| regeln | 93 | 0.035 | 75 | 0.345 | 9.794 |
| zufließen | 5 | 0.002 | 4 | 0.018 | 9.716 |

| 명사 | 빈도<br>(전체) | 상대빈도<br>(전체) | 빈도<br>(기본법) | 상대빈도<br>(기본법) | 상대빈도<br>비율 |
|---|---|---|---|---|---|
| verkünden | 8 | 0.003 | 6 | 0.028 | 9.108 |
| anfordern | 4 | 0.002 | 3 | 0.014 | 9.108 |
| zusammenwirken | 4 | 0.002 | 3 | 0.014 | 9.108 |
| zwingen | 4 | 0.002 | 3 | 0.014 | 9.108 |
| beschließen | 22 | 0.008 | 15 | 0.069 | 8.28 |
| unterstehen | 6 | 0.002 | 4 | 0.018 | 8.096 |
| äußern | 6 | 0.002 | 4 | 0.018 | 8.096 |
| befristen | 3 | 0.001 | 2 | 0.009 | 8.096 |
| ersuchen | 3 | 0.001 | 2 | 0.009 | 8.096 |
| wenden | 3 | 0.001 | 2 | 0.009 | 8.096 |
| gewährleisten | 23 | 0.009 | 15 | 0.069 | 7.92 |
| folgen | 5 | 0.002 | 3 | 0.014 | 7.287 |
| zuweisen | 5 | 0.002 | 3 | 0.014 | 7.287 |
| ausgleichen | 9 | 0.003 | 5 | 0.023 | 6.747 |
| angehören | 11 | 0.004 | 6 | 0.028 | 6.624 |
| üben | 11 | 0.004 | 6 | 0.028 | 6.624 |

<표 3-27>에 제시된 동사들은 다음 조항들이 보여 주는 것처럼 주로 Bundesregierung과 Bundestag 및 Bundesrat의 구성과 역할, 나아가 이들의 관계와 관련된 행위 개념들이다.

(10) a. Gesetzesvorlagen der Bundesregierung, die sie als dringlich bezeichnet, sind gleichzeitig mit der Einbringung beim Bundestage dem Bundesrate zuzuleiten. [...] (GG Art 115d (2))

    b. Soweit die Anwendung dieses Grundgesetzes in einem der in Artikel 23 aufgeführten Länder oder in einem Teile eines dieser Länder Beschränkungen unterliegt, hat das Land oder der Teil des Landes das Recht, gemäß Artikel 38 Vertreter in den Bundestag und gemäß Artikel 50 Vertreter in den Bundesrat zu entsenden. (GG Art 144 (2))

    c. Der Bundestag bestimmt den Schluß und den Wiederbeginn seiner

Sitzungen. Der Präsident des Bundestages kann ihn früher einberufen. Er ist hierzu verpflichtet, wenn ein Drittel der Mitglieder, der Bundespräsident oder der Bundeskanzler es verlangen. (GG Art 39 (3))

d. Die Bundesregierung kann innerhalb von vier Wochen, nachdem der Bundestag das Gesetz beschlossen hat, verlangen, daß der Bundestag erneut Beschluß faßt. (GG Art 113 (2))

다음으로 독일 형법에서 사용된 동사의 어휘목록을 상대빈도비율과 함께 제시하면 다음과 같다.

<표 3-28> 독일 형법에서의 상대빈도비율 상위권 동사

| 동사 | 빈도 (전체) | 상대빈도 (전체) | 빈도 (형법) | 상대빈도 (형법) | 상대빈도 비율 |
|---|---|---|---|---|---|
| verwahren | 24 | 0.009 | 24 | 0.038 | 4.166 |
| schädigen | 24 | 0.009 | 24 | 0.038 | 4.166 |
| vollstrecken | 14 | 0.005 | 14 | 0.022 | 4.166 |
| verhängen | 14 | 0.005 | 14 | 0.022 | 4.166 |
| nötigen | 13 | 0.005 | 13 | 0.021 | 4.166 |
| aberkennen | 11 | 0.004 | 11 | 0.017 | 4.166 |
| bekanntgeworden | 10 | 0.004 | 10 | 0.016 | 4.166 |
| ausnutzen | 9 | 0.003 | 9 | 0.014 | 4.166 |
| bekleiden | 9 | 0.003 | 9 | 0.014 | 4.166 |
| hervorbringen | 9 | 0.003 | 9 | 0.014 | 4.166 |
| bestrafen | 487 | 0.184 | 485 | 0.765 | 4.149 |
| bedrohen | 46 | 0.017 | 45 | 0.071 | 4.075 |
| mildern | 38 | 0.014 | 37 | 0.058 | 4.056 |
| begehen | 175 | 0.066 | 169 | 0.267 | 4.023 |
| brauchen | 16 | 0.006 | 15 | 0.024 | 3.906 |
| unternehmen | 26 | 0.01 | 24 | 0.038 | 3.845 |
| offenbaren | 20 | 0.008 | 18 | 0.028 | 3.749 |
| vorbereiten | 20 | 0.008 | 18 | 0.028 | 3.749 |

| 동사 | 빈도<br>(전체) | 상대빈도<br>(전체) | 빈도<br>(형법) | 상대빈도<br>(형법) | 상대빈도<br>비율 |
|---|---|---|---|---|---|
| erledigen | 10 | 0.004 | 9 | 0.014 | 3.749 |
| misshandeln | 9 | 0.003 | 8 | 0.013 | 3.703 |
| absehen | 44 | 0.017 | 39 | 0.062 | 3.693 |
| stimmen | 8 | 0.003 | 7 | 0.011 | 3.645 |
| abhalten | 8 | 0.003 | 7 | 0.011 | 3.645 |
| verfolgen | 56 | 0.021 | 48 | 0.076 | 3.571 |
| zerstören | 35 | 0.013 | 30 | 0.047 | 3.571 |
| veranstalten | 7 | 0.003 | 6 | 0.009 | 3.571 |
| verbreiten | 20 | 0.008 | 17 | 0.027 | 3.541 |
| ordnen | 20 | 0.008 | 17 | 0.027 | 3.541 |
| erkennen | 89 | 0.034 | 75 | 0.118 | 3.511 |
| bemühen | 12 | 0.005 | 10 | 0.016 | 3.472 |

형법에서 높은 상대빈도비율을 보이는 동사들을 모아 놓은 <표 3-28>의 어휘들 중 대부분은 범죄 행위(schädigen, nötigen, ausnutzen, bedrohen, begehen, misshandeln, zerstören), 형벌의 결정 및 집행(vollstrecken, verhängen, bestrafen, mildern) 등 형사 분야와 관련된 행위 개념임을 보여 주고 있다.

마지막으로 독일 민법에서 사용된 명사의 어휘목록을 상대빈도비율과 함께 제시하면 다음과 같다.

<표 3-29> 독일 민법에서의 상대빈도비율 상위권 동사

| 동사 | 빈도<br>(전체) | 상대빈도<br>(전체) | 빈도<br>(민법) | 상대빈도<br>(민법) | 상대빈도<br>비율 |
|---|---|---|---|---|---|
| befriedigen | 30 | 0.011 | 30 | 0.017 | 1.507 |
| versehen | 30 | 0.011 | 30 | 0.017 | 1.507 |
| gebühren | 30 | 0.011 | 30 | 0.017 | 1.507 |
| ausschlagen | 25 | 0.009 | 25 | 0.014 | 1.507 |
| aufrechnen | 19 | 0.007 | 19 | 0.011 | 1.507 |
| kündigen | 98 | 0.037 | 98 | 0.056 | 1.507 |

| 동사 | 빈도 (전체) | 상대빈도 (전체) | 빈도 (민법) | 상대빈도 (민법) | 상대빈도 비율 |
|---|---|---|---|---|---|
| hinterlegen | 48 | 0.018 | 48 | 0.027 | 1.507 |
| besorgen | 37 | 0.014 | 37 | 0.021 | 1.507 |
| verzichten | 37 | 0.014 | 37 | 0.021 | 1.507 |
| zurücktreten | 26 | 0.01 | 26 | 0.015 | 1.507 |
| vereinbaren | 123 | 0.047 | 122 | 0.07 | 1.495 |
| haften | 114 | 0.043 | 113 | 0.065 | 1.494 |
| fallen | 47 | 0.018 | 46 | 0.026 | 1.475 |
| verweigern | 89 | 0.034 | 87 | 0.05 | 1.474 |
| herausgeben | 38 | 0.014 | 37 | 0.021 | 1.468 |
| eintragen | 74 | 0.028 | 72 | 0.041 | 1.467 |
| vermuten | 36 | 0.014 | 35 | 0.02 | 1.466 |
| berechtigen | 201 | 0.076 | 194 | 0.111 | 1.455 |
| erwerben | 114 | 0.043 | 110 | 0.063 | 1.455 |
| verlangen | 459 | 0.174 | 442 | 0.252 | 1.452 |
| entrichten | 54 | 0.02 | 52 | 0.03 | 1.452 |
| befreien | 26 | 0.01 | 25 | 0.014 | 1.45 |
| leben | 51 | 0.019 | 49 | 0.028 | 1.448 |
| brauchen | 23 | 0.009 | 22 | 0.013 | 1.442 |
| mitwirken | 23 | 0.009 | 22 | 0.013 | 1.442 |
| teilen | 21 | 0.008 | 20 | 0.011 | 1.436 |
| sorgen | 20 | 0.008 | 19 | 0.011 | 1.432 |
| ersetzen | 118 | 0.045 | 112 | 0.064 | 1.431 |
| beantragen | 38 | 0.014 | 36 | 0.021 | 1.428 |
| beschweren | 18 | 0.007 | 17 | 0.01 | 1.424 |

민법에서 높은 상대빈도비율을 보이는 <표 3-29>의 동사들은 다음의 예시 조항들이 보여 주는 것처럼 계약과 매매 및 임대, 물권 및 채권 등 민사 분야와 관련된 행위 개념들이다.

(11) a. Kündigt der Vermieter ein Mietverhältnis, dessen Fortsetzung auf

unbestimmte Zeit durch Urteil bestimmt worden ist, so kann der Mieter der Kündigung widersprechen und vom Vermieter verlangen, das Mietverhältnis auf unbestimmte Zeit fortzusetzen. [...] (BGB §574c (2))

b. Soweit nicht anders vereinbart, ist der Verkäufer eines Grundstücks verpflichtet, Erschließungsbeiträge und sonstige Anliegerbeiträge für die Maßnahmen zu tragen, die bis zum Tage des Vertragsschlusses bautechnisch begonnen sind, unabhängig vom Zeitpunkt des Entstehens der Beitragsschuld. (BGB §436 (1))

c. Der Bürge kann die Befriedigung des Gläubigers verweigern, solange dem Hauptschuldner das Recht zusteht, das seiner Verbindlichkeit zugrunde liegende Rechtsgeschäft anzufechten. (BGB §770 (1))

d. Soweit der Bürge den Gläubiger befriedigt, geht die Forderung des Gläubigers gegen den Hauptschuldner auf ihn über. (BGB §774 (1))

이제 우리나라 기본 3법 각각의 동사 어휘목록에 대해서 살펴보기로 하자. 앞서 (9b)에 제시된 검색식들을 통해서 헌법, 형법, 민법의 동사 어휘목록을 각각 추출할 수 있는데, 우선 상대빈도비율을 고려한 헌법의 동사 어휘목록은 다음과 같다.

<표 3-30> 한국 헌법에서의 상대빈도비율 상위권 동사

| 동사 | 빈도 (전체) | 상대빈도 (전체) | 빈도 (헌법) | 상대빈도 (헌법) | 상대빈도 비율 |
|---|---|---|---|---|---|
| 노력하다 | 13 | 0.022 | 13 | 0.272 | 12.45 |
| 임명하다 | 13 | 0.022 | 13 | 0.272 | 12.45 |
| 공포하다 | 7 | 0.012 | 7 | 0.147 | 12.45 |
| 보장되다 | 6 | 0.01 | 6 | 0.126 | 12.45 |
| 보장하다 | 6 | 0.01 | 6 | 0.126 | 12.45 |
| 제정하다 | 6 | 0.01 | 6 | 0.126 | 12.45 |
| 공개하다 | 5 | 0.008 | 5 | 0.105 | 12.45 |
| 육성하다 | 5 | 0.008 | 5 | 0.105 | 12.45 |

| 동사 | 빈도<br>(전체) | 상대빈도<br>(전체) | 빈도<br>(헌법) | 상대빈도<br>(헌법) | 상대빈도<br>비율 |
|---|---|---|---|---|---|
| 임명되다 | 5 | 0.008 | 5 | 0.105 | 12.45 |
| 의결되다 | 4 | 0.007 | 4 | 0.084 | 12.45 |
| 의결하다 | 6 | 0.01 | 5 | 0.105 | 10.37 |
| 수행하다 | 5 | 0.008 | 4 | 0.084 | 9.956 |
| 지다 | 18 | 0.03 | 14 | 0.293 | 9.679 |
| 가지다 | 42 | 0.071 | 32 | 0.67 | 9.482 |
| 지명하다 | 4 | 0.007 | 3 | 0.063 | 9.334 |
| 통하다 | 4 | 0.007 | 3 | 0.063 | 9.334 |
| 보호하다 | 7 | 0.012 | 5 | 0.105 | 8.889 |
| 관여하다 | 3 | 0.005 | 2 | 0.042 | 8.297 |
| 위배되다 | 3 | 0.005 | 2 | 0.042 | 8.297 |
| 구성하다 | 9 | 0.015 | 6 | 0.126 | 8.297 |
| 발하다 | 6 | 0.01 | 4 | 0.084 | 8.297 |
| 위반되다 | 3 | 0.005 | 2 | 0.042 | 8.297 |
| 요구하다 | 8 | 0.013 | 5 | 0.105 | 7.778 |
| 실시하다 | 5 | 0.008 | 3 | 0.063 | 7.467 |
| 두다 | 21 | 0.035 | 12 | 0.251 | 7.111 |
| 붙이다 | 10 | 0.017 | 5 | 0.105 | 6.223 |
| 인정되다 | 10 | 0.017 | 5 | 0.105 | 6.223 |
| 제출하다 | 10 | 0.017 | 5 | 0.105 | 6.223 |
| 설치되다 | 6 | 0.01 | 3 | 0.063 | 6.223 |
| 유지하다 | 6 | 0.01 | 3 | 0.063 | 6.223 |

상대빈도비율을 고려한 헌법의 동사 어휘목록은 주로 법령의 제·개정 및 공포(제정하다, 공포하다), 대통령 및 정부(임명하다, 임명되다), 국회(의결되다, 의결하다)의 역할과 관련된 개념들을 포함하고 있다.[191]

한편, 형법에서 상대빈도비율을 고려한 고빈도 동사 어휘목록은 다음과 같다.

---

191  동사들의 이러한 분류가 배타적인 것은 아니다. 예를 들어, 대통령 및 정부와 관련된 대표적인 동사의 예로 제시한 '임명하다'의 경우, "대법원장과 대법관이 아닌 법관은 대법관회의의 동의를 얻어 대법원장이 임명한다."(헌법 제103조 3항)는 여기에 해당하지 않는다.

<표 3-31> 한국 형법에서의 상대빈도비율 상위권 동사

| 동사 | 빈도<br>(전체) | 상대빈도<br>(전체) | 빈도<br>(형법) | 상대빈도<br>(형법) | 상대빈도<br>비율 |
|---|---|---|---|---|---|
| 병과하다 | 23 | 0.039 | 23 | 0.18 | 4.659 |
| 감경하다 | 20 | 0.034 | 20 | 0.157 | 4.659 |
| 벌하다 | 16 | 0.027 | 16 | 0.125 | 4.659 |
| 음모하다 | 14 | 0.024 | 14 | 0.11 | 4.659 |
| 변조하다 | 13 | 0.022 | 13 | 0.102 | 4.659 |
| 휴대하다 | 12 | 0.02 | 12 | 0.094 | 4.659 |
| 유예하다 | 11 | 0.019 | 11 | 0.086 | 4.659 |
| 보이다 | 10 | 0.017 | 10 | 0.078 | 4.659 |
| 몰수하다 | 8 | 0.013 | 8 | 0.063 | 4.659 |
| 상하다 | 8 | 0.013 | 8 | 0.063 | 4.659 |
| 처하다 | 320 | 0.538 | 317 | 2.485 | 4.615 |
| 범하다 | 126 | 0.212 | 124 | 0.972 | 4.585 |
| 처벌하다 | 57 | 0.096 | 56 | 0.439 | 4.577 |
| 가중하다 | 14 | 0.024 | 13 | 0.102 | 4.326 |
| 면제하다 | 19 | 0.032 | 17 | 0.133 | 4.169 |
| 이르다 | 62 | 0.104 | 54 | 0.423 | 4.058 |
| 선고하다 | 31 | 0.052 | 26 | 0.204 | 3.908 |
| 살해하다 | 11 | 0.019 | 9 | 0.071 | 3.812 |
| 면제되다 | 10 | 0.017 | 8 | 0.063 | 3.727 |
| 보조하다 | 5 | 0.008 | 4 | 0.031 | 3.727 |
| 판매하다 | 10 | 0.017 | 8 | 0.063 | 3.727 |
| 소지하다 | 5 | 0.008 | 4 | 0.031 | 3.727 |
| 이송되다 | 9 | 0.015 | 7 | 0.055 | 3.624 |
| 방지하다 | 4 | 0.007 | 3 | 0.024 | 3.494 |
| 위배하다 | 4 | 0.007 | 3 | 0.024 | 3.494 |
| 명시하다 | 7 | 0.012 | 5 | 0.039 | 3.328 |
| 은닉하다 | 7 | 0.012 | 5 | 0.039 | 3.328 |
| 훼손하다 | 10 | 0.017 | 7 | 0.055 | 3.261 |
| 발생하다 | 23 | 0.039 | 16 | 0.125 | 3.241 |
| 삼다 | 3 | 0.005 | 2 | 0.016 | 3.106 |

&lt;표 3-31&gt;은 형법에서 높은 상대빈도비율을 보이는 동사들 중 대부분이 독일 형법에서와 마찬가지로 범죄 행위(음모하다, 변조하다, 범하다, 살해하다, 소지하다, 위배하다, 은닉하다, 훼손하다), 형벌의 결정 및 집행(병과하다, 감경하다, 벌하다, 유예하다, 처하다, 처벌하다, 가중하다, 면제하다, 선고하다) 등 형사 분야와 관련된 행위 개념임을 보여 주고 있다.

마지막으로 한국 민법에서 사용된 명사의 어휘목록을 상대빈도비율과 함께 제시하면 다음과 같다.

**&lt;표 3-32&gt; 한국 민법에서의 상대빈도비율 상위권 동사**

| 동사 | 빈도 (전체) | 상대빈도 (전체) | 빈도 (민법) | 상대빈도 (민법) | 상대빈도 비율 |
|---|---|---|---|---|---|
| 생기다 | 80 | 0.135 | 80 | 0.191 | 1.418 |
| 소멸하다 | 60 | 0.101 | 60 | 0.143 | 1.418 |
| 변제하다 | 46 | 0.077 | 46 | 0.11 | 1.418 |
| 선임하다 | 54 | 0.091 | 54 | 0.129 | 1.418 |
| 대항하다 | 51 | 0.086 | 51 | 0.122 | 1.418 |
| 배상하다 | 41 | 0.069 | 41 | 0.098 | 1.418 |
| 반환하다 | 34 | 0.057 | 34 | 0.081 | 1.418 |
| 약정하다 | 33 | 0.056 | 33 | 0.079 | 1.418 |
| 지정하다 | 32 | 0.054 | 32 | 0.076 | 1.418 |
| 미치다 | 31 | 0.052 | 31 | 0.074 | 1.418 |
| 사망하다 | 36 | 0.061 | 35 | 0.084 | 1.379 |
| 청구하다 | 212 | 0.357 | 206 | 0.492 | 1.378 |
| 개정하다 | 34 | 0.057 | 33 | 0.079 | 1.377 |
| 부담하다 | 33 | 0.056 | 32 | 0.076 | 1.375 |
| 알다 | 137 | 0.231 | 132 | 0.315 | 1.367 |
| 요하다 | 24 | 0.04 | 23 | 0.055 | 1.359 |
| 넘다 | 23 | 0.039 | 22 | 0.053 | 1.357 |
| 해제하다 | 22 | 0.037 | 21 | 0.05 | 1.354 |
| 준용하다 | 170 | 0.286 | 162 | 0.387 | 1.352 |
| 지급하다 | 40 | 0.067 | 38 | 0.091 | 1.348 |

| 동사 | 빈도<br>(전체) | 상대빈도<br>(전체) | 빈도<br>(민법) | 상대빈도<br>(민법) | 상대빈도<br>비율 |
|---|---|---|---|---|---|
| 이행하다 | 39 | 0.066 | 37 | 0.088 | 1.346 |
| 신고하다 | 19 | 0.032 | 18 | 0.043 | 1.344 |
| 이전하다 | 19 | 0.032 | 18 | 0.043 | 1.344 |
| 지출하다 | 19 | 0.032 | 18 | 0.043 | 1.344 |
| 보다 | 90 | 0.151 | 85 | 0.203 | 1.34 |
| 개시되다 | 17 | 0.029 | 16 | 0.038 | 1.335 |
| 인도하다 | 16 | 0.027 | 15 | 0.036 | 1.33 |
| 취소하다 | 42 | 0.071 | 39 | 0.093 | 1.317 |
| 변경하다 | 28 | 0.047 | 26 | 0.062 | 1.317 |
| 처분하다 | 14 | 0.024 | 13 | 0.031 | 1.317 |

민법에서 상대빈도비율이 높은 <표 3-32>의 동사들도 다음 조항들이 보여주는 것처럼 대부분 물권 및 채권, 계약과 매매 및 임대 등 민사 분야나 이와 관련된 영역에서 주로 사용되는 어휘들이다.

(11) a. 채권의 목적이 어느 종류의 통화로 지급할 것인 경우에 그 통화가 변제기에 강제통용력을 잃은 때에는 채무자는 다른 통화로 변제하여야 한다. (민법 제376조(금전채권))
    b. 채권의 목적을 종류로만 지정한 경우에 법률행위의 성질이나 당사자의 의사에 의하여 품질을 정할 수 없는 때에는 채무자는 중등품질의 물건으로 이행하여야 한다. (민법 제375조(종류채권) 1항)
    c. 대리권의 소멸은 선의의 제삼자에게 대항하지 못한다. 그러나 제삼자가 과실로 인하여 그 사실을 알지 못한 때에는 그러하지 아니하다. (민법 제129조(대리권소멸후의 표현대리))
    d. 매매는 당사자 일방이 재산권을 상대방에게 이전할 것을 약정하고 상대방이 그 대금을 지급할 것을 약정함으로써 그 효력이 생긴다. (제563조(매매의 의의))

지금까지 독일과 한국의 기본 3법 각각에서 상대빈도비율이 높은 동사들을 추출하여 살펴보았는데, 명사 목록에서와는 달리 동사의 경우에는 형법을 제외하고는 각 법률 분야의 특성을 명확히 보여 주는 어휘들이 상대적으로 적은 것을 확인할 수 있었다. 독일과 한국의 형법에서 동사가 이 분야의 특성을 더 잘 보여 주는 것은 형법의 주요 내용이 범죄 행위 및 형벌의 부과와 관련되어 있어서 이런 행위를 표현하는 데 동사가 적합하기 때문인 것으로 보인다.

### 1.2.3. 형용사 목록

독일과 한국의 기본 3법 전체를 대상으로 하여 형용사의 어휘목록을 추출하는 CQP 검색식은 다음과 같다.

    (12)  a.  D-GESETZ;
             T=[pos="ADJ.*"]; count by lemma > "freqADJ-dt(all).txt";
        b.  K-GESETZ;
             T=[pos="VA.*"]; count by word > "freqVA-kr(all).txt";

(12a)와 (12b)의 검색식은 독일과 한국의 기본 3법 코퍼스, 즉 D-GESETZ와 K-GESETZ에서 품사가 형용사(각각 "ADJ.*"와 "VA.*")인[192] 모든 단어들을 검색해서 그 빈도에 따라 각각 "freqADJ-dt(all).txt"와 "freqVA-kr(all).txt"라는 파일에 저장하라는 명령어이다. 이렇게 해서 얻어진 독일과 한국의 기본 3법 전체에서 상위빈도를 보이는 형용사들은 다음과 같다.

---

192 독일어 태그셋에서 형용사에 해당하는 것은 "ADJA(attributives Adjektiv)"와 "ADJD (adverbiales oder prädikatives Adjektiv)"로서 "ADJ.*"는 이 둘 모두를 포함한다. 한국어에서는 형용사가 동사("VV")와 함께 용언으로 분류되어 "V"로 시작하는 태그명("VA")을 보인다.

<표 3-33> 독일 기본 3법(전체)에서의 상위빈도 형용사

| 형용사(전체) | 빈도(전체) |
|---|---|
| entsprechend | 584 |
| öffentlich | 369 |
| bestimmt | 337 |
| erforderlich | 336 |
| gesetzlich | 273 |
| schwer | 260 |
| geltend | 215 |
| gleich | 184 |
| bezeichnet | 182 |
| sonstig | 173 |
| gemeinschaftlich | 149 |
| neu | 148 |
| unwirksam | 148 |
| strafbar | 139 |
| angemessen | 137 |
| besonder | 135 |
| zuständig | 129 |
| persönlich | 127 |
| erheblich | 126 |
| abweichend | 124 |
| unverzüglich | 123 |
| wirksam | 115 |
| zulässig | 115 |
| europäisch | 113 |
| genannt | 111 |
| allgemein | 106 |
| elterlich | 103 |
| rechtswidrig | 101 |
| übrig | 96 |
| dritt | 94 |

<표 3-34> 한국 기본 3법(전체)에서의 상위빈도 형용사

| 형용사(전체) | 빈도(전체) |
|---|---|
| 있다 | 1315 |
| 없다 | 344 |
| 같다 | 109 |
| 필요하다 | 91 |
| 그러하다 | 88 |
| 상당하다 | 54 |
| 동일하다 | 44 |
| 정당하다 | 37 |
| 특별하다 | 31 |
| 중대하다 | 31 |
| 다르다 | 19 |
| 공하다 | 14 |
| 중하다 | 14 |
| 적당하다 | 13 |
| 중요하다 | 12 |
| 분명하다 | 12 |
| 위험하다 | 11 |
| 유사하다 | 11 |
| 부득이하다 | 11 |
| 일정하다 | 11 |
| 부정하다 | 10 |
| 불능하다 | 9 |
| 현저하다 | 9 |
| 불리하다 | 9 |
| 선량하다 | 9 |
| 적합하다 | 9 |
| 부당하다 | 8 |
| 과다하다 | 8 |
| 부족하다 | 8 |
| 적법하다 | 8 |

<표 3-33>과 <표 3-34>에 제시된 형용사 어휘목록을 살펴보면, 독일과 한국의 기본 3법 모두에서 "strafbar, europäisch, elterlich"와 "위험하다, 부정하다, 부당하다, 과다하다, 부족하다" 등을 제외하고는 특정 분야에 국한되지 않는 형용사들이 빈도 높게 출현함을 알 수 있다.

기본 3법 각 법률의 특성을 좀 더 잘 살펴보기 위해서 기본법 및 헌법, 형법, 민법을 각각 대상으로 하여 별도의 형용사 어휘목록을 추출해 볼 필요가 있다. 각 법률별로 형용사 어휘목록을 추출하기 위해서는 앞서 명사나 동사 어휘목록에서처럼 기본 3법 전체에 대한 검색식에 "match.text_id="...";"라는 명령어를 추가하여 보완하면 된다. 이렇게 해서 얻어진 독일과 한국의 기본법 및 헌법, 형법, 민법 각각에서의 형용사 목록에 대해 살펴보기로 한다. 우선 독일 기본법에서의 상대빈도비율 상위권 형용사의 어휘목록은 다음과 같다.

<표 3-35> 독일 기본법에서의 상대빈도비율 상위권 형용사

| 형용사 | 빈도<br>(전체) | 상대빈도<br>(전체) | 빈도<br>(기본법) | 상대빈도<br>(기본법) | 상대<br>빈도비율 |
|---|---|---|---|---|---|
| bundesgesetzlich | 8 | 0.003 | 8 | 0.037 | 12.14 |
| bundeseigener | 6 | 0.002 | 6 | 0.028 | 12.14 |
| bundesunmittelbar | 5 | 0.002 | 5 | 0.023 | 12.14 |
| dringlich | 5 | 0.002 | 5 | 0.023 | 12.14 |
| unverletzlich | 5 | 0.002 | 5 | 0.023 | 12.14 |
| beschlossen | 4 | 0.002 | 4 | 0.018 | 12.14 |
| ablaufend | 3 | 0.001 | 3 | 0.014 | 12.14 |
| bundeseigen | 3 | 0.001 | 3 | 0.014 | 12.14 |
| innerstaatlich | 3 | 0.001 | 3 | 0.014 | 12.14 |
| umgrenzt | 3 | 0.001 | 3 | 0.014 | 12.14 |
| auswärtig | 9 | 0.003 | 8 | 0.037 | 10.8 |
| konkurrierend | 7 | 0.003 | 6 | 0.028 | 10.41 |
| ausschließlich | 12 | 0.005 | 10 | 0.046 | 10.12 |
| einheitlich | 12 | 0.005 | 10 | 0.046 | 10.12 |

| 형용사 | 빈도 (전체) | 상대빈도 (전체) | 빈도 (기본법) | 상대빈도 (기본법) | 상대 빈도비율 |
|---|---|---|---|---|---|
| friedlich | 6 | 0.002 | 5 | 0.023 | 10.12 |
| grundsätzlich | 6 | 0.002 | 5 | 0.023 | 10.12 |
| freiheitlich | 9 | 0.003 | 7 | 0.032 | 9.446 |
| örtlich | 9 | 0.003 | 7 | 0.032 | 9.446 |
| ober | 25 | 0.009 | 19 | 0.087 | 9.23 |
| zivil | 8 | 0.003 | 6 | 0.028 | 9.108 |
| ehemalig | 4 | 0.002 | 3 | 0.014 | 9.108 |
| landesrechtlich | 4 | 0.002 | 3 | 0.014 | 9.108 |
| vollendet | 4 | 0.002 | 3 | 0.014 | 9.108 |
| wählbar | 4 | 0.002 | 3 | 0.014 | 9.108 |
| völkerrechtlich | 7 | 0.003 | 5 | 0.023 | 8.675 |
| demokratisch | 16 | 0.006 | 11 | 0.051 | 8.349 |
| finanziell | 6 | 0.002 | 4 | 0.018 | 8.096 |
| vollziehend | 6 | 0.002 | 4 | 0.018 | 8.096 |
| wahr | 6 | 0.002 | 4 | 0.018 | 8.096 |
| staatsbürgerlich | 6 | 0.002 | 4 | 0.018 | 8.096 |

<표 3-35>에 제시된 형용사들은 연방제(bundesgesetzlich, bundeseigen(er), bundesunmittelbar, örtlich, landesrechtlich), 국내외 정치 및 민주주의(innerstaatlich, auswärtig, friedlich, freiheitlich, zivil, wählbar, völkerrechtlich, demokratisch, staatsbürgerlich) 등을 내용으로 하는 어휘들이다.

이제 독일 형법에서 사용된 형용사 어휘목록을 상대빈도비율과 함께 제시하면 다음과 같다.

<표 3-36> 독일 형법에서의 상대빈도비율 상위권 형용사

| 형용사 | 빈도 (전체) | 상대빈도 (전체) | 빈도 (기본법) | 상대빈도 (기본법) | 상대빈도비율 |
|---|---|---|---|---|---|
| minder | 77 | 0.029 | 77 | 0.122 | 4.166 |
| verurteilt | 53 | 0.02 | 53 | 0.084 | 4.166 |

| 형용사 | 빈도<br>(전체) | 상대빈도<br>(전체) | 빈도<br>(기본법) | 상대빈도<br>(기본법) | 상대빈도비율 |
|---|---|---|---|---|---|
| lebenslang | 31 | 0.012 | 31 | 0.049 | 4.166 |
| bedeutend | 27 | 0.01 | 27 | 0.043 | 4.166 |
| leichtfertig | 25 | 0.009 | 25 | 0.039 | 4.166 |
| unbrauchbar | 16 | 0.006 | 16 | 0.025 | 4.166 |
| staatsgefährdend | 16 | 0.006 | 16 | 0.025 | 4.166 |
| zeitig | 15 | 0.006 | 15 | 0.024 | 4.166 |
| empfindlich | 13 | 0.005 | 13 | 0.021 | 4.166 |
| pornographisch | 13 | 0.005 | 13 | 0.021 | 4.166 |
| strafbar | 139 | 0.053 | 137 | 0.216 | 4.106 |
| rechtswidrig | 101 | 0.038 | 99 | 0.156 | 4.083 |
| gewerbsmäßig | 40 | 0.015 | 39 | 0.062 | 4.062 |
| wissentlich | 23 | 0.009 | 22 | 0.035 | 3.985 |
| gefährlich | 23 | 0.009 | 22 | 0.035 | 3.985 |
| namentlich | 21 | 0.008 | 20 | 0.032 | 3.968 |
| falsch | 53 | 0.02 | 50 | 0.079 | 3.93 |
| psychiatrisch | 15 | 0.006 | 14 | 0.022 | 3.888 |
| schwer | 260 | 0.098 | 241 | 0.38 | 3.862 |
| räumlich | 26 | 0.01 | 24 | 0.038 | 3.845 |
| ausländisch | 42 | 0.016 | 38 | 0.06 | 3.769 |
| freiwillig | 60 | 0.023 | 54 | 0.085 | 3.749 |
| behördlich | 28 | 0.011 | 25 | 0.039 | 3.72 |
| sexuell | 65 | 0.025 | 58 | 0.092 | 3.717 |
| radioaktiv | 9 | 0.003 | 8 | 0.013 | 3.703 |
| unbefugt | 44 | 0.017 | 39 | 0.062 | 3.693 |
| dienstlich | 16 | 0.006 | 14 | 0.022 | 3.645 |
| alkoholisch | 8 | 0.003 | 7 | 0.011 | 3.645 |
| antragsberechtigt | 8 | 0.003 | 7 | 0.011 | 3.645 |
| unkenntlich | 8 | 0.003 | 7 | 0.011 | 3.645 |

형법에서 높은 상대빈도비율을 보이는 형용사들을 모아 놓은 <표 3-36>의 어휘들 중 상당수는 범죄 행위(staatsgefährdend, pornographisch, rechtswidrig, gewerbsmäßig, wissentlich, gefährlich, falsch, sexuell, radioaktiv, unkenntlich) 및 형벌 (lebenslang, zeitig,[193] strafbar, psychiatrisch)과 관련된 개념을 수식하는 기능을 갖는다.

마지막으로 독일 민법에서 사용된 명사의 어휘목록을 상대빈도비율과 함께 제시하면 다음과 같다.

<표 3-37> 독일 민법에서의 상대빈도비율 상위권 형용사

| 형용사 | 빈도 (전체) | 상대빈도 (전체) | 빈도 (민법) | 상대빈도 (민법) | 상대빈도비율 |
|---|---|---|---|---|---|
| fällig | 53 | 0.02 | 53 | 0.03 | 1.507 |
| eingetragen | 38 | 0.014 | 38 | 0.022 | 1.507 |
| geschuldet | 38 | 0.014 | 38 | 0.022 | 1.507 |
| notariell | 36 | 0.014 | 36 | 0.021 | 1.507 |
| minderjährig | 30 | 0.011 | 30 | 0.017 | 1.507 |
| unbekannt | 29 | 0.011 | 29 | 0.017 | 1.507 |
| unbeschränkt | 29 | 0.011 | 29 | 0.017 | 1.507 |
| einseitig | 19 | 0.007 | 19 | 0.011 | 1.507 |
| unbestimmt | 19 | 0.007 | 19 | 0.011 | 1.507 |
| aufschiebend | 18 | 0.007 | 18 | 0.01 | 1.507 |
| unwirksam | 148 | 0.056 | 146 | 0.083 | 1.487 |
| vereinbart | 73 | 0.028 | 72 | 0.041 | 1.487 |
| geschlossen | 34 | 0.013 | 33 | 0.019 | 1.463 |
| außerordentlich | 31 | 0.012 | 30 | 0.017 | 1.459 |
| geschäftsunfähig | 26 | 0.01 | 25 | 0.014 | 1.45 |
| dauerhaft | 26 | 0.01 | 25 | 0.014 | 1.45 |
| erfolgt | 26 | 0.01 | 25 | 0.014 | 1.45 |

---

193 'zeitig'가 형법에서는 'lebenslang'의 반대 의미로서("Die Freiheitsstrafe ist zeitig, wenn das Gesetz nicht lebenslange Freiheitsstrafe androht."(StGB §38 Dauer der Freiheitsstrafe (1))), 즉 '유기'의 의미로 사용되는 형용사이다(예, "Bei zeitiger Freiheitsstrafe darf höchstens auf drei Viertel des angedrohten Höchstmaßes erkannt werden. Bei Geldstrafe gilt dasselbe für die Höchstzahl der Tagessätze." (StGB §49 Besondere gesetzliche Milderungsgründe (1) 2)

| 형용사 | 빈도 (전체) | 상대빈도 (전체) | 빈도 (민법) | 상대빈도 (민법) | 상대빈도비율 |
|---|---|---|---|---|---|
| getrennt | 24 | 0.009 | 23 | 0.013 | 1.445 |
| arglistig | 23 | 0.009 | 22 | 0.013 | 1.442 |
| unentgeltlich | 46 | 0.017 | 44 | 0.025 | 1.442 |
| entstehend | 42 | 0.016 | 40 | 0.023 | 1.436 |
| ehelich | 21 | 0.008 | 20 | 0.011 | 1.436 |
| entgeltlich | 20 | 0.008 | 19 | 0.011 | 1.432 |
| tot | 20 | 0.008 | 19 | 0.011 | 1.432 |
| elektronisch | 38 | 0.014 | 36 | 0.021 | 1.428 |
| gemeinschaftlich | 149 | 0.056 | 141 | 0.081 | 1.427 |
| nichtig | 36 | 0.014 | 34 | 0.019 | 1.424 |
| vorhanden | 67 | 0.025 | 63 | 0.036 | 1.417 |
| bisherig | 83 | 0.031 | 78 | 0.045 | 1.417 |
| ordnungsmäßig | 66 | 0.025 | 62 | 0.035 | 1.416 |

민법에서 높은 상대빈도비율을 보이는 <표 3-37>의 형용사들은 주로 다음
의 예들이 보여 주는 것처럼 친족 및 상속(minderjährig, ehelich, tot), 계약과 매매
및 임대와 관련된 명사와 동사를 수식하는 어휘들이다(vereinbart, arglistig,
unentgeltlich, entgeltlich, elektronisch).[194]

(13) a. minderjährig: ein minderjähriger Ehegatte, minderjähriges Kind
　　 b. ehelich: eheliche Lebensgemeinschaft, eheliches Verhältnis
　　 c. tot: für tot erklären, der für tot erklärte Ehegatte

(14) a. vereinbart: vereinbarte Form, das vereinbarte Entgelt, vereinbarte
　　　 Beendigung (einer Kündigungsfrist)
　　 b. arglistig: arglistige Täuschung, arglistig verschweigen
　　 c. unentgeltlich: unentgeltliche Zahlungsmöglichkeit, ein unentgeltliches

---

194　elektronisch는 '전자 상거래(elektronischer Geschäftsverkehr)'와 관련된 개념이다.

Darlehen, eine unentgeltliche Finanzierungshilfe

d. entgeltlich: entgeltliche Finanzierungshilfe, entgeltlicher Darlehensvertrag, entgeltlicher Zahlungsaufschub

e. elektronisch: elektronische Form, elektronisches Geld, Zahlungsdienste und elektronisches Geld

이제 우리나라 기본 3법 각각의 형용사 어휘목록에 대해서 살펴보기로 하자. 우선 헌법에서 상대빈도비율 상위권의 형용사 어휘목록은 다음과 같다.

<표 3-38> 한국 헌법에서의 상대빈도비율 상위권 형용사

| 형용사 | 빈도 (전체) | 상대빈도 (전체) | 빈도 (헌법) | 상대빈도 (헌법) | 상대빈도비율 |
|---|---|---|---|---|---|
| 긴급하다 | 2 | 0.003 | 2 | 0.042 | 12.45 |
| 어떠하다 | 2 | 0.003 | 2 | 0.042 | 12.45 |
| 쾌적하다 | 2 | 0.003 | 2 | 0.042 | 12.45 |
| 건강하다 | 1 | 0.002 | 1 | 0.021 | 12.45 |
| 건전하다 | 1 | 0.002 | 1 | 0.021 | 12.45 |
| 공정하다 | 1 | 0.002 | 1 | 0.021 | 12.45 |
| 불가피하다 | 1 | 0.002 | 1 | 0.021 | 12.45 |
| 성실하다 | 1 | 0.002 | 1 | 0.021 | 12.45 |
| 신성하다 | 1 | 0.002 | 1 | 0.021 | 12.45 |
| 평등하다 | 1 | 0.002 | 1 | 0.021 | 12.45 |
| 불이익하다 | 3 | 0.005 | 2 | 0.042 | 8.297 |
| 중요하다 | 12 | 0.02 | 6 | 0.126 | 6.223 |
| 균등하다 | 7 | 0.012 | 3 | 0.063 | 5.334 |
| 새롭다 | 5 | 0.008 | 2 | 0.042 | 4.978 |
| 불리하다 | 9 | 0.015 | 3 | 0.063 | 4.148 |
| 필요하다 | 91 | 0.153 | 25 | 0.524 | 3.419 |
| 불가능하다 | 4 | 0.007 | 1 | 0.021 | 3.111 |
| 부당하다 | 8 | 0.013 | 2 | 0.042 | 3.111 |
| 적법하다 | 8 | 0.013 | 2 | 0.042 | 3.111 |
| 특정하다 | 5 | 0.008 | 1 | 0.021 | 2.489 |

| 형용사 | 빈도<br>(전체) | 상대빈도<br>(전체) | 빈도<br>(헌법) | 상대빈도<br>(헌법) | 상대빈도비율 |
|---|---|---|---|---|---|
| 특별하다 | 31 | 0.052 | 5 | 0.105 | 2.007 |
| 중대하다 | 31 | 0.052 | 5 | 0.105 | 2.007 |
| 선량하다 | 9 | 0.015 | 1 | 0.021 | 1.383 |
| 적합하다 | 9 | 0.015 | 1 | 0.021 | 1.383 |
| 일정하다 | 11 | 0.019 | 1 | 0.021 | 1.131 |
| 없다 | 344 | 0.579 | 30 | 0.628 | 1.085 |
| 정당하다 | 37 | 0.062 | 3 | 0.063 | 1.009 |
| 있다 | 1315 | 2.213 | 99 | 2.073 | 0.937 |
| 같다 | 109 | 0.183 | 4 | 0.084 | 0.457 |
| 동일하다 | 44 | 0.074 | 1 | 0.021 | 0.283 |

동사들의 경우 상대빈도비율 상위권 어휘들이 각 법률의 특성을 대체로 잘
보여 주었던 반면에, <표 3-38>의 형용사들은 대부분 헌법과 관련된 특성을
잘 보여 주고 있지는 않다. 다만 이 중에서 "공정하다, 평등하다, 균등하다, 적
법하다" 등 일부 형용사들이 (15)에서처럼 민주주의 및 법치주의의 특성을 반
영하고 있는 것으로 보인다.

(15)  a. 공정하다: 선거와 국민투표의 공정한 관리 및 정당에 관한 사무를 처리
하기 위하여 선거관리위원회를 둔다. (헌법 제114조 1항)
b. 평등하다: 모든 국민은 법 앞에 평등하다. 누구든지 성별·종교 또는
사회적 신분에 의하여 정치적·경제적·사회적·문화적 생활의 모든
쓸역에 있어서 차별을 받지 아니한다. (헌법 제11조 1항)
c. 균등하다: 선거운동은 각급 선거관리위원회의 관리하에 법률이 정하는
범위안에서 하되, 균등한 기회가 보장되어야 한다. (헌법 제116조 1항)
d. 적법하다: 모든 국민은 신체의 자유를 가진다. 누구든지 법률에 의하지
아니하고는 체포·구속·압수·수색 또는 심문을 받지 아니하며, 법률
과 적법한 절차에 의하지 아니하고는 처벌·보안처분 또는 강제노역을
받지 아니한다. (헌법 제12조 1항)

한편, 형법에서 상대빈도비율 상위권 형용사 어휘목록은 다음과 같다.[195]

<표 3-39> 한국 형법에서의 상대빈도비율 상위권 형용사

| 형용사 | 빈도<br>(전체) | 상대빈도<br>(전체) | 빈도<br>(형법) | 상대빈도<br>(형법) | 상대빈도비율 |
|---|---|---|---|---|---|
| 위험하다 | 11 | 0.019 | 11 | 0.086 | 4.659 |
| 문란하다 | 4 | 0.007 | 4 | 0.031 | 4.659 |
| 무겁다 | 3 | 0.005 | 3 | 0.024 | 4.659 |
| 음란하다 | 3 | 0.005 | 3 | 0.024 | 4.659 |
| 가혹하다 | 2 | 0.003 | 2 | 0.016 | 4.659 |
| 길다 | 2 | 0.003 | 2 | 0.016 | 4.659 |
| 안전하다 | 2 | 0.003 | 2 | 0.016 | 4.659 |
| 연소하다 | 2 | 0.003 | 2 | 0.016 | 4.659 |
| 간첩하다 | 1 | 0.002 | 1 | 0.008 | 4.659 |
| 과하다 | 1 | 0.002 | 1 | 0.008 | 4.659 |
| 공하다 | 14 | 0.024 | 13 | 0.102 | 4.326 |
| 중하다 | 14 | 0.024 | 13 | 0.102 | 4.326 |
| 부정하다 | 10 | 0.017 | 8 | 0.063 | 3.727 |
| 불가능하다 | 4 | 0.007 | 3 | 0.024 | 3.494 |
| 많다 | 3 | 0.005 | 2 | 0.016 | 3.106 |
| 불능하다 | 9 | 0.015 | 5 | 0.039 | 2.588 |
| 양호하다 | 2 | 0.003 | 1 | 0.008 | 2.329 |
| 태만하다 | 2 | 0.003 | 1 | 0.008 | 2.329 |
| 특수하다 | 2 | 0.003 | 1 | 0.008 | 2.329 |
| 현저하다 | 9 | 0.015 | 4 | 0.031 | 2.071 |
| 같다 | 109 | 0.183 | 47 | 0.368 | 2.009 |
| 부당하다 | 8 | 0.013 | 3 | 0.024 | 1.747 |
| 유사하다 | 11 | 0.019 | 3 | 0.024 | 1.271 |
| 특별하다 | 31 | 0.052 | 6 | 0.047 | 0.902 |
| 정당하다 | 37 | 0.062 | 6 | 0.047 | 0.756 |

---

195 아래 형용사 어휘목록 중에서 '연소하다', '간첩하다'는 형용사에 해당하지 않는 것으로 판단된다. 이와 같은 오류는 '연소하다'의 경우 "나이가 어리다"를 의미하는 형용사와, '간첩하다'는 "간단하고 빠르다"를 의미하는 형용사와 동음이의어이기 때문에 발생한 것으로 보인다.

| 형용사 | 빈도<br>(전체) | 상대빈도<br>(전체) | 빈도<br>(형법) | 상대빈도<br>(형법) | 상대빈도비율 |
|---|---|---|---|---|---|
| 중대하다 | 31 | 0.052 | 5 | 0.039 | 0.751 |
| 동일하다 | 44 | 0.074 | 6 | 0.047 | 0.635 |
| 있다 | 1315 | 2.213 | 121 | 0.949 | 0.429 |
| 중요하다 | 12 | 0.02 | 1 | 0.008 | 0.388 |
| 없다 | 344 | 0.579 | 27 | 0.212 | 0.366 |

<표 3-39>는 형법에서 높은 상대빈도비율을 보이는 형용사들 중 대부분이 동사의 경우와는 달리 형벌과 관련된 경우는 드물고, "위험하다, 문란하다, 음란하다, 가혹하다, 부정하다, 태만하다, 부당하다, 유사하다, 중대하다"처럼 범죄와 관련 있음을 보여 주고 있다. 이 어휘들 중 '유사하다'나 '중대하다'처럼 일상어에서는 범죄와 관련이 없어 보이는 것들도 있지만, 형법에서 '유사하다'는 '진짜가 아니다', 즉 '가짜'라는 의미로 사용되고 '중대하다'는 과실의 정도를 나타내는 데에 사용된다.

> (16) a. 유사하다: 판매할 목적으로 내국 또는 외국에서 통용하거나 유통하는 화폐, 지폐 또는 은행권에 유사한 물건을 제조, 수입 또는 수출한 자는 3년 이하의 징역 또는 700만원 이하의 벌금에 처한다. (형법 제211조(통화유사물의 제조등) 1항))
> b. 중대하다: 업무상과실 또는 중대한 과실로 인하여 제170조의 죄를 범한 자는 3년 이하의 금고 또는 2천만원 이하의 벌금에 처한다." 형법 제171조(업무상실화, 중실화)

마지막으로 한국 민법에서 사용된 명사의 어휘목록을 상대빈도비율과 함께 제시하면 다음과 같다.

<표 3-40> 한국 민법에서의 상대빈도비율 상위권 형용사

| 형용사 | 빈도<br>(전체) | 상대빈도<br>(전체) | 빈도<br>(민법) | 상대빈도<br>(민법) | 상대빈도비율 |
|---|---|---|---|---|---|
| 다르다 | 19 | 0.032 | 19 | 0.045 | 1.418 |
| 적당하다 | 13 | 0.022 | 13 | 0.031 | 1.418 |
| 분명하다 | 12 | 0.02 | 12 | 0.029 | 1.418 |
| 부득이하다 | 11 | 0.019 | 11 | 0.026 | 1.418 |
| 과다하다 | 8 | 0.013 | 8 | 0.019 | 1.418 |
| 부족하다 | 8 | 0.013 | 8 | 0.019 | 1.418 |
| 급박하다 | 7 | 0.012 | 7 | 0.017 | 1.418 |
| 부적당하다 | 3 | 0.005 | 3 | 0.007 | 1.418 |
| 유효하다 | 3 | 0.005 | 3 | 0.007 | 1.418 |
| 정확하다 | 3 | 0.005 | 3 | 0.007 | 1.418 |
| 그러하다 | 88 | 0.148 | 82 | 0.196 | 1.322 |
| 일정하다 | 11 | 0.019 | 10 | 0.024 | 1.289 |
| 상당하다 | 54 | 0.091 | 49 | 0.117 | 1.287 |
| 선량하다 | 9 | 0.015 | 8 | 0.019 | 1.261 |
| 적합하다 | 9 | 0.015 | 8 | 0.019 | 1.261 |
| 동일하다 | 44 | 0.074 | 37 | 0.088 | 1.193 |
| 없다 | 344 | 0.579 | 287 | 0.685 | 1.183 |
| 있다 | 1315 | 2.213 | 1095 | 2.614 | 1.181 |
| 특정하다 | 5 | 0.008 | 4 | 0.01 | 1.135 |
| 정당하다 | 37 | 0.062 | 28 | 0.067 | 1.073 |
| 적법하다 | 8 | 0.013 | 6 | 0.014 | 1.064 |
| 유사하다 | 11 | 0.019 | 8 | 0.019 | 1.032 |
| 필요하다 | 91 | 0.153 | 64 | 0.153 | 0.998 |
| 중대하다 | 31 | 0.052 | 21 | 0.05 | 0.961 |
| 불리하다 | 9 | 0.015 | 6 | 0.014 | 0.946 |
| 특별하다 | 31 | 0.052 | 20 | 0.048 | 0.915 |
| 새롭다 | 5 | 0.008 | 3 | 0.007 | 0.851 |
| 균등하다 | 7 | 0.012 | 4 | 0.01 | 0.811 |
| 현저하다 | 9 | 0.015 | 5 | 0.012 | 0.788 |
| 같다 | 109 | 0.183 | 58 | 0.138 | 0.755 |

민법에서는 다음 조항들이 보여 주는 것처럼 상대빈도비율이 높은 형용사들 중 "과다하다, 부족하다, 유효하다, 적법하다"를 제외하고는 민법의 특징을 대변하는 어휘들이 별로 없다.

(17)  a. 손해배상의 예정액이 부당히 <u>과다한</u> 경우에는 법원은 적당히 감액할 수 있다. (제398조(배상액의 예정) 2항)

b. 청산중 법인의 재산이 그 채무를 완제하기에 <u>부족한</u> 것이 분명하게 된 때에는 청산인은 지체없이 파산선고를 신청하고 이를 공고하여야 한다. (제93조(청산중의 파산) 1항)

c. 채무의 변제로 타인의 물건을 인도한 채무자는 다시 <u>유효한</u> 변제를 하지 아니하면 그 물건의 반환을 청구하지 못한다. (제463조(변제로서의 타인의 물건의 인도))

d. 당사자 일방이 부득이한 사유없이 상대방의 <u>불리한</u> 시기에 계약을 해지한 때에는 그 손해를 배상하여야 한다. (제689조(위임의 상호해지의 자유) 2항)

지금까지 독일과 한국의 기본 3법 각각에서 상대빈도비율이 높은 형용사들을 추출하여 살펴보았는데, 명사 목록에서와는 달리 형용사의 경우에는 각 법률 분야의 특성을 명확히 보여 주는 어휘들이 상대적으로 적었으며, 이러한 특징은 한국 법률에서 특히 두드러지게 나타남을 알 수 있다. 이는 한국 법률에서 범죄 행위와 관련된 제한된 경우를 제외하고는 각 법률 분야의 특성을 잘 반영하는 형용사가 상당히 드물다는 것을 의미한다.

# 제2장 공기어 및 구문 추출

## 2.1. 명사-명사 공기어

코퍼스 활용 분석방법에서 소개한 CWB를 이용하면 빈도 높게 함께 출현하는 공기어를 추출할 수 있다. 공기어의 대표적인 경우는 명사-명사(N-N) 공기어와 동사-명사(V-N) 공기어이다.

우선 명사-명사 공기어는 법 개념들간의 긴밀성을 보여 주기 때문에 법 언어의 특성, 나아가 각 법률 분야의 특성을 이해하는 데 도움이 되는데, 독일과 한국의 기본 3법 전체(기본법/헌법, 형법, 민법)를 대상으로 하여 명사-명사 공기어를 추출하기 위한 CQP 검색식은 다음과 같다.

(1) a. D-GESETZ;
T=[pos="NN"];set T target nearest [pos="NN"] within 1 s; group T target lemma by match lemma > "freqColloN_N(ALL-dt).txt"
b. K-GESETZ;
T=[pos="NNG"];set T target nearest [pos="NNG"] within 1 s; group T target word by match word > "freqColloN_N(ALL-kr).txt";

(1a)는 독일어 기본 3법 코퍼스(D-GESETZ)에서 품사가 명사인 어휘에 대해 (T=[pos="NN"];) 한 문장 안에서 가장 가까운 명사를 찾아서(set T target nearest [pos="NN"] within 1 s;) 타깃 명사와 검색된 명사를 그룹으로 만든 뒤, 그 빈도와 함께 "freqColloN_N(ALL-dt).txt"라는 파일에 저장하라는 명령이다(group T target lemma by match lemma > "freqColloN_N(ALL-dt).txt"). 그리고 (1b)는 한국의 기본 3법 코퍼스(K-GESETZ)에서 품사가 명사인 어휘에 대해(T=[pos="NNG"];) 한 문장 안에서 가장 가까운 명사를 찾아서(set T target nearest [pos="NNG"] within 1 s;) 이 둘을 그룹 지은 뒤, 그 빈도와 함께 "freqColloN_N(ALL-kr).txt"에 저장하라는 명령에 해당한다(group T target word by match word > "freqColloN_ N(ALL-kr).txt").

(1)에 제시된 검색식을 통해 얻어진 독일과 한국의 기본 3법 전체에 대한 명사-명사 공기어의 상위빈도 목록은 아래 <표 3-41> 및 <표 3-42>와 같다.[196]

| <표 3-41> 독일 기본 3법(전체)의 상위빈도 명사-명사 공기어 | | <표 3-42> 한국 기본 3법(전체)의 상위빈도 명사-명사 공기어 | |
|---|---|---|---|
| 명사-명사 공기어 (독일어) | 빈도 | 명사-명사 공기어 (한국어)[197] | 빈도 |
| Jahr-Geldstrafe | 298 | 이하-징역 | 210 |
| Freiheitsstrafe-Jahr | 298 | 벌금-이하 | 130 |
| Monat-Freiheitsstrafe | 145 | 법원-가정 | 129 |
| Jahr-Monat | 142 | 후견인-성년 | 101 |
| Freiheitsstrafe-Strafe | 101 | 법-시행 | 98 |
| Bundesrat-Zustimmung | 83 | 감독-후견 | 90 |
| Land-Bund | 74 | 법률-행위 | 76 |
| Frist-Ablauf | 47 | 표시-의사 | 74 |
| Mieter-Nachteil | 46 | 경우-전항 | 67 |

---

196  검색된 공기어 중에서 '제', '조', '항' 등과 같은 법조항의 구성 표현이 들어있는 경우는 제외하였음.

| 명사-명사 공기어<br>(독일어) | 빈도 | 명사-명사 공기어<br>(한국어) | 빈도 |
|---|---|---|---|
| Unternehmer-Verbraucher | 45 | 배상-손해 | 67 |
| Anwendung-Vorschrift | 44 | 재산-상속 | 65 |
| Fall-Strafe | 44 | 정지-자격 | 63 |
| Familiengericht-Genehmigung | 44 | 대리인-법정 | 48 |
| Erbfall-Zeit | 40 | 징역-이상 | 47 |
| Grundstück-Eigentümer | 38 | 금고-징역 | 41 |
| Kind-Wohl | 37 | 승인-한정 | 41 |
| Vereinbarung-Mieter | 36 | 의무-권리 | 41 |
| Bande-Mitglied | 35 | 시효-소멸 | 39 |
| Monat-Ablauf | 35 | 집행자-유언 | 39 |
| Nähere-Bundesgesetz | 34 | 후견-성년 | 39 |
| Dritte-Recht | 34 | 유기-징역 | 38 |
| Jahr-Ablauf | 33 | 전항-규정 | 37 |
| Jahr-Person | 33 | 일방-당사자 | 36 |
| Tat-Begehung | 33 | 기간-존속 | 34 |
| Gläubiger-Befriedigung | 32 | 이하-자격 | 34 |
| Pflicht-Recht | 29 | 전-시행 | 33 |
| Lebenspartner-Ehegatte | 29 | 후견인-한정 | 33 |
| Gesetz-Geltungsbereich | 29 | 이상-이하 | 32 |
| Darlehensgeber-Darlehensnehmer | 29 | 책임-담보 | 32 |
| Gericht-Strafe | 29 | 후견-감독 | 32 |

독일과 한국의 기본 3법(전체)의 상위빈도 명사-명사 공기어를 제공하고 있는 <표 3-41>과 <표 3-42>를 살펴보면, 두 언어 모두에서 거의 예외 없이 법률상의 개념들이 공기어 쌍을 이루고 있으며 특히 형법상의 공기어들이 최상위 그룹을 형성하고 있음을 알 수 있다(Jahr-Geldstrafe, Freiheitsstrafe-Jahr, Monat-Freiheitsstrafe; 이하-징역, 벌금-이하). 형법이 기본 3법에서 차지하는 분량이 상대

197 한국어 명사-명사 공기어에는 '법원-가정', '법률-행위'처럼 합성어 구성 성분들이 들어있는 경우가 발견되는데, 이는 한국어를 태깅할 때 합성어의 성분들을 독립된 단어로 분석하기 때문이다.

적으로 적은 점을 고려하면 이례적인 현상인데, 이는 형법의 조항들이 대부분 범죄와 이에 대한 형벌을 내용으로 하고 있기 때문인 것으로 보인다.

<표 3-41>과 <표 3-42>는 명사-명사 공기어의 절대빈도 상위 그룹을 보여 주고 있는데, 제1부 3장에서 소개한 것처럼 동일한 절대빈도를 보이는 공기어 쌍이라고 하더라도 이를 구성하는 명사들이 낮은 빈도로 출현할수록 공기어 사이의 공연강도, 즉 연어값이 높아진다. 그래서 공기어의 연어값을 계산하여 이를 기준으로 재배열해 보면 각각 다음과 같다.[198]

<표 3-43> 독일 기본 3법에서의 연어값 상위권 명사-명사 공기어

| 명사-명사 공기어<br>(독일어) | 공기빈도 | 명사1 | 명사2 | t-score | log-값 |
|---|---|---|---|---|---|
| Geldstrafe-Jahr | 298 | 329 | 1000 | 16.54 | 4.579 |
| Freiheitsstrafe-Jahr | 298 | 709 | 1000 | 15.71 | 3.472 |
| Monat-Freiheitsstrafe | 145 | 397 | 709 | 11.16 | 3.765 |
| Jahr-Monat | 142 | 1000 | 397 | 10.65 | 3.239 |
| Freiheitsstrafe-Strafe | 101 | 709 | 310 | 9.221 | 3.6 |
| Bundesrat-Zustimmung | 83 | 159 | 292 | 8.917 | 5.56 |
| Land-Bund | 74 | 354 | 229 | 8.245 | 4.591 |
| Mieter-Nachteil | 46 | 262 | 110 | 6.621 | 5.397 |
| Frist-Ablauf* | 47 | 332 | 227 | 6.439 | 4.041 |
| Unternehmer-Verbraucher | 45 | 215 | 236 | 6.422 | 4.549 |
| Familiengericht-Genehmigung | 44 | 230 | 162 | 6.42 | 4.962 |
| Erbfall-Zeit | 40 | 93 | 403 | 6.1 | 4.816 |
| Kind-Wohl | 37 | 538 | 58 | 5.888 | 4.968 |
| Bande-Mitglied | 35 | 35 | 163 | 5.88 | 7.339 |
| Fall-Strafe* | 44 | 458 | 310 | 5.822 | 3.032 |
| Nähere-Bundesgesetz | 34 | 50 | 126 | 5.79 | 7.154 |
| Vereinbarung-Mieter* | 36 | 195 | 262 | 5.677 | 4.217 |

---

198 여기서는 t-score와 log-값을 함께 산출한 뒤 이 중에서 일반적으로 많이 활용되는 t-score를 기준으로 배열한다.

| 명사-명사 공기어<br>(독일어) | 공기빈도 | 명사1 | 명사2 | t-score | log-값 |
|---|---|---|---|---|---|
| Tat-Begehung | 33 | 526 | 84 | 5.453 | 4.301 |
| Grundstück-Eigentümer* | 38 | 370 | 328 | 5.419 | 3.047 |
| Gläubiger-Befriedigung | 32 | 462 | 85 | 5.394 | 4.427 |
| Monat-Ablauf* | 35 | 397 | 227 | 5.339 | 3.358 |
| Darlehensgeber-Darlehensnehmer | 29 | 107 | 139 | 5.281 | 5.686 |
| Lebenspartner-Ehegatte | 29 | 35 | 739 | 5.203 | 4.887 |
| Pflicht-Recht | 29 | 158 | 218 | 5.143 | 4.474 |
| Teilnehmer-Täter | 26 | 34 | 319 | 5.018 | 5.984 |
| Gemeindeverband-Gemeinde | 25 | 29 | 82 | 4.982 | 8.116 |
| Regel-Fall | 25 | 52 | 175 | 4.931 | 6.18 |
| Anspruch-Verjährung* | 27 | 400 | 116 | 4.858 | 3.941 |
| Leben-Leib | 23 | 82 | 25 | 4.78 | 8.21 |
| Drohung-Gewalt | 23 | 44 | 73 | 4.77 | 7.562 |

<표 3-44> 한국 기본 3법에서의 연어값 상위권 명사-명사 공기어

| 명사-명사 공기어<br>(한국어) | 공기빈도 | 명사1 | 명사2 | t-score | log-값 |
|---|---|---|---|---|---|
| 이하-징역 | 210 | 396 | 327 | 12.99 | 3.269 |
| 법원-가정 | 129 | 253 | 130 | 10.87 | 4.543 |
| 벌금-이하* | 130 | 156 | 396 | 10.49 | 3.644 |
| 법-시행 | 98 | 211 | 124 | 9.455 | 4.476 |
| 후견인-성년* | 101 | 251 | 149 | 9.424 | 4.004 |
| 감독-후견 | 90 | 107 | 183 | 9.14 | 4.772 |
| 표시-의사 | 74 | 77 | 157 | 8.366 | 5.185 |
| 배상-손해 | 67 | 84 | 153 | 7.921 | 4.953 |
| 정지-자격 | 63 | 81 | 91 | 7.781 | 5.666 |
| 법률-행위* | 76 | 269 | 289 | 7.217 | 2.538 |
| 재산-상속* | 65 | 307 | 173 | 6.954 | 2.862 |
| 대리인-법정 | 48 | 80 | 77 | 6.779 | 5.533 |
| 승인-한정 | 41 | 85 | 104 | 6.171 | 4.785 |
| 집행자-유언 | 39 | 40 | 132 | 6.103 | 5.456 |

| 명사-명사 공기어<br>(한국어) | 공기빈도 | 명사1 | 명사2 | t-score | log-값 |
|---|---|---|---|---|---|
| 시효-소멸 | 39 | 96 | 92 | 6.007 | 4.714 |
| 금고-징역* | 41 | 80 | 327 | 5.716 | 3.219 |
| 일방-당사자 | 36 | 76 | 145 | 5.691 | 4.279 |
| 유기-징역* | 38 | 58 | 327 | 5.647 | 3.574 |
| 후견-성년* | 39 | 183 | 149 | 5.51 | 3.087 |
| 의무-권리* | 41 | 149 | 247 | 5.436 | 2.727 |
| 존속-직계 | 31 | 80 | 76 | 5.384 | 4.921 |
| 책임-담보* | 32 | 146 | 79 | 5.314 | 4.043 |
| 다음-일부 | 31 | 112 | 77 | 5.307 | 4.417 |
| 징역-이상* | 47 | 327 | 194 | 5.299 | 2.138 |
| 담보-책임 | 31 | 79 | 146 | 5.219 | 3.997 |
| 자치-지방 | 27 | 28 | 28 | 5.171 | 7.677 |
| 전-시행* | 33 | 171 | 124 | 5.123 | 3.209 |
| 기간-존속 | 34 | 310 | 80 | 5.115 | 3.026 |
| 단체-자치 | 26 | 47 | 28 | 5.056 | 6.875 |
| 준용-규정* | 30 | 31 | 451 | 5.048 | 3.673 |

　　연어값(t-score)을 기준으로 배열된 <표 3-43>과 <표 3-44>의 명사-명사 공기어 목록은 절대빈도를 기준으로 했을 때와 적지 않은 차이를 보인다.[199] 예를 들어, 독일어 공기어 'Frist-Ablauf'와 '벌금-이하'는 각각 'Mieter-Nachteil', '법원-가정'보다 절대빈도가 더 높지만, 연어값 순위는 더 낮은 것을 볼 수 있다. 그런데, 연어값을 기준으로 한 공기어 쌍의 배열은 개별 법률을 대상으로 하는 경우 해당 법률에서 긴밀한 관계를 보이는 개념들간의 관계를 좀 더 잘 보여줄 것이므로, 기본법 및 헌법, 형법, 민법을 별도의 대상으로 하여 명사-명사 공기어 목록을 추출해 보기로 한다. 이를 위해서는 독일 법률의 경우 기본 3법 전체에 대한 검색식을 다음과 같이 확장, 보완하면 된다.

---

199　표에서 별(ˇ)로 표시된 공기어 쌍은 연어값 순위가 절대빈도보다 상대적으로 낮아진 경우들이다.

(2) a. D-GESETZ;

    T=[pos="NN"]::match.text_id="gg";set T target nearest [pos="NN"] within 1 s; group T target lemma by match lemma > "freqColloN _N(gg-dt).txt";

  b. D-GESETZ;

    T=[pos="NN"]::match.text_id="str";set T target nearest [pos="NN"] within 1 s; group T target lemma by match lemma > "freqColloN _N(str-dt).txt";

  c. D-GESETZ;

    T=[pos="NN"]::match.text_id="bgb";set T target nearest [pos="NN"] within 1 s; group T target lemma by match lemma > "freqColloN _N(bgb-dt).txt";

(2a)는 독일의 기본 3법 코퍼스(D-GESETZ)를 대상으로 하여, "gg"라는 id를 갖는 텍스트, 즉 기본법에서 명사-명사 공기어 쌍을 그 빈도와 함께 검색하여 "freqColloN_N(gg-dt).txt"라는 파일로 저장하라는 명령이다. 그리고 (2b)와 (2c)는 각각 형법(match.text_id="str";)과 민법(match.text_id="bgb";)에서의 명사-명사 공기어 목록을 추출하는 검색식이다. 이렇게 해서 얻어진 독일 기본법, 형법, 민법에서의 공기어 쌍 중 연어값(t-score) 상위 30개를 각각 제시하고 그 대표적인 특징을 살펴보면 다음과 같다.

<표 3-45> 독일 기본법에서의 연어값 상위권 명사-명사 공기어

| 명사-명사 공기어(독일어) | 공기빈도 | 명사1 | 명사2 | t-score | log-값 |
|---|---|---|---|---|---|
| Bundesrat-Zustimmung | 80 | 151 | 111 | 8.082 | 3.375 |
| Nähere-Bundesgesetz | 34 | 46 | 126 | 5.374 | 3.672 |
| Gemeindeverband-Gemeinde | 24 | 28 | 54 | 4.757 | 5.109 |
| Mitglied-Mehrheit | 17 | 51 | 43 | 3.878 | 4.075 |
| Land-Bund | 51 | 290 | 194 | 3.517 | 0.978 |
| Bundestag-Mitglied | 18 | 148 | 51 | 3.424 | 2.374 |

| 명사-명사 공기어(독일어) | 공기빈도 | 명사1 | 명사2 | t-score | log-값 |
|---|---|---|---|---|---|
| Anstalt-Körperschaft | 10 | 13 | 24 | 3.117 | 6.122 |
| Bund-Auftrag | 11 | 194 | 12 | 2.994 | 3.36 |
| Bund-Eisenbahn | 11 | 194 | 14 | 2.94 | 3.138 |
| Einnahme-Ausgabe | 9 | 19 | 25 | 2.927 | 5.364 |
| Recht-Anstalt | 9 | 89 | 13 | 2.823 | 4.08 |
| Gefahr-Abwehr | 8 | 22 | 10 | 2.793 | 6.304 |
| Pflicht-Recht | 8 | 16 | 89 | 2.597 | 3.61 |
| Stimme-Mehrheit | 8 | 1 | 43 | 2.821 | 8.66 |
| Einkommensteuer -Aufkommen | 7 | 9 | 24 | 2.608 | 6.138 |
| Stimme-Drittel | 7 | 1 | 17 | 2.643 | 9.806 |
| Bund-Gesetzgebung | 11 | 194 | 33 | 2.429 | 1.901 |
| Verteidigungsfall-Beendigung | 6 | 35 | 8 | 2.397 | 5.541 |
| Gemeinde-Land | 17 | 54 | 290 | 2.376 | 1.238 |
| Bundesminister -Bundeskanzler | 6 | 19 | 28 | 2.35 | 4.615 |
| Gesetzgebung-Bund | 10 | 33 | 194 | 2.231 | 1.763 |
| Vertriebene-Flüchtling | 5 | 5 | 7 | 2.229 | 8.278 |
| Körperschaftsteuer -Einkommensteuer | 5 | 6 | 9 | 2.225 | 7.653 |
| September-Fassung | 5 | 7 | 10 | 2.222 | 7.278 |
| Gefahr-Verzug | 5 | 22 | 5 | 2.213 | 6.626 |
| Einnahme-Kredit | 5 | 19 | 8 | 2.205 | 6.16 |
| Zivilbevölkerung-Schutz | 5 | 6 | 26 | 2.204 | 6.122 |
| Mitglied-Viertel | 5 | 51 | 10 | 2.131 | 4.413 |
| Land-Polizeikraft | 6 | 290 | 6 | 2.123 | 2.906 |
| 30) Drittel-Mehrheit | 5 | 17 | 43 | 2.086 | 3.894 |

<표 3-45>는 독일 기본법의 연어값 상위권 명사-명사 공기어로서 주로 연방
제와 지방자치(Bundesrat-Zustimmung, Nähere-Bundesgesetz, Gemeindeverband-
Gemeinde, Land-Bund, Bundestag-Mitglied, Bund-Auftrag, Bund-Eisenbahn, Bund-
Gesetzgebung, Gemeinde-Land, Bundesminister- Bundeskanzler, Gesetzgebung-Bund),

민주주의(Mitglied-Mehrheit, Pflicht-Recht, Stimme-Mehrheit)와 관련된 것들이 들어 있음을 보여 주고 있다.

한편, 다음 <표 3-46>에서는 독일 형법에서 형벌(Jahr-Geldstrafe, Freiheitsstrafe-Jahr, Monat-Freiheitsstrafe, Jahr-Monat, Freiheitsstrafe-Monat, Freiheitsstrafe-Strafe, Fall-Strafe, Ermessen-Strafe, Vorschrift-Bestrafung, Gericht-Strafe, Vorschrift-Strafe), 범죄(자)(Bande-Mitglied, Teilnehmer-Täter, Drohung-Gewalt, Tat-Begehung, Tat-Zeit) 및 피해(자)(Mensch-Leben, Gefahr-Tod, Mensch-Tod) 등과 관련된 명사-명사 공기어들이 연어값 상위권에 포함되어 있음을 확인할 수 있다.

<표 3-46> 독일 형법에서의 연어값 상위권 명사-명사 공기어

| 명사-명사 공기어(독일어) | 공기빈도 | 명사1 | 명사2 | t-score | log-값 |
|---|---|---|---|---|---|
| Jahr-Geldstrafe | 298 | 783 | 328 | 14.91 | 2.878 |
| Freiheitsstrafe-Jahr | 298 | 708 | 783 | 12.19 | 1.768 |
| Monat-Freiheitsstrafe | 145 | 182 | 708 | 10.35 | 2.834 |
| Jahr-Monat | 139 | 783 | 182 | 9.882 | 2.628 |
| Freiheitsstrafe-Monat | 91 | 708 | 182 | 7.408 | 2.162 |
| Freiheitsstrafe-Strafe | 101 | 708 | 290 | 6.826 | 1.64 |
| Bande-Mitglied | 35 | 35 | 83 | 5.839 | 6.254 |
| Regel-Fall | 25 | 34 | 53 | 4.943 | 6.458 |
| Gesetz-Geltungsbereich | 24 | 107 | 26 | 4.809 | 5.772 |
| Teilnehmer-Täter | 26 | 31 | 316 | 4.796 | 4.072 |
| Leben-Leib | 23 | 43 | 25 | 4.76 | 7.083 |
| Drohung-Gewalt | 23 | 29 | 47 | 4.751 | 6.74 |
| Tat-Begehung | 32 | 517 | 79 | 4.517 | 2.312 |
| Fall-Strafe | 44 | 339 | 290 | 4.294 | 1.504 |
| Bundesrepublik-Sicherheit | 19 | 52 | 38 | 4.287 | 5.929 |
| Wert-Sache | 19 | 38 | 69 | 4.264 | 5.521 |
| Ermessen-Strafe | 19 | 29 | 290 | 4.054 | 3.839 |
| Schrift-Verbreiten | 16 | 68 | 21 | 3.944 | 6.15 |
| Pflanze\|Pflanzen-Tier | 15 | 16 | 20 | 3.86 | 8.214 |
| Vorschrift-Bestrafung | 15 | 64 | 19 | 3.823 | 6.288 |

| 명사-명사 공기어(독일어) | 공기빈도 | 명사1 | 명사2 | t-score | log-값 |
|---|---|---|---|---|---|
| Mensch-Leben | 15 | 87 | 43 | 3.721 | 4.667 |
| Gefahr-Tod | 15 | 135 | 45 | 3.625 | 3.968 |
| Union-Mitgliedstaat | 13 | 23 | 14 | 3.591 | 7.999 |
| Tat-Zeit | 23 | 517 | 77 | 3.486 | 1.872 |
| Mensch-Tod | 13 | 87 | 45 | 3.434 | 4.395 |
| Verletzung-Pflicht | 12 | 23 | 35 | 3.427 | 6.562 |
| Besserung-Maßregel | 12 | 12 | 72 | 3.425 | 6.459 |
| Gericht-Strafe | 29 | 232 | 290 | 3.413 | 1.449 |
| Vorschrift-Strafe | 17 | 64 | 290 | 3.413 | 2.537 |
| 30) Dritte-Gegenleistung | 12 | 68 | 19 | 3.405 | 5.879 |

마지막으로 다음 <표 3-47>은 독일 민법에서의 연어값 상위권 명사-명사 공기어를 보여 주고 있는데, 여기서는 주로 계약과 매매 및 임대(Mieter-Nachteil, Vereinbarung-Mieter, Monat-Ablauf, Frist-Ablauf, Mieter-Vermieter, Schaden-Ersatz, Vertrag-Geschäftsraum, Vertrag-Abschluss, Mietverhältnis-Beendigung, Ablauf-Monat), 친족 및 상속(Familiengericht-Genehmigung, Erbfall-Zeit, Kind-Wohl, Lebenspartner-Ehegatte, Tod-Verfügung, Kind-Geburt, Ehegatte-Verhältnis, Elternteil-Sorge), 채권 및 채무 관계(Darlehensgeber-Darlehensnehmer, Gläubiger-Befriedigung, Inhaber-Schuldverschreibung)에 대한 공기어들이 주류를 이루고 있다.

<표 3-47> 독일 민법에서의 연어값 상위권 명사-명사 공기어

| 명사-명사 공기어(독일어) | 공기빈도 | 명사1 | 명사2 | t-score | log-값 |
|---|---|---|---|---|---|
| Mieter-Nachteil | 46 | 262 | 87 | 6.59 | 5.143 |
| Familiengericht-Genehmigung | 44 | 230 | 145 | 6.346 | 4.53 |
| Unternehmer-Verbraucher | 45 | 215 | 236 | 6.276 | 3.957 |
| Erbfall-Zeit | 40 | 93 | 321 | 6.055 | 4.552 |
| Frist-Ablauf | 41 | 281 | 184 | 5.942 | 3.795 |
| Kind-Wohl | 36 | 494 | 51 | 5.76 | 4.645 |
| Vereinbarung-Mieter | 36 | 176 | 262 | 5.561 | 3.773 |

| 명사-명사 공기어(독일어) | 공기빈도 | 명사1 | 명사2 | t-score | log-값 |
|---|---|---|---|---|---|
| Monat-Ablauf | 34 | 206 | 184 | 5.46 | 3.973 |
| Darlehensgeber-Darlehensnehmer | 29 | 107 | 139 | 5.227 | 5.093 |
| Gläubiger-Befriedigung | 31 | 459 | 82 | 5.182 | 3.85 |
| Grundstück-Eigentümer | 38 | 369 | 325 | 5.053 | 2.472 |
| Jahr-Ablauf | 29 | 203 | 184 | 4.989 | 3.765 |
| Anspruch-Verjährung | 27 | 390 | 99 | 4.772 | 3.614 |
| Bereicherung-Herausgabe | 22 | 34 | 113 | 4.644 | 6.648 |
| Vertreter-Zustimmung | 24 | 133 | 180 | 4.62 | 4.134 |
| Mieter-Vermieter | 26 | 262 | 172 | 4.594 | 3.337 |
| Schaden-Ersatz | 23 | 155 | 164 | 4.493 | 3.986 |
| Lebenspartner-Ehegatte | 22 | 27 | 730 | 4.45 | 4.289 |
| Tod-Verfügung | 24 | 159 | 242 | 4.45 | 3.449 |
| Vertrag-Geschäftsraum | 21 | 506 | 36 | 4.356 | 4.335 |
| Rat-Parlament | 19 | 28 | 19 | 4.352 | 9.289 |
| Vertrag-Abschluss | 22 | 506 | 59 | 4.327 | 3.69 |
| Mietverhältnis-Beendigung | 20 | 123 | 128 | 4.271 | 4.475 |
| Pflicht-Recht | 20 | 107 | 167 | 4.244 | 4.293 |
| Ablauf-Monat | 22 | 184 | 206 | 4.229 | 3.345 |
| Anwendung-Vorschrift | 43 | 379 | 706 | 4.227 | 1.493 |
| Inhaber-Schuldverschreibung | 18 | 60 | 27 | 4.221 | 7.604 |
| Kind-Geburt | 20 | 494 | 43 | 4.201 | 4.043 |
| Ehegatte-Verhältnis | 26 | 730 | 129 | 4.044 | 2.273 |
| 30) Elternteil-Sorge | 18 | 131 | 124 | 4.024 | 4.278 |

이제 한국의 기본 3법인 헌법, 형법, 민법의 명사-명사 공기어 목록을 추출하는 방법에 대해서 살펴보기로 한다. 아래 (3)에 제시된 검색식은 한국의 기본 3법(K-GESETZ) 전체를 대상으로 한 검색식 (1b)를 확장하여, 헌법(match. text_id="vfg";), 형법(match.text_id="str";), 민법(match.text_id="bgb";)에서의 명사-명사 공기어 목록을 각각 추출하라는 명령이다.

(3) a. K-GESETZ;

T=[pos="NNG"]::match.text_id="vfg";set T target nearest [pos="NNG"] within 1 s; group T target word by match word > "freqColloN _N(vfg-kr).txt";

b. K-GESETZ;

T=[pos="NNG"]::match.text_id="str";set T target nearest [pos="NNG"] within 1 s; group T target word by match word > "freqColloN _N(str-kr).txt";

c. K-GESETZ;

T=[pos="NNG"]::match.text_id="bgb";set T target nearest [pos="NNG"] within 1 s; group T target word by match word > "freqColloN _N(bgb-kr).txt";

(3a)는 한국의 기본 3법 코퍼스(K-GESETZ)를 대상으로 하여, "vfg"라는 id를 갖는 텍스트, 즉 헌법에서 명사-명사 공기어 쌍을 그 빈도와 함께 검색하여 "freqColloN_N(vfg-kr).txt"로 저장하라는 명령이다. 그리고 (3b)와 (3c)는 각각 형법(match.text_id="str";)과 민법(match.text_id="bgb";)에서의 명사-명사 공기어 목록을 추출하는 검색식이다. 이렇게 해서 얻어진 한국의 헌법, 형법, 민법에서의 공기어 쌍 중 연어값(t-score) 상위 30개를 각각 제시하고 그 대표적인 특징을 살펴보면 다음과 같다.

<표 3-48> 한국 헌법에서의 연어값 상위권 명사-명사 공기어

| 명사-명사 공기어(한국어) | 공기빈도 | 명사1 | 명사2 | t-score | log-값 |
|---|---|---|---|---|---|
| 의원-재적 | 14 | 22 | 14 | 3.569 | 4.44 |
| 과반수-의원 | 10 | 12 | 22 | 2.987 | 4.177 |
| 각부-행정 | 9 | 9 | 10 | 2.937 | 5.577 |
| 국회-재적 | 11 | 70 | 14 | 2.698 | 2.422 |
| 시행-헌법 | 9 | 9 | 63 | 2.604 | 2.922 |
| 구속-체포 | 7 | 8 | 9 | 2.589 | 5.537 |

| 명사-명사 공기어(한국어) | 공기빈도 | 명사1 | 명사2 | t-score | log-값 |
|---|---|---|---|---|---|
| 회의-자문 | 7 | 16 | 12 | 2.494 | 4.122 |
| 범위-안 | 7 | 16 | 13 | 2.481 | 4.006 |
| 재판소-헌법 | 8 | 8 | 63 | 2.455 | 2.922 |
| 범위-직무 | 7 | 16 | 19 | 2.405 | 3.459 |
| 법률-사항 | 15 | 119 | 23 | 2.393 | 1.388 |
| 찬성-과반수 | 6 | 12 | 12 | 2.326 | 4.314 |
| 관리-선거 | 6 | 10 | 18 | 2.296 | 3.992 |
| 출판-언론 | 5 | 5 | 5 | 2.213 | 6.577 |
| 연도-회계 | 5 | 5 | 6 | 2.208 | 6.314 |
| 보장-안전 | 5 | 6 | 6 | 2.202 | 6.051 |
| 기타-범위 | 6 | 26 | 16 | 2.094 | 2.784 |
| 동의-국회 | 7 | 11 | 70 | 2.036 | 2.118 |
| 찬성-이상 | 5 | 12 | 18 | 2.034 | 3.466 |
| 국무위원-국무총리 | 5 | 12 | 19 | 2.023 | 3.388 |
| 헌법-개정 | 6 | 63 | 8 | 2.019 | 2.507 |
| 규율-내부 | 4 | 4 | 4 | 1.983 | 6.899 |
| 자치-지방 | 4 | 5 | 5 | 1.974 | 6.256 |
| 의결-국회 | 6 | 8 | 70 | 1.971 | 2.355 |
| 이상-인 | 5 | 18 | 16 | 1.966 | 3.051 |
| 당시-시행 | 4 | 6 | 9 | 1.943 | 5.144 |
| 피고인-형사 | 4 | 6 | 9 | 1.943 | 5.144 |
| 개정안-헌법 | 5 | 5 | 63 | 1.941 | 2.922 |
| 재판관-헌법재판소 | 4 | 10 | 6 | 1.937 | 4.992 |
| 31) 수립-정책 | 4 | 5 | 13 | 1.932 | 4.877 |

　　한국 헌법에서 연어값 상위권 명사-명사 공기어에는 연방제와 지방자치가 강조되었던 독일의 기본법과는 달리, 국회(의원-재적, 과반수-의원, 국회-재적, 동의-국회, 의결-국회), (행)정부(각부-행정, 범위-직무, 국무위원-국무총리, 수립-정책), 민주주의(찬성-과반수, 출판-언론, 찬성-이상), 기타 헌법 기관(재판소-헌법, 관리-선거, 재판관-헌법재판소)과 관련된 것들이 대부분이고, 지방자치와 관련된 공기어로는 '자치-

지방 정도가 있을 뿐이다.

한편, 다음의 <표 3-49>가 보여 주는 것처럼 한국 형법에서도 형벌(징역-이하, 자격-정지, 벌금-이하, 이상-유기, 전항-형, 사형-무기, 유기-징역, 유예-집행, 관찰-보호, 선고-유예, 금고-징역, 감경-형), 범죄(자)(도화-문서, 방법-기타, 예비-음모, 항공기-선박, 기록-전자, 협박-폭행, 유인-약취, 매체-특수, 기록-매체, 위력-다중) 등과 관련된 명사-명사 공기어들이 연어값 상위권에 포함되어 있다.

<표 3-49> 한국 형법에서의 연어값 상위권 명사-명사 공기어

| 명사-명사 공기어(한국어) | 공기빈도 | 명사1 | 명사2 | t-score | log-값 |
|---|---|---|---|---|---|
| 징역-이하 | 210 | 327 | 388 | 7.627 | 1.078 |
| 자격-정지 | 61 | 79 | 66 | 7.287 | 3.899 |
| 벌금-이하 | 130 | 156 | 388 | 7.24 | 1.454 |
| 이상-유기 | 29 | 140 | 56 | 4.244 | 2.238 |
| 전항-형 | 34 | 73 | 181 | 4.054 | 1.715 |
| 도화-문서 | 17 | 17 | 22 | 4.052 | 5.857 |
| 방법-기타 | 19 | 28 | 64 | 4.037 | 3.757 |
| 사형-무기 | 19 | 29 | 73 | 3.978 | 3.517 |
| 유기-징역 | 38 | 56 | 327 | 3.835 | 1.404 |
| 예비-음모 | 15 | 30 | 16 | 3.776 | 5.317 |
| 증권-유가 | 14 | 14 | 14 | 3.701 | 6.509 |
| 존속-직계 | 14 | 24 | 15 | 3.666 | 5.632 |
| 유예-집행 | 15 | 26 | 54 | 3.589 | 3.768 |
| 관찰-보호 | 13 | 13 | 16 | 3.56 | 6.317 |
| 항공기-선박 | 13 | 15 | 20 | 3.54 | 5.788 |
| 기록-전자 | 13 | 26 | 14 | 3.526 | 5.509 |
| 이익-재산 | 13 | 21 | 19 | 3.519 | 5.377 |
| 협박-폭행 | 13 | 19 | 25 | 3.502 | 5.126 |
| 배우자-직계 | 12 | 14 | 15 | 3.417 | 6.188 |
| 선고-유예 | 13 | 34 | 26 | 3.413 | 4.229 |
| 유인-약취 | 12 | 12 | 19 | 3.412 | 6.069 |
| 매체-특수 | 12 | 12 | 24 | 3.399 | 5.732 |
| 기록-매체 | 12 | 26 | 12 | 3.393 | 5.616 |

| 명사-명사 공기어(한국어) | 공기빈도 | 명사1 | 명사2 | t-score | log-값 |
|---|---|---|---|---|---|
| 금고-징역 | 41 | 77 | 327 | 3.32 | 1.054 |
| 목적-예비 | 14 | 74 | 30 | 3.276 | 3.008 |
| 위력-다중 | 11 | 17 | 14 | 3.26 | 5.881 |
| 다중-단체 | 10 | 14 | 14 | 3.114 | 6.024 |
| 선박-자동차 | 10 | 20 | 11 | 3.108 | 5.857 |
| 감경-형 | 15 | 21 | 181 | 3.104 | 2.332 |
| 사망-때 | 16 | 22 | 215 | 3.073 | 2.109 |

마지막으로 다음 <표 3-50>은 한국 민법에서의 연어값 상위권 명사-명사 공기어를 보여 주고 있는데, 여기서는 친족 및 상속과 관련된 공기어들이 눈에 띄게 많이 보이고(법원-가정, 후견인-성년, 감독-후견, 재산-상속, 승인-한정, 후견-성년, 취소-입양, 후견인-한정, 미성년-후견인), 계약(배상-손해, 일방-당사자)이나 채권 및 채무 관계(채무-연대)에 대한 공기어들도 관찰된다.

<표 3-50> 한국 민법에서의 연어값 상위권 명사-명사 공기어

| 명사-명사 공기어(한국어) | 공기빈도 | 명사1 | 명사2 | t-score | log-값 |
|---|---|---|---|---|---|
| 법원-가정 | 129 | 238 | 130 | 10.71 | 4.127 |
| 법-시행 | 98 | 204 | 115 | 9.334 | 4.129 |
| 후견인-성년 | 101 | 251 | 149 | 9.162 | 3.5 |
| 감독-후견 | 90 | 103 | 183 | 9.013 | 4.322 |
| 표시-의사 | 74 | 75 | 139 | 8.313 | 4.894 |
| 행위-법률 | 74 | 216 | 125 | 7.853 | 3.521 |
| 배상-손해 | 67 | 81 | 148 | 7.836 | 4.549 |
| 대리인-법정 | 48 | 80 | 74 | 6.724 | 5.086 |
| 재산-상속 | 65 | 285 | 173 | 6.603 | 2.465 |
| 승인-한정 | 41 | 81 | 104 | 6.089 | 4.35 |
| 집행자-유언 | 39 | 40 | 132 | 6.043 | 4.952 |
| 시효-소멸 | 39 | 84 | 90 | 5.956 | 4.434 |
| 일방-당사자 | 36 | 76 | 145 | 5.562 | 3.775 |
| 다음-일부 | 31 | 97 | 65 | 5.297 | 4.364 |

| 명사-명사 공기어(한국어) | 공기빈도 | 명사1 | 명사2 | t-score | log-값 |
|---|---|---|---|---|---|
| 기간-존속 | 34 | 267 | 56 | 5.219 | 3.252 |
| 후견-성년 | 39 | 183 | 149 | 5.203 | 2.583 |
| 책임-담보 | 32 | 139 | 79 | 5.194 | 3.61 |
| 전-시행 | 31 | 120 | 115 | 4.976 | 3.234 |
| 능력자-제한 | 25 | 32 | 43 | 4.934 | 6.25 |
| 준용-규정 | 30 | 31 | 423 | 4.906 | 3.261 |
| 취소-입양 | 29 | 111 | 104 | 4.873 | 3.396 |
| 의무-권리 | 34 | 119 | 209 | 4.813 | 2.518 |
| 자치-지방 | 23 | 23 | 23 | 4.77 | 7.509 |
| 단체-자치 | 23 | 23 | 23 | 4.77 | 7.509 |
| 장-단체 | 23 | 58 | 23 | 4.729 | 6.175 |
| 중단-시효 | 23 | 29 | 84 | 4.675 | 5.306 |
| 후견인-한정 | 33 | 251 | 104 | 4.66 | 2.405 |
| 채무-연대 | 26 | 201 | 49 | 4.638 | 3.467 |
| 각호-다음 | 22 | 22 | 97 | 4.582 | 5.433 |
| 미성년-후견인 | 25 | 37 | 251 | 4.557 | 3.495 |

## 2.2. 동사-명사 공기어

이제 동사와 명사의 공기 관계에 대해서 살펴보기로 한다. 동사-명사 공기어는 술어 동사와 주어 및 목적어의 관계를 보여 주는 구문으로서 법률행위를 파악하는 데 도움을 준다.

### 2.2.1. 기본 3법 전체에서의 동사-명사 공기어

다음 (4)와 (5)는 각각 독일과 한국의 기본 3법 전체를 대상으로 동사-명사 공기어를 추출하기 위해 사용한 CQP 검색식이다.[200]

---

200 한국어의 경우 격조사를 통해서 주어와 목적어를 구분할 수 있으므로, 이 둘을 구분해서 검색

(4) D-GESETZ;

    T=[pos="VV.*"];set T target nearest [pos="NN"] within 1 s; group T target lemma by match lemma > "freqColloV_N(ALL-dt).txt"; set context 1 s; reduce T to 1000;cat T > "concColloV_N(ALL-dt).txt";

(5) a. K-GESETZ;

    T=[pos="NNG"][pos="JKO"&word="을|를"];set T target nearest [pos="VV.*"] within 1 s;group T target word by match word > "freqColloDoV(ALL-kr).txt"; set context 1 s;reduce T to 1000;cat T > "concColloDoV(ALL-kr).txt";

   b. K-GESETZ;

    T=[pos="NNG"][pos="JKS"&word="이|가"];set T target nearest [pos="VV.*"] within 1 s;group T target word by match word > "freqColloSubV(ALL-kr).txt"; set context 1 s;reduce T to 1000;cat T > "concColloSubV(ALL-kr).txt";

(4)는 독일어 기본 3법 코퍼스에서 명사를 대상으로 하여 문장 안에서 가장 가까운 동사를 찾은 뒤, 이렇게 검색된 동사와 명사의 쌍을 그 빈도와 함께 지정된 파일에 저장하라는 명령이다. 여기에 추가된 명령어(set context 1 s; reduce T to 1000;cat T > "concColloV_N(ALL-dt).txt";)는 타깃 명사에 대해 한 문장을 문맥으로 설정하여 최대 1000개까지 "concColloV_N(ALL-dt).txt"에 저장하라는 것이다.

한편, 한국어의 경우에는 명사에 부착된 조사의 종류에 따라 주격, 목적격 등의 구분이 가능하므로, 명사를 각각 목적어와 주어로 구분하여 추출할 수 있다. 예를 들어, (5a)는 한국 기본 3법 코퍼스에서 목적격 조사 '을/를'이 붙어

---

할 수 있다. (5a)는 (직접)목적어와 동사의 공기어를, (5b)는 주어와 동사의 공기어를 검색하는 검색식이다. 독일어의 경우에는 형태소 분석으로는 격을 구분할 수 없어서 '동사와 명사' 조합으로만 검색하였다. 독일어에서 명사의 격은 구문분석 코퍼스를 구축하면 구분이 가능한데, 법조문처럼 복잡한 경우에는 정확도에 문제가 있을 수 있어서 여기서는 고려하지 않았다.

있는 명사에 대해(T=[pos="NNG"][pos="JKO"&word="을|를"];) 한 문장 안에서 가장 가까운 동사를 찾은 뒤(set T target nearest [pos="VV.*"] within 1 s;), 이렇게 검색된 동사와 명사의 쌍을 그 빈도와 함께 "freqColloDoV(ALL-kr).txt"라는 파일에 저장하라는 명령이다(group T target word by match word > "freqColloDoV(ALL-kr). txt";). 이와 더불어 "set context 1 s;reduce T to 1000;cat T > "concCollo DoV(ALL-kr).txt";"는 한 문장을 문맥으로 설정하여 이런 문장을 최대 1000 개까지 "concColloDoV(ALL-kr). txt"에 저장하라는 것이다. 그리고 (5b)는 주격 조사 '이/가'가 붙어있는 명사에 대해 (5a)처럼 작업하라는 명령이다.

우선 (4)에 제시된 검색식을 통해 얻어진 독일의 기본 3법 전체에 대한 동사-명사 공기어를 연어값을 기준으로 상위 30개 제시하면 아래 <표 3-51>과 같다.[201]

<표 3-51> 독일 기본 3법에서의 연어값 상위권 동사-명사 공기어

| 동사-명사 공기어(독일어) | 공기빈도 | 동사 | 명사 | t-score | log-값 |
|---|---|---|---|---|---|
| bestrafen-Geldstrafe | 254 | 487 | 329 | 15.56 | 5.387 |
| gelten-Gleiche | 117 | 966 | 121 | 10.41 | 4.724 |
| bestrafen-Jahr | 111 | 487 | 1000 | 8.784 | 2.589 |
| finden-Anwendung | 76 | 388 | 426 | 8 | 3.601 |
| finden-Abs. | 55 | 388 | 1068 | 5.299 | 1.809 |
| erkennen-Jahr | 51 | 89 | 1000 | 6.669 | 3.919 |
| annehmen-Zweifel | 45 | 166 | 135 | 6.582 | 5.728 |
| erlangen-Kenntnis | 44 | 138 | 108 | 6.548 | 6.284 |
| finden-Vorschrift | 59 | 388 | 787 | 6.175 | 2.351 |
| bedürfen-Bundesrat | 39 | 210 | 159 | 6.042 | 4.946 |
| bedrohen-Strafe | 33 | 46 | 310 | 5.651 | 5.933 |

---

201 독일어 명사는 자체에 '격 표지(Kasusmarker)'를 항상 지니고 있지는 않기 때문에, <표 3-51>은 명사의 격 형태에 관계없이 동사와의 결합 가능성만을 보여준다. 또한 여기에는 (mit) Geldstrafe-bestrafen, (unter einem) Jahr-bestrafen, (in das) Grundbuch-eintragen 등과 같이 명사가 전치사와 함께 동사에 결합되는 경우들도 포함되어 있다.

| 동사-명사 공기어(독일어) | 공기빈도 | 동사 | 명사 | t-score | log-값 |
|---|---|---|---|---|---|
| eintragen-Grundbuch | 32 | 74 | 69 | 5.623 | 7.37 |
| regeln-Nähere | 30 | 93 | 50 | 5.445 | 7.412 |
| leisten-Sicherheit | 30 | 146 | 127 | 5.349 | 5.416 |
| vollenden-Lebensjahr | 28 | 32 | 40 | 5.282 | 9.173 |
| beginnen-Frist | 30 | 107 | 332 | 5.232 | 4.478 |
| liegen-Fall | 26 | 92 | 175 | 4.979 | 5.414 |
| begehen-Tat | 30 | 175 | 526 | 4.841 | 3.105 |
| stellen-Antrag | 25 | 109 | 303 | 4.75 | 4.321 |
| mildern-Ermessen | 22 | 38 | 43 | 4.677 | 8.473 |
| begehen-Straftat | 24 | 175 | 183 | 4.651 | 4.306 |
| vornehmen-Handlung | 23 | 128 | 183 | 4.611 | 4.696 |
| beschränken-Geschäftsfähigkeit | 21 | 100 | 35 | 4.554 | 7.307 |
| erteilen-Auskunft | 21 | 124 | 50 | 4.531 | 6.482 |
| gelten-Satz | 58 | 966 | 644 | 4.521 | 1.299 |
| verlangen-Ersatz | 25 | 459 | 166 | 4.423 | 3.115 |
| ersetzen-Schaden | 21 | 118 | 181 | 4.406 | 4.698 |
| abwenden-Gefahr | 20 | 58 | 237 | 4.356 | 5.263 |
| vorliegen-Grund | 21 | 76 | 374 | 4.348 | 4.286 |
| absehen-Vorschrift | 21 | 44 | 787 | 4.296 | 4.001 |
| 31) bestellen-Vormund | 20 | 112 | 208 | 4.275 | 4.502 |

독일의 기본 3법(전체)의 상위빈도 동사-명사 공기어를 제공하고 있는 <표 3-51>을 살펴보면, 다소 차이가 있기는 하지만 기본법, 형법, 민법에서의 동사-명사 공기어들이 대체로 고루 분포하고 있음을 알 수 있다(기본법: gelten-Gleiche, bedürfen-Bundesrat, regeln-Nähere; 형법: bestrafen-Geldstrafe, bestrafen-Jahr, bedrohen-Strafe, begehen-Tat, mildern-Ermessen, begehen-Straftat, abwenden-Gefah; 민법: vollenden-Lebensjahr, beginnen-Frist, beschränken-Geschäftsfähigkeit, verlangen-Ersatz, ersetzen- Schaden). 이와 더불어 법률 등 전문어에서 많이 사용되는 기능 동사구 구성 요소(finden-Anwendung, erlangen- Kenntnis)들도 관찰되고 있다.

(4)에서 추가된 명령어(set context 1 s; reduce T to 1000;cat T > "concColloV _N(ALL-dt).txt";)를 통해서 얻어진 동사-명사 공기어가 포함된 문장은 다음과 같다.

```
57709:  war ihm dies zuzumuten , so kann das Gericht die Strafe nach seinem Ermessen <mildern> ( § 49 Abs. 2 )
57723:  war ihm dies zuzumuten , so kann das Gericht die Strafe nach seinem Ermessen mildern ( § 49 Abs. 2 ) o
58211:  ( 2 ) Die Tat wird nur auf Antrag <verfolgt> .
58464:  Ein besonders schwerer Fall liegt in der Regel vor , wenn der Täter 1.  eine Schußwaffe bei sich führ
59022:  ( 3 ) Der Versuch , eine in Absatz 1 <bezeichnete> Vereinigung zu gründen , ist strafbar .
59282:  § 129a Bildung terroristischer Vereinigungen ( 1 ) Wer eine Vereinigung <gründet> , deren Zwecke oder
60147:  Bei der Entscheidung über die Ermächtigung zieht das Ministerium in Betracht , ob die Bestrebungen der
60156:  Bei der Entscheidung über die Ermächtigung zieht das Ministerium in Betracht , ob die Bestrebungen der
60291:  § 130 Volksverhetzung ( 1 ) Wer in einer Weise , die geeignet ist , den öffentlichen Frieden zu stören
60398:  ( 2 ) Mit Freiheitsstrafe bis zu drei Jahren oder mit Geldstrafe wird bestraft , wer 1.  eine Schrift
ht oder  3.  eine Schrift ( § 11 Absatz 3 ) des in Nummer 1 Buchstabe a bis c bezeichneten Inhalts herstellt ,
60608:  ( 4 ) Mit Freiheitsstrafe bis zu drei Jahren oder mit Geldstrafe wird bestraft , wer öffentlich oder
60841:  § 130a Anleitung zu Straftaten ( 1 ) Wer eine Schrift ( § 11 Abs. 3 ) , die geeignet ist , als Anleit
60885:  ( 2 ) Ebenso wird bestraft , wer 1.  eine Schrift ( § 11 Abs. 3 ) , die geeignet ist , als Anleitung
60913:  ( 2 ) Ebenso wird bestraft , wer 1.  eine Schrift ( § 11 Abs. 3 ) , die geeignet ist , als Anleitung
61337:  § 132a Mißbrauch von Titeln , Berufsbezeichnungen und Abzeichen ( 1 ) Wer unbefugt 1.  inländische o
61523:  ( 2 ) Dasselbe <gilt> für Schriftstücke oder andere bewegliche Sachen , die sich in amtlicher Verwahrun
61719:  ( 2 ) Ebenso wird bestraft , wer in dienstliches Siegel beschädigt , ablöst oder unkenntlich macht , d
61783:  ( 3 ) Die Tat ist nicht nach den Absätzen 1 und 2 strafbar , wenn die Pfändung , die Beschlagnahme oder
61795:  Dies gilt auch dann , wenn der Täter irrig <annimmt> , die Diensthandlung sei rechtmäßig .
```

**<그림 3-1> 동사-명사 공기어가 포함된 독일어 문장**

예를 들어, 일련번호 60608은 '(wird) bestraft'와 '(mit) Geldstrafe'가 공기관계에 놓여있는 문장을 보여 주고 있으며, 일련번호 57709의 문장에서는 'mildern'이 '(nach seinem) Ermessen'과 공기관계에 있음을 볼 수 있다.

한편, (5a)와 (5b)에 제시된 검색식을 통해 얻어진 한국의 기본 3법 전체에 대한 목적어-동사 공기어와 주어-동사 공기어를 연어값 기준으로 상위 30개씩을 제시하면 각각 <표 3-52> 및 <표 3-53>과 같다.

**<표 3-52> 한국 기본 3법에서의 연어값 상위권 목적어-동사 공기어**

| 목적어-동사 공기어(한국어) | 공기 빈도 | 명사 (목적어) | 동사 | t-score | log-값 |
|---|---|---|---|---|---|
| 죄(을/를) 범하다 | 117 | 255 | 126 | 10.32 | 4.436 |
| 일부(을/를) 개정하다 | 25 | 77 | 34 | 4.912 | 5.826 |
| 영향(을/를) 미치다 | 22 | 24 | 31 | 4.664 | 7.457 |
| 규정(을/를) 준용하다 | 42 | 451 | 170 | 4.49 | 1.703 |

| 목적어-동사 공기어(한국어) | 공기<br>빈도 | 명사<br>(목적어) | 동사 | t-score | log-값 |
|---|---|---|---|---|---|
| 기간(을/를) 정하다 | 43 | 310 | 279 | 4.338 | 1.563 |
| 효력(을/를) 잃다 | 21 | 222 | 33 | 4.314 | 4.09 |
| 선고(을/를) 받다 | 26 | 80 | 339 | 4.204 | 2.51 |
| 취소(을/를) 청구하다 | 25 | 114 | 212 | 4.187 | 2.62 |
| 손해(을/를) 가하다 | 18 | 153 | 37 | 4.018 | 4.24 |
| 계약(을/를) 해지하다 | 17 | 180 | 19 | 3.984 | 4.885 |
| 소(을/를) 제기하다 | 16 | 39 | 32 | 3.947 | 6.251 |
| 동의(을/를) 받다 | 27 | 115 | 339 | 3.934 | 2.041 |
| 배상(을/를) 청구하다 | 21 | 84 | 212 | 3.929 | 2.809 |
| 규정(을/를) 적용하다 | 24 | 451 | 65 | 3.892 | 2.282 |
| 동의(을/를) 얻다 | 17 | 115 | 51 | 3.884 | 4.106 |
| 반환(을/를) 청구하다 | 17 | 46 | 212 | 3.725 | 3.373 |
| 이익(을/를) 취득하다 | 15 | 91 | 80 | 3.557 | 3.614 |
| 사실(을/를) 알다 | 15 | 56 | 137 | 3.54 | 3.538 |
| 허가(을/를) 얻다 | 13 | 54 | 51 | 3.477 | 4.81 |
| 소유권(을/를) 취득하다 | 13 | 50 | 80 | 3.419 | 4.272 |
| 사무(을/를) 처리하다 | 12 | 80 | 16 | 3.402 | 5.8 |
| 의사(을/를) 표시하다 | 13 | 157 | 33 | 3.364 | 3.898 |
| 형(을/를) 면제하다 | 12 | 187 | 19 | 3.292 | 4.327 |
| 정지(을/를) 병과하다 | 11 | 81 | 23 | 3.222 | 5.133 |
| 변제(을/를) 받다 | 26 | 173 | 339 | 3.164 | 1.398 |
| 손해(을/를) 배상하다 | 12 | 153 | 41 | 3.159 | 3.507 |
| 위력(을/를) 보이다 | 10 | 17 | 10 | 3.153 | 8.449 |
| 계약(을/를) 해제하다 | 11 | 180 | 22 | 3.116 | 4.045 |
| 처분(을/를) 명하다 | 10 | 61 | 27 | 3.075 | 5.173 |
| 물건(을/를) 휴대하다 | 10 | 146 | 12 | 3.069 | 5.084 |

<표 3-53> 한국 기본 3법에서의 연어값 상위권 주어-동사 공기어

| 주어-동사 공기어(한국어) | 공기빈도 | 명사<br>(주어) | 동사 | t-score | log-값 |
|---|---|---|---|---|---|
| 효력(이/가) 생기다 | 46 | 222 | 80 | 6.342 | 3.944 |
| 법률(이/가) 정하다 | 54 | 269 | 279 | 5.63 | 2.096 |
| 책임(이/가) 배상하다 | 16 | 146 | 41 | 3.748 | 3.989 |
| 조건(이/가) 성취하다 | 10 | 56 | 8 | 3.138 | 7.051 |
| 기한(이/가) 도래하다 | 9 | 26 | 18 | 2.974 | 6.836 |
| 기간(이/가) 만료하다 | 9 | 310 | 11 | 2.809 | 3.971 |
| 법원(이/가) 선임하다 | 12 | 253 | 54 | 2.8 | 2.384 |
| 시효(이/가) 완성하다 | 8 | 96 | 12 | 2.76 | 5.367 |
| 판결(이/가) 확정되다 | 7 | 46 | 27 | 2.567 | 5.066 |
| 이행기(이/가) 도래하다 | 6 | 11 | 18 | 2.436 | 7.492 |
| 대통령(이/가) 임명하다 | 6 | 84 | 13 | 2.374 | 5.029 |
| 사유(이/가) 해당하다 | 7 | 153 | 37 | 2.286 | 2.877 |
| 채무자(이/가) 이행하다 | 7 | 210 | 39 | 2.125 | 2.345 |
| 효력(이/가) 소급하다 | 5 | 222 | 12 | 2.036 | 3.479 |
| 채무자(이/가) 통지하다 | 6 | 210 | 29 | 2.031 | 2.55 |
| 협의(이/가) 이루어지다 | 4 | 34 | 4 | 1.989 | 7.449 |
| 성질(이/가) 허용하다 | 4 | 24 | 6 | 1.988 | 7.367 |
| 증가(이/가) 현존하다 | 4 | 14 | 15 | 1.982 | 6.823 |
| 능력(이/가) 처리하다 | 4 | 33 | 16 | 1.956 | 5.492 |
| 약정(이/가) 해지하다 | 4 | 50 | 19 | 1.92 | 4.645 |
| 양부모(이/가) 사망하다 | 4 | 27 | 36 | 1.918 | 4.612 |
| 입양(이/가) 취소되다 | 4 | 104 | 10 | 1.912 | 4.514 |
| 시효(이/가) 완성되다 | 4 | 96 | 11 | 1.911 | 4.492 |
| 유언자(이/가) 표시하다 | 4 | 33 | 33 | 1.908 | 4.448 |
| 상속인(이/가) 포기하다 | 4 | 126 | 18 | 1.809 | 3.39 |
| 사유(이/가) 되다 | 12 | 153 | 224 | 1.799 | 1.057 |
| 생사(이/가) 정하다 | 4 | 10 | 279 | 1.765 | 3.091 |
| 부재자(이/가) 정하다 | 4 | 13 | 279 | 1.695 | 2.712 |
| 상대방(이/가) 약정하다 | 4 | 111 | 33 | 1.692 | 2.698 |
| 부모(이/가) 거부하다 | 3 | 50 | 9 | 1.688 | 5.308 |

위의 <표 3-52>와 <표 3-53>이 보여 주는 것처럼 한국 기본 3법에서의 목적어/주어-동사 연어값 상위권에는 주로 민법의 동사-명사 공기어가 지배적으로 많이 포함되어 있고(예, 취소를 청구하다, 손해를 가하다, 계약을 해지하다, 소를 제기하다, 동의를 받다, 배상을 청구하다, 반환을 청구하다, 이익을 취득하다, 소유권을 취득하다, 변제를 받다, 손해를 배상하다, 의사를 표시하다, 계약을 해제하다; 효력이 생기다, 기한이 도래하다, 기간이 만료하다; 채무자가 이행하다, 협의가 이루어지다; 양부모가 사망하다, 입양이 취소되다, 유언자가 표시하다, 상속인이 포기하다, 상대방이 약정하다, 부모가 거부하다), 헌법상의 공기어(대통령이 임명하다)는 형법(죄를 범하다, 선고를 받다, 형을 면제하다, 위력을 보이다, (자격)정지를 병과하다)이나 민법과 비교했을 때 매우 드물게만 관찰된다.

한편, 위의 (5a)의 명령어 뒷부분(set context 1 s; reduce T to 1000;cat T > "concColloDoV(ALL-kr).txt";)을 통해서는 목적어-동사 공기어가 포함된 다음과 같은 문장들을 얻을 수 있다.

```
88225: 이 법 은 종전 의 법률 에 의하 어 생기 ㄴ 효력 에 대하 어 <영향 을> 미치 지 아니하 ㄴ다 .
88424: 이 법 은 특별하 ㄴ 규정 이 있 는 <경우 를> 제외하 고는 이 법 시행 전 에 생기 ㄴ 사항 에 대하 어도 이 를 적용하 ㄴ다 .
88982: 이 법 시행 일 전 의 혼인 으로 인하 어 인정되 었 던 부부간 의 재산 관계 에 관하 어 는 이 법 시행 일 부터 이 법 의 <규정 을> 적용하 ㄴ다 .
89173: ( 2 ) 이 법 시행 일 전 의 입양 에 구법 에 의하 어 파양 의 원인 이 되 는 사유 가 있 는 경우 에 도 이 법 의 규정 에 의하 어 파양 의 원인 이
89349: ( 1 ) 이 법 시행 일전 에 개시되 ㄴ 상속 에 관하 어 는 이 법 시행 일 후 에 도 구법 의 <규정 을> 적용하 ㄴ다 .
89442: 이 법 시행 당시 다른 법령 에서 호주 상속 또는 호주 상속인 을 인용하 ㄴ 경우 에 는 호주 승계 또는 호주 <승계인 을> , 재산 상속 또는 재산 상
89458: 이 법 시행 당시 다른 법령 에서 호주 상속 또는 호주 상속인 을 인용하 ㄴ 경우 에 는 호주 승계 또는 호주 승계인 을 , 재산 상속 또는 재산 상속
89779: 다만 , 당하 어 기간 내 에 한정 <승인 을> 하 지 아니하 ㄴ 경우 에 는 단순 승인 을 하 ㄴ 것 으로 보 ㄴ다 .
89857: 1998 년 5 월 27 일 전 에 상속 개시 가 있 음 을 알 았 으나 상속 채무 가 상속 <재산 을> 초과하 는 사실 ( 이하 " 상속 채무 초과 사실 " 이라
89903: 1998 년 5 월 27 일 전 에 상속 개시 가 있 음 을 알 았 으나 상속 채무 가 상속 재산 을 초과하 는 사실 ( 이하 " 상속 채무 초과 사실 " 이라 하
89954: 다만 , 각 호 의 기간 이내 에 한정 승인 을 하 지 아니하 ㄴ 경우 에 는 단순 <승인 을> 하 ㄴ 것 으로 보 ㄴ다 .
90541: 이 법 에 의하 어 기간 이 변경되 ㄴ 경우 에 이 법 시행 당시 종전 의 규정 에 의하 ㄴ 기간 이 경과되 지 아니하 ㄴ 때 에 는 이 법 의 개정 규정
90836: 5 . 민법 제 909 조제 4 항 및 제 6 항 ( 혼인 의 <취소 를> 원인 으로 하 는 경우 를 포함하 ㄴ다 )
90842: 5 . 민법 제 909 조제 4 항 및 제 6 항 ( 혼인 의 취소 를 원인 으로 하 는 <경우 를> 포함하 ㄴ다 )
91265: ⑩ 민사 소송법 <일부 를> 다음 과 같이 개정하 ㄴ다 .
91378: ⑬ 범죄인 인도 법 <일부 를> 다음 과 같이 개정하 ㄴ다 .
91408: ⑭ 법무사 법 <일부 를> 다음 과 같이 개정하 ㄴ다 .
91480: 부재 선고 등 에 관하 ㄴ 특별 조치 법 <일부 를> 다음 과 같이 개정하 ㄴ다 .
91511: 소송 촉진 등 에 관하 ㄴ 특례법 <일부 를> 다음 과 같이 개정하 ㄴ다 .
91701: 전염병 예방법 <일부 를> 다음 과 같이 개정하 ㄴ다 .
91848: 해양 사 고의 조사 및 심판 에 관하 ㄴ 법률 <일부 를> 다음 과 같이 개정하 ㄴ다 .
93017: ( 1 ) 이 법 시행 당시 이미 금치산 또는 한정 치산 의 <선고 를> 받 은 사람 에 대하 어 는 종전 의 규정 을 적용하 ㄴ다 .
93379: 제 905 조 의 개정 규정 에 도 불구하 고 이 법 시행 전 에 종전 의 규정 에 따르 아 가정 법원 에 <파양 을> 청구하 ㄴ 경우 에 재판 상 파양 원인
93569: ( 3 ) 재판 확정 후 법률 의 변경 에 의하 어 그 행위 가 범죄 를 구성하 지 아니하 는 때 에 는 형 의 <집행 을> 면제하 ㄴ다 .
93788: 본 법 은 대한민국 영역 외 에서 대한민국 또는 대한민국 국민 에 대하 어 전조 에 기재하 ㄴ 이외 의 <죄 를> 범하 ㄴ 외국인 에게 적용하 ㄴ다 .
```

**<그림 3-2> 목적어-동사 공기어가 포함된 한국어 문장**

예를 들어, 일련번호 93788은 '죄(를)'과 '범하다'가 목적어-동사라는 공기관계를 보이는 문장을 보여 주고 있으며, 일련번호 88225의 문장에는 '영향(을)'이 '미치다'와 공기관계에 놓여있는 문장이 포함되어 있다.

마찬가지로 (5b)의 명령어 뒷부분(set context 1 s;reduce T to 1000;cat T >

"concColloSubV(ALL-kr).txt";)을 통해서는 주어-동사 공기어를 포함하는 다음과 같은 문장들을 얻을 수 있다.

```
19684: ( 3 ) <조건 이> 법률 행위 의 당시 에 이미 성취하 ㄹ 수 없는 것 이 ㄴ 경우 에 는 그 조건 이 해제 조건 이 면 조건 없는 는
19964: 그러나 그 <기간 이> 오전 영시 로부터 시작하 는 때 에 는 그러하 지 아니하 다 .
20121: ( 3 ) 월 또는 연 으로 정하 ㄴ 경우 에 최종 의 월 에 해당 <일 이> 없는 때 에 는 그 월 의 말일 로 기간 이 만료하 ㄴ다 .
20133: ( 3 ) 월 또는 연 으로 정하 ㄴ 경우 에 최종 의 월 에 해당 일 이 없는 때 에 는 그 월 의 말일 로 <기간 이> 만료하 ㄴ다 .
20151: 기간 의 <말일 이> 토요일 또는 공휴일 에 해당하 ㄴ 때 에 는 기간 은 그 익일 로 만료하 ㄴ다 .
20199: ( 1 ) 채권 은 10 년 간 행사하 지 아니하 면 소멸 <시효 가> 완성하 ㄴ다 .
20222: ( 2 ) 채권 및 소유권 이외 의 재산권 은 20 년 간 행사하 지 아니하 면 소멸 <시효 가> 완성하 ㄴ다 .
20573: ( 2 ) 파산 절차 에 의하 어 확정되 ㄴ 채권 및 재판 상 의 화해 , 조정 기타 판결 과 동일하 ㄴ <효력 이> 있 는 것 에 의하 (
20603: ( 3 ) 전 2 항 의 규정 은 판결 확정 당시 에 <변제기 가> 도래하 지 아니하 ㄴ 채권 에 적용하 지 아니하 ㄴ다 .
20745: 시효 의 중단 은 당사자 및 그 승계인 간 에 만 <효력 이> 있 다
20886: 지급 명령 은 <채권자 가> 법정 기간 내 에 가집행 신청 을 하 지 아니하 ㅁ 으로 인하 어 그 효력 을 잃 은 때 에 는 시효 중
20840: 화해 를 위하 어 소환 은 <상대방 이> 출석하 지 아니 하 거나 화해 가 성립되 지 아니하 ㄴ 때 에 는 1 월 내 에 소 를 제기하
20947: 화해 를 위하 어 소환 은 상대방 이 출석하 지 아니 하 거나 화해 가 성립되 지 아니하 ㄴ 때 에 는 1 월 내 에 소 를 제기히
20869: 화해 를 위하 어 소환 은 상대방 이 출석하 지 아니 하 거나 화해 가 성립되 지 아니하 ㄴ 때 에 는 1 월 내 에 소 를 제기하 ;
21306: 소멸 시효 의 기간 만료 전 6 개월 내 에 제한 능력자 에게 법정 대리인 이 없는 경우 에 는 그 가 능력자 가 되 거나 법정 대
21366: ( 1 ) 재산 을 관리하 는 아버지 , 어머니 또는 후견인 에 대하 ㄴ 제한 능력자 의 권리 는 그 가 능력자 가 되 거나 후임 법정
21470: 상속 재산 에 속하 는 권리 나 상속 재산 에 대하 ㄴ 권리 는 상속인 의 확정 , 관리인 의 선임 또는 파산 선고 가 있 는 때 로
21544: 주되 ㄴ 권리 의 소멸 <시효 가> 완성하 ㄴ 때 에 는 종속되 ㄴ 권리 에 그 효력 이 미치 ㄴ 다
21778: ( 2 ) <양수인 이> 이미 그 동산 을 점유하 ㄴ 때 에 는 당사자 의 의사 표시 만 으로 그 효력 이 생기 ㄴ다 .
21796: ( 2 ) 양수인 이 이미 그 동산 을 점유하 ㄴ 때 에 는 당사자 의 의사 표시 만 으로 그 **효력 이** 생기 ㄴ다 .
```

<그림 3-3> 주어-동사 공기어가 포함된 한국어 문장

여기서는 '효력이 생기다', '조건이 성취하다', '기간이 만료하다', '시효가 완성하다'처럼 주어-동사라는 공기 관계를 보이는 문장이 다수 포함되어 있다. 이처럼 목적어-동사 공기어와 더불어 주어-동사 공기어는 이런 구문들이 실제 법률 텍스트에서 어떻게 사용되고 있는지를 확인하고 분석하는 데 도움이 된다.

## 2.2.2. 각 법률에서의 동사-명사 공기어

이제 기본법 및 헌법, 형법, 민법을 별도의 대상으로 하여 동사-명사 공기어 목록을 추출해서 살펴보기로 한다. 우선 독일 법률의 경우, 기본 3법 전체에 대한 동사-명사 공기어 추출 검색식을 다음과 같이 보완하면 된다.

(6) a. D-GESETZ;
    T=[pos="VV.*"]::match.text_id="gg";set T target nearest [pos="NN"]
    within 1 s; group T target lemma by match lemma > "freqColloV

_N(gg-dt).txt"; set context 1 s; reduce T to 1000;cat T > "concColloV
_N(gg-dt).txt";

   b. D-GESETZ;

     T=[pos="VV.*"]::match.text_id="str";set T target nearest [pos="NN"]
within 1 s; group T target lemma by match lemma > "freqColloV
_N(str-dt).txt"; set context 1 s; reduce T to 1000;cat T > "concColloV
_N(str-dt).txt";

   c. D-GESETZ;

     T=[pos="VV.*"]::match.text_id="bgb";set T target nearest [pos="NN"]
within 1 s; group T target lemma by match lemma > "freqColloV
_N(bgb-dt).txt"; set context 1 s; reduce T to 1000;cat T > "concColloV
_N(bgb-dt).txt";

(6)은 독일의 기본 3법 코퍼스(D-GESETZ)를 대상으로 하여, 기본법, 형법, 민법에서의 동사-명사 공기어 쌍을 각각 그 빈도와 함께 검색하여 해당 파일로 저장하라는 명령이다. 이렇게 해서 얻어진 독일의 기본법, 형법, 민법에서의 공기어 쌍 중 연어값(t-score) 상위 30개를 각각 제시하면 다음과 같다.

<표 3-54> 독일 기본법에서의 연어값 상위권 동사-명사 공기어

| 동사-명사 공기어(기본법) | 공기빈도 | 동사 | 명사 | t-score | log-값 |
|---|---|---|---|---|---|
| bedürfen-Bundesrat | 38 | 70 | 151 | 5.376 | 2.966 |
| regeln-Nähere | 27 | 75 | 46 | 4.891 | 4.088 |
| regeln-Bundesgesetz | 16 | 75 | 126 | 2.913 | 1.88 |
| treffen-Regelung | 6 | 17 | 46 | 2.303 | 4.06 |
| fassen-Beschluss | 5 | 8 | 20 | 2.203 | 6.086 |
| erlassen-Bundesrecht | 5 | 24 | 18 | 2.147 | 4.653 |
| beschließen-Bundestag | 6 | 15 | 148 | 2.033 | 2.554 |
| erlassen-Fassung | 4 | 24 | 10 | 1.945 | 5.179 |
| bestimmen-Nähere | 6 | 67 | 46 | 1.871 | 2.081 |
| bedürfen-Zustimmung | 9 | 70 | 111 | 1.808 | 1.332 |
| angreifen-Waffengewalt | 3 | 3 | 3 | 1.73 | 9.501 |

| 동사-명사 공기어(기본법) | 공기빈도 | 동사 | 명사 | t-score | log-값 |
|---|---|---|---|---|---|
| überschreiten-Bruttoinlandsprodukt | 3 | 4 | 3 | 1.729 | 9.086 |
| bestellen-Bundestag | 4 | 8 | 148 | 1.728 | 2.876 |
| beeinträchtigen-Finanzlage | 3 | 6 | 3 | 1.727 | 8.501 |
| ausschließen-Öffentlichkeit | 3 | 7 | 3 | 1.726 | 8.278 |
| gefährden-Bundesrepublik | 3 | 3 | 13 | 1.722 | 7.385 |
| machen-Gebrauch | 3 | 12 | 4 | 1.719 | 7.086 |
| binden-Weisung | 3 | 5 | 12 | 1.716 | 6.764 |
| richten-Landesbehörde | 3 | 6 | 11 | 1.715 | 6.626 |
| einholen-Bundesverfassungsgericht | 3 | 3 | 25 | 1.712 | 6.442 |
| ersetzen-Landesrecht | 3 | 5 | 17 | 1.709 | 6.261 |
| betragen-Frist | 3 | 6 | 16 | 1.707 | 6.086 |
| erteilen-Weisung | 3 | 10 | 12 | 1.7 | 5.764 |
| verletzen-Recht\|Rechte | 3 | 4 | 30 | 1.7 | 5.764 |
| entziehen-Staat | 3 | 8 | 16 | 1.698 | 5.671 |
| erlassen-Verwaltungsvorschrift | 3 | 24 | 6 | 1.694 | 5.501 |
| ernennen-Bundespräsident | 3 | 7 | 36 | 1.665 | 4.693 |
| bestimmen-Gesetz | 9 | 67 | 131 | 1.654 | 1.156 |
| treten-Kraft | 3 | 18 | 21 | 1.632 | 4.109 |
| finden-Satz | 4 | 23 | 72 | 1.619 | 2.392 |
| 31) ausführen-Bund | 4 | 9 | 194 | 1.598 | 2.316 |

<표 3-54>는 독일 기본법에서 연어값 상위권 동사-명사 공기어를 보여 주고 있는데, 명사-명사 공기어에서처럼 주로 연방제와 지방자치(bedürfen-Bundesrat, regeln-Bundesgesetz, erlassen-Bundesrecht, beschließen-Bundestag, bestellen-Bundestag, richten-Landesbehörde, einholen-Bundesverfassungsgericht, ersetzen-Landesrecht, ernennen-Bundespräsident), 민주주의 및 법치(bedürfen-Zustimmung, verletzen-Recht, Stimme-Mehrheit, bestimmen-Gesetz)와 관련된 표현들이 들어 있다.

한편, 다음 <표 3-55>는 독일 형법에서 형벌(bestrafen-Geldstrafe, bedrohen-Strafe, mildern-Ermessen), 범죄(자)(verursachen-Gefahr, abwenden-Gefahr, handeln-Bande, begehen-Straftat, vornehmen-Handlung, gefährden-Wert, verbinden-Tat, bringen-

Gesundheitsschädigung), 피해(자)(entstehen-Schaden, Gefahr-Tod, Mensch-Tod)와 관련된 동사-명사 공기어들이 연어값 상위권에 포함되어 있음을 보여 주고 있다.

<표 3-55> 독일 형법에서의 연어값 상위권 동사-명사 공기어

| 동사-명사 공기어(형법) | 공기빈도 | 동사 | 명사 | t-score | log-값 |
|---|---|---|---|---|---|
| bestrafen-Geldstrafe | 254 | 485 | 328 | 14.36 | 3.339 |
| erkennen-Jahr | 51 | 75 | 783 | 5.844 | 2.46 |
| bedrohen-Strafe | 33 | 45 | 290 | 5.386 | 4.002 |
| liegen-Fall | 26 | 34 | 53 | 5.043 | 6.514 |
| liegen-Jahr | 111 | 34 | 783 | 10.14 | 4.723 |
| mildern-Ermessen | 22 | 37 | 29 | 4.654 | 7.021 |
| absehen-Vorschrift | 21 | 39 | 64 | 4.497 | 5.736 |
| aussetzen-Bewährung | 18 | 30 | 30 | 4.209 | 6.986 |
| verursachen-Gefahr | 19 | 39 | 135 | 4.168 | 4.515 |
| abwenden-Gefahr | 17 | 38 | 135 | 3.927 | 4.392 |
| verfolgen-Antrag | 16 | 48 | 60 | 3.886 | 5.138 |
| handeln-Bande | 16 | 88 | 35 | 3.878 | 5.041 |
| ordnen-Gericht | 15 | 17 | 232 | 3.712 | 4.591 |
| begehen-Straftat | 22 | 169 | 176 | 3.69 | 2.229 |
| gelten-Abs. | 35 | 194 | 438 | 3.649 | 1.384 |
| vornehmen-Handlung | 15 | 55 | 111 | 3.624 | 3.961 |
| machen-Öffentlichkeit | 13 | 82 | 16 | 3.548 | 5.972 |
| versprechen-Gegenleistung | 12 | 25 | 19 | 3.442 | 7.323 |
| gefährden-Wert | 11 | 33 | 38 | 3.257 | 5.797 |
| anordnen-Führungsaufsicht | 12 | 62 | 74 | 3.255 | 4.051 |
| verwahren-Anstalt | 10 | 24 | 14 | 3.146 | 7.559 |
| erlangen-Wahl | 10 | 28 | 23 | 3.13 | 6.62 |
| entstehen-Schaden | 9 | 11 | 25 | 2.986 | 7.696 |
| bekleiden-Amt | 9 | 9 | 32 | 2.985 | 7.629 |
| erreichen-Ziel | 9 | 26 | 15 | 2.979 | 7.192 |
| verbinden-Tat | 15 | 43 | 517 | 2.967 | 2.096 |
| halten-Amt | 9 | 27 | 32 | 2.955 | 6.044 |
| bringen-Verkehr | 9 | 48 | 24 | 2.939 | 5.629 |

| 동사-명사 공기어(형법) | 공기빈도 | 동사 | 명사 | t-score | log-값 |
|---|---|---|---|---|---|
| bestimmen-Gesetz | 10 | 66 | 107 | 2.81 | 3.165 |
| bringen-Gesundheitsschädigung | 8 | 48 | 32 | 2.743 | 5.044 |
| herbeiführen-Bundesrepublik | 8 | 33 | 52 | 2.733 | 4.885 |

마지막으로 다음 <표 3-56>은 독일 민법에서의 연어값 상위권 동사-명사 공기어를 보여 주고 있는데, 여기에는 주로 계약과 매매 및 임대(ersetzen-Schaden, verlangen-Ersatz, kündigen-Frist, zurücktreten-Vertrag, verpflichten-Schaden), 친족(vollenden-Lebensjahr, bestellen-Vormund, bestellen-Betreuer), 채권 및 채무 (befriedigen-Gläubiger)와 관련된 것들이 포함되어 있다. 이외에도 gelten- Gleiche, finden-Anwendung, finden-Vorschrift, gelten-Satz, stellen- Verfügung 등과 같은 법령상의 상투적인 표현들도 일부 발견된다.

<표 3-56> 독일 민법에서의 연어값 상위권 동사-명사 공기어

| 동사-명사 공기어(민법) | 공기빈도 | 동사 | 명사 | t-score | log-값 |
|---|---|---|---|---|---|
| gelten-Gleiche | 116 | 725 | 120 | 10.31 | 4.545 |
| finden-Anwendung | 74 | 362 | 379 | 7.691 | 3.239 |
| annehmen-Zweifel | 45 | 146 | 134 | 6.542 | 5.332 |
| erlangen-Kenntnis | 40 | 110 | 86 | 6.239 | 6.21 |
| finden-Vorschrift | 58 | 362 | 706 | 5.699 | 1.991 |
| eintragen-Grundbuch | 32 | 72 | 69 | 5.607 | 6.817 |
| leisten-Sicherheit | 30 | 132 | 84 | 5.362 | 5.566 |
| vollenden-Lebensjahr | 26 | 28 | 35 | 5.088 | 8.86 |
| beginnen-Frist | 28 | 89 | 281 | 5.022 | 4.293 |
| beschränken-Geschäftsfähigkeit | 21 | 90 | 35 | 4.543 | 6.867 |
| erteilen-Auskunft | 21 | 98 | 50 | 4.522 | 6.23 |
| vorliegen-Grund | 21 | 54 | 280 | 4.394 | 4.604 |
| ersetzen-Schaden | 21 | 112 | 155 | 4.366 | 4.405 |
| gelten-Satz | 45 | 725 | 396 | 4.264 | 1.457 |
| bestellen-Vormund | 20 | 101 | 205 | 4.208 | 4.08 |

| 동사-명사 공기어(민법) | 공기빈도 | 동사 | 명사 | t-score | log-값 |
|---|---|---|---|---|---|
| verbinden-Gefahr | 18 | 49 | 80 | 4.19 | 6.329 |
| verlangen-Ersatz | 25 | 442 | 164 | 4.172 | 2.594 |
| stellen-Antrag | 18 | 75 | 219 | 4.022 | 4.262 |
| bewirken-Leistung | 17 | 55 | 364 | 3.846 | 3.894 |
| fallen\|fällen-Last | 15 | 57 | 93 | 3.795 | 5.631 |
| kündigen-Frist | 17 | 98 | 281 | 3.742 | 3.434 |
| zurücktreten-Vertrag | 15 | 26 | 506 | 3.679 | 4.319 |
| befriedigen-Gläubiger | 15 | 30 | 459 | 3.67 | 4.254 |
| verpflichten-Schaden | 19 | 349 | 155 | 3.65 | 2.621 |
| stellen-Verfügung | 15 | 75 | 242 | 3.605 | 3.855 |
| beginnen-Widerrufsfrist | 13 | 89 | 24 | 3.572 | 6.736 |
| gewähren-Unterhalt | 13 | 35 | 115 | 3.542 | 5.822 |
| verstreichen-Jahr | 13 | 34 | 203 | 3.496 | 5.044 |
| hinterlegen-Sache | 15 | 48 | 573 | 3.467 | 3.255 |
| bestellen-Betreuer | 13 | 101 | 98 | 3.449 | 4.523 |
| nehmen-Anspruch | 15 | 74 | 390 | 3.447 | 3.186 |

이제 한국의 헌법, 형법, 민법에서 동사의 공기어로서 명사를 목적어와 주어로 구분하여 각각 추출해 보기로 한다. 우선 아래 (7)에 제시된 검색식은 한국의 기본 3법(K-GESETZ) 전체를 대상으로 한 검색식 (5a)를 확장하여, 헌법(match.text_id="vfg";), 형법(match.text_id="str";), 민법(match.text_id="bgb";)에서의 목적어-동사 공기어 목록을 각각 추출하라는 명령이다.

(7) a. K-GESETZ;
    T=[pos="NNG"][pos="JKO"&word="을|를"]::match.text_id="vfr";set
    T target nearest [pos="VV.*"] within 1 s;group T target word by match
    word > "freqColloDoV(vfg-kr).txt"; set context 1 s;reduce T to
    1000;cat T > "concColloDoV(vfg-kr).txt";
  b. K-GESETZ;
    T=[pos="NNG"][pos="JKO"&word="을|를"]::match.text_id="str";set

    T target nearest [pos="VV.*"] within 1 s;group T target word by match
    word > "freqColloDoV(str-kr).txt"; set context 1 s;reduce T to
    1000;cat T > "concColloDoV(str-kr).txt";
  c. K-GESETZ;
    T=[pos="NNG"][pos="JKO"&word="을|를"]::match.text_id="bgb";set
    T target nearest [pos="VV.*"] within 1 s;group T target word by match
    word > "freqColloDoV(bgb-kr).txt"; set context 1 s;reduce T to
    1000;cat T > "concColloDoV(bgb-kr).txt";

(7a)의 검색 명령어를 통해서 얻어진 헌법에서의 목적어-동사 공기어 중 연
어값(t-score) 상위 30개는 다음과 같다.

<표 3-57> 한국 헌법에서의 연어값 상위권 목적어-동사 공기어

| 목적어-동사 공기어(헌법) | 공기빈도 | 명사<br>(목적어) | 동사 | t-score | log-값 |
|---|---|---|---|---|---|
| 동의(을/를) 얻다 | 7 | 11 | 18 | 2.489 | 4.077 |
| 자유(을/를) 가지다 | 7 | 21 | 32 | 2.114 | 2.314 |
| 보호(을/를) 받다 | 6 | 10 | 42 | 2.09 | 2.77 |
| 의무(을/를) 지다 | 5 | 19 | 14 | 1.987 | 3.166 |
| 구속(을/를) 당하다 | 4 | 8 | 6 | 1.95 | 5.314 |
| 규칙(을/를) 관하다 | 5 | 6 | 54 | 1.933 | 2.881 |
| 승인(을/를) 얻다 | 4 | 4 | 18 | 1.925 | 4.729 |
| 회의(을/를) 두다 | 4 | 16 | 12 | 1.799 | 3.314 |
| 의결(을/를) 얻다 | 3 | 8 | 18 | 1.558 | 3.314 |
| 향상(을/를) 위하다 | 3 | 5 | 33 | 1.533 | 3.118 |
| 찬성(을/를) 얻다 | 3 | 12 | 18 | 1.471 | 2.729 |
| 권리(을/를) 받다 | 5 | 21 | 42 | 1.41 | 1.437 |
| 현역(을/를) 면하다 | 2 | 2 | 2 | 1.408 | 7.899 |
| 해임(을/를) 건의하다 | 2 | 3 | 2 | 1.405 | 7.314 |
| 후임자(을/를) 선거하다 | 2 | 4 | 2 | 1.402 | 6.899 |
| 영장(을/를) 발부하다 | 2 | 4 | 2 | 1.402 | 6.899 |
| 안녕질서(을/를) 유지하다 | 2 | 3 | 3 | 1.401 | 6.729 |

| 목적어-동사 공기어(헌법) | 공기빈도 | 명사 (목적어) | 동사 | t-score | log-값 |
|---|---|---|---|---|---|
| 예산안(을/를) 편성하다 | 2 | 6 | 2 | 1.396 | 6.314 |
| 배상(을/를) 청구하다 | 2 | 3 | 6 | 1.388 | 5.729 |
| 효력(을/를) 가지다 | 3 | 9 | 32 | 1.384 | 2.314 |
| 처우(을/를) 받다 | 2 | 2 | 42 | 1.29 | 3.507 |
| 조력(을/를) 받다 | 2 | 2 | 42 | 1.29 | 3.507 |
| 차별(을/를) 받다 | 2 | 2 | 42 | 1.29 | 3.507 |
| 직무(을/를) 행하다 | 2 | 19 | 5 | 1.274 | 3.33 |
| 보전(을/를) 위하다 | 2 | 3 | 33 | 1.268 | 3.27 |
| 이용(을/를) 위하다 | 2 | 4 | 33 | 1.219 | 2.855 |
| 재판(을/를) 받다 | 3 | 11 | 42 | 1.173 | 1.633 |
| 발전(을/를) 위하다 | 2 | 5 | 33 | 1.17 | 2.533 |
| 남용(을/를) 방지하다 | 1 | 1 | 1 | 0.998 | 8.899 |
| 창의(을/를) 존중하다 | 1 | 1 | 1 | 0.998 | 8.899 |

한국 헌법에서 연어값 상위권 목적어-동사 공기어에는 국회와 정부(동의를 얻다, 해임을 건의하다, 승인을 얻다, 의결을 얻다, 찬성을 얻다)에 관한 내용이 가장 많고, 국가의 역할(의무를 지다, 향상을 위하다, 안녕질서를 유지하다, 보전을 위하다)도 상당수 포함되어 있다.

한편, 다음의 <표 3-58>이 보여 주고 있는 것처럼 형법에서는 형벌(정지를 병과하다, 형을 면제하다, 집행을 종료하다, 가액을 추징하다, 집행을 유예하다), 범죄(자)(죄를 범하다, 이익을 취득하다, 위력을 보이다, 물건을 휴대하다, 협박을 가하다, 위험을 발생하다, 행사를 방해하다, 불을 놓다, 재물을 절취하다, 사람을 매매하다, 사람을 유인하다) 등과 관련된 목적어-동사 공기어들이 연어값 상위권에 포함되어 있다.

<표 3-58> 한국 형법에서의 연어값 상위권 목적어-동사 공기어

| 목적어-동사 공기어(형법) | 공기빈도 | 명사 (목적어) | 동사 | t-score | log-값 |
|---|---|---|---|---|---|
| 죄(을/를) 범하다 | 116 | 251 | 124 | 8.505 | 2.249 |

| 목적어-동사 공기어(형법) | 공기빈도 | 명사 (목적어) | 동사 | t-score | log-값 |
|---|---|---|---|---|---|
| 이익(을/를) 취득하다 | 15 | 21 | 28 | 3.754 | 5.024 |
| 위력(을/를) 보이다 | 10 | 17 | 10 | 3.12 | 6.229 |
| 물건(을/를) 휴대하다 | 10 | 53 | 12 | 3.005 | 4.326 |
| 정지(을/를) 병과하다 | 11 | 66 | 23 | 2.958 | 3.208 |
| 형(을/를) 면제하다 | 12 | 181 | 17 | 2.768 | 2.315 |
| 집행(을/를) 종료하다 | 7 | 54 | 9 | 2.502 | 4.199 |
| 선고(을/를) 받다 | 9 | 34 | 59 | 2.476 | 2.517 |
| 협박(을/를) 가하다 | 6 | 19 | 12 | 2.377 | 5.069 |
| 위험(을/를) 발생하다 | 6 | 18 | 16 | 2.357 | 4.732 |
| 교부(을/를) 받다 | 6 | 7 | 59 | 2.317 | 4.212 |
| 위험(을/를) 대하다 | 7 | 18 | 72 | 2.262 | 2.784 |
| 요금(을/를) 표시하다 | 5 | 5 | 6 | 2.226 | 7.732 |
| 공소(을/를) 반하다 | 5 | 8 | 6 | 2.219 | 7.054 |
| 사람(을/를) 이송되다 | 6 | 118 | 7 | 2.185 | 3.212 |
| 행사(을/를) 방해하다 | 5 | 17 | 21 | 2.111 | 4.159 |
| 가액(을/를) 추징하다 | 4 | 4 | 4 | 1.994 | 8.317 |
| 불(을/를) 놓다 | 4 | 5 | 4 | 1.992 | 7.995 |
| 정(을/를) 알다 | 4 | 6 | 5 | 1.988 | 7.41 |
| 사항(을/를) 참작하다 | 4 | 10 | 9 | 1.965 | 5.825 |
| 재물(을/를) 절취하다 | 4 | 25 | 4 | 1.961 | 5.673 |
| 기회(을/를) 행사하다 | 4 | 4 | 30 | 1.953 | 5.41 |
| 감독(을/를) 받다 | 4 | 4 | 59 | 1.907 | 4.434 |
| 물건(을/를) 기재하다 | 5 | 53 | 22 | 1.827 | 2.451 |
| 효용(을/를) 하다 | 5 | 6 | 200 | 1.815 | 2.41 |
| 사람(을/를) 매매하다 | 4 | 118 | 4 | 1.815 | 3.434 |
| 집행(을/를) 유예하다 | 4 | 54 | 11 | 1.767 | 3.103 |
| 효력(을/를) 잃다 | 3 | 3 | 3 | 1.728 | 8.732 |
| 물(을/를) 넘기다 | 3 | 6 | 3 | 1.724 | 7.732 |
| 처분(을/를) 받다 | 4 | 12 | 59 | 1.722 | 2.849 |
| 사람(을/를) 유인하다 | 4 | 118 | 6 | 1.722 | 2.849 |

마지막으로 다음 <표 3-59>는 한국 민법에서의 연어값 상위권 목적어-동사

공기어를 보여 주고 있는데, 여기서는 친족((혼인의) 취소를 청구하다, 친권을 행사하다), 계약(계약을 해지하다, 계약을 해제하다), 소유권 및 점유권과 채권 및 채무(반환을 청구하다, 배상을 청구하다, 소유권을 취득하다)에 대한 공기어들이 주로 관찰된다. 그리고 '일부를 개정하다, 규정을 준용하다, 규정을 적용하다'처럼 법령에 대한 메타 차원의 공기어들도 발견된다.

<표 3-59> 한국 민법에서의 연어값 상위권 목적어-동사 공기어

| 목적어-동사 공기어(민법) | 공기빈도 | 명사 (목적어) | 동사 | t-score | log-값 |
|---|---|---|---|---|---|
| 일부(을/를) 개정하다 | 25 | 65 | 33 | 4.898 | 5.61 |
| 기간(을/를) 정하다 | 40 | 267 | 154 | 4.773 | 2.027 |
| 영향(을/를) 미치다 | 22 | 24 | 31 | 4.653 | 6.953 |
| 동의(을/를) 받다 | 26 | 101 | 238 | 3.974 | 2.18 |
| 소(을/를) 제기하다 | 16 | 39 | 24 | 3.944 | 6.162 |
| 계약(을/를) 해지하다 | 17 | 170 | 19 | 3.936 | 4.463 |
| 손해(을/를) 가하다 | 17 | 148 | 24 | 3.917 | 4.326 |
| 취소(을/를) 청구하다 | 25 | 111 | 206 | 3.908 | 2.196 |
| 효력(을/를) 잃다 | 18 | 210 | 30 | 3.888 | 3.581 |
| 규정(을/를) 준용하다 | 41 | 423 | 162 | 3.849 | 1.326 |
| 반환(을/를) 청구하다 | 17 | 45 | 206 | 3.586 | 2.942 |
| 사실(을/를) 알다 | 15 | 38 | 132 | 3.564 | 3.647 |
| 선고(을/를) 받다 | 17 | 43 | 238 | 3.531 | 2.799 |
| 허가(을/를) 얻다 | 13 | 52 | 33 | 3.492 | 4.988 |
| 규정(을/를) 적용하다 | 21 | 423 | 51 | 3.459 | 2.028 |
| 배상(을/를) 청구하다 | 19 | 81 | 206 | 3.445 | 2.254 |
| 소유권(을/를) 취득하다 | 13 | 50 | 51 | 3.437 | 4.417 |
| 의사(을/를) 표시하다 | 12 | 139 | 26 | 3.215 | 3.798 |
| 변제(을/를) 받다 | 26 | 173 | 238 | 3.172 | 1.404 |
| 처분(을/를) 명하다 | 10 | 39 | 19 | 3.106 | 5.821 |
| 사무(을/를) 처리하다 | 10 | 68 | 12 | 3.101 | 5.682 |
| 계약(을/를) 해제하다 | 11 | 170 | 21 | 3.06 | 3.69 |

| 목적어-동사 공기어(민법) | 공기빈도 | 명사<br>(목적어) | 동사 | t-score | log-값 |
|---|---|---|---|---|---|
| 손해(을/를) 배상하다 | 12 | 148 | 41 | 3.046 | 3.051 |
| 복리(을/를) 위하다 | 10 | 21 | 97 | 3.009 | 4.362 |
| 동의(을/를) 얻다 | 10 | 101 | 33 | 2.911 | 3.652 |
| 의무(을/를) 부담하다 | 9 | 119 | 32 | 2.697 | 3.308 |
| 친권(을/를) 행사하다 | 8 | 35 | 62 | 2.645 | 3.949 |
| 사정(을/를) 참작하다 | 7 | 27 | 10 | 2.621 | 6.763 |
| 허가(을/를) 받다 | 12 | 52 | 238 | 2.611 | 2.022 |
| 목적(을/를) 달성하다 | 7 | 148 | 7 | 2.552 | 4.823 |

한편, 한국의 헌법, 형법, 민법을 각각 대상으로 하여 주어-동사 공기어 목록
을 추출하는 명령은 다음과 같다.

(8) a. K-GESETZ;
T=[pos="NNG"][pos="JKS"&word="이|가"]::match.text_id="vfg";set
T target nearest [pos="VV.*"] within 1 s;group T target word by match
word > "freqColloSubV(vfg-kr).txt"; set context 1 s;reduce T to
1000;cat T > "concColloSubV(vfg-kr).txt";

b. K-GESETZ;
T=[pos="NNG"][pos="JKS"&word="이|가"]::match.text_id="str";set T
target nearest [pos="VV.*"] within 1 s;group T target word by match
word > "freqColloSubV(str-kr).txt"; set context 1 s;reduce T to
1000;cat T > "concColloSubV(str-kr).txt";

c. K-GESETZ;
T=[pos="NNG"][pos="JKS"&word="이|가"]::match.text_id="bgb";set
T target nearest [pos="VV.*"] within 1 s;group T target word by match
word > "freqColloSubV(bgb-kr).txt"; set context 1 s;reduce T to
1000;cat T > "concColloSubV(bgb-kr).txt";

(8a)의 검색 명령어를 통해서 얻어진 헌법에서의 주어-동사 공기어 중 연어

값(t-score) 상위 30개는 다음과 같다.

<표 3-60> 한국 헌법에서의 연어값 상위권 주어-동사 공기어

| 주어-동사 공기어(헌법) | 공기빈도 | 명사 (주어) | 동사 | t-score | log-값 |
|---|---|---|---|---|---|
| 법률(이/가) 정하다 | 54 | 119 | 89 | 4.33 | 1.284 |
| 대통령(이/가) 임명하다 | 6 | 84 | 13 | 1.516 | 1.392 |
| 여부(이/가) 위반되다 | 2 | 3 | 2 | 1.405 | 7.314 |
| 비상계엄(이/가) 선포되다 | 2 | 4 | 2 | 1.402 | 6.899 |
| 예산안(이/가) 의결되다 | 2 | 6 | 4 | 1.379 | 5.314 |
| 대법원장(이/가) 지명하다 | 2 | 10 | 3 | 1.37 | 4.992 |
| 임기(이/가) 만료되다 | 2 | 18 | 2 | 1.361 | 4.729 |
| 조치(이/가) 위하다 | 2 | 3 | 33 | 1.268 | 3.27 |
| 대통령(이/가) 지명하다 | 2 | 84 | 3 | 1.041 | 1.922 |
| 임명권자(이/가) 변경되다 | 1 | 1 | 1 | 0.998 | 8.899 |
| 사법절차(이/가) 준용되다 | 1 | 1 | 1 | 0.998 | 8.899 |
| 여유(이/가) 기다리다 | 1 | 1 | 1 | 0.998 | 8.899 |
| 피선거권(이/가) 선거되다 | 1 | 1 | 1 | 0.998 | 8.899 |
| 득표수(이/가) 당선되다 | 1 | 1 | 1 | 0.998 | 8.899 |
| 장소(이/가) 통지되다 | 1 | 1 | 1 | 0.998 | 8.899 |
| 후보자(이/가) 당선되다 | 1 | 2 | 1 | 0.996 | 7.899 |
| 당선자(이/가) 사망하다 | 1 | 2 | 1 | 0.996 | 7.899 |
| 원칙(이/가) 달성되다 | 1 | 2 | 1 | 0.996 | 7.899 |
| 자백(이/가) 삼다 | 1 | 2 | 1 | 0.996 | 7.899 |
| 득표자(이/가) 출석하다 | 1 | 1 | 3 | 0.994 | 7.314 |
| 행사(이/가) 정지되다 | 1 | 3 | 1 | 0.994 | 7.314 |
| 활동(이/가) 참여하다 | 1 | 3 | 1 | 0.994 | 7.314 |
| 발의(이/가) (none)다 | 1 | 4 | 1 | 0.992 | 6.899 |
| 염려(이/가) 범하다 | 1 | 2 | 2 | 0.992 | 6.899 |
| 개정안(이/가) 공고되다 | 1 | 5 | 1 | 0.99 | 6.577 |
| 연도(이/가) 개시되다 | 1 | 5 | 1 | 0.99 | 6.577 |
| 필요(이/가) 가하다 | 1 | 6 | 1 | 0.987 | 6.314 |
| 필요(이/가) 지출하다 | 1 | 6 | 1 | 0.987 | 6.314 |
| 피고인(이/가) 구하다 | 1 | 6 | 1 | 0.987 | 6.314 |

| 주어-동사 공기어(헌법) | 공기빈도 | 명사 (주어) | 동사 | t-score | log-값 |
|---|---|---|---|---|---|
| 활동(이/가) 위배되다 | 1 | 3 | 2 | 0.987 | 6.314 |

헌법에서의 주어-동사 공기어는 '법률이 정하다'(54번), '대통령이 임명하다'(6번)를 제외하고는 대부분 빈도가 2 이하로서 그 공통된 특징을 논하기가 쉽지 않다.

한편, 다음의 <표 3-61>이 보여 주는 것처럼 형법에서도 '판결이 확정되다'(5번), '정도가 위반하다', '사유가 참작하다', '이유가 위하다', '집행이 면제되다'(이상 각 3번)만이 빈도가 3 이상인데, 이것들 중에도 '정도가 위반하다'와 '이유가 위하다'는 주어-술어 관계에 있지 않다. 이것들은 오히려 동사가 명사의 왼쪽에 빈도 높게 나오는 경우에 해당한다(예, "가석방의 처분을 받은 자가 감시에 관한 규칙을 위배하거나, 보호관찰의 준수사항을 <u>위반하고</u> 그 <u>정도가</u> 무거운 때에는 가석방처분을 취소할 수 있다."(제75조(가석방의 취소)); "자기 또는 타인의 법익에 대한 현재의 부당한 침해를 방위하기 <u>위한</u> 행위는 상당한 <u>이유가</u> 있는 때에는 벌하지 아니한다."(형법 제21조(정당방위) 1항).

<표 3-61> 한국 형법에서의 연어값 상위권 주어-동사 공기어

| 주어-동사 공기어(형법) | 공기빈도 | 명사 (주어) | 동사 | t-score | log-값 |
|---|---|---|---|---|---|
| 판결(이/가) 확정되다 | 5 | 32 | 12 | 2.101 | 4.054 |
| 정도(이/가) 위반하다 | 3 | 6 | 5 | 1.718 | 6.995 |
| 사유(이/가) 참작하다 | 3 | 6 | 9 | 1.708 | 6.147 |
| 이유(이/가) 위하다 | 3 | 9 | 12 | 1.683 | 5.147 |
| 집행(이/가) 면제되다 | 3 | 54 | 8 | 1.537 | 3.147 |
| 다중(이/가) 집합하다 | 2 | 14 | 2 | 1.399 | 6.509 |
| 가족(이/가) 위하다 | 2 | 3 | 12 | 1.394 | 6.147 |
| 존속(이/가) 은폐하다 | 2 | 24 | 2 | 1.388 | 5.732 |
| 고소(이/가) 제기하다 | 2 | 6 | 8 | 1.388 | 5.732 |

| 주어-동사 공기어(형법) | 공기빈도 | 명사 (주어) | 동사 | t-score | log-값 |
|---|---|---|---|---|---|
| 행위(이/가) 판명되다 | 2 | 64 | 2 | 1.343 | 4.317 |
| 행위(이/가) 경합하다 | 2 | 64 | 2 | 1.343 | 4.317 |
| 행위(이/가) 초과하다 | 2 | 64 | 5 | 1.237 | 2.995 |
| 공무원(이/가) 이용하다 | 2 | 41 | 8 | 1.232 | 2.959 |
| 규정(이/가) 벌하다 | 2 | 22 | 16 | 1.219 | 2.857 |
| 중재인(이/가) 관하다 | 2 | 7 | 56 | 1.197 | 2.702 |
| 집행(이/가) 종료하다 | 2 | 54 | 9 | 1.145 | 2.392 |
| 관계(이/가) 대하다 | 2 | 10 | 72 | 1.015 | 1.825 |
| 관청(이/가) 허가하다 | 1 | 1 | 1 | 0.999 | 10.32 |
| 권한(이/가) 단속하다 | 1 | 2 | 1 | 0.998 | 9.317 |
| 필요(이/가) 인정하다 | 1 | 1 | 2 | 0.998 | 9.317 |
| 병과(이/가) 완납하다 | 1 | 1 | 2 | 0.998 | 9.317 |
| 청구(이/가) 한하다 | 1 | 1 | 3 | 0.998 | 8.732 |
| 능력(이/가) 변별하다 | 1 | 3 | 1 | 0.998 | 8.732 |
| 능력(이/가) 결정하다 | 1 | 3 | 1 | 0.998 | 8.732 |
| 증인(이/가) 선서하다 | 1 | 2 | 2 | 0.997 | 8.317 |
| 책임(이/가) 피하다 | 1 | 2 | 3 | 0.995 | 7.732 |
| 행상(이/가) 경과하다 | 1 | 1 | 8 | 0.994 | 7.317 |
| 관계(이/가) 가공하다 | 1 | 10 | 1 | 0.992 | 6.995 |
| 절도(이/가) 항거하다 | 1 | 5 | 2 | 0.992 | 6.995 |
| 사유(이/가) 발각되다 | 1 | 6 | 2 | 0.991 | 6.732 |

마지막으로 다음 <표 3-62>가 보여 주고 있는 것처럼, 한국 민법에서는 "효력이 생기다, 책임이 배상하다, 조건이 성취하다, 기한이 도래하다, 기간이 만료하다, 시효가 완성하다, 법원이 선임하다, 이행기가 도래하다, 사유가 해당하다, 성질이 허용하다, 협의가 이루어지다, 증가가 현존하다, 효력이 소급하다, 능력이 처리하다, 채무자가 이행하다, 시효가 완성되다, 유언자가 표시하다, 입양이 취소되다, 양부모가 사망하다, 약정이 해지하다, 채무자가 통지하다, 사람이 되다, 생사가 정하다, 부재자가 정하다, 상속인이 포기하다, 부모가 거부하

다, 원인이 소멸되다, 계약이 등기되다, 임무가 종료하다, 비속이 사망하다"가
연어값 상위권의 주어-동사 공기어로 나오는데, 법률행위, 친족, 물권, 채권 및
채무, 계약 등 민사상의 개념들이 주류를 이루고 있다. 여기서도 '효력이 소급
하다', '능력이 처리하다', '약정이 해지하다', '생사가 정하다' 등은 주어-술어
관계에 있지 않고 단순히 동사가 명사의 왼쪽이나(예, "추인은 다른 의사표시가 없는
때에는 계약시에 소급하여 그 효력이 생긴다. 그러나 제삼자의 권리를 해하지 못한다."(민법
제133조(추인의 효력)); "후견계약은 질병, 장애, 노령, 그 밖의 사유로 인한 정신적 제약으로
사무를 처리할 능력이 부족한 상황에 있거나 부족하게 될 상황에 대비하여 자신의 재산관리
및 신상보호에 관한 사무의 전부 또는 일부를 다른 자에게 위탁하고 그 위탁사무에 관하여
대리권을 수여하는 것을 내용으로 한다."(민법 제959조의14(후견계약의 의의와 체결방법 등)
1항), 오른쪽에("고용기간의 약정이 있는 경우에도 부득이한 사유있는 때에는 각 당사자는
계약을 해지할 수 있다."(민법 제661조(부득이한 사유와 해지권); "전2항의 규정은 부재자의
생사가 분명하지 아니한 경우에 부재자가 정한 재산관리인에 준용한다."(제26조(관리인의 담
보제공, 보수) 3항) 나오는 경우이다.

<표 3-62> 한국 민법에서의 연어값 상위권 주어-동사 공기어

| 주어-동사 공기어(민법) | 공기빈도 | 명사 | 동사 | t-score | log-값 |
|---|---|---|---|---|---|
| 효력(이/가) 생기다 | 46 | 210 | 80 | 6.191 | 3.52 |
| 책임(이/가) 배상하다 | 16 | 139 | 41 | 3.66 | 3.556 |
| 조건(이/가) 성취하다 | 10 | 51 | 8 | 3.131 | 6.682 |
| 기한(이/가) 도래하다 | 9 | 26 | 18 | 2.963 | 6.332 |
| 기간(이/가) 만료하다 | 9 | 267 | 11 | 2.766 | 3.682 |
| 시효(이/가) 완성하다 | 8 | 84 | 12 | 2.743 | 5.055 |
| 법원(이/가) 선임하다 | 12 | 238 | 54 | 2.579 | 1.968 |
| 이행기(이/가) 도래하다 | 6 | 11 | 18 | 2.43 | 6.988 |
| 사유(이/가) 해당하다 | 7 | 144 | 29 | 2.269 | 2.812 |
| 성질(이/가) 허용하다 | 4 | 24 | 5 | 1.986 | 7.126 |
| 협의(이/가) 이루어지다 | 4 | 34 | 4 | 1.984 | 6.945 |
| 증가(이/가) 현존하다 | 4 | 14 | 12 | 1.98 | 6.64 |

| 주어-동사 공기어(민법) | 공기빈도 | 명사 | 동사 | t-score | log-값 |
|---|---|---|---|---|---|
| 효력(이/가) 소급하다 | 5 | 210 | 12 | 1.967 | 3.055 |
| 능력(이/가) 처리하다 | 4 | 27 | 12 | 1.961 | 5.693 |
| 채무자(이/가) 이행하다 | 7 | 210 | 37 | 1.945 | 1.916 |
| 시효(이/가) 완성되다 | 4 | 84 | 10 | 1.9 | 4.318 |
| 유언자(이/가) 표시하다 | 4 | 33 | 26 | 1.898 | 4.288 |
| 입양(이/가) 취소되다 | 4 | 104 | 9 | 1.888 | 4.162 |
| 양부모(이/가) 사망하다 | 4 | 27 | 35 | 1.887 | 4.148 |
| 약정(이/가) 해지하다 | 4 | 50 | 19 | 1.887 | 4.141 |
| 채무자(이/가) 통지하다 | 6 | 210 | 29 | 1.856 | 2.045 |
| 사람(이/가) 되다 | 7 | 47 | 190 | 1.84 | 1.715 |
| 생사(이/가) 정하다 | 4 | 9 | 154 | 1.835 | 3.596 |
| 부재자(이/가) 정하다 | 4 | 13 | 154 | 1.761 | 3.065 |
| 상속인(이/가) 포기하다 | 4 | 126 | 18 | 1.729 | 2.885 |
| 부모(이/가) 거부하다 | 3 | 50 | 7 | 1.684 | 5.166 |
| 원인(이/가) 소멸되다 | 3 | 52 | 9 | 1.668 | 4.747 |
| 계약(이/가) 등기되다 | 3 | 170 | 3 | 1.662 | 4.623 |
| 임무(이/가) 종료하다 | 3 | 26 | 21 | 1.657 | 4.525 |
| 비속(이/가) 사망하다 | 3 | 19 | 35 | 1.64 | 4.24 |

이처럼 각 법률에서 관찰되는 주어-동사 공기어들 중 일부는 주어-술어 관계에 있지 않고 동사가 명사의 왼쪽이나 오른쪽에서 빈도 높게 나오는데, 이들의 언어값이 상대적으로 높은 것을 고려하면 비록 주어-술어 관계로서 구문을 형성하지는 않더라도 해당 명사와 동사가 개념상 긴밀한 관계에 놓여있는 것으로 이해할 수 있다.

# 제3장 클러스터 추출

## 3.1. 기본 3법 전체에서의 클러스터

제1부의 3.2.3절에서 소개한 WordSmith를 활용하면 독일 및 한국의 기본 3법 법률코퍼스에서 클러스터를 추출하고 선별작업을 통해 다단어로 이루어진 상용구와 구문의 목록을 얻을 수 있다.

### 3.1.1. 독일 기본 3법에서의 클러스터

독일의 기본 3법 전체(기본법, 형법, 민법)를 대상으로 클러스터를 추출하는 데에는 우선 WordSmith의 WordList 기능을 활용하여 다음과 같은 상위빈도 어휘(어절 단위) 100개를 검색 기준 어휘(search-words)로 선별, 적용할 수 있다.[202]

---

202 앞서 제1부의 3.2.3절에서 소개한 것처럼, WordSmith에서 다단어구문의 기초자료가 되는 클러스터를 추출하기 위해서는 해당 코퍼스에서 일정한 개수의 어휘가 필요한데, 여기서는 상위빈도 어휘(어절 단위) 100개씩으로 정하였다.

(1) der, die, oder, des, ist, und, den, zu, dem, in, das, nicht, von, wenn, auf, nach, für, eine, mit, ein, einer, so, kann, wird, durch, hat, zur, eines, im, werden, einem, bis, bei, er, als, abs, sich, an, sind, dass, über, einen, sie, nur, zum, auch, anderen, Absatz, gilt, Freiheitsstrafe, aus, Jahren, wer, Vorschriften, Satz, soweit, unter, es, gegen, vor, ihm, Sache, bestraft, verlangen, Ehegatten, recht, fällen, Tat, anwendung, Art, Person, Zzeit, ohne, wegen, Gläubiger, verpflichtet, gegenüber, bestimmt, dritten, worden, Geldstrafe, dieser, Leistung, sowie, Grund, andere, Frist, Strafe, Nr, entsprechend, vom, Zustimmung, können, sein, seine, Antrag, drei, fünf, dessen, Vertrag

(1)에 제시된 검색 기준 어휘들을 적용하여 얻어진 3~8어절로 이루어진 최상 위빈도 클러스터는 다음과 같다.

<표 3-63> 독일 기본 3법에서 추출된 클러스터

| 클러스터 | 빈도 | 길이 | 구문 형성 여부 |
|---|---|---|---|
| freiheitsstrafe bis zu | 2245 | 3 | - |
| mit freiheitsstrafe bis | 1757 | 3 | - |
| wird mit freiheitsstrafe | 1748 | 3 | - |
| mit freiheitsstrafe bis zu | 1731 | 4 | - |
| oder mit geldstrafe | 1724 | 3 | - |
| jahren oder mit | 1573 | 3 | - |
| in den fällen | 1531 | 3 | ○ |
| bis zu fünf | 1477 | 3 | - |
| zu fünf jahren | 1444 | 3 | - |
| mit geldstrafe bestraft | 1399 | 3 | ○ |
| jahren oder mit geldstrafe | 1349 | 4 | - |
| wird mit freiheitsstrafe bis | 1316 | 4 | - |
| bis zu fünf jahren | 1304 | 4 | ○ |
| wird mit freiheitsstrafe bis zu | 1297 | 5 | - |
| oder mit geldstrafe bestraft | 1261 | 4 | △ |
| den fällen des | 1093 | 3 | - |

| 클러스터 | 빈도 | 길이 | 구문 형성 여부 |
|---|---|---|---|
| jahren oder mit geldstrafe bestraft | 994 | 5 | - |
| in den fällen des | 982 | 4 | - |
| monaten bis zu | 837 | 3 | - |
| fünf jahren oder | 809 | 3 | - |
| so kann der | 775 | 3 | - |
| bis zu drei | 765 | 3 | - |
| zu drei jahren | 745 | 3 | - |
| drei jahren oder | 739 | 3 | - |
| freiheitsstrafe bis zu fünf | 714 | 4 | - |
| zu fünf jahren oder | 708 | 4 | - |
| ist die strafe | 701 | 3 | - |
| bis zu drei jahren | 663 | 4 | ○ |
| fünf jahren oder mit | 657 | 4 | - |
| freiheitsstrafe bis zu drei | 654 | 4 | - |
| zu drei jahren oder | 646 | 4 | - |
| bis zu fünf jahren oder | 612 | 5 | △ |
| freiheitsstrafe bis zu fünf jahren | 612 | 5 | ○ |
| so ist die | 611 | 3 | - |
| nach absatz 1 | 603 | 3 | ○ |
| fällen des absatzes | 602 | 3 | - |
| die strafe freiheitsstrafe | 598 | 3 | - |
| monaten bis zu fünf | 570 | 4 | - |
| ist die strafe freiheitsstrafe | 568 | 4 | - |
| freiheitsstrafe bis zu drei jahren | 564 | 5 | ○ |
| mit freiheitsstrafe bis zu fünf | 564 | 5 | - |
| zu fünf jahren oder mit | 564 | 5 | - |
| bis zu drei jahren oder | 564 | 5 | △ |
| fünf jahren oder mit geldstrafe | 563 | 5 | - |
| drei jahren oder mit | 560 | 4 | - |
| wird bestraft wer | 548 | 3 | - |
| des absatzes 1 | 542 | 3 | △ |
| mit freiheitsstrafe von | 540 | 3 | △ |
| von sechs monaten | 518 | 3 | ○ |
| monaten bis zu fünf jahren | 513 | 5 | - |

WordSmith는 기본적으로 클러스터와 그 빈도를 제공하는데, 이러한 클러스터는 기계적으로 추출된 것이기 때문에 반드시 상용구나 구문을 형성하지는 않는다. 따라서 여기에 제시된 클러스터들의 구문 형성 가능성을 검토하여 표의 마지막 칸에 제시해 보았다(○, -, △). 클러스터 중에서 별문제 없이 구문으로 볼 수 있는 것들은 "in den fällen, mit geldstrafe bestraft, bis zu fünf jahren, bis zu drei jahren, freiheitsstrafe bis zu fünf jahren, nach absatz 1, freiheitsstrafe bis zu drei jahren, von sechs monaten" 등이다.[203] 그런데, 이것들은 절대빈도를 기준으로 추출한 것으로서 대부분이 형법과 관련된 표현들이다. 형법이 기본 3법 중에서 규모가 가장 작음에도 불구하고 범죄와 형벌에 해당하는 표현을 반복해서 사용하기 때문에 그 빈도가 상대적으로 높게 나오는 것으로 파악된다.

### 3.1.2. 한국 기본 3법에서의 클러스터

한국 기본 3법 전체(헌법, 형법, 민법)를 대상으로 클러스터를 추출하는 데에도 WordSmith의 WordList 기능을 활용하여 다음과 같이 상위빈도 어휘(어절 단위) 100개를 검색 기준 어휘로 적용하였다.

(2) 또는, 그, 때에는, 수, 있다, 한다, 이하의, 처한다, 경우에는, 의하여, 한, 있는, 자는, 경우에, 목적으로, 전항의, 및, 대하여, 관한, 기타, 이를, 못한다, 개정, 그러나, 죄를, 준용한다, 청구할, 대한, 다른, 인하여, 아니한, 전문개정, 없는, 징역에, 할, 규정에, 이, 이상의, 받은, 의한, 아니한다, 효력이, 벌금에, 징역, 경우, 위하여, 범한, 규정은, 본조신설, 자가, 삭제, 정한, 그러하지, 사람을, 청구에, 가정법원은, 아니하다, 같다, 것으로, 것을, 결혼을,

---

203   △ 표시된 "des absatzes 1"와 "mit freiheitsstrafe von"은 각각 피수식어와 전치사 동반 명사구를 전제로 가능한 것이고, "oder mit geldstrafe bestraft", "bis zu fünf jahren oder"처럼 접속사 oder가 포함된 구문도 △로 분류하였다.

없다, 죄, 된, 각, 관하여, 내지, 인한, 따른, 타인의, 규정을, 본다, 권리를, 다만, 전조의, 필요한, 형의, 동의를, 물건을, 자의, 후, 날로부터, 어느, 받을, 자기의, 다음, 법률이, 이익을, 정하는, 등, 자, 대하여는, 사유가, 손해를, 정한다, 상당한, 하지, 이르게, 이상, 처벌한다

(2)에 제시된 검색 기준 어휘들을 적용하여 얻어진 한국 기본 3법에서의 최상위빈도 클러스터는 다음과 같다.

**<표 3-64> 한국 기본 3법에서 추출된 클러스터**

| 클러스터 | 빈도 | 길이 | 구문 형성 여부 |
|---|---|---|---|
| 이하의 벌금에 처한다 | 586 | 3 | - |
| 청구할 수 있다 | 541 | 3 | ○ |
| 이하의 징역 또는 | 533 | 3 | - |
| 이하의 징역에 처한다 | 372 | 3 | - |
| 할 수 있다 | 292 | 3 | △ |
| 결혼을 목적으로 한 | 239 | 3 | △ |
| 이상의 징역에 처한다 | 211 | 3 | - |
| 이르게 한 때에는 | 195 | 3 | - |
| 제288조제1항 또는 결혼을 | 192 | 3 | - |
| 10년 이하의 징역에 | 188 | 3 | △ |
| 5년 이하의 징역 | 184 | 3 | ○ |
| 10년 이하의 징역에 처한다 | 181 | 4 | ○ |
| 또는 결혼을 목적으로 | 176 | 3 | △ |
| 때에는 그러하지 아니하다 | 175 | 3 | - |
| 한 제288조제1항 또는 | 168 | 3 | - |
| 5년 이하의 징역 또는 | 167 | 4 | △ |
| 제288조제1항 또는 결혼을 목적으로 | 160 | 4 | - |
| 죄를 범한 때에는 | 155 | 3 | ○ |
| 자는 10년 이하의 | 152 | 3 | - |
| 때에는 무기 또는 | 151 | 3 | - |
| 목적으로 한 제288조제1항 | 151 | 3 | - |
| 자는 5년 이하의 | 149 | 3 | - |

| 클러스터 | 빈도 | 길이 | 구문 형성 여부 |
|---|---|---|---|
| 또는 700만원 이하의 | 146 | 3 | - |
| 또는 1천만원 이하의 | 144 | 3 | - |
| 1천만원 이하의 벌금에 | 144 | 3 | △ |
| 목적으로 한 제288조제1항 또는 | 144 | 4 | - |
| 한 제288조제1항 또는 결혼을 | 144 | 4 | - |
| 또는 500만원 이하의 | 142 | 3 | - |
| 자는 3년 이하의 | 132 | 3 | - |
| 700만원 이하의 벌금에 | 131 | 3 | △ |
| 결혼을 목적으로 한 제288조제1항 | 127 | 4 | - |
| 또는 700만원 이하의 벌금에 | 126 | 4 | △ |
| 500만원 이하의 벌금에 | 125 | 3 | △ |
| 정하는 바에 의하여 | 125 | 3 | - |
| 또는 500만원 이하의 벌금에 | 124 | 4 | △ |
| 3년 이하의 징역 | 123 | 3 | ○ |
| 사망에 이르게 한 | 123 | 3 | △ |
| 1천만원 이하의 벌금에 처한다 | 123 | 4 | ○ |
| 또는 1천만원 이하의 벌금에 | 123 | 4 | △ |
| 결혼을 목적으로 한 제288조제1항 또는 | 120 | 5 | - |
| 목적으로 한 제288조제1항 또는 결혼을 | 120 | 5 | - |
| 한 제288조제1항 또는 결혼을 목적으로 | 120 | 5 | - |
| 법률이 정하는 바에 | 116 | 3 | - |
| 한 때에는 무기 | 115 | 3 | - |
| 한 때에는 무기 또는 | 115 | 4 | - |
| 700만원 이하의 벌금에 처한다 | 113 | 4 | ○ |
| 죄를 범한 자는 | 112 | 3 | ○ |
| 또는 1천500만원 이하의 | 111 | 3 | - |
| 목적으로 한 제289조제2항의 | 111 | 3 | - |
| 500만원 이하의 벌금에 처한다 | 110 | 4 | ○ |

위의 표에 제시된 클러스터 중에서 구문으로 보는 데 문제가 없는 것들은 "청구할 수 있다, 5년 이하의 징역, 10년 이하의 징역에 처한다, 죄를 범한 때에는, 3년 이하의 징역, 1천만원 이하의 벌금에 처한다, 700만원 이하의 벌금에

처한다, 죄를 범한 자는, 500만원 이하의 벌금에 처한다" 등이다.[204] 그런데, 여기 제시된 구문들도 독일 기본 3법의 경우에서처럼 대부분이 형법과 관련된 표현들이다. 형법이 작은 규모에도 불구하고 범죄와 형벌에 해당하는 표현을 반복해서 사용하기 때문에 빈도가 상대적으로 높게 나오는 것이다. 따라서 독일과 한국의 경우 모두 기본 3법 전체를 대상으로 하는 클러스터 및 구문의 추출도 필요하기는 하지만, 기본 3법 각각을 대상으로 해서 클러스터를 찾아보는 것이 더 의미 있는 결과를 도출해 줄 것으로 예상된다. 따라서 다음 절에서는 독일과 한국의 헌법 및 기본법, 형법, 민법을 대상으로 클러스터 추출 및 구문 검색을 시도해 보기로 한다.

## 3.2. 각 법률에서의 클러스터

### 3.2.1. 독일 각 법률에서의 클러스터

여기서는 독일의 기본 3법을 각각 대상으로 하여 최상위빈도 클러스터를 추출하고 이 중에서 구문으로 간주하는 데 문제가 없는 것들을 선별해 보기로 한다. 우선 독일 기본법의 클러스터를 추출하는 데 필요한 검색 기준 어휘, 즉 상위빈도 100개는 다음과 같다.

> (3) der, die, und, des, das, den, oder, in, von, werden, art, zu, auf, durch, ist, für, dem, nach, im, mit, länder, nicht, sind, kann, zur, ein, artikel, zustimmung, bundesrates, bund, eines, eine, wird, bundesgesetz, soweit,

---

204 한국의 기본 3법 클러스터 중에서도 △가 표시된 "할 수 있다, 결혼을 목적으로 한, 또는 결혼을 목적으로, 5년 이하의 징역 또는, 1천만원 이하의 벌금에, (또는) 700만원 이하의 벌금에, (또는) 500만원 이하의 벌금에, 사망에 이르게 한, 10년 이하의 징역에, 또는 1천만원 이하의 벌금에"는 생략된 명사구나 동사를 전제로 구문이 형성 가능한 것으로 볼 수 있다.

abs, bundes, bundesregierung, bei, über, sie, als, zum, aus, ländern,
können, wenn, hat, recht, einer, satz, gesetz, an, bundestag, bundestages,
es, nur, so, sowie, vom, absatz, bis, daß, seiner, einem, gemeinden, sich,
bedarf, nähere, dieses, grund, auch, mehrheit, artikels, bestimmt,
bundesrat, gesetze, grundgesetzes, ihrer, mitglieder, diese, landes,
öffentlichen, regelt, er, gesetzgebung, darf, gilt, haben, aufgaben, einen,
diesem, innerhalb, land, rechte, europäischen, gegen, deutschen, ihre,
mehr

(3)을 토대로 얻어진 독일 기본법에서의 최상위빈도 클러스터 50개는 다음
과 같다.

<표 3-65> 독일 기본법에서 추출된 클러스터

| 클러스터 | 빈도 | 길이 | 구문 형성 여부 |
|---|---|---|---|
| zustimmung des bundesrates | 553 | 3 | ○ |
| der zustimmung des | 348 | 3 | - |
| der zustimmung des bundesrates | 296 | 4 | - |
| das der zustimmung | 237 | 3 | - |
| des bundesrates bedarf | 229 | 3 | - |
| mit zustimmung des | 220 | 3 | - |
| das der zustimmung des | 207 | 4 | - |
| zustimmung des bundesrates bedarf | 207 | 4 | - |
| der zustimmung des bundesrates bedarf | 188 | 5 | △ |
| mit zustimmung des bundesrates | 187 | 4 | ○ |
| bundesgesetz das der | 184 | 3 | - |
| das der zustimmung des bundesrates | 180 | 5 | - |
| regelt ein bundesgesetz | 170 | 3 | - |
| das nähere regelt | 165 | 3 | △ |
| bundesgesetz das der zustimmung | 161 | 4 | - |
| nähere regelt ein | 157 | 3 | - |
| das der zustimmung des bundesrates bedarf | 145 | 6 | - |
| das nähere regelt ein | 144 | 4 | - |

| 클러스터 | 빈도 | 길이 | 구문 형성 여부 |
|---|---|---|---|
| bundesgesetz das der zustimmung des | 138 | 5 | - |
| nähere regelt ein bundesgesetz | 135 | 4 | - |
| das nähere regelt ein bundesgesetz | 124 | 5 | ○ |
| bundesgesetz das der zustimmung des bundesrates | 115 | 6 | - |
| auf grund eines | 107 | 3 | - |
| ein bundesgesetz das | 100 | 3 | - |
| bund und länder | 99 | 3 | - |
| der mitglieder des | 97 | 3 | - |
| mitglieder des bundestages | 93 | 3 | ○ |
| bundesgesetz das der zustimmung des bundesrates bedarf | 88 | 7 | - |
| grund eines gesetzes | 86 | 3 | - |
| der mitglieder des bundestages | 86 | 4 | ○ |
| ein bundesgesetz das der | 84 | 4 | - |
| durch bundesgesetz das | 82 | 3 | - |
| der mehrheit der | 81 | 3 | - |
| von den ländern | 80 | 3 | - |
| auf grund eines gesetzes | 78 | 4 | ○ |
| durch bundesgesetz das der | 77 | 4 | - |
| nach absatz 1 | 77 | 3 | ○ |
| mehrheit der mitglieder | 74 | 3 | ○ |
| ein bundesgesetz das der zustimmung | 72 | 5 | - |
| der europäischen union | 72 | 3 | - |
| oder auf grund | 71 | 3 | - |
| wird durch bundesgesetz | 71 | 3 | - |
| bundesgesetz mit zustimmung | 71 | 3 | - |
| regelt ein bundesgesetz das | 68 | 4 | - |
| bedürfen der zustimmung | 67 | 3 | - |
| das recht der | 66 | 3 | - |
| 1 der bund | 66 | 3 | - |
| durch bundesgesetz das der zustimmung | 66 | 5 | - |
| des bundes und | 65 | 3 | - |
| durch gesetz oder | 65 | 3 | - |

위의 <표 3-65>에 제시된 독일 기본법의 클러스터 중에서 구문에 해당하는 것들로는 "(mit) zustimmung des bundesrates, das nähere regelt ein bundesgesetz, (der) mitglieder des bundestages, auf grund eines gesetzes, nach absatz 1, mehrheit der mitglieder" 등이고, "der zustimmung des bundesrates bedarf"와 "das nähere regelt"도 동사구(목적어 + 동사)로서 구를 형성하는 것으로 간주할 수 있다. 이것들은 내용상으로도 대부분 최상위법인 기본법의 특징을 나타내고 있다.

다음으로 독일 형법에서 클러스터를 추출하고 이를 토대로 구문을 선별해 보기로 한다. 우선 클러스터 추출을 위한 형법의 상위빈도 어휘 100개는 다음 과 같다.

(4) oder, der, die, zu, in, mit, ist, und, des, einer, von, bis, wird, den, freiheitsstrafe, eine, jahren, das, nicht, bestraft, wer, nach, einem, tat, abs, wenn, auf, für, ein, eines, sich, fällen, geldstrafe, im, durch, zur, dem, absatz, anderen, strafe, so, täter, einen, fünf, an, gericht, person, als, hat, bei, unter, werden, kann, drei, sind, gegen, auch, er, nr, monaten, satz, jahr, absatzes, gilt, sie, schweren, daß, strafbar, gefahr, versuch, besonders, zehn, über, nummer, vor, wegen, nur, sechs, worden, straftaten, es, öffentlichen, zum, begangen, aus, dadurch, handelt, zwei, ihm, art, entsprechend, menschen, bezeichneten, führungsaufsicht, sinne, ohne, um, andere, begehung, macht

다음 표는 (4)를 토대로 얻어진 독일 형법에서의 최상위빈도 클러스터를 제 시한 것이다.

<표 3-66> 독일 형법에서 추출된 클러스터

| 클러스터 | 빈도 | 길이 | 구문 형성 여부 |
|---|---|---|---|
| freiheitsstrafe bis zu | 2361 | 3 | - |
| wird mit freiheitsstrafe | 1891 | 3 | - |
| mit freiheitsstrafe bis | 1866 | 3 | - |
| oder mit geldstrafe | 1835 | 3 | - |
| mit freiheitsstrafe bis zu | 1826 | 4 | - |
| bis zu fünf | 1642 | 3 | - |
| jahren oder mit | 1626 | 3 | - |
| zu fünf jahren | 1590 | 3 | - |
| mit geldstrafe bestraft | 1481 | 3 | ○ |
| bis zu fünf jahren | 1424 | 4 | ○ |
| jahren oder mit geldstrafe | 1402 | 4 | - |
| wird mit freiheitsstrafe bis | 1373 | 4 | - |
| wird mit freiheitsstrafe bis zu | 1344 | 5 | - |
| oder mit geldstrafe bestraft | 1304 | 4 | △ |
| in den fällen | 1224 | 3 | ○ |
| monaten bis zu | 1089 | 3 | - |
| jahren oder mit geldstrafe bestraft | 994 | 5 | - |
| den fällen des | 854 | 3 | - |
| fünf jahren oder | 809 | 3 | - |
| ist die strafe | 777 | 3 | - |
| in den fällen des | 762 | 4 | - |
| bis zu drei | 754 | 3 | - |
| drei jahren oder | 742 | 3 | - |
| zu drei jahren | 740 | 3 | - |
| monaten bis zu fünf | 727 | 4 | - |
| freiheitsstrafe bis zu fünf | 714 | 4 | - |
| zu fünf jahren oder | 708 | 4 | - |
| fällen des absatzes | 700 | 3 | - |
| bis zu zehn | 699 | 3 | - |
| die strafe freiheitsstrafe | 681 | 3 | - |
| mit freiheitsstrafe von | 680 | 3 | △ |
| von sechs monaten | 666 | 3 | ○ |

| 클러스터 | 빈도 | 길이 | 구문 형성 여부 |
|---|---|---|---|
| bis zu drei jahren | 658 | 4 | ○ |
| fünf jahren oder mit | 657 | 4 | - |
| freiheitsstrafe bis zu drei | 654 | 4 | - |
| sechs monaten bis | 647 | 3 | - |
| zu drei jahren oder | 646 | 4 | - |
| zu zehn jahren | 644 | 3 | - |
| freiheitsstrafe von sechs | 630 | 3 | - |
| monaten bis zu fünf jahren | 620 | 5 | - |
| freiheitsstrafe bis zu fünf jahren | 612 | 5 | ○ |
| bis zu fünf jahren oder | 612 | 5 | - |
| bis zu zehn jahren | 603 | 4 | ○ |
| ist die strafe freiheitsstrafe | 595 | 4 | - |
| sechs monaten bis zu | 567 | 4 | - |
| freiheitsstrafe von sechs monaten | 566 | 4 | ○ |
| von sechs monaten bis | 566 | 4 | - |
| bis zu drei jahren oder | 564 | 5 | - |
| zu fünf jahren oder mit | 564 | 5 | - |
| freiheitsstrafe bis zu drei jahren | 564 | 5 | ○ |

위의 <표 3-66>에 제시된 독일 형법의 클러스터들 중에서 구문을 구성하는
것들은 "mit geldstrafe bestraft, bis zu fünf jahren, in den fällen, von sechs
monaten, (freiheitsstrafe) bis zu drei/fünf/zehn jahren, (freiheitsstrafe)
von sechs monaten" 등으로서, "in den fällen"을 제외하고는 형벌과 관련된
내용을 포함하고 있다.

마지막으로 독일 민법의 클러스터 추출을 위한 검색 기준 어휘 100개는 다
음과 같다.

(5) der, die, des, ist, oder, dem, den, und, nicht, zu, das, in, wenn, von,
    auf, so, für, kann, nach, ein, eine, hat, durch, einer, zur, eines, wird,

mit, werden, bei, er, im, dass, einem, als, an, sind, über, sich, nur, zum, sie, auch, einen, vorschriften, gilt, abs, bis, aus, anderen, ehegatten, verlangen, sache, absatz, soweit, ihm, anwendung, gläubiger, vor, recht, satz, es, gegenüber, verpflichtet, zeit, gegen, leistung, unter, ohne, dritten, vertrag, frist, eigentümer, ehegatte, wegen, bestimmt, dieser, erben, forderung, schuldner, kindes, grund, kind, dessen, entsprechende, finden, sein, anspruch, andere, sowie, verfügung, worden, erklärung, soll, seine, erblasser, dies, entsprechend, verbraucher, antrag

(5)를 토대로 얻어진 독일 민법에서의 최상위빈도 클러스터는 다음과 같다.

<표 3-67> 독일 민법에서 추출된 클러스터

| 클러스터 | 빈도 | 길이 | 구문 형성 여부 |
|---|---|---|---|
| so kann der | 776 | 3 | - |
| das gleiche gilt | 484 | 3 | ○ |
| so kann er | 457 | 3 | - |
| es sei denn | 438 | 3 | △ |
| nach den vorschriften | 419 | 3 | ○ |
| sei denn dass | 390 | 3 | - |
| die vorschriften der | 390 | 3 | - |
| die vorschrift des | 371 | 3 | - |
| die vorschriften des | 345 | 3 | - |
| es sei denn dass | 334 | 4 | ○ |
| des anderen ehegatten | 329 | 3 | △ |
| zur zeit des | 322 | 3 | - |
| so ist der | 319 | 3 | - |
| nach absatz 1 | 318 | 3 | ○ |
| in den fällen | 317 | 3 | ○ |
| an die stelle | 315 | 3 | ○ |
| dies gilt nicht | 313 | 3 | ○ |
| vorschriften über die | 311 | 3 | - |
| ist im zweifel | 285 | 3 | - |
| finden die vorschriften | 279 | 3 | △ |

| 클러스터 | 빈도 | 길이 | 구문 형성 여부 |
|---|---|---|---|
| die vorschriften über | 279 | 3 | - |
| 1 und 2 | 278 | 3 | - |
| den vorschriften über | 275 | 3 | - |
| die für die | 273 | 3 | - |
| so ist die | 269 | 3 | - |
| gilt nicht wenn | 259 | 3 | - |
| so hat der | 258 | 3 | - |
| finden entsprechende anwendung | 258 | 3 | ○ |
| der erblasser kann | 255 | 3 | - |
| der andere ehegatte | 253 | 3 | ○ |
| so ist er | 251 | 3 | - |
| dem ablauf der | 250 | 3 | - |
| für den fall | 250 | 3 | ○ |
| zur zeit der | 246 | 3 | - |
| gleiche gilt wenn | 239 | 3 | - |
| zum nachteil des | 238 | 3 | - |
| nach den vorschriften über | 238 | 4 | - |
| den fällen des | 236 | 3 | - |
| 1 satz 2 | 232 | 3 | - |
| erklärung gegenüber dem | 226 | 3 | - |
| dem eintritt der | 226 | 3 | - |
| im falle des | 224 | 3 | - |
| in den fällen des | 217 | 4 | - |
| durch erklärung gegenüber | 212 | 3 | - |
| das gleiche gilt wenn | 210 | 4 | - |
| hat der erblasser | 205 | 3 | - |
| den vorschriften über die | 205 | 4 | - |
| kann der gläubiger | 203 | 3 | - |
| zeit des erbfalls | 198 | 3 | ○ |
| auf antrag des | 197 | 3 | - |

위의 <표 3-67>에 제시된 독일 민법의 클러스터 중에서 구문을 구성하는

것들로는 "das gleiche gilt, nach den vorschriften, es sei denn (dass), nach absatz 1, in den fällen, an die stelle, dies gilt nicht, finden entsprechende anwendung, der andere ehegatte, für den fall, zeit des erbfalls" 등이 있는데, 기본법과 형법에서와는 달리 "der andere ehegatte, für den fall" 등 소수의 구문만이 민법과 직접 관련된 개념들이다.

## 3.2.2. 한국 각 법률에서의 클러스터

이제 한국의 기본 3법을 각각 대상으로 하여 최상위빈도 클러스터를 추출하고 이 중에서 구문으로 간주하는 데 문제가 없는 것들을 선별해 보기로 한다. 먼저 한국의 헌법에서 클러스터를 추출하는 데 필요한 검색 기준 어휘, 즉 상위 빈도 100개는 다음과 같다.

> (6) 수, 또는, 의하여, 한다, 법률이, 있다, 정하는, 그, 때에는, 관한, 모든, 바에, 국민은, 이, 법률로, 국가는, 대통령은, 정한다, 위하여, 가진다, 및, 아니한다, 국회의, 기타, 없다, 필요한, 대통령이, 하며, 할, 헌법에, 국회는, 이를, 국가의, 사항은, 의무를, 임기는, 진다, 관하여, 권리를, 대통령의, 이상의, 다만, 법률에, 대한, 받지, 의한, 국회재적의원, 노력하여야, 임명한다, 있어서, 있을, 자유를, 과반수의, 국민의, 국회의원의, 받은, 얻어야, 자유와, 한, 국회에, 동의를, 둘, 받을, 범위안에서, 보호를, 아닌, 이에, 정부는, 정한, 체포, 한하여, 효력을, 공무원의, 국회의원은, 누구든지, 대통령, 대하여, 아니하고는, 아니하는, 아니하며, 얻어, 위한, 의, 의결을, 의하지, 이내에, 있어야, 중요한, 지체없이, 직무를, 찬성이, 청구할, 최초의, 경우를, 국회에서, 기타의, 당시의, 대한민국의, 둔다, 따라

(6)을 토대로 얻어진 한국 헌법에서의 최상위빈도 클러스터 50개는 다음과 같다.

<표 3-68> 한국 헌법에서 추출된 클러스터

| 클러스터 | 빈도 | 길이 | 구문 형성 여부 |
|---|---|---|---|
| 법률이 정하는 바에 | 161 | 3 | - |
| 정하는 바에 의하여 | 158 | 3 | - |
| 법률이 정하는 바에 의하여 | 144 | 4 | ○ |
| 사항은 법률로 정한다 | 60 | 3 | - |
| 국민은 법률이 정하는 바에 | 46 | 4 | - |
| 국민은 법률이 정하는 | 46 | 3 | - |
| 필요한 사항은 법률로 | 43 | 3 | - |
| 필요한 사항은 법률로 정한다 | 43 | 4 | ○ |
| 기타 필요한 사항은 | 39 | 3 | ○ |
| 국민은 법률이 정하는 바에 의하여 | 39 | 5 | - |
| 기타 필요한 사항은 법률로 | 38 | 4 | - |
| 기타 필요한 사항은 법률로 정한다 | 38 | 5 | ○ |
| 할 수 있다 | 37 | 3 | △ |
| 이 헌법에 의하여 | 31 | 3 | △ |
| 찬성이 있어야 한다 | 28 | 3 | ○ |
| 둘 수 있다 | 27 | 3 | - |
| 조직·직무범위 기타 필요한 | 26 | 3 | - |
| 국회의 동의를 얻어 | 25 | 3 | ○ |
| 조직·직무범위 기타 필요한 사항은 법률로 | 24 | 5 | - |
| 조직·직무범위 기타 필요한 사항은 법률로 정한다 | 24 | 6 | ○ |
| 조직·직무범위 기타 필요한 사항은 | 24 | 4 | ○ |
| 하며 법률이 정하는 | 24 | 3 | - |
| 때에는 법률이 정하는 | 22 | 3 | - |
| 하며 법률이 정하는 바에 | 21 | 4 | - |
| 동의를 얻어 대통령이 | 21 | 3 | - |
| 받을 권리를 가진다 | 21 | 3 | - |
| 하며 법률이 정하는 바에 의하여 | 20 | 5 | - |
| 국회의 동의를 얻어 대통령이 | 20 | 4 | - |
| 모든 국민은 법률이 | 20 | 3 | - |
| 때에는 법률이 정하는 바에 | 20 | 4 | - |
| 청구할 수 있다 | 19 | 3 | ○ |
| 때에는 법률이 정하는 바에 의하여 | 19 | 5 | - |

| 클러스터 | 빈도 | 길이 | 구문 형성 여부 |
|---|---|---|---|
| 위하여 노력하여야 한다 | 18 | 3 | - |
| 정하는 바에 의하여 연임할 | 18 | 4 | - |
| 바에 의하여 연임할 | 18 | 3 | - |
| 체포 또는 구속을 | 18 | 3 | ○ |
| 모든 국민은 법률이 정하는 | 17 | 4 | - |
| 모든 국민은 법률이 정하는 바에 | 17 | 5 | - |
| 자문에 응하기 위하여 | 17 | 3 | ○ |
| 법률에 저촉되지 아니하는 | 17 | 3 | - |
| 헌법에 의한 최초의 | 16 | 3 | - |
| 법률에 저촉되지 아니하는 범위안에서 | 16 | 4 | ○ |
| 얻어 대통령이 임명한다 | 16 | 3 | - |
| 수 없을 때에는 | 15 | 3 | - |
| 의하여 연임할 수 | 15 | 3 | - |
| 동의를 얻어 대통령이 임명한다 | 15 | 4 | - |
| 국회의 동의를 얻어 대통령이 임명한다 | 15 | 5 | ○ |
| 정하는 바에 의하여 연임할 수 | 15 | 5 | - |
| 법률이 정하는 바에 의하여 연임할 | 15 | 5 | - |
| 바에 의하여 연임할 수 | 15 | 4 | - |

위의 <표 3-68>에 제시된 클러스터 중에서 구문으로 보는 데 문제가 없는 것들로는 "법률이 정하는 바에 의하여, 필요한 사항은 법률로 정한다, 기타 필요한 사항은, 기타 필요한 사항은 법률로 정한다, 찬성이 있어야 한다, 국회의 동의를 얻어, 조직·직무범위 기타 필요한 사항은 법률로 정한다, 조직·직무범위 기타 필요한 사항은, 청구할 수 있다, 체포 또는 구속을, 자문에 응하기 위하여, 법률에 저촉되지 아니하는 범위안에서, 국회의 동의를 얻어 대통령이 임명한다" 등이 있다. 이들 중 대부분은 최상위법으로서의 헌법의 기능, 국회, 대통령 및 정부의 역할과 관련된 것들이다.

이제 한국 형법에서 클러스터를 추출하고 구문을 선별하는 작업을 해보기로 한다. 우선 클러스터를 추출하는 데 필요한 검색 기준 어휘는 다음과 같다.

(7) 또는, 이하의, 처한다, 자는, 때에는, 목적으로, 개정, 죄를, 그, 한, 징역에, 벌금에, 징역, 범한, 이상의, 사람을, 결혼을, 죄, 및, 관한, 수, 전항의, 한다, 기타, 형의, 있다, 처벌한다, 이르게, 미수범, 같다, 약취, 무기, 대하여, 내지, 형을, 간음, 유인, 형과, 미수범은, 범하여, 자가, 이상, 제외한다, 추행, 금고, 이, 전문개정, 죄에, 물건을, 성매매와, 성적, 있는, 다음과, 의하여, 중, 착취를, 타인의, 자도, 같이, 경우에는, 사람의, 일부를, 인하여, 를, 유기징역에, 죄로, 개정한다, 받은, 수수, 예비, 시행일, 정한, 로, 방법으로, 범할, 아니한다, 경우에, 매매된, 사형, 자격정지, 징역이나, 경우는, 사망에, 위조, 한정한다, 본조신설, 상해에, 아니한, 죄의, 단, 대한, 은닉한, 행사할, 기재한, 시행한다, 이익을, 병과할, 감경, 개정규정, 문서

(7)을 토대로 얻어진 한국 형법에서의 최상위빈도 클러스터는 다음과 같다.

<표 3-69> 한국 형법에서 추출된 클러스터

| 클러스터 | 빈도 | 길이 | 구문 형성 여부 |
|---|---|---|---|
| 이하의 벌금에 처한다 | 586 | 3 | - |
| 이하의 징역 또는 | 534 | 3 | - |
| 이하의 징역에 처한다 | 389 | 3 | |
| 결혼을 목적으로 한 | 278 | 3 | △ |
| 이르게 한 때에는 | 268 | 3 | - |
| 간음 또는 성매매와 | 261 | 3 | ○ |
| 또는 성매매와 성적 | 254 | 3 | - |
| 추행 간음 또는 | 243 | 3 | △ |
| 성매매와 성적 착취를 | 238 | 3 | ○ |
| 간음 또는 성매매와 성적 | 236 | 4 | - |
| 성적 착취를 목적으로 | 236 | 3 | ○ |
| 추행 간음 또는 성매매와 | 227 | 4 | ○ |
| 이상의 징역에 처한다 | 225 | 3 | - |
| 또는 성매매와 성적 착취를 | 221 | 4 | △ |
| 성매매와 성적 착취를 목적으로 | 204 | 4 | ○ |
| 간음 또는 성매매와 성적 착취를 | 203 | 5 | ○ |
| 추행 간음 또는 성매매와 성적 | 202 | 5 | - |

| 클러스터 | 빈도 | 길이 | 구문 형성 여부 |
|---|---|---|---|
| 10년 이하의 징역에 | 193 | 3 | △ |
| 제288조제1항 또는 결혼을 | 192 | 3 | - |
| 또는 결혼을 목적으로 | 192 | 3 | △ |
| 또는 성매매와 성적 착취를 목적으로 | 187 | 5 | △ |
| 5년 이하의 징역 | 186 | 3 | ○ |
| 10년 이하의 징역에 처한다 | 185 | 4 | ○ |
| 때에는 무기 또는 | 177 | 3 | - |
| 추행 간음 또는 성매매와 성적 착취를 | 169 | 6 | △ |
| 간음 또는 성매매와 성적 착취를 목적으로 | 169 | 6 | ○ |
| 한 제288조제1항 또는 | 168 | 3 | - |
| 5년 이하의 징역 또는 | 167 | 4 | △ |
| 목적으로 한 제289조제2항의 | 166 | 3 | - |
| 사망에 이르게 한 | 164 | 3 | △ |
| 한 때에는 무기 | 160 | 3 | - |
| 제288조제1항 또는 결혼을 목적으로 | 160 | 4 | - |
| 목적으로 한 제288조제1항 | 159 | 3 | - |
| 상해에 이르게 한 | 159 | 3 | △ |
| 자는 5년 이하의 | 158 | 3 | - |
| 죄를 범한 때에는 | 157 | 3 | ○ |
| 일부를 다음과 같이 | 156 | 3 | - |
| 자는 10년 이하의 | 155 | 3 | - |
| 또는 500만원 이하의 | 154 | 3 | - |
| 또는 700만원 이하의 | 151 | 3 | - |
| 매매된 사람을 수수 | 148 | 3 | - |
| 또는 1천만원 이하의 | 147 | 3 | - |
| 1천만원 이하의 벌금에 | 146 | 3 | △ |
| 전항의 형과 같다 | 146 | 3 | ○ |
| 목적으로 한 제288조제1항 또는 | 144 | 4 | - |
| 한 제288조제1항 또는 결혼을 | 144 | 4 | - |
| 결혼을 목적으로 한 제289조제2항의 | 143 | 4 | - |
| 자는 3년 이하의 | 142 | 3 | - |
| 다음과 같이 개정한다 | 140 | 3 | ○ |
| 한 때에는 무기 또는 | 138 | 4 | - |

위의 <표 3-69>에 제시된 클러스터 중에서 구문에 해당하는 것들에는 "간음 또는 성매매와, 성적 착취를 목적으로, 추행 간음 또는 성매매와, 성매매와 성적 착취를 (목적으로), 간음 또는 성매매와 성적 착취를 (목적으로), 5년 이하의 징역, 10년 이하의 징역에 처한다, 죄를 범한 때에는, 전항의 형과 같다" 등이 있다. 여기 제시된 구문들은 모두 범죄 및 형벌과 관련된 표현들이다.

끝으로 한국 민법의 클러스터를 추출하는 데 필요한 검색 기준 어휘는 다음과 같다.

> (8) 그, 수, 때에는, 있다, 또는, 한다, 경우에는, 있는, 경우에, 의하여, 못한다, 그러나, 전항의, 대하여, 이를, 청구할, 준용한다, 및, 다른, 대한, 한, 아니한, 인하여, 기타, 효력이, 없는, 규정에, 전문개정, 관한, 할, 경우, 규정은, 의한, 청구에, 가정법원은, 삭제, 그러하지, 받은, 아니하다, 본조신설, 위하여, 따른, 것을, 인한, 된, 각, 것으로, 아니한다, 규정을, 본다, 어느, 권리를, 정한, 목적으로, 자는, 동의를, 자가, 관하여, 날로부터, 이, 자의, 없다, 하지, 전조의, 다음, 손해를, 채권의, 사유가, 생긴다, 받을, 상당한, 안, 당사자, 자, 채무의, 필요한, 하는, 때, 아니하면, 계약을, 대하여는, 책임이, 다만, 등, 자기의, 채무자는, 관하여는, 후, 효력, 법원은, 사유로, 상속인이, 검사, 기간을, 있고, 하여야, 허가를, 대항하지, 때에, 상대방이

(8)을 토대로 얻어진 한국 민법에서의 최상위빈도 클러스터는 다음과 같다.

<표 3-70> 한국 민법에서 추출된 클러스터

| 클러스터 | 빈도 | 길이 | 구문 형성 여부 |
|---|---|---|---|
| 청구할 수 있다 | 535 | 3 | ○ |
| 할 수 있다 | 264 | 3 | △ |
| 때에는 그러하지 아니하다 | 177 | 3 | - |
| 그 효력이 생긴다 | 135 | 3 | ○ |
| 지방자치단체의 장의 청구에 | 103 | 3 | - |
| 장의 청구에 의하여 | 102 | 3 | - |

| 클러스터 | 빈도 | 길이 | 구문 형성 여부 |
|---|---|---|---|
| 수 없는 때에는 | 90 | 3 | - |
| 있는 때에는 그 | 88 | 3 | - |
| 지방자치단체의 장의 청구에 의하여 | 87 | 4 | ○ |
| 각 호의 어느 | 86 | 3 | - |
| 경우에는 그러하지 아니하다 | 83 | 3 | - |
| 다음 각 호의 | 80 | 3 | △ |
| 호의 어느 하나에 | 80 | 3 | - |
| 각 호의 어느 하나에 | 72 | 4 | △ |
| 해제할 수 있다 | 71 | 3 | ○ |
| 다음 각 호의 어느 | 70 | 4 | - |
| 행사할 수 있다 | 67 | 3 | ○ |
| 계약을 해지할 수 | 66 | 3 | - |
| 어느 하나에 해당하는 | 66 | 3 | ○ |
| 상당한 기간을 정하여 | 66 | 3 | △ |
| 또는 지방자치단체의 장의 | 65 | 3 | - |
| 또는 지방자치단체의 장의 청구에 | 65 | 4 | - |
| 검사 또는 지방자치단체의 장의 | 62 | 4 | - |
| 검사 또는 지방자치단체의 장의 청구에 | 62 | 5 | - |
| 검사 또는 지방자치단체의 | 62 | 3 | - |
| 계약을 해제할 수 | 60 | 3 | - |
| 손해를 배상할 책임이 | 60 | 3 | △ |
| 해지할 수 있다 | 59 | 3 | ○ |
| 다음 각 호의 어느 하나에 | 56 | 5 | - |
| 호의 어느 하나에 해당하는 | 56 | 4 | - |
| 제삼자에게 대항하지 못한다 | 54 | 3 | ○ |
| 변경할 수 있다 | 53 | 3 | ○ |
| 계약을 해지할 수 있다 | 53 | 4 | ○ |
| 수 없는 경우에는 | 52 | 3 | - |
| 계약을 해제할 수 있다 | 52 | 4 | ○ |
| 사유가 있는 경우에는 | 52 | 3 | ○ |
| 배상할 책임이 있다 | 51 | 3 | ○ |
| 각 호의 어느 하나에 해당하는 | 49 | 5 | △ |
| 또는 지방자치단체의 장의 청구에 의하여 | 49 | 5 | △ |

| 클러스터 | 빈도 | 길이 | 구문 형성 여부 |
|---|---|---|---|
| 검사의 청구에 의하여 | 49 | 3 | ○ |
| 취소를 청구할 수 | 49 | 3 | - |
| 손해를 배상할 책임이 있다 | 48 | 4 | ○ |
| 취소할 수 있다 | 48 | 3 | ○ |
| 검사 또는 지방자치단체의 장의 청구에 의하여 | 46 | 6 | ○ |
| 법원에 청구할 수 | 45 | 3 | - |
| 선임할 수 있다 | 44 | 3 | ○ |
| 상환을 청구할 수 | 43 | 3 | - |
| 취소를 청구할 수 있다 | 41 | 4 | ○ |
| 것을 약정함으로써 그 효력이 생긴다 | 41 | 5 | - |
| 것을 약정함으로써 그 | 41 | 3 | - |

위의 <표 3-70>에 제시된 클러스터 중에서 구문에 해당하는 것은 "청구할 수 있다, 그 효력이 생긴다, 지방자치단체의 장의 청구에 의하여, 해제할 수 있다, 행사할 수 있다, 어느 하나에 해당하는, 해지할 수 있다, 제삼자에게 대항하지 못한다, 변경할 수 있다, 계약을 해지할 수 있다, 계약을 해제할 수 있다, 사유가 있는 경우에는, 배상할 책임이 있다, 검사의 청구에 의하여, 손해를 배상할 책임이 있다, 취소할 수 있다, 검사 또는 지방자치단체의 장의 청구에 의하여, 선임할 수 있다, 취소를 청구할 수 있다" 등이다. 그런데, 여기 제시된 구문들은 헌법 및 형법에서와는 달리 "청구할 수 있다, 해지할 수 있다, 제삼자에게 대항하지 못한다, 계약을 해지할 수 있다, 계약을 해제할 수 있다, 배상할 책임이 있다, 손해를 배상할 책임이 있다, 취소를 청구할 수 있다" 등 일부 구문만이 내용상 민법과 직접 관련된 개념인 것으로 파악된다.

지금까지 독일과 한국의 기본법/헌법, 형법, 민법을 각각 대상으로 하여 클러스터를 추출하고 여기서 구문으로 간주할 수 있는 것들을 선별해 보았다. 여기서 독일과 한국의 경우 모두 기본법/헌법과 형법에서는 해당 법률의 특성을 잘 반영하는 구문들이 포함되어 있음을 확인할 수 있었는데, 민법, 특히 독일 민법의 경우에는 소수의 구문만이 내용상 민법과 관련된 것들로 파악되었다. 민법의 경우 독일과 한국에서 모두 그 규모가 상당히 크고 내용도 다양하여 민법 전체를 아우르는 공통된 구문들이 상대적으로 적은 것으로 보인다. 그럼에도 불구하고 기본 3법을 구분하여 각각에 해당하는 최상위빈도 클러스터를 추출한 뒤, 이를 토대로 구문을 선별해 낼 경우 각 법률을 구성하는 대표적인 구문들을 수집할 수 있어서 법률의 제·개정을 하는 데 참고 자료로서 활용할 수 있을 것이다.

# 제4장 코퍼스 활용의 의미와 전망

## 4.1. 코퍼스 활용의 의미

코퍼스를 구축하고 이를 활용하여 검색하면 어휘목록 및 어휘들의 결합 관계를 분석할 수 있다. 어휘목록의 경우 사용어휘의 빈도수와 여기에 기초한 주제어 추출이 가능하고, 어휘들의 결합 관계는 공연강도, 즉 연어값 산출을 통해 구문으로서의 분석이 가능하다. 그리고 3단어 이상으로 이루어진 클러스터 추출 작업은 기본 3법 전체, 나아가 각 해당 법률에서 빈도 높게 사용되는 (다단어)구문을 선별하는 데 도움이 된다. 여기서는 앞서 살펴본 어휘목록, 공기어, 클러스터 추출의 결과를 한국 법률의 경우를 중심으로 요약, 정리하고 그 의의를 찾아보기로 한다.

### 4.1.1. 어휘목록 추출: 주제어

우선, 높은 절대빈도를 보이는 어휘들이 반드시 해당 분야를 대표할 수는 없다는 가정 아래, 특정 분야의 전문어를 추출하는 방법으로 상대빈도비율을 활용해 보았다. 이를 통해 한국 헌법에서는 "대통령, 의원, 임기, 법관, 노력하다, 임명하다, 정책, 국무위원, 위원, 조약, 국회, 조직, 정당, 국민, 자문"이, 형법에서는 "징역, 벌금, 무기, 미수범, 예비, 기록, 유예, 재물, 병과하다, 감경, 건조물", 그리고 민법에서는 "채무자, 채권, 변제, 상속, 성년, 당사자, 가정, 상대방, 입양, 전세권" 등의 상대빈도비율이 상대적으로 높게 나옴으로써, 상대빈도비율이 헌법, 형법, 민법 각 분야의 주제어, 즉 해당 분야의 전문어휘를 추출하는 데 매우 유용한 방법임을 확인할 수 있었다.

한편, CWB 코퍼스를 활용하여 각 법률을 구성하는 어휘들을 명사, 동사, 형용사 등 품사별로 구분한 목록을 작성할 수도 있었다. 특히, 명사의 경우 개념을 나타내기 때문에 각 법률 분야의 특성을 파악하는 데 많은 도움이 될 수 있을 뿐만 아니라, 독일과 우리나라 유사법의 비교도 용이하게 해주는 장점이 있다. 예를 들어, 한국의 헌법과 독일의 기본법에서 사용된 상대빈도비율 상위권 명사를 비교해 봄으로써, 독일의 경우 연방제가 기본법에서 중요한 위치를 차지하고 있는 반면(Bundesgesetz, Bundeskanzler, Bundesminister, Bund 등), 한국의 경우에는 정부(대통령, 국무위원, 정부), 국회와 법원(의원, 법관, 국회, 정당) 등 행정부를 중심으로 한 3권 분립이 헌법에서 중요한 개념임을 확인할 수 있었다.

## 4.1.2. 공기어 추출: 연어

어휘들의 결합 관계는 공연강도, 즉 연어값의 산출을 통해 파악할 수 있는데, 연어값이 높은 두 어휘는 연어 관계를 형성하거나 구문을 구성하는 것으로 볼 수 있다. 우선 명사-명사의 공기어는 법 개념들간의 긴밀성을 보여 주기 때문에 법률언어의 특성을 이해하는 데 도움이 된다. 특히, 개별 법률을 대상으로 하는 경우 연어값을 기준으로 추출한 공기어 쌍은 해당 법률에서 중요한 개념들 간의 관계를 보여준다. 그래서 헌법, 형법, 민법을 별도의 대상으로 하여 명사-명사 공기어 목록을 추출해 보았는데, 헌법에서는 연방제와 지방자치가 강조되었던 독일의 기본법과는 달리, 국회(의원-재적, 과반수-의원, 국회-재적 등), 정부(각부-행정, 범위-직무, 국무위원-국무총리 등), 민주주의(찬성-과반수, 출판-언론, 찬성-이상)와 관련된 것들이 대부분이고, 지방자치와 관련된 공기어는 상대적으로 매우 드물게 관찰되었다. 형법에서는 형벌(징역-이하, 자격-정지, 벌금-이하 등), 범죄(자)(도화-문서, 방법-기타, 예비-음모 등)와 관련된 명사-명사 공기어들이 연어값 상위권에 포함되어 있으며, 민법에서는 친족과 관련된 공기어들이 눈에 띄게 많이 보이고(법원-가정, 후견인-성년, 감독-후견, 재산-상속 등), 계약(배상-손해, 일방-당사자)이나 채권 및 채무 관계(채무-연대)에 대한 공기어들도 관찰되었다.

한편, 동사-명사 공기어는 술어 동사와 주어 및 목적어의 관계를 보여 주는 구문으로서 법률행위를 파악하는 데 도움을 주는데, 헌법에서 연어값 상위권 목적어-동사 공기어에는 국회와 정부(동의를 얻다, 해임을 건의하다, 승인을 얻다, 의결을 얻다), 국가의 역할(의무를 지다, 향상을 위하다, 안녕질서를 유지하다)이 주로 포함되어 있었으며, 형법에서는 형벌(정지를 병과하다, 형을 면제하다, 집행을 종료하다, 집행을 유예하다) 범죄(자)(죄를 범하다, 이익을 취득하다, 위력을 보이다) 등과 관련된 목적어-동사 공기어들이 연어값 상위권에 포함되어 있었다. 민법에서는 친족(취소를 청구하다, 친권을 행사하다), 계약(계약을 해지하다, 계약을 해제하다), 소유권 및 점유권과 채권 및 채무(반환을 청구하다, 배상을 청구하다, 소유권을 취득하다)에 대한 공기어들이 주로 관찰되었으며, '일부를 개정하다, 규정을 준용하다, 규정을 적용하다'처럼 법 규정에 대한 메타 차원의 공기어들도 발견되었다.

그리고 동사-명사 공기어로서 주어와 술어 동사의 관계를 보이는 구문으로는 기본 3법 전체를 대상으로 하는 경우, 주로 민법의 주어-동사 공기어가 지배적으로 많이 포함되어 있고(예, 효력이 생기다, 기한이 도래하다, 기간이 만료하다; 채무자가 이행하다, 협의가 이루어지다; 양부모가 사망하다, 입양이 취소되다, 유언자가 표시하다, 상속인이 포기하다, 상대방이 약정하다, 부모가 거부하다), 헌법과 형법의 공기어는 민법과 비교했을 때 매우 드물게만 관찰되었다(법률이 정하다, 대통령이 임명하다; 판결이 확정되다).

각 법률을 대상으로 할 경우, 헌법에서의 주어-동사 공기어는 '법률이 정하다', '대통령이 임명하다'를 제외하고는 대부분 빈도가 2 이하로서 그 공통된 특징을 파악하기가 쉽지 않았으며, 형법에서도 '판결이 확정되다', '집행이 면제되다' 등만이 빈도가 3 이상으로서 주어-술어 관계에 있는 것으로 간주되었다. 마지막으로 민법에서는 "효력이 생기다, 조건이 성취하다, 기한이 도래하다, 기간이 만료하다, 시효가 완성하다" 등이 연어값 상위권의 주어-동사 공기어로 나오는데, 법률행위, 친족, 물권, 채권 및 채무, 계약 등 민사상의 개념들이 주류를 이루는 것으로 보인다. 즉, 주어-술어 동사 공기어는 민법을 제외하고는 빈도가 상대적으로 낮아서 해당 법률의 특징을 대변한다고 보기는 어렵다고 하겠다. 그럼에도 불구하고, 명사-명사 공기어, 목적어-동사 공기어에서 확인할 수 있었던 것처럼 연어값이 높은 공기어들은 해당 분야에서 개념들간의 긴밀한 관계(명사-명사의 경우) 및 구문 형성 가능성(명사-동사 공기어)을 보여준다는 측면에서 충분히 활용 가능성이 높다.

### 4.1.3. 클러스터 추출: 구문

WordSmith를 활용하여 클러스터를 추출하고 추가적인 선별작업을 하면 2단어로 이루어진 구문들뿐만 아니라 그 이상(3~8단어)의 어휘로 구성된 다양한 상용구 및 다단어구문의 목록을 만들 수 있게 됨으로써, 각 법령의 재·개정 시에 구문 사용의 가이드라인을 제공하여 정확하고 일관된 표현을 사용할 수 있게 해준다. 예를 들어, 한국의 기본 3법을 각각 대상으로 하여 최상위빈도 클러스터를 추출하고 이 중에서 구문으로 간주하는 데 문제가 없는 것들을 선별해 보았는데, 우선 헌법에서는 "법률이 정하는 바에 의하여, 필요한 사항은 법률로 정한다, 기타 필요한 사항은, 기타 필요한 사항은 법률로 정한다, 찬성이 있어야 한다, 국회의 동의를 얻어, 조직·직무범위 기타 필요한 사항은 법률로 정한다, 조직·직무범위 기타 필요한 사항은, 청구할 수 있다, 체포 또는 구속을, 자문에 응하기 위하여, 법률에 저촉되지 아니하는 범위안에서, 국회의 동의를 얻어 대통령이 임명한다" 등이 구문 또는 상용구로서 간주될 수 있는 것들이다. 이들 중 대부분은 최상위법으로서 헌법의 기능, 국회, 대통령 및 정부의 역할과 관련된 것들이다. 형법에서는 "간음 또는 성매매와, 성적 착취를 목적으로, 추행 간음 또는 성매매와, 성매매와 성적 착취를 목적으로, 간음 또는 성매매와 성적 착취를 목적으로, 5년 이하의 징역, 10년 이하의 징역에 처한다, 죄를 범한 때에는, 전항의 형과 같다" 등 범죄 및 형벌과 관련된 표현들이 다단어구문으로서 파악되었다. 마지막으로 민법에서 추출한 클러스터 중에서 구문으로 보는 데 문제가 없는 것들은 "청구할 수 있다, 그 효력이 생긴다, 지방자치단체의 장의 청구에 의하여, 해제할 수 있다, 행사할 수 있다, 어느 하나에 해당하는, 해지할 수 있다, 제삼자에게 대항하지 못한다, 변경할 수 있다, 계약을 해지할 수 있다, 계약을 해제할 수 있다, 사유가 있는 경우에는, 배상할 책임이 있다, 지방자치단체의 장의 청구에 의하여, 검사의 청구에 의하여, 손해를 배상할 책임이 있다, 취소할 수 있다, 검사 또는 지방자치단체의 장의 청구에 의하여, 선임할 수 있다, 취소를 청구할 수 있다" 등이 있는데, 헌법 및 형법에서와는 달리 "청구할 수 있다, 해지할 수 있다, 제삼자에게 대항하지 못한다, 계약을 해지할 수 있다, 계약을 해제할 수 있다, 배상할 책임이 있다, 손해를 배상할 책임이 있다, 취소를 청구할 수 있다" 등 일부 구문만이 내용상 민법과 직접적으로 관련된 개념인 것으로 파악되었다.

이처럼 기본 3법을 대상으로 하여 클러스터를 추출하고 여기서 구문으로 간주할 수 있는 것들을 선별하여 보았는데, 기본법 및 헌법과 형법에서는 해당 법률의 특성을 잘 반영하는 구문들이 포함되어 있음을 확인할 수 있었다. 민법의 경우 그 규모가 상당히 크고 내용도 다양하여 민법 전체를 아우르는 공통된 구문들이 상대적으로 적은 것으로 파악되었다. 그럼에도 불구하고 기본 3법을 별도로 구분하여 각각에 해당하는 최상위빈도 클러스터를 추출한 뒤, 이를 토대로 구문을 선별할 경우 각 법률을 구성하는 대표적인 구문들을 수집할 수 있어서 법률의 제·개정을 하는 데 참고 자료로서 활용할 수 있을 것이다.

## 4.2. 코퍼스 활용의 전망

코퍼스를 구축하여 이를 활용하면, 법률언어의 현황 및 문제점을 파악할 수 있어서 법령에 사용되는 어휘목록과 구문들을 참고할 수 있고 법령의 제·개정 시에 더 정확하고 일관성 있는 표현을 사용할 수 있다. 예를 들어, 법률 전체에서 공통으로 관찰되는 몇 가지 대표적인 문제점으로는 띄어쓰기 오류, 한자어 및 일본어식 표현 등 어휘 사용의 문제, 능·피동 표현 등 문장 사용의 문제점 등이 발견된다(구명철/권민재 2020: 73-77). 우선, 현행 법률에는 띄어쓰기 오류를 종종 볼 수 있는데, "이 법 시행당시(→ 이 법 시행 당시)", "..하여서는 아니된다(→ ..하여서는 아니 된다)"[205], "보여주어야 한다(→ 보여 주어야 한다)", "한 때에는(→ 한 때에는)" 등이 그 대표적인 예들이다.

그리고 법률코퍼스의 분석 자료 중 어휘목록에 따르면, '자(者)'가 매우 빈도 높은 출현 어휘임을 확인할 수 있는데, '자'가 '사람'만을 의미할 때에는 '사람'으로 고쳐야 한다.[206] 또한 현행 법령에는 일본식 한자어인 '기타(其他)'도 빈도 높은 어휘로 사용되고 있다. 법제처(2015: 34f.)에 따르면, '기타'는 문장에서 수

---

205  '아니되다'는 '아니다'와 '되다'라는 두 단어가 결합되는 경우이므로 띄어쓰기를 하는 것이 맞다(국립국어원 2019).

206  다만, '자'가 '사람'뿐만 아니라 '법인'이나 '단체' 등을 의미할 가능성이 있으면 '사람'으로 바꾸지 않고 '자'를 그대로 사용한다(법제처 2015: 39).

식관계를 고려하여 '그 밖의'나 '그 밖에'로 바꿔 쓰는 것이 좋다(예, "거짓이나 기타 부정한 방법으로 → 거짓이나 그 밖의 부정한 방법으로"). '··에 관하여'도 일본식 표현을 그대로 답습한 것이므로 되도록 사용하지 않는 것이 좋다. 다만, "··에 관하여 필요한 지정기준"에서처럼 "··에 관하여 필요한"을 서술성 명사가 아 닌 단어와 바로 연결하면 문장이 어색해지므로 '필요한'은 생략하는 것이 좋다(법제처 2015: 40f.).

한편, 법률언어에서 구문 사용의 문제점으로는 우선 주체가 사람임이 분명 한데도 피동문을 쓰는 경우가 있는데, 이런 피동문은 자연스럽지 않으므로 주 체를 드러내어 능동문으로 고쳐 쓰는 것이 좋다(법제처 2015: 126f.). 그리고 법령 에는 피동 표현이 잘못 사용된 경우가 많다. 예를 들어, '발생하다'는 그 자체로 자동사이므로 피동 형태를 쓰지 않는다(법제처 2015: 128). 또한 법률에는 '그러하 지 아니하다'와 같이 내용을 파악하기가 힘든 지시어를 쓰는 경우가 많은데, 구체적인 내용을 바로 써서 명확하게 서술하는 것이 좋다(법제처 2015: 135). 예를 들어, "한정후견인의 동의가 필요한 법률행위를 피한정후견인이 한정후견인의 동의 없이 하였을 때에는 그 법률행위를 취소할 수 있다. 다만, 일용품의 구입 등 일상생활에 필요하고 그 대가가 과도하지 아니한 법률행위에 대하여는 그 러하지 아니하다."(민법 제13조 4항)의 경우, "한정후견인의 동의가 필요한 법률 행위를 피한정후견인이 한정후견인의 동의 없이 했을 때에는 그 법률행위를 취소할 수 있다. 다만, 일용품의 구입 등 일상생활에 필요하고 그 대가가 과도 하지 아니한 법률행위는 취소할 수 없다."처럼 '그러하지 아니하다' 대신 '취소 할 수 없다'와 같은 구체적인 표현을 쓰는 것이 바람직하다.

현행 법률에는 이외에도 동일한 의미에 대해 다른 표현을 사용하여 일관성 이 결여된 경우들이 발견되는데, 문장은 가급적 단순하고 간결하게 표현하는 것이 좋다. 예를 들어, "··하는 것을 목적으로 한다"는 "··함을 목적으로 한다" 로, "··하는 데에 이바지함을 목적으로 한다"는 "··함에 이바지함을 목적으로 한다"로 바꿔쓸 수 있겠다. 이처럼 현행 법률에서 관찰되는 어휘 및 구문상의 기본적인 특징과 함께 문제점으로 지적된 띄어쓰기 오류, 어휘 사용의 문제, 능·피동 표현 등 문장 사용의 문제점 등은 법령의 제·개정 시에 더 정확하고 일관성 있는 법조문을 작성하는 데 기여할 수 있을 것이다.

또한 법률코퍼스를 분석한 결과로 얻어진 명사-명사 공기어는 해당 어휘들의 긴밀한 관계를 보여준다. 예를 들어, '동의'와 '국회', '협박'과 '폭행', '후견인'과 '성년'은 각각 헌법, 형법, 민법에서 개념상 서로 밀접한 관계에 있다. 또한 동사-명사 공기어는 이것을 구성하는 명사와 동사의 긴밀도, 즉 '연어값'을 산출하여 이들의 구문('목적어 + 동사' 구문, '주어 + 동사' 구문 등) 형성 가능성을 파악할 수 있게 해준다. 예를 들어, 연어값이 높은 "동의를 얻다", "죄를 범하다", "기간을 정하다" 등은 기본 3법의 각 법률에서 대표적인 '목적어 + 동사' 구문으로, "법률이 정하다", "판결이 확정되다", "효력이 생기다" 등은 대표적인 '주어 + 동사' 구문으로 파악할 수 있다. 구명철/권민재(2020: 95f.)에 따르면, 법률용어들 사이의 이러한 관계는 "법률용어 사전"에 추가하거나 새로운 개념의 "법률용어 관계 사전"을 편찬하는 데 활용할 수 있을 것이다. 또한 앞서 기본 3법을 대상으로 하여 여기에 사용되는 어휘와 구문들을 코퍼스를 통해 분석해 보았는데, 유사한 방식으로 외국의 법률에서 사용된 용어 및 구문을 분석해 내는 작업을 할 수 있다면 법률의 번역에도 도움이 될 것이다. 나아가 이러한 코퍼스 분석방법을 통해 각 시대별 법률에서 사용된 어휘들의 출현 빈도를 비교하면 법률용어, 나아가 법률의 변천과정을 파악해 보는 데에도 참고가 될 것이다.

# 참고문헌

강범모(2001), 「술어 명사의 의미구조」. 『언어학』 제31집, 3-29.

강범모(2011), 『언어, 컴퓨터, 코퍼스 언어학』. 고려대학교 출판부.

강병창(2005), 「독일어 '주제화' 문장의 정보구조와 텍스트 응집성」. 『독어학』 제11집, 113-133.

고영근/구본관(2008), 『우리말 문법론』. 서울: 집문당.

곽은하(2005), 『독일과 한국의 청소년언어 특성 연구』. 숙명여자대학교 박사학위논문.

구명철(2002), 「독일 광고에 나타난 언어기호와 시각기호의 관계 – 광고 카피의 해석에 있어서 그림의 역할을 중심으로」. 『독일문학』 84집, 426-445.

구명철(2004), 「연어 Kollokation의 일종으로서 기능동사구」. 『독어학』 제12집, 1-19.

구명철(2005), 「소유관계와 존재동사 – 존재동사에 의한 소유관계의 표현」. 『독어교육』 제29집, 173-195.

구명철(2006), 「자유결합, 연어 그리고 관용어」. 『독어교육』 제37집, 117-142.

구명철(2008a), 「독일어 상호대명사 einander의 문법적 특징」. 『독어학』 제17집, 25-44.

구명철(2008b), 「코퍼스를 활용한 독일어 어휘부의 변화에 관한 연구 – 외래어 명사의 문법성과 2격 및 복수형태를 중심으로」. 『독어학』 제18집, 1-29.

구명철(2009a), 「언어학과 법학의 접점 – 독일의 법률에서 언어적 표현과 관련된 논의를 중심으로」. 『독어학』 제19집, 1-20.

구명철(2009b), 「범죄 텍스트의 언어학적 분석 – 법률·수사언어학적 분석방법을 통한 피의자의 신원확인」. 『독어학』 제20집, 1-25.

구명철(2010b), 「장소전치사 vor와 hinter의 공간은유」. 『독어학』 제22집, 1-24.

구명철(2011), 「장소전치사 in과 auf의 분포 및 용법상의 차이」. 『독어학』 제24집, 1-21.

구명철(2013), 「독일어 2격에 미래는 있는가?」. 『독일어문화권연구』 제22집, 207-233.

구명철(2015), 『독일어 인지문법론』. 도서출판 역락.

구명철(2016), 「독일과 우리나라 법률에서 법 개념의 정의에 사용된 술어-논항 구조의 분석 – 형법(Strafgesetz)의 비교를 중심으로」. 『독어학』 제34집, 27-48.

구명철(2017a), 「독일과 우리나라 법조문에 나타나는 '토픽 Topik'의 문법적 특징 비교」. 『독일문학』 제143집, 201-221.

구명철(2017b), 「법률 언어의 가독성 향상을 위한 어휘론적인 기초연구 – 법률코퍼스에서 추출한 공기어쌍의 분석 및 활용 가능성」. 『독어학』 제36집, 1-27.

구명철(2018), 「법률 언어의 가독성 향상을 위한 통사론적인 기초연구 – 법조문에서의 주어생략 현상을 중심으로」. 『독어학』 제38집, 23-46.

구명철(2019), 「독일 법률언어의 형식기준에 대한 비판적 검토 – 능·수동문의 사용과 정보 배열의 문제를 중심으로」. 『독어학』 제40집, 1-22.

구명철(2021), 「법률언어를 통해서 본 한국어 목적어 명사구 사이의 배열 문제 – 법령코퍼스를 활용한 직접목적어와 간접목적어의 어순 분석」. 『독어학』 제44집, 1-24.

구명철(2022), 「독일어와 한국어 부사어들 사이의 어순에 대하여 – 독일어와 한국어 법조문을 분석 대상으로」. 『독어학』 제46집, 1-21.

구명철/권민재(2020), 『국문법령의 법률용어와 상용어구에 대한 코퍼스 분석』. 한국법제연구원 연구보고서.

구명철/권민재(2021), 「코퍼스를 활용한 핵심어 및 핵심 표현 추출 – 독일 형법에 사용된 핵심어와 공기어 추출을 예로 들어」. 『독어학』 제43집, 1-30.

구명철/정수정(2018), 「가독성의 관점에서 본 법률 언어의 어휘론적인 문제점 및 개선 방안」. 『독어학』 제37집, 1-27.

국립국어원(2019), 『표준국어대사전』(온라인 판). 국립국어원.

권민재(2011), 「이층형태론에 기반한 독일어 형태소 분석 – 동사의 활용 형태를 중심으로」. 『독어학』 제23집, 1-25.

권민재(2012), 「형용사 파생접미사의 형태론적 생산성」. 『독일어문학』 제58집, 1-23.

권민재(2013a), 「독일어 읽기 텍스트의 난이도 측정 연구 – 통사적 층위의 복잡도를 중심으로」. 『독일언어문학』 제61집, 115-136.

권민재(2013b), 「어휘적 층위에서의 텍스트 수준 측정 방안 연구 – 독일어 능력시험 읽기/듣기 텍스트를 대상으로」. 『외국어교육』 제14집, 201-223.

권민재(2017), 「특수목적 코퍼스의 구축과 활용 – 독일법 품사태그부착 코퍼스를 중심으로」. 『외국어로서의 독일어』 제41집, 5-32.

권민재(2019), 「독일어 구문 분석 코퍼스 구축과 통계적 해석 – 독일 기본법, 형법, 민법을 중심으로」. 『독어독문학』 제152집, 179-205.

권민재/남유선/홍우평(2008), 「기술 커뮤니케이션과 통제언어 – 통제언어의 개발 사례 및 특성을 중심으로」. 『독어학』 제17집, 45-68.

권민재/최명원/홍진주/홍우평(2010), 「문서의 가독성 제고를 위한 어순 제약 – 논항과 부가어의 상대적 위치를 중심으로」. 『독어학』 제21집, 1-21.

권재일(2012), 『한국어 문법론』. 태학사.

권혁승/정채관(2012), 『코퍼스 언어학 입문』. 한국문화사.

김갑년(2005), 「독일어 호칭 Du와 Sie 사용의 문화적 이해」. 『독일어문학』 제28집, 255-278.

김광해(1993), 『국어 어휘론 개설』. 집문당.

김기영(2007), 「법과 언어 – 형법 제170조 2항의 언어학적 분서과 기호론적 해석」. 『독일어문학』 제37집, 177-197.

김문오(2002),『제품 설명서의 문장 실태 연구 1 & 2』. 국립국어연구원.

김민중(1983),「법과 언어」.『법정학보』제7권. 전북대학교 사회과학연구소(15-43쪽.

김온양(2005),『매뉴얼 쉽게 만들기』. 예동이.

김은일/정연창(2007),「주어 생략과 모호성 조건.『언어과학연구』제37집, 93-112.

김재원(2006),「욕망, 언어, 법 ; 법과 언어 – 비트겐슈타인을 중심으로」.『법과 사회』(법과사회이론학회) 제30권, 29-44.

류수린(2010),「Kontrolle über mehrfache Subjekte in der koreanischen Technischen Dokumentation」.『독일문학』제114집, 181-203.

류수린/임병화/정동규(2008),「통제언어 모형개발의 필요성과 방향 – 기술문서에서 나타난 한국어 표현을 중심으로」.『독어학』제17집, 69-95.

류수린/정동규(공역)(2008),『기술문서 작성 – 원칙과 실제』. 두양사. (원본: Rechenberg, P. (2006), *Technisches Schreiben (nicht nur) für Informatiker*. München/Wien: Carl Hanser Verlag.)

류수린/정동규(2009),「인지언어학적 명제분석과 기술문서의 가독성」.『독어학』제20집, 61-86.

박청희(2013),「주어와 서술어의 생략 현상 연구」.『우리말연구』제32집, 39-58.

박해순일(1966a),「法과 言語 1」.『법정』제21권 제3호, 74-76.

박해순일(1966b),「法과 言語 2」.『법정』제21권 제4호, 72-75.

박해순일(1966c),「法과 言語 3」.『법정』제21권 제5호, 59-61.

법제처(2015),『알기쉬운 법령 정비기준』제7판. 법제처.

송현주/윤정은(2007),「생략된 주어가 있는 문장 처리에 담화특출성이 미치는 영향」.『한국심리학회지 : 실험』제19.4집, 383-400.

신동운(2013),『판례분석 형법각론』. 법문사.

신수송 편(2003),『독일어의 구조와 의미』. 도서출판 역락.

신영호(2009),『독일법률용어사전』. 한국학술정보(주).

신형기 외(2006),『모든 사람을 위한 과학글쓰기』. 사이언스북스.

안은진(2024),『독일법 텍스트에 출현하는 부사어의 어순 분석 - 독일 민법의 채권편을 중심으로』. 서울대학교 석사학위논문.

양창수(2015),『독일민법전 – 총칙, 채권, 물권』(2015년판). 박영사.

오영근(20133),『신형법입문』. 박영사.

이경은(2009),『법률전문용어의 어휘론적 연구』. 서울대학교 대학원 석사학위논문.

이기갑(1989),「한국어의 어순뒤섞기와 용인성 측정법」.『어학연구』제25권 1호, 141-150.

이나라(2014),「한국어의 1·2인칭 주어 생략 현상에 대한 재고: 명시적 주어 표현의 화용적 의미를 중심으로」.『담화와 인지』제21권 3호, 145-163.

이덕연(2005),「억대 내기골프 무죄판결에 대한 법언어학적 관견」. http://k.daum.net/qna/view.html?qid=0BKIA.

이민행(2015), 『빅데이터 시대의 언어연구 – 내 손 안의 검색엔진』. 21세기북스.

이병규(2009), 『한국어 술어명사문 문법』. 한국문화사.

이익섭/임홍빈(1983), 『국어문법론』. 학연사.

이재상(20139), 『형법각론』. 박영사.

이지은(2011), 「사법인들과 통역인들의 사법통역 규범에 관한 인식 연구」. 『번역학연구』 제12권 3호, 197-224.

이지은(2017), 「피의자 권리 고지 통역을 통해 본 사법통역 교육의 필요성」. 『번역학연구』 제18권 2호, 127-150.

이지은/최효은(2020), 「코퍼스 연구를 통해 살펴본 법령 번역 텍스트의 언어적 특성: 수동태 구문을 중심으로」. 『번역학연구』 제21권 2호, 251-284.

이해윤(2003), 「제4부, II. 문장 의미론」. 신수송(편), 『독일어의 구조와 의미』. 도서출판 역락; 288-322.

이해윤(2016), 「화행이론에 의한 협박죄 분석」. 『텍스트언어학』 제41호, 219-244.

이해윤(2018), 「화행이론에 의한 모욕죄 · 명예훼손죄 분석」. 『텍스트언어학』 제44호, 123-147.

이해윤(2019), 「화행과 언어범죄 – 교사죄를 중심으로」. 『언어와 언어학』 제85호, 55-72.

이해윤(2020), 「명예훼손죄에 대한 화행이론적 분석 재고」. 『텍스트언어학』 제49호, 163-185.

이해윤(2023), 『법언어학의 이해』(개정판). 도서출판 역락.

이현우(1998), 『광고와 언어』. 커뮤니케이션북스.

이현희(2012), 『인터넷 신문기사에 나타난 '화제 Topik'의 분석 – Frankfurter Allgemeine Zeitung을 중심으로』. 서울대학교 석사학위논문.

임병화/남유선(2009), 「기술문서의 조건 부사어 통제 – 번역성 제고 방안을 중심으로」. 『독어학』 제20집, 217-243.

임재춘(2003), 『한국의 이공계는 글쓰기가 두렵다』. 마이넌.

정수정(2012), 「독어와 한국어 관용구에서 나타나는 거짓친구 현상에 대한 고찰」. 『독일어문학』 제56집, 393-408.

정수정(2013), 「탈관용구화 조어의 동인에 대한 연구」. 『독일어문학』 제61집, 124-139.

정수정(2014), 「독일어와 한국어 특허문서에 쓰이는 고정적 언어표현에 대한 연구」. 『독일어문화권연구』 제23집, 359-381.

정수정(2016), 「독일과 한국 법 개념 정의 방식 비교 – 외연과 내포를 중심으로」. 『독일문학』 제137집, 219-237.

정수정(2017), 「독일 기본법에 쓰인 조건문에 대하여 – wenn-조건문과 V1-조건문을 중심으로」. 『독일문학』 제142집, 337–357.

정수정(2019), 「가독성의 관점에서 바라본 한국 법조문의 어순에 관한 고찰」. 『독일어문화권 연구』 제28집, 375–399.

정연창(2007), 「주어 생략에 대한 소고」. 『언어과학』 제14.2집, 101-120.

채희락(2002), 「한국어 부사어의 분포와 분포제약」.『언어와 언어학』제29집, 283-323.

최기호/김미형/임소영(2004), 『언어와 사회. 언어와 사회의 유쾌한 춤사위를 위하여』. 한국문화사.

최동주/박승희/박종갑(2004), 『이공계열 직업세계와 맞춤형 글쓰기』. 영남대학교출판부.

최명원(2005), 「제2언어로 독일어 관계절의 중의성 해소 전략」.『독일언어문학』제30집, 19-37.

최명원(2009), 「통제언어, 기계번역 그리고 Post-editing」.『독일언어문학』제46집. 113-135.

최명원(2011), 「언어유형별 시간-장소 부사적 구문 어순에 관한 비교 연구」.『독어학』제24집, 341-376.

최수영(1984), 「주제화와 주격조사: 조사 '-는'과 '-가'를 중심으로」.『어학연구』제20권 제3호, 233-250.

최지영(2009), 「기술문서 3항술어구문의 어순 – 통제언어의 관점에서」.『독일문학』제111집, 320-346.

최지영/최명원(2008), 「통제언어의 관점에서 본 기술문서의 화행표현」.『독어학』제17집, 351-380.

최정미/강창우(2001), 「독일어 조건문의 유형과 의사소통기능에 대한 연구」.『독어학』제4집, 129-153.

최혜원(2007), 「Length and order: A corpus study of Korean dativ-accusative construction」.『담화와 인지』제14집, 207-227.

하시우치 타케시/홋타 슈고(편저); 서경숙/니시야마 치나(역)(2016), 『법과 언어. 법언어학으로의 초대』. 박이정.

함수진/류수린(2010), 「기술문서의 한일기계번역 문제에 대한 통제언어 연구.『번역학연구』제11(4), 191-238.

현암사(2013), 『법률용어사전』(2013개정판). 현암사.

홍명순(1998), 「독일어 학습에서 영어의 간섭현상.『외국어로서의 독일어』제3집, 244-258.

홍문표(2008), 「번역수월성의 관점에서 본 통제독일어, 통제영어, 통제한국어의 비교연구.『독일문학』제107집, 286-308.

홍문표(2010a), 「Pre-editing oder Post-editing – 통제언어와 포스트에디팅을 통한 독-한 기계번역시스템의 실무적용 가능성에 대하여」.『독어학』제21집, 251-273.

홍문표(2010b), 「통제언어의 관점에서 본 가독성과 번역수월성의 관계에 대한 연구」.『독일언어문학』제48집, 1-23.

홍문표(2011), 「한-독 대화체 기계번역을 위한 주어생략현상의 처리방안」.『독어학』제24집, 417-439.

홍우평/남유선/최명원(2009), 「문장성분의 길이와 순서가 통사처리에 미치는 영향」.『독어학』제20집, 309-332.

홍우평/최명원/이성은(2005), 「어순이해의 인지전략」.『독일언어문학』제30집, 1-18.

Abraham, W.(1988²), *Terminologie zur neueren Linguistik.* Tübingen: Niemeyer.

Abraham, W./Leiss, E.(2013), *Funktionen von Modalität* (Linguistik – Impulse & Tendenzen). Berlin u.a.: De Gruyter.

Almqvist, I./Sågvall Hein, A.(1996), Defining ScaniaSwedish – a Controlled Language for Truck Maintenance. In: *Proceedings of the First International Workshop on Controlled Language Applications (CLAW96).* Leuven, Belgium: Katholieke Universiteit Leuven Centre for Computational Linguistics, March 26-27, 1996; 159-167.

Androutsopoulos J. K.(1998), *Deutsche Jugendsprache. Untersuchungen zu ihren Strukturen und Funktionen.* Frankfurt a.M. et al.: Peter Lang.

Bambrook, G.(1996), *Language and Computers: A Practicl Introduction to the Computer Analysis of language.* Edinburgh University Press.

Barthe, K.(1998), GIFAS Rationalised French: Designing One Controlled Language to Match Another. In: *Proceedings of the Second International Workshop on Controlled Language Applications (CLAW98).* Pittsburgh, Pennsylvania: Language Technologies Institute, Carnegie Mellon University, May 21-22, 1998; 87-102.

Blum, A.(1990), Anregungen zu mehr Interdisziplinarität bei forensischen linguistischen Untersuchungen. In: Kniffka, H. (Hrsg.), *Texte zu Theorie und Praxis forensischer Linguistik.* Tübingen: Max Niemeyer; 289-319.

Boettcher, W.(2009), *Grammatik verstehen: Einfacher Satz.* Tübingen: Niemeyer.

Boettcher, W.(2009), *Grammatik verstehen: Komplexer Satz.* Tübingen: Niemeyer.

Boettcher, W.(2009), *Grammatik verstehen: Wort.* Tübingen: Niemeyer.

Braselmann, P.(2002), Gleiches Recht für alle – in allen Sprachen? In: Haß-Zumkehr, U. (Hrsg.), *Sprache und Recht.* Berlin/New York: Walther de Gruyter; 240-254.

Brinker, K.(1971), *Das Passiv im heutigen Deutsch. Form und Funktion.* Müchen/ Düseldorf: Max Hueber Verlag/Päagogischer Verlag Schwann (Heutiges Deutsch, I/2).

Bücker, J./Günthner, S./Imo, W. (Hrsg.)(2015), *Konstruktionsgrammatik V: Konstruktionen im Spannungsfeld von sequenziellen Mustern, kommunikativen Gattungen und Textsorten.* Tübingen: Stauffenburg.

Bühler, K.(1965/1999), *Sprachtheorie: Die Darstellungsfunktion der Sprache.* Stuttgart: Lucius & Lucius.

Burger, H.(2007), Phraseologie: *Eine Einführung am Beispiel des Deutschen.* Berlin: Erich Schmidt Verlag.

Bußmann, H. (Hrsg.)(2002), *Lexikon der Sprachwissenschaft*. Stuttgart: Alfred Kröner Verlag.

Bustamante, F. R./ León, F. S.(1996), GramCheck: A Grammar and Style Checker. *COLING 1996*, 175-181.

Carnie, A.(2013), *Syntax. A Generative Introduction*. Wiley-Blackbell.

Chafe, W. L.(1976), Givenness, contrastiveness, definiteness, subjects, topics, and point of view. In: Li, C. N./Tompson, S.(Hrsg.); 25-55.

Cherubim, D.(1990), Der Fall S. – Linguistische Gutachten in einem Mordprozess. In: Kniffka, H. (Hrsg.), *Texte zu Theorie und Praxis forensischer Linguistik*. Tübingen: Max Niemeyer; 339-375.

Chomsky, N.(1981), *Lectures on Governmnet and Binding*. Foris.

Comrie, B.(1981), *Language universals and linguistic typology*. Oxford: Basil Blackwell.

Comrie, B.(1985), Causative verb formation and other verb-deriving morphology. In: Shopen, T. (Hrsg.): *Language typology and syntactic description. Vol. 1: Clause structure*. Cambridge/London: Cambridge UP; 309-348.

Coulthard, M./Johnson, A.(2007), *An Introduction to Forensic Linguistics*. London/New York: Routledge.

Coulthard, M./Johnson, A. (Hrsg.)(2010), *The Routledge Handbook of Forensic Linguistics*. London/New York: Routledge.

Dern, C.(2009), *Autorenerkennung. Theorie und Praxis der linguistischen Tayschreibenanalyse*. Stuttgart/München: Boorberg.

Dietrich, R./Klein, W. (Hrsg.)(2000), *Sprache des Rechts. Themenheft der 'Zeitschrift für Literaturwissenschaft und Linguistik'*, Jahrgang 30, Heft 118. Stuttgart: Metzler.

Dik, S. C.(1978), *Functional grammar*. Amsterdam: North-Holland Publishing Company (North-Holland Linguistic Series 37).

Dobrovol'skij, D./Piirainen, E.(2009), *Zur Theorie der Phraseologie: Kognitive und kulturelle Aspekte*. Tübingen: Stauffenburg.

Drommel, R. H.(2016), Sprachprofiling – Grundlagen und Fallanalysen zur Forensischen Linguistik. Berlin: Frank & Timme.

Duden(1973): Dudenredaktion (Hrsg.)(1973), *Duden Bd.1. Rechtschreibung der deutschen Sprache und der Fremdwörter*. 17., neu bearbeitete und erweiterte Auflage. Mannheim/Wien/Zürich: Dudenverlag.

Duden(2000): Dudenredaktion (Hrsg.)(2000), *Duden Bd.1. Die deutsche Rechtschreibung*. 22., völlig neu bearbeitete und erweiterte Auflage. Mannheim/Wien/Zürich:

Dudenverlag.

Duden(2009): Dudenredaktion (Hrsg.) (2009[8]), *Duden. Die Grammatik*. Berlin: Dudenverlag.

Duden(2016): Dudenredaktion (Hrsg.) (2016[9]), *Duden. Die Grammatik*. Berlin: Dudenverlag.

Duden(2019): Dudenredaktion (Hrsg.) (2019), *Duden. Deutsches Universalwörterbuch*. 9., vollständig überarbeitete und erweiterte Auflage. Berlin/Mannheim/Zürich: Dudenverlag.

Dürscheid, Ch.(2000), *Syntax. Grundlagen und Theorien*. Westdeutscher Verlag.

Engel, U.(1990), Tätertexte. In: Kniffka, H. (Hrsg.), *Texte zu Theorie und Praxis forensischer Linguistik*. Tübingen: Max Niemeyer; 417-435.

Eroms, H.-E.(1978), Zur Kontroversion der Dativphrasen. In: *Sprachwissenschaft* 3: 357-405.

Eroms, H.-E.(2000), *Syntax der deutschen Sprache*. Berlin u.a.: Walter de Gruyter.

Felder, E./Vogel, F. (Hrsg.)(2017), *Handbuch Sprache im Recht*. Berlin/Boston: de Gruyter.

Ferraresi, G.(2014), *Grammatikalisierung (Kurze Einführungen in Die Germanistische Linguistik)*. Heidelberg: Universitätsverlag Winter.

Fillmore, Ch. J.(1968), The case for case. In: Bach, E./Harms, R.T. (Hrsg.), *Universalis in linguistic theory*. New York u.a.: Holt, Rinehart/Winston; 1-90.

Fleischer, W./Barz, I.(2012), *Wortbildung der deutschen Gegenwartssprache*. Berlin u.a.: De Gruyter.

Fobbe, E.(2011), *Forensische Linguistik. Eine Einführung*. Tübingen: Narr Francke Attempto Verlag.

Frey, W.(2000), Über die syntaktische Position der Satztopiks im Deutschen. In: *ZAS papers in Linguistics* 20, 137-172.

Gibson, E./Permutter, N./Canesco-Gonzalez, E./Hichock, G.(1996), Recency preference in human sentence processing mechanism. *Cognition* 59, 23-59.

Givón, T.(1984), *Syntax. A functional-typological interpretation. Vol. I.* Amsterdam/Philadelphia: John Benjamins Publishing Company.

Givón, T.(Hrsg.)(1994), *Voice and Inversion*. Amsterdam/Philadelphia: John Benjamins Publishing Company.

Goldberg, A.(1995), *Constructions: A Construction Grammar Approach to Argument Structure*. Chicago/London: The University of Chicago Press.

Göpferich, S.(2006), *Textproduktion im Zeitalter der Globalisierung. Entwicklung einer Didaktik des Wissenstransfers*. 2. Aufl. Tübingen: Stuffenburg.

Grewendorf, G.(1990), XY...ungelöst. Zu Theorie und Praxis forensischer Linguistik. In: Kniffka, H. (Hrsg.), *Texte zu Theorie und Praxis forensischer Linguistik*.

Tübingen: Niemeyer.

Grewendorf, G.(1992), *Rechtskultur als Sprachkultur. Zur forensischen Funktion der Sprachanalyse.* Frankfurt a.M.: suhrkamp.

Grover, C./Holt, A./Klein, E./Moens, M.(2000), *Designing a controlled language for interactive model checking. Proceedings of the 3rd International Workshop on Controlled Language Applications.* Seattle.

Haß-Zumkehr, U. (Hrsg.)(2002), *Sprache und Recht.* Berlin/New York: Walter de Gruyter.

Hawkins J. A.(1994), *A performance theory of order and constituency.* Cambridge: Cambridge University Press.

Heidolph, K.-E./Flämig, W./Motsch, W.(1984), *Grundzüge einer deutschen Grammatik.* Berlin: Akademie-Verlag.

Helbig, G./Buscha, J.(2001), *Deutsche Grammatik. Ein Handbuch für Ausländerunterricht.* Berlin u.a.: Langenscheidt.

Helmbrecht, J.(1998), *Universalität und Vagheit Semantischer Funktionen – Untersuchungen zum funktionalen Zusammenhang morphosyntaktischer und kognitiver Kategorien der Sprache.* München u.a.: Lincom Europa.

Heringer, H.-J.(2002), Eine Beliedigung! Ein paar linguistische Überlegungen. In: Haß-Zumkehr, U. (Hrsg.), *Sprache und Recht.* Berlin/New York: Walther de Gruyter; 300-308.

Höhle, T. N.(1978), *Lexikalische Syntax. Die Aktiv-Passiv-Relation und andere Infinitkonstruktionen im Deutschen.* Tüingen: Max Niemeyer Verlag.

Hong, M./Kim, C.(2008), Impact 01 Conlrolled Language on Korean-English MT. Manuscript.

Huang, C. T. James(1984), On the distribution and reference of empty pronouns. In: *Linguistic Inquiry* 15.4, 531-574.

Jacobs, J.(1994), *Kontra Valenz.* Trier: Wissenschaftlicher Verlag.

Jacobs, J.(2001), The dimensions of topic-comment. In: *Linguistics* 39.4, 641-681.

Janich, N.(2012), *Handbuch Werbekommunikation: Sprachwissenschaftliche und interdisziplinäre Zugänge.* Tübingen: A. Francke.

Kameyama, M.(1986), A Property-Sharing Constraint in Centering. In: *Proc. of the 24th Annual Meeting of the Association for Computational Linguistics;* 200-206.

Kessel, K./Reiman, S.(2012), *Basiswissen. Deutsche Gegenwartssprache.* Tübingen/Basel: A. Francke Verlag.

Kitaev, N./Klein, D.(2018), Constituency Parsing with a Self-Attentive Encoder (*ACL* 2018, submitted.).

Klaus, W.(2011), *Valenzgrammatik des Deutschen*. Berlin u.a.: De Gruyter

Klein, W. (Hrsg.)(2002), *Sprache des Rechts II. Themenheft der 'Zeitschrift für Literaturwissenschaft und Linguistik'*, Jahrgang 32, Heft 128. Stuttgart: Metzler.

Kniffka, H. (Hrsg.)(1990), *Texte zu Theorie und Praxis forensischer Linguistik*. Tübingen: Niemeyer.

Kniffka, H.(2007), *Working in Language and Law. A German Perspective*. New York: Palgrave Macmillan.

König, W.(1992), *dtv-Atlas zur deutschen Sprache*. München: Deutscher Taschenbuch Verlag.

Koo, M.-C.(1997), *Kausativ und Passiv im Deutschen*. Frankfurt a.M. et al.: Peter Lang.

Koo, M.-C.(2006), Eine kontrastive Untersuchung zur Ausdrucksweise des dreidimensionalen Raums im Deutschen und Koreanischen. In: *Dogilmunhak* 98, 59-80.

Koo, M.-C.(2008), Grammaticalization of Korean numeral classifiers. In: Verhoeven, E. et al. (Hrsg.), *Studies on Grammaticalization*. Berlin/New York: Mouton de Gruyter; 59-75.

Koo, M.-C.(2010), Kontrastive Untersuchung zur Metapher der Bewegungsverben im Deutschen und Koreanischen — am Beispiel von *kommen / ota* und *gehen / kata*. In: *Dogilmunhak* 114, 151-179.

Koo, M.-C.(2011), Raummetaphern der lokalen Präposition *in* im Vergleich zu ihrer koreanischen Entsprechung *aney*. In: *Dogilmunhak* 118, 271-298.

Koo, M.-C.(2012a), Farbmetaphern im Deutschen und ihre Übersetzbarkeit ins Koreanische. In: Maeda, R. (Hrsg.), *Transkulturalität – Identität in neuem Licht. Asiatische Germanistentagung in KANAZAWA 2008*. München: IUDICUM Verlag; 140-146.

Koo, M.-C.(2012b), Distributions- bzw. Gebrauchsunterschied zwischen den kausalen Präpositionen *aus* und *vor*. In: *Dokohak (Zeitschrift der Koreanischen Gesellschaft für Deutsche Sprachwissenschaft)* 25, 1-27.

Koo, M.-C.(2014), Eine linguistische Analyse deutscher und koreanischer Gesetzestexte und ihr Vergleich – am Beispiel der Definitionen von ,Diebstahl', ,Raub', ,Betrug' und ,Erpressung' im Strafgesetzbuch. In: *Dokohak 29*, 57-85.

Koo, M.-C.(2016), Der Causee in analytischen Kausativkonstruktionen im Deutschen und Koreanischen. 『독일어문화권연구』 제25집, 199-222.

Koo, M.-C./Lehmann. Ch.(2010), Modality in the Korean suffix *-keyss*. In: *Language Research* 46.1, 83-102.

Künzel, H. J.(2001), Eine Datenbank regionaler Umgangssprachen des Deutschen (DRUGS) für forensische Anwendungen. In: *Zeitschrift für Dialektologie und Linguistik 2*, LXVIII. Jg.; 113-154.

Kuße, H.(2012), *Kulturwissenschaftliche Linguistik. Eine Einführung.* Wien et al.: vandenhoeck/Ruprecht (Kap. 8. Der Rechtsdiskurs).

Kwon, N./Sturt, P.(2013), Null pronominal (pro) resolution in Korean, a discourse-oriented language. In: *Language and Cognitive Processes* 28:3, 377-387.

Lakoff, G.(1977), Linguistic Gestalts. In: *Papers from the 13th Regional Meeting of the Chicago Linguistic Society,* 236-287.

Langacker, R.(1990), Settings and participants, and grammatical relations. In: Tsohatzidis, S. L. (Hrsg.), *Meanings and prototypes. Studies on linguistic categorization.* Oxford: Routledge.

Lasch, A./Ziem, A. (Hrsg.)(2014), *Grammatik als Netzwerk von Konstruktionen: Sprachwissen im Fokus der Konstruktionsgrammatik.* Berlin: Walter de Gruyter.

Lee, I. K.(1994), The pragmatics of voice in Korean. In: Givón, T. (1994) (Hrsg), *Voice and Inversion.* Amsterdam/Philadelphia: John Benjamins Publishing Company; 261-282.

Lehmann, Ch.(1991), Predicate classes and PARTICIPATION. In: Seiler, H./Premper, W. (Hrsg.), *Partizipation.* Tübingen: Narr; 183-239.

Lehmann, Ch.(1992), Deutsche Prädikatklassen in typologischer Sicht. In: Hoffman, L. (Hrsg.), *Deutsche Syntax: Ansichten und Aussichten.* Berlin/New York: de Gruyter; 155-185.

Lehmann, Ch.(1999), Aspectual type. In: Brown, K/Miller, J (Hrsg.), *Concise encyclopedia of grammatical categories.* Oxford: Elsevier; 43-49.

Lehrndorfer, A.(1996), *Kontrolliertes Deutsch: linguistische und sprachpsychologische Leitlinien für eine (maschinell) kontrollierte Sprache in der technischen Dokumentation.* Tübingen: Narr.

Leiss, E.(1992), *Die Verbalkategorien des Deutschen. Ein Beitrag zur Theirie der sprachlichen Kategorisierung.* Berlin/New Tork: Walter de Gruyter (Studia Grammatica Germanica, 31).

Lenerz, J.(1977), *Zur Abfolge nominaler Satzglieder im Deutschen.* Tübingen: Narr.

Lenk, E.(1990), *Prädikatklassen und Valenz im Tamil.* Diss. Universität Bielefeld.

Lersch, K. D.(2004), *Die Sprache des Rechts. Studien der interdisziplinären Arbeitsgruppe Sprache des Rechts der Berlin-Brandenburgischen Akademie der Wissenschaften,* 3 Bde. Berlin/New York: de Gruyter.

Levy, R./Andrew G.(2006), Tregex and Tsurgeon: tools for querying and manipulating tree data structures. 5th International Conference on Language Resources and Evaluation (LREC 2006).

Ley, M.(2005), *Kontrollierte Textstrukturen. Ein (linguistisches) Informationsmodell für die Technische Kommunikation.* Dissertation, Justus-Liebig-Universität Gießen. Proceedings 01 PACUC 22.

Li, C. N./Tompson, S.(1976), Subject and Topic. A new typology of Language. In: Li, C. N./Tompson, S. (Hrsg.), *Subject and topic.* New York: Academic Press; 457-489.

Löbner, S.(2015), *Semantik: Eine Einführung.* Berlin u.a.: De Gruyter.

Mater, E.(1970), *Rückläufiges Wörterbuch der deutschen Gegenwartssprache.* Leipzig: Verlag Enzyklopädie.

McMenamin, G. R.(2002), *Forensic Linguistics: Advances in Forensic Stylistics.* Boca Raton/FL: CRC Press.

Molnár, V.(1993), Zur Pragmatik und Grammatik des TOPIK-Begriffes. In: Reis, M. (Hrsg.), *Wortstellung und Informationsstruktur.* Tübingen: Niemeyer; 155-202(?).

Müller, F. (Hrsg.)(1989), *Untersuchungen zur Rechtslinguistik: Interdisziplinäre Studien zu praktischer Semantik und Strukturierender Rechtslehre in Grundfragen der juristischen Methodik.* Berlin: Duncker/Humboldt.

Musan, R.(2010), *Informationsstruktur.* Heidelberg: Universitätsverlag Winter.

Nariyama, S.(2002), Grammar for ellipsis resolution in Japanese. *Proceedings of the 9th International Conference on Theoretical and Methodological Issuesin Machine Translation,* 135-145.

Niehr, Th.(2014), *Einführung in die Politolinguistik: Gegenstände und Methoden.* Göttingen u.a.: Vandenhoeck/Ruprecht.

Olsen, F., Lorz, A./Stein, D.(2008), *Law and Language: Theory and Society.* Düsseldorf: Düsseldorf university press.

Olsson, J./Luchjenbroers, J.(2014), *Forensic Linguistics.* London et al.: Bloomsbury.

Pafel, J.(2011), *Einführung in die Syntax: Grundlagen – Strukturen – Theorien.* Stuttgart u.a.: J. B. Metzler.

Pittner, K./Berman, J.(2004), *Deutsche Syntax.* Tübingen: Gunter Narr Verlag.

Primus, B.(1993), Word order and information structure: A performance-based account of topic positions and focus positions. In: Jocbs. J. et al.(Hrsg.): *Syntax. HSK* 9.1, 880-896.

Primus, B.(2012), *Semantische Rollen (Kurze Einführungen in Dien Germanistische*

*Linguistik)*. Heidelberg: Universitätsverlag Winter.

Prince, A./Smolensky, P.(1993), *Optimality Theory*. The MIT Press.

Pulman, S. G.(1996), Controlled language for knowledge representation. In: *Proceedings of the 1st International Workshop of Controlled Language Applications*. Belgium.

Rafferty, A./Manning, C. D.(2008), Parsing Three German Treebanks: Lexicalized and Unlexicalized Baselines. In: ACL Workshop on Parsing German.

Rathert, M.(2006), *Sprache und Recht*. Heidelberg: Universitätsverlag Winter.

Rauh, G.(2011), *Syntaktische Kategorien: Ihre Identifikation und Beschreibung in linguistischen Theorien*. Tübingen: Stauffenburg.

Rechenberg, P.(2006), *Technisches Schreiben (nicht nur) für Informatiker*. München/ Wien: Carl Hanser Verlag.

Redaktion der Österreichischen Juristen-Zeitung (Hrsg.)(2014), *Sprache und Recht*. Wien: Manz.

Reinhart, T.(1981), Pragmatics and linguistics: an analysis of sentence topics. In: *Philosophica* 27, 53-94.

Reis, M./Wöllstein, A.(2010), Zur Grammatik (vor allem) konditionaler V1-Gefüge im Deutschen. In: *Zeitschrift für Sprachwissenschaft* 29, 111-179.

Rodman, R.(2002), Linguistics and the law: how knowledge of, or ignorence of, elementary linguistics may affect the dispensing of justice. In: *Forensic Linguistics* 9(1), 94-103.

Römer, Ch./Matzke, B.(2005), *Lexikologie des Deutschen – Eine Einführung*. Tübingen: Gunter Narr Verlag.

Römer, Ch.(2006), *Morphologie der deutschen Sprache*. Tübingen u.a.: A. Francke.

Ronneberger-Sibold, E.(2004), Deutsch (Indogermanisch: Germanisch). In: *Morphologie / Morphology. HSK* 17.2. Berlin/New York: Walter de Gruyter; 1267-1285.

Rosengren, I.(1993), Wahlfreiheit mit Konsequenzen – Scrambling, Topikalisierung und FHG im Dienste der Informationsstrukturierung. In: Reis, M. (Hrsg.), *Wortstellung und Informationsstruktur*. Tübingen: Niemeyer; 251 – 312.

Sander, G. G.(2004), *Deutsche Rechtssprache. Ein Arbeitsbuch*. Tübingen/Basel: A. Francke.

Schactl, S.(1996), Requirements for Controlled German in Industrial Applications. In: *Proceedings of the First International Workshop on Controlled Language Applications (CLAW96)*. Leuven, Belgium: Katholieke Universiteit Leuven Centre for Computational Linguistics, March 26-27, 1996; 143-149.

Schall, S.(2004), Forensische Linguistik. In: Knapp, K. (Hrsg.), *Angewandte Linguistik. Ein Lehrbuch*. Tübingen/Basel: A Francke Verlag; 544-562 (Kap. VIII.3).

Schlücker, B./Hüning, M.(2009), Compounds and phrases. A functional comparison between German A+N compounds and corresponding phrases. In: *Rivista di Linguistica* 21(1), 209–234.

Schmidt, W.(1993), *Geschichte der deutschen Sprache*. Stuttgart/Leipzig: S. Hirzel. Wissenschaftliche Verlagsgesellschaft.

Schumacher, H.(1986), *Verben in Feldern. Valenzwörterbuch zur Syntax und Semantik deutscher Verben*. Berlin/New York: de Gruyter.

Schwarz-Friesel, M./Chur, J.(2014), *Semantik. Ein Arbeitsbuch*. Tübingen: narr Verlag.

Schwitter, R.(1998), *Kontrolliertes Englisch für Anforderungsspezifikationen*. Diss. Zürich.

Seifert, J.(2004), *Funktionsverbgefüge in der deutschen Gesetzessprache (18.-20. Jahrhundert)*. Hildesheim: Georg Olms Verlag.

Seifert, J.(2010), Vorstellungs- und Imitationsstrategien in Erpresserschreiben. Empirische Studien zu einem Desiderat der forensisch-linguistischen Textanalyse. In: *Zeitschrift für Angewandte Linguistik* 52, 3-27.

Seiler, H. (Hrsg.)(1988), *Die universalen Dimension der Sprache: Eine vorläufige Bilanz. akup 75*, Institut für Sprachwissenschaft, Köln.

Sgall, P. et al.(1973), *Topic, Focus and generative semantics*. Kronberg-Tanus: Scriptor Verlag.

Shibatani, M. (Hrsg.)(1988), *Passive and voice*. Amsterdam/Philadelphia: John Benjamins Publishing Company.

Shin, Y.-M.(1994), *Possession im Deutschen. Eine onomasiologische Studie*, Ms. Universität Bielefeld.

Skopeteas, S./Fanselow, G.(2010), Effects of givenness and constraints on free word order. In: Zimmermann, M./Féry, C. (Hrsg.), *Information Structure. Theoretical, Typological, and Experimental Perspectives*. Oxford: Oxford University Press; 307-331.

Sohn, H.-M.(1999), *The Korean language*. Cambridge: Cambridge University Press.

Stedje, A.(1996³), *Deutsche Sprache – gestern und heute*. Wilhelm Fink Verlag München (UTB-Wissenschaft 1499).

Stickel, G.(2002), Vorbemerkungen über Sprache und Recht. In: Haß-Zumkehr, U. (Hrsg.), *Sprache und Recht*. Berlin/New York: Walther de Gruyter; 1-6.

Stötzel, G.(2002), Sprache, Recht und Öffentlichkeit – Gesellschaftliche Relevanz des Themas aus linguistischer Sicht. In: Haß-Zumkehr, U. (Hrsg.), *Sprache und*

*Recht.* Berlin/New York: Walther de Gruyter; 7-18.

Teuber, O.(2005), *Analytische Verbformen im Deutschen: Syntax – Semantik – Grammatikalisierung.* Hildesheim u.a.: Olms.

Vogel, F. (Hrsg.)(2015), Zugänge zur Rechtssemantik. Berlin/Boston: de Gruyter.

Wanzeck, Ch.(2010), *Lexikologie: Beschreibung von Wort und Wortschatz im Deutschen.* Göttingen: Vandenhoeck/Ruprecht.

Wojcik, R. H./Hoard, J. E.(1996), Document Processing. In: G. B. Varile/A. Zampolli (eds), *Survey of the State of the Art in Human Language Technology.* Cambridge University Press.

Wolf, N. R.(2002), Gibt es einen sprachlichen Fingerabdruck? Oder: Was kann die Kriminalistik von der Sprachwissenschaft erwarten? In: Haß-Zumkehr, U. (Hrsg.), *Sprache und Recht.* Berlin/New York: Walter de Gruyter; 309-320.

Wöllstein, A./Dudenredaktion(2016), *Duden. Der Grammatik.* 9. Aufl. Berlin: Dudenverlag.

Yamashita, H./Chang, F.(2001), "Long before short" preference in the production of a head-final language. In: *Cognition* 81, B45-B55.

Yeon, J./Brown, L.(2011), *Korean. A Comprehensive Grammar.* London/New York: Routledge.

Zhang, W./Yu, S. W.(1998), Construction of Controlled Chinese Lexicon. In: *Proceedings of the Second International Workshop on Controlled Language Applications (CLAW98).* Pittsburgh, Pennsylvania: Language Technologies Institute, Carnegie Mellon University, May 21-22, 1998; 159-173.

Ziem, A./Lasch, A. (Hrsg.)(2015), *Konstruktionsgrammatik IV: Konstruktionen als soziale Konventionen und kognitive Routinen.* Tübingen: Stauffenburg.

Zifonun, G./Hoffmann, L./Strecker, B.(1997), *Grammatik der deutschen Sprache. Bd 3.* Berlin/New York: Walter de Gruyter.

□ 부록

● 독일어 태그셋(STTS-Tagset)[207]

| POS = | Beschreibung | Beispiele |
|---|---|---|
| **ADJA**<br>**ADJD** | attributives Adjektiv<br>adverbiales oder<br>prädikatives Adjektiv | *[das] große [Haus]*<br>*[er fährt] schnell*<br>*[er ist] schnell* |
| **ADV** | Adverb | *schon, bald, doch* |
| **APPR**<br>**APPRART**<br>**APPO**<br>**APZR** | Präposition; Zirkumposition links<br>Präposition mit Artikel<br>Postposition<br>Zirkumposition rechts | *in [der Stadt], ohne [mich]*<br>*im [Haus], zur [Sache]*<br>*[ihm] zufolge, [der Sache] wegen*<br>*[von jetzt] an* |
| **ART** | bestimmter oder<br>unbestimmter Artikel | *der, die, das,*<br>*ein, eine* |
| **CARD** | Kardinalzahl | *zwei [Männer], [im Jahre] 1994* |
| **FM** | Fremdsprachliches Material | *[Er hat das mit "]*<br>*A big fish ["] übersetzt]* |
| **ITJ** | Interjektion | *mhm, ach, tja* |
| **KOUI**<br><br>**KOUS**<br><br>**KON**<br>**KOKOM** | unterordnende Konjunktion<br>mit "zu" und Infinitiv<br>unterordnende Konjunktion<br>mit Satz<br>nebenordnende Konjunktion<br>Vergleichspartikel, ohne Satz | *um [zu leben],*<br>*anstatt [zu fragen]*<br>*weil, daß, damit,*<br>*wenn, ob*<br>*und, oder, aber*<br>*als, wie* |
| **NN**<br>**NE** | Appellativa<br>Eigennamen | *Tisch, Herr, [das] Reisen*<br>*Hans, Hamburg, HSV* |
| **PDS**<br><br>**PDAT** | substituierendes Demonstrativ–<br>pronomen<br>attribuierendes Demonstrativ–<br>pronomen | *dieser, jener*<br><br>*jener [Mensch]* |
| **PIS**<br><br>**PIAT**<br><br>**PIDAT** | substituierendes Indefinit–<br>pronomen<br>attribuierendes Indefinit–<br>pronomen ohne Determiner<br>attribuierendes Indefinit–<br>pronomen mit Determiner | *keiner, viele, man, niemand*<br><br>*kein [Mensch],*<br>*irgendein [Glas]*<br>*[ein] wenig [Wasser],*<br>*[die] beiden [Brüder]* |
| **PPER** | irreflexives Personalpronomen | *ich, er, ihm, mich, dir* |
| **PPOSS**<br><br>**PPOSAT** | substituierendes Possessiv–<br>pronomen<br>attribuierendes Possessivpronomen | *meins, deiner*<br><br>*mein [Buch], deine [Mutter]* |
| **PRELS** | substituierendes Relativpronomen | *[der Hund,] der* |

207 출처: https://www.ims.uni-stuttgart.de/documents/ressourcen/lexika/tagsets/stts-1999.pdf

| POS = | Beschreibung | Beispiele |
|---|---|---|
| **PRELAT** | attribuierendes Relativpronomen Relativpronomen | *[der Mann ,] dessen [Hund]* |
| **PRF** | reflexives Personalpronomen | *sich, einander, dich, mir* |
| **PWS** | substituierendes Interrogativpronomen | *wer, was* |
| **PWAT** | attribuierendes Interrogativpronomen | *welche [Farbe], wessen [Hut]* |
| **PWAV** | adverbiales Interrogativ– oder Relativpronomen | *warum, wo, wann, worüber, wobei* |
| **PAV** | Pronominaladverb | *dafür, dabei, deswegen, trotzdem* |
| **PTKZU** | "zu" vor Infinitiv | *zu [gehen]* |
| **PTKNEG** | Negationspartikel | *nicht* |
| **PTKVZ** | abgetrennter Verbzusatz | *[er kommt] an, [er fährt] rad* |
| **PTKANT** | Antwortpartikel | *ja, nein, danke, bitte* |
| **PTKA** | Partikel bei Adjektiv oder Adverb | *am [schönsten], zu [schnell]* |
| **TRUNC** | Kompositions–Erstglied | *An– [und Abreise]* |
| **VVFIN** | finites Verb, voll | *[du] gehst, [wir] kommen [an]* |
| **VVIMP** | Imperativ, voll | *komm [!]* |
| **VVINF** | Infinitiv, voll | *gehen, ankommen* |
| **VVIZU** | Infinitiv mit "zu", voll | *anzukommen, loszulassen* |
| **VVPP** | Partizip Perfekt, voll | *gegangen, angekommen* |
| **VAFIN** | finites Verb, aux | *[du] bist, [wir] werden* |
| **VAIMP** | Imperativ, aux | *sei [ruhig !]* |
| **VAINF** | Infinitiv, aux | *werden, sein* |
| **VAPP** | Partizip Perfekt, aux | *gewesen* |
| **VMFIN** | finites Verb, modal | *dürfen* |
| **VMINF** | Infinitiv, modal | *wollen* |
| **VMPP** | Partizip Perfekt, modal | *[er hat] gekonnt* |
| **XY** | Nichtwort, Sonderzeichen enthaltend | *D2XW3* |
| **$,** | Komma | *,* |
| **$.** | Satzbeendende Interpunktion | *. ? ! ; :* |
| **$(** | sonstige Satzzeichen; satzintern | *– []()* |

## ● 한국어 태그셋(세종 SJ2)[208]

| 대분류 | 소분류 | 세분류 |
|---|---|---|
| (1) 체언 | 명사NN | 일반명사NNG<br>고유명사NNP<br>의존명사NNB |
| | 대명사NP | 대명사NP |
| | 수사NR | 수사NR |
| (2) 용언 | 동사VV | 동사VV |
| | 형용사VA | 형용사VA |
| | 보조용언VX | 보조용언VX |
| | 지정사VC | 긍정지정사VCP<br>부정지정사VCN |
| (3) 수식언 | 관형사MM | |
| | 부사MA | 일반부사MAG |
| | | 접속부사MAJ |
| (4) 독립언 | 감탄사IC | 감탄사IC |
| (5) 관계언 | 격조사JK | 주격조사JKS |
| | | 보격조사JKC |
| | | 관형격조사JKG |
| | | 목적격조사JKO |
| | | 부사격조사JKB |
| | | 호격조사JKV |
| | | 인용격조사JKQ |
| | 보조사JX | 보조사JX |
| | 접속조사JC | 접속조사JC |

---

208  이민행(2015: 461)에서 인용.

| | | |
|---|---|---|
| (6) 의존형태 | 어미E | 선어말어미EP |
| | | 종결어미EF |
| | | 연결어미EC |
| | | 명사형전성어미ETN |
| | | 관형형전성어미ETM |
| | 접두사XP | 체언접두사XPN |
| | 접미사 XS | 명사파생접미사XSN |
| | | 동사파생접미사XSV |
| | | 형용사파생접미사XSA |
| | 어근XR | 어근XR |
| (7) 기호 | 마침표,물음표, 느낌표 | SF |
| | 쉼표, 가운뎃점, 콜론, 빗금 | SP |
| | 따옴표, 괄호표, 줄표 | SS |
| | 줄임표 | SE |
| | 붙임표(물결, 숨김, 빠짐) | SO |
| | 외국어 | SL |
| | 한자 | SH |
| | 기타 기호(논리 수학기호, 화폐 기호) 등) | SW |
| | 명사추정범주 | NF |
| | 용언추정범주 | NV |
| | 숫자 | SN |
| | 분석불능범주 | NA |

# 찾아보기

**저자 구명철**_서울대 독어독문학과 교수

구명철 교수는 인지언어학적인 관점에서 공간, 소유, 은유 등과 관련된 독일어의 제반 현상을 연구해 왔다. 특히 구성문법과 문법화이론에 의해 독일어 현상을 분석하고 있으며, '법 언어학'이라는 응용분야에도 깊은 관심을 가지고 연구 중이다. 최근 수행한 연구 프로젝트로는 '법 언어학' 분야의 이론과 코퍼스 활용 방법론에 기반한 "법률 언어의 가독성 향상을 위한 연구"(한국연구재단, 2016-2019)와 "국문법령의 법률용어와 상용어구에 대한 코퍼스 분석"(한국법제연구원, 2020)이 있다. 저역서로는 『독일어 통사론(Deutsche Syntax)』(원저자: Karin Pittner & Judith Berman)(2006)과 『독일어 인지문법론』(2015)이 있으며, 최근의 주요 논문으로는 「법률 언어의 가독성 향상을 위한 통사론적인 기초연구 - 법조문에서의 주어생략 현상을 중심으로」(2018), 「독일 법률언어의 형식기준에 대한 비판적 검토 - 능·수동문의 사용과 정보 배열의 문제를 중심으로」(2019), 「From reciprocity to competition. Subjectification of reciprocal pronouns in Korean」(Gerd Jendraschek 공저, 2023) 등이 있다.

# 언어와 법
#### -독일과 한국의 법률언어 연구-

초판 1쇄 인쇄 2024년 2월 21일
초판 1쇄 발행 2024년 2월 28일

저　　자　구명철
펴낸이　이대현

편　　집　이태곤 권분옥 임애정 강윤경
디 자 인　안혜진 최선주 이경진
마 케 팅　박태훈 한주영

펴 낸 곳　도서출판 역락
주　　소　서울시 서초구 동광로 46길 6-6(반포4동 문창빌딩 2F)
전　　화　02-3409-2060(편집부), 2058(영업부)
팩　　스　02-3409-2059
등　　록　1999년 4월 19일 제303-2002-000014호
이 메 일　youkrack@hanmail.net
홈페이지　www.youkrackbooks.com

ISBN 979-11-6742-710-6 93750